böhlau

Adelswelten

BAND 4

Herausgegeben von
Eckart Conze, Ewald Frie, Gudrun Gersmann
und Tatjana Tönsmeyer

Jan de Vries

Aristokratismus als Kulturkritik

Kulturelle Adelssemantiken zwischen 1890 und 1945

BÖHLAU VERLAG WIEN KÖLN WEIMAR

Zugl. Dissertation Universität Marburg 2018

Bibliografische Information der Deutschen Nationalbibliothek:
Die Deutsche Nationalbibliothek verzeichnet diese Publikation in der
Deutschen Nationalbibliografie; detaillierte bibliografische Daten sind
im Internet über http://dnb.d-nb.de abrufbar.

Umschlagabbildung: Bild nach einer Studie von Melchior Lechter zum zerstörten Tafelgemälde „Die Weihe am mystischen Quell", bis 1944 im Pallenbergsaal des Museum für Angewandte Kunst Köln. Datum 1900. Quelle: Stefan George: Der Teppich des Lebens und die Lieder von Traum und Tod. Gesamt-Ausgabe der Werke, Band 5, Berlin 1932, S. 3–5.

Korrektorat: Rainer Landvogt, Hanau
Einbandgestaltung: Michael Haderer, Wien
Satz: Michael Rauscher, Wien
Druck und Bindung: Hubert & Co. BuchPartner, Göttingen
Gedruckt auf chlor- und säurefreiem Papier
Printed in the EU

Vandenhoeck & Ruprecht Verlage | www.vandenhoeck-ruprecht-verlage.com

ISBN 978-3-412-52067-0

Inhalt

Für Annette

1 Einleitung

1.1 ‚Aristokratismus' zwischen 1890 und 1945

Die vorliegende Studie untersucht den historischen Wandel kultureller Semantiken von ‚Adel' und ‚Aristokratie' zwischen 1890 und 1945 in fiktionalen und nichtfiktionalen Texten. Im Fokus steht, anders als in der sozialgeschichtlichen Adelsforschung üblich, nicht eine konkrete soziale Gruppe, sondern ein sprachlich-kulturelles Konzept ‚Adel'. Dessen Grundlage bildet prototypisches „semantisches Wissen"[1] über ‚Adel', das von kompetenten, gleichwohl nicht speziell gebildeten Sprechern des Untersuchungszeitraums geteilt wurde. Inhalt, Struktur und historische Diskursivität dieses Adelswissens gilt es im Folgenden zu untersuchen. Zugrunde gelegt wird also ein Wissensbegriff, der über differenziertes Spezial- und Expertenwissen, wozu auch das Wissen des Adels ‚in eigener Sache' zählt, hinausweist. Zwar floss dieses in das grundsätzlich weiter gefasste kulturelle Wissen von ‚Adel' ein, wurde aber darin schon aufgrund einer breiteren Zirkulation teils nivelliert, teils ergänzt und erweitert. Solche Erweiterungen betrafen insbesondere die – in ihrer Wirksamkeit und Prägekraft bisher unterschätzten – literarisch-ästhetisch tradierten Deutungen des Begriffsfeldes ‚Adel' und ‚Aristokratie', einschließlich eines weiten Spektrums von Metaphern, Allusionen, Assoziationen und Konnotationen.

Im Untersuchungszeitraum fand eine signifikante Bedeutungserweiterung der Begriffe ‚Adel' und ‚Aristokratie' statt. Sie steht im Zusammenhang mit einer allgemeinen Intensivierung der Kommunikation über ‚Adel' in der ersten Hälfte des 20. Jahrhunderts. Es handelt sich um eine Zunahme, die nicht unmittelbar durch ein gesteigertes Interesse am historischen Adel zu erklären ist. Gegenstand

---

1 Zum Begriff des ‚kollektiven' bzw. ‚semantischen Wissens' einleitend: Fritz, Gerd: Einführung in die historische Semantik. Tübingen 2005. S. 12–13: „Eine Teilfähigkeit der allgemeinen Fähigkeit von Sprechern und Hörern sich zu verständigen ist die semantische Kompetenz bzw. das semantische Wissen. Das semantische Wissen über einen Ausdruck, so könnte man sagen, ist das Wissen, das man benötigt, um das Handlungspotential eines Ausdrucks nutzen zu können. Dieses Wissen der Sprecher hat eine besondere Struktur: es besteht aus den wechselseitigen Annahmen der Sprecher über die Annahmen der anderen Sprecher in Bezug auf den Gebrauch der Ausdrücke. Man nennt derartiges verschränktes Wissen *gemeinsames Wissen* bzw., aus der Perspektive einer Sprechergemeinschaft, *kollektives Wissen*." (S. 12; Hervorhebungen im Original). Einen umfassenden und aktuellen Überblick bieten: Müller, Ernst; Schmieder, Falko: Begriffsgeschichte und historische Semantik. Ein kritisches Kompendium. Berlin 2016. S. 512–614.

der Kommunikation war vielfach eher das, was man einen kulturell konstruierten Adel nennen würde. Die sprachlich-kommunikative Referenz bildete insofern ein kulturelles Konzept ‚Adel', das sich von der Realität der gleichnamigen Gruppe weitgehend löste und diese zur Beglaubigung dann kaum noch benötigte. Der Adel spielte jedenfalls als potentiell verifizierende oder korrigierende Instanz den diskutierten Neudeutungen gegenüber eine vergleichweise marginale Rolle. Das, was aus der Sicht des historischen Adels teils unzulässige, teils irrige Fremddeutungen gewesen sein mochten, besaß für die hier untersuchten Diskursakteure oft eine größere Autorität in Fragen des ‚Aristokratischen' als die beobachtbare Realität der sozialen Gruppe. Diese Tendenz zur Emanzipation, mithin zur Entreferentialisierung, setzte sich in den dynamischen Um- und Neudeutungen der Begriffsfelder ‚Adel' und ‚Aristokratie' innerhalb kulturkritisch-ideologischer Diskurse der Zeit fort.

Die vorliegende Studie versteht sich als Beitrag zur Erforschung des historischen ‚Aristokratismus' zwischen 1890 und 1945. ‚Aristokratismus' ist zugleich ein forschungsgeschichtlich junger Terminus, an dessen Formulierung sowohl Historikerinnen und Historiker (Wencke Meteling und Eckart Conze) als auch Literaturwissenschaftler (Jörg Schuster und Jochen Strobel) beteiligt waren.[2] Als „Analysekategorie" erfasst ‚Aristokratismus' „Wahrnehmungen und Deutungen von ‚Adel', ‚Aristokratie' und des ‚Aristokratischen'" in nichtfiktionalen ebenso wie in ästhetisch-fiktionalen Texten.[3] Berücksichtigt werden in einem verstärkten Maße Fremddeutungen, ohne dabei Selbstdeutungen und -beschreibungen des historischen Adels auszuklammern.

Die Studie entstand zwischen 2013 und 2016 im Rahmen des interdisziplinären Forschungsprojekts *Aristokratismus. Historische und literarische Semantik von ‚Adel' zwischen Kulturkritik der Jahrhundertwende und Nationalsozialismus (1890–1945)*, das sich in enger Kooperation von Historikern und Literaturwissenschaftlern einer eingehenden Erforschung des historischen ‚Aristokratismus' widmete. Den weiteren Rahmen dieses Ansatzes bildet ein jüngeres, gleichwohl nicht mehr neu zu nennendes Interesse der Adelsforschung am 20. Jahrhundert.[4] Jener Zeitraum wurde

2 Vgl. Conze, Eckart; Meteling, Wencke; Schuster, Jörg; Strobel, Jochen (Hgg.): Aristokratismus und Moderne. Adel als politisches und kulturelles Konzept 1890–1945. Köln, Weimar, Wien 2013. (= Adelswelten, Band 1).

3 Conze, Eckart; Meteling, Wencke; Schuster, Jörg; Strobel, Jochen: Aristokratismus und Moderne 1890–1945. In: Aristokratismus und Moderne. S. 9–29. Hier: S. 12.

4 Vgl. Reif, Heinz: Adel im 19. und 20. Jahrhundert. München 1999; Wienfort, Monika: Adel in der Moderne. Göttingen 2006; Conze, Eckart; Wienfort, Monika (Hgg.): Adel und Moderne. Deutschland im europäischen Vergleich im 19. und 20. Jahrhundert. Köln

in den 2000er Jahren zunächst durch eine Reihe von Pionierstudien erschlossen, von denen stellvertretend Stephan Malinowskis auch in methodischer Hinsicht einflussreiche Monographie *Vom Adel zum Führer* genannt sei.[5] Inzwischen haben sich die Einsichten und Erkenntnisse verdichtet. Unlängst wurden bedeutende Forschungsergebnisse auch für die Zeit nach 1945 vorgelegt.[6]

Die Adelsforschung konnte mit Blick auf das 20. Jahrhundert die „Omnipräsenz der Begriffe ,Adel' und ,Aristokratie'"[7] in den Diskursen zwischen Jahrhundertwende und Nationalsozialismus nachweisen. Der Terminus ,Aristokratismus' folgt der Erkenntnis, dass ,Adel' um und nach 1900 gleichsam zu einem „Suchbegriff"[8] avancierte, auf dessen Grundlage intensiv über alternative soziale Ordnungsmodelle und die Bildung neuer Eliten nachgedacht wurde. Es handelte sich um Ideen, die sich teilweise in Entwürfen zu „Ordnungen der Ungleichheit"[9] niederschlugen. Konkretisierungen dieser Art hat insbesondere Alexandra Gerstner in ihrer Monographie *Neuer Adel. Aristokratische Elitekonzeptionen zwischen Jahrhundertwende und Nationalsozialismus* untersucht.[10] Entlang exemplarischer Fallstudien hat Gerstner elaborierte Neuadelskonzepte des Zeitraums in den Blick genommen. Anders als Gerstners Studie widmet sich die vorliegende Untersuchung gerade auch solchen Ideen und Projektionen von ,Adel' und ,Aristokratie', die vielfach gar nicht bis zu einer programmatischen Reife vorgedrungen sind, die also nicht die Konsistenz von Konzepten im engeren Sinne aufwiesen. Nachgegangen wird stattdessen breiter kursierenden ideologischen Adelssemantiken.

2004. Zuletzt: Urbach, Karina: Hitlers heimliche Helfer: Der Adel im Dienst der Macht. Stuttgart 2016.

5 Malinowski, Stephan: Vom König zum Führer. Deutscher Adel und Nationalsozialismus. Frankfurt am Main 2004; vgl. auch: Conze, Eckart: Von deutschem Adel. Die Grafen von Bernstorff im 20. Jahrhundert. Stuttgart, München 2000.

6 Vgl. Seelig, Michael: Alltagsadel. Der ehemalige ostelbische Adel in der Bundesrepublik Deutschland 1945/49–1975. Köln, Weimar, Wien 2015. (= Adelswelten, Band 3).

7 Gerstner, Alexandra: Aristokratie und moderne Elite. Geistesaristokratische Neuadelskonzepte zwischen 1910 und 1934 am Beispiel von Kurt Hiller und Edgar J. Jung. In: Aristokratismus und Moderne. S. 92–105. Hier: S. 92.

8 Conze, Eckart: Adel unter dem Totenkopf. Die Idee eines Neuadels in den Gesellschaftsvorstellungen der SS. In: Adel und Moderne. S. 151–176. Hier: S. 154.

9 Breuer, Stefan: Ordnungen der Ungleichheit. Die deutsche Rechte im Widerstreit ihrer Idee 1871–1945. Darmstadt 2001.

10 Gerstner, Alexandra: Neuer Adel. Aristokratische Elitekonzepte zwischen Jahrhundertwende und Nationalsozialismus. Darmstadt 2008. Vgl. Conze, Eckart: [Art.] Neuadel. In: ders. (Hg.): Kleines Lexikon des Adels. Titel, Throne, Traditionen. 2., durchgesehene Auflage. München 2012. S. 183–186.

Im Mittelpunkt stehen vor allem Kontexte, in denen ‚Adel' und ‚Aristokratie' weniger als Projektions*fläche,* sondern vielmehr als Projektions*quelle* fungierten. Instrumentalisiert wurde in letzteren Fällen vor allem das beachtliche „Evokationspotential"[11] der Adelssemantik. Implikationen von ‚Adel' im Sinne einer politisch-sozialen Elitesemantik verbanden und vermischten sich dabei regelmäßig mit primär kulturell tradierten poetischen Deutungen und Allusionen. Klare Grenzen zwischen den verschiedenen Bedeutungs- und Konnotationsebenen von ‚Adel' wurden häufig nicht gezogen, sie verschwammen vielmehr innerhalb einer kulturellen Adelssemantik. Projektionen, die sich der Adelssemantik primär als Quelldomäne bedienten, hatten zum Ziel, diverse Ideologeme der Zeit inhaltlich zu füllen und sie dabei gleichzeitig auf spezifische Weise zu dimensionieren. Regelmäßig ging es bei gezielten Verknüpfungen mit anspielungsreichen Adelssemantiken auch und gerade darum, ein suggestives Wirkungspotential auszuspielen. Resultat derartiger Engführungen waren nicht zuletzt eine Reihe von diskursiv einschlägigen Neologismen, Komposita und sprachlichen Wendungen. ‚Aristokratisch' avancierte zu einem weit verbreiteten Epitheton, mit dem – bei allen inhaltlichen Unterschieden – praktisch durchgehend eine Aufwertung entsprechend attributierter Konzepte, Ideen und Sachverhalte intendiert war. Die vorliegende Studie fragt konkreter, welche Merkmale einer kulturellen Adelssemantik bei derartigen Projektionen jeweils aktualisiert wurden, an welches vorgängige Wissen von ‚Adel' Diskursakteure anschlossen und wie durch innovative Gebrauchsweisen ein Wandel der kulturellen Adelssemantik insgesamt induziert wurde.

Die Adelsforschung gilt als Domäne der Geschichtswissenschaft. Im Rahmen der Literaturwissenschaften bildete sie, sieht man von vereinzelten Beiträgen, etwa solchen eines älteren sozialhistorischen Forschungsparadigmas, ab, bis in die jüngere Vergangenheit ein Desiderat.[12] Auch hier liegen inzwischen gewichtige Beiträge vor, so insbesondere mit Jochen Strobels Studie zur *Kulturpoetik des Adels* in der

11 Der Ausdruck ‚Evokationspotential' kann als linguistischer *terminus technicus* verstanden werden, der einen ‚Raum des Verstehens' bezeichnet. Vgl. Ziem, Alexander: Sprache und Wissen. Frames und sprachliches Wissen. Kognitive Aspekte der semantischen Kompetenz. Berlin, New York 2008: „In epistemologischer Perspektive geht es um die Bestimmung und innere Differenzierung derjenigen Segmente des Weltwissens, die am Aufbau einer semantischen Repräsentation [...] aktuell beteiligt sind, die also ein sprachlicher Ausdruck bei einem Sprachbenutzer oder einer Sprachbenutzerin kognitiv aufruft." (S. 193).

12 Hohendahl, Peter Uwe; Lützeler, Paul Michael (Hgg.): Legitimationskrisen des deutschen Adels 1200–1900. Stuttgart 1979. (= Literaturwissenschaft und Sozialwissenschaften, Band 11).

Romantik.[13] Das 20. Jahrhundert wurde im Rahmen monographischer Studien bisher noch nicht systematisch in den Blick genommen. Aus literaturwissenschaftlicher Sicht bieten sich im Rahmen der Aristokratismus-Forschung neue Zugangsmöglichkeiten.[14] Zu ihren Prämissen gehört die ausdrückliche Berücksichtigung ästhetischer Verwendungsweisen und Füllungen der Konzepte ,Adel' und ,Aristokratie'. Literatur wird damit als „modellbildendes System" (Lotman) eigener Ordnung ernst genommen.[15] Literatur leistete einen wesentlichen Beitrag zum Wandel kultureller Semantiken. Der Spezifik literarischer Texte entsprechend, wurden kursierende Adelssemantiken aufgegriffen, neu gedeutet und verdichtet. „Aristokratie" war, wie neuere Untersuchungen zeigen, um und nach 1900 ein intensiv verhandeltes „poetisches Konzept"[16]. Es entstanden innovative, häufig metaphorische, symbolische oder allegorische Deutungsweisen, in denen sich zugleich literaturspezifische Formen der Kulturdiagnose erkennbar machen lassen.

Neben literarisch-fiktionalen Texten werden vor allem solche, die sich der Gattung einer essayistischen „Weltanschauungsliteratur"[17] zuordnen lassen, zum Gegenstand der Untersuchung. Die semiliterarische Textsorte ,Essay' war ein „zentrales Medium von Kulturkritik und Gegenwartsdeutung"[18]. Typisch für die kulturkriti-

13 Strobel, Jochen: Eine Kulturpoetik des Adels in der Romantik. Verhandlungen zwischen ,Adeligkeit' und Literatur um 1800. Berlin, New York 2010. Vgl. auch: ders.: Aristokratismus als Integrationsdiskurs der Moderne bei Heinrich Mann. In: Heinrich-Mann-Jahrbuch, 25 (2007). S. 69–89; ders.: Die Semantik des Aristokratischen in der Politischen Romantik und in der Literatur der Inneren Emigration. In: Vielheit und Einheit der Germanistik weltweit. Hrsg. von Franciszek Grucza. Band 7. Frankfurt am Main 2012. S. 49–54.

14 Vgl. dazu die literaturwissenschaftlichen Beiträge von Ulrich Fröschle, Helmut Lethen, Jörg Schuster, Barbara Stiewe und Jochen Strobel in: Aristokratismus und Moderne.

15 Vgl. Lotman, Jurij: Die Struktur literarischer Texte. München 1971. S. 22.

16 Schuster, Jörg: Erfundener Adel. Aristokratie als poetisches Konzept um 1900. In: Aristokratismus und Moderne. S. 106–127.

17 Thomé, Horst: Weltanschauungsliteratur. Vorüberlegungen zu Funktion und Texttyp. In: Wissen in Literatur im 19. Jahrhundert. Hrsg. von Lutz Danneberg und Friedrich Vollhardt. Tübingen 2002. S. 338–380: „Unter ,Weltanschauungsliteratur' verstehe ich ein Korpus von Texten, die den expliziten Anspruch erheben, die ,Weltanschauung' des Verfassers argumentativ darzustellen. In aller Regel verbinden sich dabei breite Darlegungen wissenschaftlicher Ergebnisse mit waghalsigen Hypothesen, metaphysischen Theoriefragmenten, autobiographischen Mitteilungen, persönlichen Glaubensbekenntnissen, ethischen Handlungsanweisungen, zeitpolitischen Diagnosen und gesellschaftlichen Ordnungsmodellen." (S. 338).

18 Friedrich, Hans-Edwin: Essay und Essayismus. In: Nationalsozialismus und Exil 1933–1945. Hrsg. von Wilhelm Haefs. München, Wien 2009. (= Hansers Sozialgeschichte der deutschen Literatur, Band 9). S. 446–473. Hier: S. 446 f.

sche „Weltanschauungsessayistik und Zeitdiagnostik"[19] im 20. Jahrhundert war eine Verschränkung rhetorischer, ästhetischer und pragmatischer Wirkungsabsichten. Verallgemeinern ließe sich, was Hermann Lübbe mit Blick auf die enorme Wirkung von Oswald Spenglers (1880–1936) *Der Untergang des Abendlandes* (1922) feststellt. Die durch waghalsige Analogiebildungen geprägte Kulturkritik Spenglers wirkte „nicht durch umwälzende Neuerungen auf der cognitiven Ebene", sondern durch die „singuläre Kraft literarischer Expression einer zivilisatorischen Befindlichkeit. [...] Sie informiert nicht, sondern drückt die Ambivalenz im kulturellen Selbstgefühl ihres Publikums aus und intensiviert, was sie ausdrückt, durch die literarische Intensität ihres Ausdrucks"[20].

1.2 Kulturkritik als Medium semantischer Innovation

In der Historischen Semantik werden „Bewertungskommunikationen" als primäre „Kontexte der Innovation" eingestuft.[21] Eine These dieser Studie lautet, dass Kulturkritik, zu verstehen als prototypische ‚Bewertungskommunikation', ein zentrales Medium des Wandels von ‚Adel' und ‚Aristokratie' im Zeitraum zwischen 1890 und 1945 bildete. Auszugehen ist von folgenreichen Konvergenzen zwischen Semantiken von ‚Adel' und ‚Kulturkritik', Prozessen also, in denen es zu semantischen Innovationen aufgrund von ‚Überlagerungen' oder ‚Verschmelzungen' kam. Aus linguistischer Perspektive hat sich zur formalen Beschreibung derartiger Prozesse der von Gilles Fauconnier und Mark Turner eingeführte *terminus technicus ‚blending'* etabliert.[22] Er bezeichnet einen „komplex[en] kognitiv[en] Prozess der begrifflichen ‚Mischung', der zur Entstehung von emergentem Wissen *(blend)* aus zwei sich überlagernden Wissensquellen *(input spaces)* führt"[23]. Resultat konzeptueller Verschmelzungen von ‚Adel' und ‚Kulturkritik' war das, was im Folgenden als eine ‚kulturkritische

19 Sloterdijk, Peter: Weltanschauungsessayistik und Zeitdiagnostik. In: Literatur der Weimarer Republik 1918–1933. Hrsg. von Bernhard Weyergraf. München, Wien 1995. (= Hansers Sozialgeschichte der deutschen Literatur, Band 8). S. 309–339.

20 Lübbe, Hermann: Historisch-politische Exaltationen. Spengler wiedergelesen. In: Spengler heute. Hrsg. von Christian Ludz. München 1980. S. 1–25. Hier: S. 18.

21 Fritz, Gerd: Historische Semantik. 2. Auflage. Stuttgart 2006. S. 56.

22 Fauconnier, Gilles; Turner, Mark: The Way we Think. Conceptual Blending and the Mind's Hidden Complexities. New York 2002.

23 Vgl. Ziem, Alexander: [Art.] Blending. In: DiskursNetz. Wörterbuch der interdisziplinären Diskursforschung. Hrsg. von Wrana, Daniel; Ziem, Alexander; Reisigl. Martin; Nonhoff, Martin; Angermuller, Johannes. Berlin 2014. S. 58.

Adelssemantik' bezeichnet werden soll. Figurationen von ‚Adel' oder ‚Aristokratie' avancierten darin zu kulturkritischen Hochwertbegriffen. Integriert in ideologisch aufgeladene Deutungs- und Wertungsmuster der Kulturkritik, wurde die kulturelle Adelssemantik ihrerseits zu einem Medium von Kulturkritik. Sie fand Eingang in eine normativ-ideologische Kulturdiagnostik, mit der die angeblich pathogene Wirkung der zivilisatorischen Moderne und ihrer Epiphänomene auf spezifische Weise reflektiert und analysiert wurde. Die kulturkritische Adelssemantik bildete dabei in erster Linie eine Ermöglichungsgrundlage für elaborierte Neuadelskonzepte, ohne selber schon ein solches zu sein.

Theodor W. Adorno zufolge beklagt Kulturkritik stets einen „Verfall der Norm"[24]. Kulturkritik bezieht ihre argumentative Dynamik und ihr kritisches Potential wesentlich aus Vergleichen zwischen einem angeblich depravierten Ist-Zustand und einem normativ aufgeladenen Ideal, das zugleich auf suggestive Weise vermittelt, ‚wie es eigentlich sein sollte'. Die Forschung hat inzwischen von Versuchen Abstand genommen, den notorisch unscharfen Begriff ‚Kulturkritik' allein inhaltlich, etwa mit Blick auf ein spezifisches Themenspektrum, definieren zu wollen. Schlechterdings lassen sich kaum nennenswerte Gegenstände, Themen oder Phänomene ausmachen, die in der Vergangenheit nicht zum Ausgangspunkt für hypergeneralisierende kulturkritische Niedergangsdiagnosen taugten. Längst durchgesetzt hat sich dagegen Georg Bollenbecks Definition, Kulturkritik sei primär als „normativ aufgeladener Reflexionsmodus" zu verstehen, der „sich mit der ‚evolutiven Moderne' ausbildet und dessen Wertungs- und Ordnungsschemata gegenüber den Zumutungen der Moderne sensibilisieren"[25]. Ein solcher Zugriff verschiebt den Fokus von der inhaltlichen zur formalen Beschreibungsebene. Ein Schritt, der sich als außerordentlich fruchtbar erwiesen hat. Die neuere Forschung hat sich im Anschluss an Bollenbeck intensiv der Formulierung einer „Semantik der Kulturkritik"[26] gewidmet. Bestätigt wurde die Beobachtung, dass kulturkritisches Denken vor allem ein „osmotisches

24 Adorno, Theodor W.: Kulturkritik und Gesellschaft. In: ders.: Gesellschaftstheorie und Kulturkritik. Frankfurt am Main 1975. S. 46–65. Hier: S. 46.

25 Bollenbeck, Georg: Geschichte der Kulturkritik. Von Rousseau bis Günther Anders. München 2007. S. 10 f. Vgl. ders.: Kulturkritik: ein unterschätzter Reflexionsmodus der Moderne. In: Philosophie und Zeitgeist im Nationalsozialismus. Hrsg. von Marion Hein und Goran Gretić. Würzburg 2006. S. 87–100.

26 Semantik der Kulturkritik. Zeitschrift für Literaturwissenschaft und Linguistik (LiLi), 41/161 (2011). Vgl. auch: Jung, Theo: Zeichen des Verfalls. Semantische Studien zur Entstehung der Kulturkritik im 18. und frühen 19. Jahrhundert. Göttingen 2012. (= Historische Semantik, Band 18).

Denken“[27] ist. Ralf Konersmann zufolge „befällt“ Kulturkritik als „intermediäre, interdiskursive, intertextuelle Diskursschicht [...] Medien und Texte, von denen sie sich in alle Welt tragen läßt“[28]. Der Historiker Theo Jung spricht von dem geradezu „parasitären“ Charakter der Kulturkritik.[29] In semantischer Hinsicht heißt dies: Kulturkritik weist keine genuinen Inhalte im Sinne von Denotaten auf. Sie ist auf den „semantischen Input eines weiteren diskursiven Kontexts“[30] angewiesen. Kulturkritik assimiliert Inhalte, die in verschiedenen Diskursen eines bestimmten historischen Zeitraums zirkulieren. Diese werden innerhalb eines schematischen Deutungsmusters, genauer: eines spezifischen Paradigmas ‚asymmetrischer Gegenbegriffe‘ (Koselleck), neu verhandelt und gedeutet.[31] Ein semantischer Wandel der betroffenen Inhalte erfolgt also im Zuge der Integration in ein hochgradig adaptives Deutungs- und Wertungsschema. Instrumentalisierte Semantiken konvergieren auf der inhaltlichen (denotativen) Ebene mit den auf sie projizierten Wertungen. Ist davon zunächst die konnotative Ebene betroffen, führt dies im Fortgang zu einem Wandel der betroffenen Semantiken insgesamt.

1.3 ‚Frame-Semantik‘ als Methode

Die Untersuchung des semantischen Wandels erfolgt methodisch mittels der Frame-Semantik, der gegenwärtig wohl avanciertesten und vielseitigsten semantischen Theorie.[32] Die Frame-Semantik verbindet kognitionslinguistische mit kulturwissen-

---

27 Bollenbeck, Geschichte der Kulturkritik. S. 9.

28 Konersmann, Ralf: Kulturkritik. Frankfurt am Main 2008. S. 134.

29 Jung, Theo: Eine ‚Klage so alt wie die Geschichte‘? Dimensionen des Wandels im Diskurs der modernen Kulturkritik. In: Agard, Olivier; Beßlich, Barbara (Hgg.): Kulturkritik zwischen Deutschland und Frankreich (1890–1933). Frankfurt am Main 2016. S. 25–40. Hier: S. 31.

30 Jung, Eine ‚Klage so alt wie die Geschichte?‘. S. 31.

31 Koselleck, Reinhart: Zur historisch-politischen Semantik asymmetrischer Gegenbegriffe. In: ders.: Vergangene Zukunft. Zur Semantik geschichtlicher Zeiten. Frankfurt am Main 1979. S. 211–259. Zur Bedeutung ‚asymmetrischer Gegenbegriffe‘ in der Kulturkritik: Jung, Zeichen des Verfalls. S. 25.

32 Einen enzyklopädischen Überblick bietet: Busse, Dietrich: Frame-Semantik. Ein Kompendium. Berlin, Boston 2012. Ein knapp gehaltener Überblick findet sich in: Busse, Dietrich: Semantik. Paderborn 2009. S. 80–90; instruktiv außerdem: Ziem, Sprache und Wissen; ders.: Frame-Semantik und Diskursanalyse. Skizze einer kognitionswissenschaftlich inspirierten Methode zur Analyse gesellschaftlichen Wissens. In: Warnke, Ingo; Spitzmüller, Jürgen (Hgg.): Methoden der Diskurslinguistik. Sprachwissenschaftliche Zugänge zur

schaftlichen, besonders diskursanalytischen Ansätzen (‚Diskurslinguistik').[33] Sie wurde in den vergangenen Jahren vor allem seitens der Düsseldorfer Linguisten Dietrich Busse und Alexander Ziem theoretisch und methodisch zu einer „kulturwissenschaftlichen Semantik" weiterentwickelt, die sich ausdrücklich auch als eine Erweiterung zur Begriffsgeschichte versteht.[34] Die Frame-Semantik konnte ihr Potential über die Linguistik hinaus in den Sozialwissenschaften unter Beweis stellen.[35] An den Stand der Forschung anschließende literaturwissenschaftliche Anwendungen finden sich in jüngster Zeit in der Mediävistik.[36] Das Potential der Frame-Semantik für die literaturwissenschaftlichen Disziplinen allgemein darf als außerordentlich vielversprechend bezeichnet werden. Dies gilt vor allem im engen Verbund mit einer Kognitiven Literaturwissenschaft, deren zentrale Prämissen die Frame-Semantik teilt. Das Paradigma der *Cognitive Poetics* hat sich in den vergangenen Jahren dynamisch entwickelt. Es entstand eine Reihe spezialisierter Forschungsfelder (Kognitive Narratologie, *Digital Humanities,* kognitionspsychologische Leser- und

---

transtextuellen Ebene. Methoden. Berlin, New York 2008. S. 89–116. Zur Frame-Semantik im Rahmen der Kognitiven Linguistik allgemein: Alexiadou, Artemis: Kognitive Linguistik. In: Handbuch Kognitionswissenschaften. Hrsg. von Achim Stephan und Sven Walter. Stuttgart, Weimar 2013. S. 63–66.

33 Spitzmüller, Jürgen; Warnke, Ingo H.: Diskurslinguistik. Eine Einführung in Theorien und Methoden der transtextuellen Sprachanalyse. Berlin, Boston 2011; Busse, Dietrich; Teubert, Wolfgang: Linguistische Diskursanalyse: neue Perspektiven. Wiesbaden 2013.

34 Vgl. das Kapitel ‚Ausblick und Anschlussmöglichkeiten' in Busse, Frame-Semantik. S. 813–818. Vgl. auch: Müller; Schmieder, Begriffsgeschichte und historische Semantik. S. 484–497.

35 Vgl. Donati, Paolo: Rahmenanalyse politischer Diskurse. In: Keller, Reinhart; Hirseland, Andreas; Schneider, Werner; Viehöver, Willy (Hgg.): Handbuch sozialwissenschaftliche Diskursanalyse. Band 1: Theorien und Methoden. Wiesbaden 2011. S. 159–162.

36 Eine frühe Adaption des Frame-Modells für die literaturwissenschaftliche Textanalyse findet sich bei Müske, Eberhardt: Diskurssemiotik. Zur funktionellen Integration des Frame-Konzepts in ein dynamisches Modell literarisch-künstlerischer Texte. Stuttgart 1992. Vgl. auch: Busse, Frame-Semantik. S. 800 (Anm. 33). Busse bemerkt, dass Müskes Studie die bislang erste und einzige Adaption der Frame-Semantik aus dezidiert literaturwissenschaftlicher Sicht darstellt. Inzwischen hat die mediävistische Literaturwissenschaft einen an den Stand der Forschung anschließenden Beitrag vorzuweisen, vgl. Schultz-Balluff, Simone: Synergetisierung von Frame-Semantik und mediävistischer Literaturwissenschaft. Theoretische und methodische Überlegungen am Beispiel von Treue-Konzeptionen in mittelhochdeutschen Texten. In: Beiträge zur Geschichte der deutschen Sprache und Literatur, 136 (2014). S. 374–414. Besonders hervozuheben ist außerdem der methodisch und thematisch gleichermaßen einschlägige Beitrag von Jochen Strobel: „... den letzten Rest von Poësie." Historische und literarische Semantik eines kulturellen Schemas am Beispiel von ‚Adel' in der Moderne. In: KulturPoetik, 12/2 (2012), S. 187–207

Emotionsforschung).[37] Anschlüsse an die Frame-Semantik bestehen potentiell in allen genannten Bereichen. Im Kontext der Narratologie hat sich zuletzt Albrecht Koschorke schema- bzw. framesemantischer Theoreme bedient.[38] Als von Vorteil erwies sich dabei, dass der Begriff ‚Frame' die in der älteren Forschung kursierenden Termini ‚Schema', Skript', ‚Szene' und ‚Szenario' subsumiert. Sie fokussieren jeweils bestimmte Aspekte und Funktionen von Frames.[39] Koschorke erweitert diese Reihe um den kulturwissenschaftlich viel diskutieren Terminus ‚Narrativ', dessen Kompatibilität mit dem Modell ‚Frame' von ihm herausgestellt wird.[40]

Die Frame-Semantik versteht sich als „Ansatz zur semantischen Erforschung diskursiven Wissens"[41]. Zentral ist ihre Kritik an der strukturalistischen Merkmalssemantik in der Tradition Ferdinand de Saussures (1857–1913), die von kleinsten Bausteinen, gleichsam atomaren Elementen der Bedeutung (‚Semen') ausgeht. Bereits der Gründungsvater der Frame-Semantik, der Linguist Charles Fillmore (1929–2014), hat auf die Aporien der strukturalistischen Merkmalssemantik hingewiesen. Bedeutungen entstehen, so Dietrich Busse im Anschluss an Fillmore, nicht „aus der Summe atomarer Einheiten, sondern aus einem Geflecht von Wissenselementen, das im Sprachverstehensprozess im Rückgriff auf Hintergrundwissen erschlossen (‚inferiert') wird"[42]. Instrumentell betrachtet, handelt es sich bei einem Frame um ein linguistisches Format zur Beschreibung und Analyse (kulturellen) Wissens. Die Frame-Semantik geht ferner davon aus, dass beim kognitiven Nachvollzug eines sprachlichen Ausdrucks ein Wissensrahmen (‚Frame') aufgerufen

---

37 Vgl. Eder, Thomas: Kognitive Literaturwissenschaft. In: Handbuch Literatur und Philosophie. Hrsg. von Hans Feger. Stuttgart 2012. S. 311–332; Stockwell, Peter: Cognitive Poetics. An Introduction. London 2002; ders.: Cognitive Poetics and Literary Theory. In: Journal of Literary Theory 1/1 (2007). S. 135–152; Brône, Geert; Vandaele, Jeroen (Hgg.): Cognitive Poetics. Goals, Gains and Gaps. Berlin, New York 2009; Winko, Simone; Huber, Martin (Hgg.): Literatur und Kognition. Berlin 2009; Bergs, Alexander; Schneck, Peter: Kognitive Poetik. In: Stephan; Walter (Hgg.): Handbuch Kognitionswissenschaft. S. 518–522.

38 Koschorke, Albrecht: Wahrheit und Erfindung. Grundzüge einer allgemeinen Erzähltheorie. Frankfurt am Main 2012. S. 29–37 sowie S. 61–73. Koschorke bezieht sich neben Frederic Charles Bartlett und Marvin Minsky vor allem auf Mandler, Jean Matter: Stories, Scripts, and Scenes: Aspects of Schema Theory. Hillsdale, New Jersey, London 1984.

39 Ziem, Alexander: [Art.] Frame (Kognitionstheorie). In: DiskursNetz. S. 154–155. Hier: S. 154.

40 Koschorke, Wahrheit und Erfindung: „Narrative gehören hier der gleichen Klasse von Kategorien an wie *frames, scripts* und *scenes,* für die allesamt gilt, dass es einfacher ist, ‚to oganize knowledge and behavior if the vast realms of experience are subdivided.'" (S. 69).

41 Ziem, Alexander: [Art.] Frame-Semantik. In: DiskursNetz. S. 155–156. Hier: S. 155.

42 Busse, Semantik. S. 85.

wird. Dieser stellt das Wissen bereit, um den Ausdruck aus einem prototypischen situativen Setting heraus zu verstehen (‚verstehensrelevantes Wissen‘). Ist in einem kommunikativen Kontext etwa von ‚Adel‘ oder ‚Aristokratie‘ die Rede, wird bei den beteiligten Akteuren ein Frame Adel aktiviert. Zum kulturellen Wissen, das dabei in einem größeren Strukturzusammenhang aufgerufen wird, gehören etwa auch prototypische Kenntnisse über (kulturell und historisch variable) Kontiguitätsbeziehungen. Zu denken ist etwa an Relationen zwischen kulturell kontigen Konzepten wie ‚Adel‘ und ‚Land‘ oder ‚Adel‘ und ‚Bürger‘.

Das methodische Vorgehen der Frame-Semantik besteht wesentlich darin, Begriffe entlang isolierbarer „Wissenselemente“ zu beschreiben. Zugrunde liegt somit ein semantisches Kompositionalitätsprinzip. Frames „sind kompositionell zerlegbare Strukturen des Wissens [...], in denen Elemente, Ebenen und Relationen als Teileinheiten identifiziert werden können“[43]. Auf diese Weise bietet das Modell überdies einen unmittelbaren Anschluss an die Merkmalskataloge, die von der jüngeren mentalitäts- und kulturgeschichtlich ausgerichteten Adelsforschung erstellt wurden, zuletzt unter dem Begriff „Adeligkeit“ (Reif). Das Frame-Modell offeriert einen theoretisch und terminologisch abgesicherten und zugleich differenzierten Zugriff auf semantische Merkmale von ‚Adel‘, der weit über den Charakter einer katalogartigen Aufzählung hinausgeht. So stellen sich beispielsweise zusätzlich Fragen nach dem jeweiligen Status der Elemente im historischen kulturellen Wissen sowie nach der Position und Funktion im Hinblick auf den Wissensrahmen Adel als Ganzes. Zu unterscheiden wäre etwa auch zwischen Merkmalen der ‚Oberflächensemantik‘ (die Ebene des in Texten der Zeit explizit artikulierten und somit ‚bewussten‘ Wissens) und einer „tiefensemantischen“ (Dietrich Busse) Dimension, womit zum Verständnis unabdingbare Merkmale gemeint sind, die aber aus noch näher zu erläuternden Gründen regelmäßig nicht eigens artikuliert, gleichwohl von den Akteuren auf der Grundlage eines kognitiv präsenten Hintergrundwissens regelmäßig präsupponiert bzw. inferiert werden.

Frames weisen drei zentrale Strukturkonstituenten auf: ‚Leerstellen‘ *(slots)*, ‚Füllwerte‘ *(fillers)* und ‚Standardwerte‘ *(default values)*.[44] Als ‚Leerstellen‘ werden die formalen Anschlussstellen in Frames bezeichnet, die jeweils durch inhaltlich definierte Wissenselemente gefüllt werden. Ausgehend von einem historischen Erkenntnisinteresse sind insbesondere ‚Standardwerte‘ (auch: ‚Standard-Annahmen‘) relevant. Sie bezeichnen langfristig etablierte, gleichsam ‚verfestigte‘ Elemente des

---

43 Busse, Frame-Semantik. S. 545.

44 Vgl. Ziem, Sprache und Wissen. S. 283–367.

kulturellen Wissens. Wird ein Wissensrahmen aktiviert, werden diese Standarisierungen im Wissen kognitiv wirksam als ‚Normalitätserwartungen', die regelmäßig eine Tendenz zum Stereotypen aufweisen.[45]

Der Wandel von Frames und des durch sie repräsentierten Wissens wird formal als ein Austauschprozess von Standardwerten beschrieben. Ein solcher Austausch vollzieht sich in historischen Diskursen und entsprechend den darin wirksamen Prozessen machtgeleiteter Aushandlungen. Formale Bedingung für den Wandel ist das rekurrente Auftreten und die langfristige Durchsetzung von abweichenden bzw. innovativen Zuschreibungen (‚Füllwerten'). Ein solcher Wandel erfolgt naturgemäß nicht linear und konfliktfrei, sondern wird begleitet von intensiven „semantischen Kämpfen"[46]. In diesen geht es nicht allein darum, innovative Zuschreibungen gegen konkurrierende durchzusetzen, sondern vor allem auch darum, die strukturelle Trägheit und Persistenz einmal etablierter Wissensbestände langfristig zu überwinden und vakant werdende Stellen dauerhaft durch neue Standardwerte zu füllen. Dies führt beinahe automatisch zu der Frage nach der ‚Macht' der jeweiligen Akteure, ein breites kulturelles Wissen in dieser Weise beeinflussen und verändern zu können.

1.4 ‚Tiefensemantik' und *tacit knowledge* – Dimensionen kulturellen Wissens

Die Basis für die Frame-Analyse bildet ein weiter Wissensbegriff, der im konkreten Fall historische Fremd- und Selbstdeutungen von ‚Adel' inkludiert. Kulturelles Wissen meint prinzipiell *„shared knowledge"*, d.h., dass potentiell die „Gesamtmenge der in der Kultur zirkulierenden Kenntnisse" Berücksichtigung findet, „die durch Erfahrung und Kommunikation konstruiert, erworben und tradiert wird"[47]. Frames sind Analyseformate für kulturelles Wissen, das seiner Genese entsprechend als ‚prototypisch' oder ‚stereotyp' charakterisiert werden kann. „In Frames ist […] stereotypes Wissen […] abgespeichert und in seinem Strukturzusammenhang kognitiv

45 Vgl. Busse, Frame-Semantik. S. 604.

46 Felder, Ekkehard (Hg.): Semantische Kämpfe. Macht und Sprache in den Wissenschaften. Berlin, New York 2006; ders.: Semantischer Kampf. Wie Sprache eint und trennt. In: Ruperto Carola 1/2014, Themenheft ‚Krieg & Frieden'. S. 108–115.

47 Neumann, Birgit: Kulturelles Wissen und Literatur. In: Kulturelles Wissen und Intertextualität. Theoriekonzeptionen und Fallstudien zur Kontextualisierung von Literatur. Hrsg. von Marion Gymnich, Birgit Neumann und Ansgar Nünning. Trier 2006. S. 29–53. Hier: S. 43 (Hervorhebung im Original).

abrufbar."[48] Genauer zu bestimmen wäre insofern das Verhältnis zwischen einem engen Wissensbegriff in Bezug auf ‚Adel', einem Wissen von Insidern und Spezialisten, und einem breiteren kulturellen Wissen, einem Adelswissen mit ‚stereotypen' Zügen also, in das spezifisches Experten- und Spezialwissen durchaus Eingang findet, in dem dieses aber nivelliert sowie durch hinzukommende Elemente und Vernetzungen angereichert bzw. erweitert wird.

In der Frame-Semantik besaßen Erörterungen des Wissensbegriffs und der historischen Dimensionen von ‚Wissen' lange Zeit eine eher nebensächliche Bedeutung. Das Desiderat wurde in den vergangenen Jahren benannt und in weiten Teilen gefüllt. Dies geschah forschungsgeschichtlich erst in jüngster Zeit, weil sprachliche Konkreta das primäre Untersuchungsfeld bildeten. Sprachliche Konkreta besitzen eine simple empirische Evidenz, weshalb verallgemeinernde Wissensbehauptungen in diesen Fällen unproblematisch sind. Bei Abstrakta, mithin Wissen, das hochgradig deutungsabhängig und historisch variabel ist, stellen die Ermittlung und der methodische Umgang mit semantischen Standardwerten eine erhebliche größere Herausforderung dar, aus mehreren Gründen:

> Je höher der Abstraktionsgrad der analysierten Frame-Strukturen, d.h. insbesondere ihrer integralen Default-Werte [‚Standardwerte'; JdV] ist, desto schwerer ist es, sie frame-semantisch zu ermitteln. Denn Default-Werte können nur indirekt, nämlich über prototypentheoretisch motivierte empirische Untersuchungen identifiziert werden. Gehören sie aber so fundamental zum historischen Selbstverständnis einer Sprachgemeinschaft, dass sie kaum eigens thematisiert werden, ist natürlich auch ihre empirisch-quantitative Erfassung schwierig.[49]

Grundsätzlich gilt, dass ein bedeutender Teil des kulturellen Wissens, etwa wenn es um weithin unumstrittene Inhalte geht, nicht expliziert werden muss; es handelt sich dann um *„tacit knowledge"*[50]. Mit Michael Titzmann kann prinzipiell zwischen einem expliziten ‚bewussten' und einem impliziten ‚nichtbewussten' Teil des kulturellen Wissens differenziert werden:

> Je selbstverständlicher und unbefragter ein Element des kW [des kulturellen Wissens; JdV] ist, desto mehr tendiert es dazu, nicht bewusst zu sein. Analoges gilt für die kulturellen

48 Ziem, Frame-Semantik und Diskursanalyse. S. 93.
49 Ziem, Frame-Semantik und Diskursanalyse. S. 111.
50 Polanyi, Michael: The Tacit Dimension. New York 1966.

Zeichensysteme/Kodes: Wir beherrschen sie und können sie korrekt einsetzen, auch wenn ihre Regeln zu unserem nicht-bewussten Wissen gehören; wir können z.B. deutsch sprechen, auch wenn inzwischen selbst das Gymnasium die Regeln dieses Zeichensystems nicht mehr vermittelt, also bewusst macht.[51]

Mit Blick auf die Möglichkeiten zur Ermittlung von historischem Wissen ist von ‚bewusstem Wissen' immer dann zu sprechen, „wenn eine Aussage zumindest in einer statistisch umfänglichen Teilmenge der Texte, in denen sie belegt ist, als explizite Präposition repräsentiert ist […]"[52]. Empirische Untersuchungen zum historischen Wissen, vorzugsweise in Form von Korpusanalysen, erfassen also primär ‚bewusstes Wissen'. Dieses wird verbalisiert, erscheint so gleichsam an der Textoberfläche. Bei ‚nichtbewusstem Wissen' ist dies aus den genannten Gründen nicht oder nur ausnahmsweise der Fall. Im gleichen Maße wie ‚Nichtbewusstheit' des Wissens ein Hinweis auf weitgehende Konsensualität sein kann, ist ‚Bewusstheit' ein Indiz dafür, dass umstrittene Wissensbestände vorliegen oder es sich um solches Wissen handelt, das sich generell im Status der Neuaushandlung befindet, was sich dann empirisch in einer erhöhten Zahl von Okkurrenzen der betroffenen Begriffe in definierten Textkorpora niederschlägt. Frame-Semantik ist zur Erstellung aussagekräftiger Modelle auf die Ergebnisse von Korpusanalysen angewiesen, erhebt aber darüber hinaus den Anspruch, auch *‚tacit knowledge'* formal zu berücksichtigen. Dietrich Busse spricht in diesem Zusammenhang von der Ebene der „Tiefensemantik", ein Terminus, der zugleich einen programmatischen Anspruch zum Ausdruck bringt, nämlich ‚nichtbewusstes', gleichwohl „verstehensrelevantes" Wissen methodisch ‚sichtbar' zu machen:

> Eine ‚reiche' Semantik oder ‚Tiefensemantik' […] kann sich nicht auf die Explizierung der sozusagen ‚offen zu Tage liegenden' epistemischen Elemente von Wort und Textbedeutungen beschränken, sondern muss gerade auch das zugrundeliegende, versteckte, normalerweise übersehene, weil als selbstverständlich unterstellte Wissen explizieren. Zu dieser Analyse gehört auch die Explizierung von in sprachlichen Äußerungen transportierten

51 Titzmann, Michael: Propositionale Analyse – kulturelles Wissen – Interpretation. In: Medien und Kommunikation. Eine interdisziplinäre Einführung. Hrsg. von Hans Krah und Michael Titzmann. Dritte, stark erweiterte Auflage. Passau 2013. S. 85–112. Hier: S. 99.

52 Titzmann, Michael: Kulturelles Wissen – Diskurs – Denksystem. Zu einigen Grundbegriffen der Literaturgeschichtsschreibung. In: Zeitschrift für französische Sprache und Literatur, 99 (1989). S. 47–61. Hier: S. 49.

> oder insinuierten epistemischen Elementen, von deren Vorhandensein die Sprecher und Rezipienten der Texte möglicherweise gar kein reflektiertes Bewusstsein haben.[53]

Zum hier untersuchten historisch-kulturellen Wissen von ‚Adel' gehören sowohl empirisch nachweisbare Merkmale der Oberflächensemantik wie auch Elemente der ‚tiefensemantisch' wirksamen ‚nichtbewussten' Wissensebene, die interpretatorisch erschlossen werden müssen. Für ein framesemantisches Untersuchungsprogramm ergibt sich daraus folgerichtig eine Kombination aus quantitativ-empirischen (korpusbasierten) und qualitativ-hermeneutischen Untersuchungsschritten.

1.5 Diskurs- und Korpusanalyse – Kulturzeitschriften als Quelle

Die Untersuchung des Aristokratismus-Diskurses erfolgt auf der Grundlage von qualitativen Einzeltextanalysen, ergänzt durch die quantitative Analyse eines Korpus von Zeitschriftenartikeln. Die Sichtung, Sammlung und Auswertung erfolgte im Rahmen des Forschungsprojekts ‚Aristokratismus'. Das erstellte thematische Korpus umfasst mehr als 300 Texte aus 13 deutschsprachigen Kulturzeitschriften mit unterschiedlichem politisch-weltanschaulichen Profil *(Das Gewissen, Das XX. Jahrhundert, Der Kunstwart, Der Ring, Der Türmer, Der Weiße Ritter, Deutsche Rundschau, Die Grenzboten, Die Tat, Die Weltbühne, Hochland, Preußische Jahrbücher, Süddeutsche Monatshefte)*. Dem Forschungsdesign des Projekts (wie auch dem der vorliegenden Studie) entsprechend, sollte, auch wenn die historiographische Darstellung von Diskursen notwendig nur ausschnitthaft erfolgen kann, dies doch in einer Weise geschehen, dass anhand des Quellenmaterials exemplarisch die Breite und die Evidenz des historischen Aristokratismus-Diskurses nachvollziehbar wird. Nachgewiesen wurde die Präsenz ideologisch gedeuteter Adelssemantiken sowohl in politisch tendenziell an der ‚Mitte' orientierten bürgerlich-konservativen oder liberalen Zeitschriften *(Die Grenzboten)* als auch in solchen, die für eine radikale politisch-kulturelle Programmatik standen *(Der Ring, Die Tat)*.

Der Untersuchung zugrunde liegt ein seiner Herkunft nach linguistischer Diskursbegriff, der in wegweisenden Arbeiten Dietrich Busses, Fritz Hermanns und Wolfgang Teuberts über die letzten Jahre und Jahrzehnte entwickelt wurde.[54] Ein

53 Busse, Dietrich: Begriffsgeschichte oder Diskursgeschichte? Zu theoretischen Grundlagen und Methodenfragen einer historisch-semantischen Epistemologie. In: Herausforderungen der Begriffsgeschichte. Hrsg. von Carsten Dutt. Heidelberg 2003. S. 17–38. Hier: S. 26.

54 Busse, Dietrich; Teubert, Wolfgang: Ist Diskurs ein sprachwissenschaftliches Objekt? Zur

solcher Diskursbegriff findet nicht nur in der Frame-Semantik Anwendung, sondern hat sich auch in der Historischen Diskursanalyse längst durchgesetzt.[55] Er steht in der Tradition von Foucaults Diskursanalyse, setzt allerdings unter pragmatischen und forschungspraktischen Gesichtspunkten Diskurse mit Textkorpora gleich. Mit Teubert und Hermann kann ein historischer Diskurs in seiner Gesamtheit als ein ‚imaginäres' Korpus verstanden werden: „Der zu einem Thema wirklich abgelaufene historische Diskurs ist vorzustellen als ein (je nach Thema) schlechterdings immenses Korpus aller jener – mündlichen oder schriftlichen – Einzeltexte, die das Thema irgendwie behandelt haben oder auch nur streiften."[56]

Ein davon abgeleitetes ‚virtuelles' Korpus bezeichnet die Summe historisch überlieferter und der Erforschung faktisch zugänglicher Texte. Das virtuelle Textkorpus wiederum bildet die Grundlage für eine nach definierten Forschungszielen und Methoden erfolgende Sammlung, Sichtung und Gewichtung einzelner Texte und Textausschnitte. Die Ergebnisse sind ‚konkrete' Textkorpora, zu verstehen als wissenschaftlich erschlossene „Teilmengen der jeweiligen Diskurse"[57]. Das in der Studie zugrunde gelegte Textkorpus entspricht in diesem spezifischen Sinne also einer konkreten Teilmenge des historischen Aristokratismus-Diskurses.

Ein Diskurs ist eine „extrapolierte Größe, die sich empirisch nie vollständig erfassen lässt. Seine Einheit (bzw. die des virtuellen Textkorpus) garantieren inhaltliche Kriterien, denen Texte bzw. Textsequenzen zu genügen haben"[58]. Das Korpus vereint Texte bzw. Textsequenzen, die „durch explizite oder implizite (text- oder kontextsemantisch erschließbare) Verweisungen aufeinander Bezug nehmen bzw. einen intertextuellen Zusammenhang bilden"[59]. Als Kriterium für die Aufnahme

Methodenfrage der historischen Semantik. In: dies.: Begriffsgeschichte und Diskursgeschichte. Methodenfragen und Forschungsergebnisse der historischen Semantik. Opladen 1994. S. 10–28. Wieder in: dies.: Linguistische Diskursanalyse: neue Perspektiven. S. 13–30; Hermanns, Fritz: Sprachgeschichte als Mentalitätsgeschichte. Überlegungen zu Sinn und Form und Gegenstand historischer Semantik. In: Sprachgeschichte des Neuhochdeutschen. Gegenstände, Methoden, Theorien. Hrsg. von Andreas Gardt, Klaus J. Mattheier, Oskar Reichmann. Tübingen 1995. S. 69–101. Wieder in: Hermanns, Fritz: Der Sitz der Sprache im Leben: Beiträge zu einer kulturanalytischen Linguistik. Hrsg. von Heidrun Kämpfer, Angelika Linke, Martin Wengeler. Berlin, Boston 2012. S. 5–36.

55 Vgl. Landwehr, Achim: Historische Diskursanalyse. 2. Auflage. Frankfurt am Main, New York 2009. S. 101–105.

56 Hermanns, Sprachgeschichte als Mentalitätsgeschichte. S. 25.

57 Busse; Teubert, Ist Diskurs ein sprachwissenschaftliches Objekt? S. 17.

58 Ziem, Sprache und Wissen. S. 391.

59 Busse; Teubert, Ist Diskurs eine sprachwissenschaftliches Objekt? S. 14.

einzelner Texte gilt das Vorliegen einer kontextuellen Koinzidenz der Frames Adel und Kulturkritik bzw. der durch das linguistische Format ‚Frame' jeweils repräsentierten Semantiken von ‚Adel' und ‚Kulturkritik'.

Den aktuellen Forschungsstand zur diskursanalytischen Korpuslinguistik zusammenfassend, hat zuletzt Derya Gür-Şeker die viel diskutierten Fragen zur Homogenität und Repräsentativität, vor allem thematischer Korpora, aufgegriffen.[60] In den anhaltenden Diskussionen um die Frage nach der Repräsentativität thematischer Korpora hat sich ein weitgehender Konsens zumindest dahingehend gebildet, methodisches Vorgehen und Auswahlkriterien von Texten im Detail transparent zu machen. Die im Rahmen des Forschungsprojekts ‚Aristokratismus' durchgeführte Korpusanalyse wird diesen Forderungen voll gerecht. Die Ergebnisse der Untersuchung sind in Form einer elektronischen Datenbank *(http://aristokratismus.online.uni-marburg.de)* öffentlich zugänglich. Die Datenbank bietet, neben bibliographischen Metadaten, eine Volltextsuche, die sich auf aussagekräftige Textsequenzen erstreckt, die entsprechende Koinzidenzen der beiden genannten Semantiken dokumentieren. Außerdem bietet sie differenzierte Zugriffsmöglichkeiten auf das Korpus entlang diskursrelevanter Suchbegriffe. Eine zusätzliche Verschlagwortung der Texte spiegelt diskurstypische Themensetzungen und Deutungsmuster.

Der hervorragende Quellenwert von Kulturzeitschriften für Untersuchungen mit historisch-semantischem Forschungsinteresse bedarf kaum einer weiteren Begründung, er darf als unbestritten gelten.[61] Die Bedeutung von politisch-kulturellen Zeitschriften als Quelle ist in dem hier zugrunde liegenden Untersuchungszeitraum zwischen 1890 und 1945, der als *die* Hochzeit der Kulturkritik schlechthin gelten kann, besonders hoch einzuschätzen. „Mit seismographischer Empfindlichkeit", so Rüdiger vom Bruch, „schlugen sich Ängste und Unbehagen über die deutsche Variante einer europäischen ‚Umbruchsperiode' in den Kulturzeitschriften nieder […]"[62].

60 Gür-Şeker, Derya: Zur Verwendung von Korpora in der Diskurslinguisitik. In. Diskursforschung. Ein interdisziplinäres Handbuch. Band 1: Theorien, Methodologien und Kontroversen. Hrsg. von Johannes Angermüller, Martin Nonhoff, Eva Herschinger u.a. Bielefeld 2014. S. 583–603.

61 Vgl. zum Überblick: Frank, Gustav; Podewski, Madleen; Scherer, Stefan: Kultur – Zeit – Schrift. Literatur- und Kulturzeitschriften als ‚kleine Archive'. In: Internationales Archiv für Sozialgeschichte der deutschen Literatur, 34/2 (2010). S. 1–45.

62 Bruch, Rüdiger vom: Bürgerlichkeit, Staat und Kultur im Kaiserreich. Hrsg. von Hans-Christoph Liess. Stuttgart 2005. S. 364. Vgl. auch: Grunewald, Michel; Puschner, Uwe (Hgg.): Krisenwahrnehmungen in Deutschland um 1900. Zeitschriften als Foren der Umbruchszeit im Wilhelminischen Reich. Bern 2010.

1.6 Kultur als ‚Semiosphäre' – Das Verhältnis von ‚Adelswissen' und kulturellem Wissen

Neben der grundsätzlichen Unterscheidung zwischen impliziter ‚Tiefensemantik' und expliziter ‚Oberflächensemantik' ergibt sich eine Reihe weiterer Möglichkeiten, kulturelles Wissens von ‚Adel' inhaltlich zu differenzieren. Evident ist etwa, dass Wissen, je nach Gruppenzugehörigkeit, eher ‚bewusst', oder ‚nichtbewusst' sein kann. „Das kollektive Wissen ist nicht homogen. [...] Die Inhomogenität des semantischen Wissens in Bezug auf Sprechergruppen und einzelne Sprecher entsteht durch semantische Entwicklungsprozesse und ist selbst wieder ein Faktor der Bedeutungsveränderung."[63] Zur formalen Beschreibung dieser und angrenzender Phänomene bietet sich eine Erweiterung der Frame-Semantik durch Jurij Lotmans (1922–1993) Modell der ‚Semiosphäre' an. Ausgehend von Dietrich Busses Ausführungen zur Genese und zum historischen Wandel von Frames lässt sich eine weitgehende methodische Kompatibilität mit der Frame-Semantik und ihrem Wissensbegriff postulieren.[64] Der Terminus ‚Semiosphäre' bezeichnet ein holistisches Modell der Kultur, das von Lotman in Analogie zum Begriff der ‚Biosphäre' entwickelt wurde und das sich in den Kulturwissenschaften längst zu einem Standardmodell für die Beschreibung von Kulturen entwickelt hat.[65] ‚Kultur' wird als Raum konzeptualisiert, der durch Strukturen der „Binarität und Asymmetrie" geprägt ist.[66] Die Kultursemiotik in der Tradition Lotmans operiert, ihren strukturalistischen Wurzeln entsprechend, mit binären Unterscheidungen wie ‚außen' und ‚innen', ‚Rand' und ‚Kern', ‚festen' und ‚flüssigen' bzw. ‚kalten' und ‚heißen' Zonen, um Prozesse der Genese, der Konkurrenz und des Wandels von Wissen innerhalb der Kultur zu analysieren und zu veranschaulichen.

Breit geteiltes kollektives bzw. stereotypes kulturelles Wissen wird der Kernzone der ‚Semiosphäre' zugeordnet. In dieser Zone „liegen die text-, medien-, und kodegebundenen Vorstellungen, Einstellungen und Mentalitäten, die die Vorstellung

---

63 Fritz, Einführung in die historische Semantik. S. 13.

64 Vgl. Busse, Frame-Semantik. S. 595–626.

65 Grundlegend: Lotman, Jurij: Die Innenwelt des Denkens. Eine semiotische Theorie der Kultur. Herausgegeben und mit einem Nachwort von Susi K. Frank, Cornelia Ruhe und Alexander Schmitz. Berlin 2010; ders.: ‚On the semiosphere'. In: Sign Systems 33/1 (2005). S. 215–239; Einen profunden Überblick bieten: Nöth, Winfried: Handbuch der Semiotik. 2., vollständig neu bearbeitete und erweiterte Auflage. Stuttgart, Weimar 2000. S. 285–286; Volli, Ugo: Semiotik. Eine Einführung in ihre Grundbegriffe. Basel 2002. S. 280–285.

66 Lotman, Die Innenwelt des Denkens. S. 164.

einer Kultur von sich nachhaltig prägen und verfestigen"[67]. Das in der ‚Kernzone' einer Kultur verortete Wissen bzw. die Summe der Diskurse, in denen dieses Wissen verhandelt wird, ließe sich methodisch und konzeptionell wiederum als ein Kanon von Texten bzw. als ein Textkorpus definieren, bestehend aus Texten mit großer Breitenwirksamkeit und/oder Autorität für eine Kultur als Ganzes. Wiederum ergeben sich damit methodische und theoretische Anschlussmöglichkeiten an den Diskursbegriff der diskursanalytisch erweiterten Historischen Semantik, die unter Diskursen „im forschungspraktischen Sinne virtuelle Textkorpora" versteht, „deren Zusammensetzung durch im weitesten Sinne inhaltliche (bzw. semantische) Kriterien bestimmt [wird]"[68].

Mit Blick auf die Vormoderne bestünde ein solches Textkorpus, das dann den Kern der ‚Semiosphäre' repräsentiert, in erster Linie aus religiösen und dogmatischen Texten. Im Untersuchungszeitraum ist von einem stark diversifizierten säkulareren Textkorpus auszugehen, zu dem in elementarer Weise auch ästhetische Texte zu zählen wären. Eine hohe Bedeutung kommt generell solchen textgebundenen Wissensbeständen zu, deren Verbreitung und Kenntnisnahme bei den Zeitgenossen namentlich über das staatliche Bildungssystem einer institutionellen Steuerung unterlag. Der Kern der Kultur im Sinne des ‚Semiosphären'-Modells weist insofern signifikante Überschneidungen mit einem bürgerlichen Bildungskanon auf, der in dem hier behandelten Untersuchungszeitraum noch ein hohes Maß an Verbindlichkeit für die Diskursakteure besaß. Ein solcher allgemeiner Wissensfundus jenseits von Spezial- und Expertenwissen diente als ein zentraler Ausgangs- und Bezugspunkt für Anspielungen, Assoziationen sowie vor allem: Inferenz- und Metaphernbildungen, gerade auch in Bezug auf ‚Adel' und ‚Aristokratie'. Im Zuge des Wissenswandels in der zweiten Hälfte des 20. Jahrhunderts, insbesondere mit Blick auf den Pluralismus der Postmoderne, müsste man das Modell der ‚Semiosphäre' hypothetisch dergestalt anpassen, dass eine Tendenz zur Polyzentralität erkennbar würde.

Grundsätzlich gelten die „Randzonen der Semiosphäre" als die Orte des „ununterbrochenen Dialogs"[69], während im Inneren der ‚Semiosphäre' „Kräfte der Kodifikation und Normalisierung" wirken, „die einen beträchtlichen Assimilationsdruck ausüben"[70]. Innerhalb der ‚Semiosphäre' vollziehen sich an unterschiedlichen

67 Decker, Jan-Oliver: Das Internet. Dimensionen mediensemiotischer Analyse. In: Medien und Kommunikation. S. 381–410. Hier: S. 404.

68 Busse; Teubert, Ist Diskurs ein sprachwissenschaftliches Objekt? S. 16.

69 Nöth, Handbuch der Semiotik. S. 286.

70 Koschorke, Wahrheit und Erfindung. S. 131.

Orten Konflikte zwischen „intrakulturell umstrittenen Wissensmengen"[71]. Diese Konfliktzonen erstrecken sich potentiell bis in die Kernzone der Kultur: „‚Hitze' entsteht nicht nur in wachsender räumlicher Entfernung vom erstarrten Kern einer Semiosphäre, sondern bildet sich in Kollisionszonen, im ungeklärten Grenzrevier zwischen unterschiedlichen Codes"[72]. Je mehr wir uns dem Zentrum der Semiosphäre nähern, desto eher haben wir es mit weniger umstrittenen, dafür nivellierten Wissensbeständen zu tun, die eine Tendenz zur Stereotypität aufweisen:

> Jedes [kulturelle Wissen] enthält solche – wissenschaftlich gesehen: illegitimen – Generalisierungen (auch als *Vorurteile* und *Stereotype* bekannt); überfordert von der Komplexität der Strukturen der realen Welt, neigen wir zu Strategien der Komplexitätsreduktion, die sich nicht zuletzt in empirisch unzutreffenden Wissensbehauptungen manifestieren.[73]

Für die Formulierung eines Frames und seiner Standardwerte bildet der Kern der ‚Semiosphäre' die entscheidende Referenz. Damit ist eine zentrale methodische Vorentscheidung getroffen. Denn dies hat zur Folge, dass der zu formulierende Frame ADEL kulturelles Wissen repräsentiert, das sich vom Spezialwissen des empirischen Adels zwar nicht vollständig unterscheidet, insgesamt gesehen jedoch weitaus weniger differenziert erscheint, stattdessen in einem weitaus höheren Maße langfristig verfestigte, teils stereotype Generalisierungen zu berücksichtigen hat.

Die bisher formulierten theoretischen Annahmen gewähren überdies eine neue Perspektive auf etablierte Kategorien der Adelsforschung, etwa die der ‚Adeligkeit'. Wie sich exemplarisch an der Kritik Ewald Fries ablesen lässt, wird die Leistung des Konzepts ‚Adeligkeit' häufig an seinem möglichen Beitrag zur Entstehung und zur Selbstverständigung einer „sich selbst als solche beobachtend[en] und handlungsfähig[en] Sozialgruppe ‚Adel'"[74] gemessen. Zur Diskussion steht also, ob ‚Adeligkeit' bzw. die darunter subsumierten Merkmale historisch gesehen einen gruppeninternen Konsens ermöglichten, der dann seitens des Adels über Binnendiskurse hinaus erfolgreich vertreten und durchgesetzt werden konnte.

---

71 Titzmann, Propositionale Analyse – kulturelles Wissen – Interpretation. S. 95.

72 Koschorke, Wahrheit und Erfindung. S. 132.

73 Titzmann, Propositionale Analyse – kulturelles Wissen – Interpretation. S. 96 (Hervorhebung im Original).

74 Frie, Ewald: Adel und bürgerliche Werte. In: Bürgerliche Werte um 1800. Entwurf – Vermittlung – Rezeption. Hrsg. von Hans-Werner Hahn und Dieter Hein. Köln, Weimar, Wien 2005. S. 393–415. Hier: S. 410.

In einer theoriegeleiteten Betrachtungsweise ließe sich fragen, ob der Adel als Akteur grundsätzlich die ‚Macht‘ in einem diskursanalytischen Sinne besaß, ein solches intern kohärenzstiftendes Modell von ‚Adeligkeit‘ gesamtkulturell zu implementieren. Vorauszusetzen wäre eine interdiskursive Kommunikation, die nicht auf einen linearen Innen-außen-Transfer von Deutungen beschränkt werden kann. Vielmehr sind ‚semantische Kämpfe‘ einzukalkulieren, von deren Ausgang eine erfolgreiche Durchsetzung wesentlich abhängt. Gemeint sind damit nur zum Teil direkte Konfrontationen zwischen sich widersprechenden Selbst- und Fremddeutungen. Die Etablierung neuen Wissens hängt maßgeblich davon ab, ob und wie es gelingen kann, strukturelle Widerstände, in diesem Fall: eine Asymmetrie zwischen dem gruppenspezifischen Expertenwissen des Adels und einem breiter geteilten kernnahen Adelswissen der Zieldiskurse, zu überwinden.

Kleinere Gruppen mit ihren Partikularinteressen, generell ‚Insider‘, Experten und vergleichbare Diskursakteure besitzen üblicherweise einen zum Rand der Semiosphäre hin deutlich erweiterten Wissensstand und daher auch ein stark diversifiziertes Set von Standardwerten. Dazu zählt auch der Adel, sofern er als Experte in eigener Sache auftritt. Aus Sicht der Träger von Spezialwissen mag das im Zentrum der Kultur verortete kollektive Wissen undifferenziert und unterkomplex erscheinen. Entscheidend ist jedoch, dass die Möglichkeiten, korrigierend Einfluss auf die Standardwerte des Kerns zu nehmen, insgesamt begrenzt sind. Einflussnahme ist abhängig von der Möglichkeit, in zentralen Diskursen Macht zu entfalten, um die Persistenz des hegemonialen kulturellen Wissens im Kern langfristig zu schwächen und zu überwinden, dort ‚verfestigte‘ Standardwerte zu verdrängen und in den dann vakant werdenden Leerstellen alternative Füllwerte zu implementieren, die der eigenen Selbstdeutung entsprechen oder zumindest nahekommen. Voraussetzung für das Gelingen wäre also ein dauerhafter Zugang zu einflussreichen Medien, Diskursen und Kommunikationskanälen. Der hypothetische Diskursakteur ‚Adel‘ ist in dem hier formulierten Kulturmodell tendenziell am Rand zu verorten, weil er über solche Mittel der Einflussnahme aus historischer Sicht nur in einem begrenzten Maße verfügte. Zum Ausdruck kommt damit nicht unbedingt reelle politische Macht, sondern eine letztlich randständige Stellung in einer dezidiert bürgerlichen Wissenskultur des 19. und 20. Jahrhunderts.

Prinzipiell entsteht kulturelle Dynamik aus Austauschprozessen zwischen Wissensbeständen der Kern- und Randzonen. Vom Kern der Semiosphäre geht Anpassungsdruck aus, der weit in die Ränder hinein ausstrahlt. Dieser entsteht vor allem dadurch, dass sich im Kern Standardisierungen im Wissen etablieren, die gegenüber dem Wissen der Randzonen zur Autonomie tendieren. Für die Kernzone gilt, dass dort „[s]cheinbar rein propositionale Aussagen […] eine performative

Entscheidungsmacht [gewinnen]“. Sie „präjudizieren schon durch ihr bloßes Vorhandensein die Wahrheit der Proposition“[75].

Davon ausgehend ließen sich weitere Kategorien der Adelsforschung einer Betrachtung unterziehen, etwa die Einteilung in Selbst- und Fremddeutungen von ‚Adel‘. Es handelt sich auch um quellenkritische Kategorien, deren Sinnhaftigkeit hier nicht in Abrede gestellt werden soll. Als problematisch erweist sich eine zwischen Selbst- und Fremddeutungen differenzierende Heuristik allerdings, wenn damit die Vorstellung von zwei unterschiedlichen Perspektiven (nämlich ‚intern‘ und ‚extern‘) auf ein und dasselbe Referenzobjekt verbunden wird. Dies steht im theoretischen Widerspruch dazu, dass sich als eigentliche Referenz externer Diskurse und Fremddeutungen ein kulturelles Konzept ‚Adel‘ etablierte, beruhend auf einem approximativ bestehenden kommunikativen Konsens. Wird ein solcher Konsens angefochten, sodass machtgeleitete Neuaushandlungen die Folge sind, besitzen die im Zentrum der Kultur lokalisierten Texte und ihre einflussreichsten Deutungen maßgebliche Autorität, in weitaus geringerem Maße gilt dies für randständiges Wissen der betroffenen Akteure. Das Wissen in den zentrumsnahen Diskursen der Kultur tendiert demgegenüber gleichsam zu einer Wahrheit *sui generis*: „Was überhaupt für ‚Realität‘ gehalten wird, was also als real oder irreal, als möglich oder unmöglich gilt, ist selber eine Teilmenge des [kulturellen Wissens]“.[76] Im Zentrum konventionalisiert sich kulturelles Wissen über ‚Adel‘, das sich von der Realität des empirischen Adels und seines gruppenspezifischen Spezialwissens tendenziell emanzipiert.

Das bedeutet im Umkehrschluss nicht, dass Einflussnahmen unmöglich und randständige Akteure im Rahmen kultureller Kommunikation gleichsam zu Monologen verurteilt wären. Am wenigsten aussichtsreich sind Expertengruppen an der Peripherie der Semiosphäre, so auch der Adel, wenn sie versuchen, aus gruppeninterner Sicht konsensfähiges und geteiltes Spezialwissen zu lancieren, das aus der Perspektive des Kerns weitestgehend ‚exotisch‘ erscheint. Aus formaler Sicht bestehen für dezidiertes Expertenwissen keine semantischen *slots* bzw. Leer- oder Anschlussstellen. Besteht keine ausreichende Schnittmenge mit dem Wissen der kulturellen Kernzone, wird durch Versuche der Durchsetzung von ‚exotischem‘ Spezialwissen kaum nennenswerter Widerhall erzeugt. Die kernnahen Diskurse tendieren diesen von der Peripherie her zugetragenen Wissensbeständen gegenüber gleichsam zur

75 Koschorke, Wahrheit und Erfindung. S. 135.

76 Titzmann, Propositionale Analyse – kulturelles Wissen – Interpretation. S. 97.

‚Blindheit‘: „Periphere Phänomene, die in den normativen Setzungen des Zentrums nicht vorgesehen sind, werden im Zentrum [...] nicht wahrgenommen.“[77]

Erfolgversprechender sind Versuche der Einflussnahme seitens der Peripherie, wenn in der Kernzone konkrete Anschlussmöglichkeiten für Spezialwissen existieren und jene Versuche darauf direkt Bezug nehmen. Dass der historische Adel durchaus entsprechende Strategien verfolgte, lässt sich etwa am Beispiel des von Malinowski untersuchten adligen „Kargheitskults“ deutlich machen. Die im 19. und 20. Jahrhundert nicht länger zu leugnende, geschweige denn aufzuholende materielle Unterlegenheit des Adels gegenüber dem wohlhabenden Bürgertum (und ökonomisch potenteren Standesgenossen) wurde durch Verweise auf eine ideelle Überlegenheit kompensiert:

> Der nach 1918 zunehmend ins Ideologische verzerrte Kargheitskult bot Zusammenschluß nach innen, Abgrenzung nach außen und die Grundlage für eine weitere Form symbolischen Kapitals: Schließlich war das hier propagierte Ideal nicht nur für Adlige attraktiv, sondern an ältere Ressentiments gegen den ‚Geldsack‘ anschlussfähig.[78]

Es wurde somit gezielt Anschluss an bewährte und in ihrer Wirksamkeit erprobte kulturkritische Diskursmuster gesucht, um nach innen Defizite zu kompensieren und nach außen „symbolisches Kapital“ zu erzeugen. ‚Sichtbarkeit‘ generierte der Adel dadurch auch in zeitgenössischen ideologischen Diskursen. Die mit dem ‚Kargheitskult‘ ostentativ vermittelten Werte (Selbstdisziplin, innere Härte, Opferbereitschaft) waren ohne Weiteres kompatibel mit virulenten Konzepten des nietzscheanischen Aristokratismus, etwa den Ideen von ‚Vornehmheit‘ oder einem ‚Pathos der Distanz‘. Im Anschluss an Nietzsche musste „Vornehmheit“ nicht länger „schlechthin mit formaler Macht“ und materiellen Möglichkeiten verbunden werden. Nietzsche „verficht eine geistige Aristokratie, die Härte gegen sich selbst ausübt, die Fähigkeit besitzt, Leid zu ertragen, und das Recht der Distanz als Voraussetzung für Erhöhung nicht aus der Zufälligkeit äußerer Positionen, sondern aus der Gestaltung der eigenen Existenz bemißt“[79]. Der ‚Kargheitskult‘ entsprach insgesamt stereotypen Vorstellungen von einem spezifisch adligen Antimaterialismus, der wiederum mit dem vorgängig existenten kulturellen Standardwert von einer ‚Anökonomie‘ des

---

77 Ruhe, Cornelia: Semiosphäre und Sujet. In: Handbuch Literatur & Raum. Hrsg. von Jörg Dünne und Andreas Mahler. Berlin, Boston 2015. S. 170–177. Hier: S. 172.

78 Malinowski, Vom König zum Führer. S. 96.

79 Brömsel, Sven: Pathos der Distanz. In: Nietzsche-Handbuch. Leben – Werk – Wirkung. Hrsg. von Henning Ottmann. Stuttgart, Weimar 2000. S. 299.

Adels in Einklang zu bringen war. Es handelt sich um einen Wert, der bereits in Texten der Romantik eingehend verhandelt wurde und im Laufe des 19. Jahrhunderts gleichermaßen positive wie negative Aktualisierungen erfuhr, mithin als integraler Teil des kulturellen Wissens gelten kann.[80]

Der ‚Kargheitskult' war, auch darauf weist Malinowski hin, entstehungsgeschichtlich mit einem „bürgerlichen Kult der Empfindsamkeit"[81] verknüpft. Zeigten sich adlige Autoren geradezu an einer „Präsentation ihrer Entemotionalisierung interessiert"[82], ist darin also *auch* ein auf einen aus der Aufklärungsepoche herrührenden ‚Empfindsamkeitskult' zu sehen. Ein Umstand, der den adligen Akteuren um 1900 kaum mehr bewusst gewesen sein dürfte, der aber daran erinnert, dass bei der Entstehung von kollektiven Selbstbildern und -deutungen anverwandelte Fremddeutungen (bzw.) mit einzukalkulieren sind, eine kategorische Trennung von Fremd- und Selbstdeutung aus historisch-genetischer Sicht oftmals kaum sinnvoll erscheint. Geht man der von Malinowski gelegten Fährte nach und sucht die Ursprünge des adligen ‚Kargheitskults' in der der Aufklärung, so ist dabei nicht nur das Bild des ‚empfindsamen' Bürgers in Rechnung zu stellen, sondern wohl auch das seines historischen Antagonisten. Bekanntlich hatte sich die „Literatur des 18. Jahrhunderts [...] im Kontext aufklärerischer Luxuskritik am verschwenderischen Lebensstil des Adels abgearbeitet"[83]. In den ‚Kargheitskult' des Adels ging, so lässt sich vermuten, entstehungsgeschichtlich auch das Bild des verschwenderischen und amoralisch-intriganten Adligen ein, war darin gewissermaßen dialektisch aufbewahrt. Dieses Bild knüpfte seinerseits an historische Topoi der Adelskritik des 18. Jahrhunderts an. Fraglos wurden auf dieser Ebene überwiegend Stereotype tradiert. Entscheidend ist abermals, dass sie das im Kern der Kultur verhandelte Wissen über Adel prägten. Entsprechende Deutungen fanden ihren Weg letztlich auch in den bürgerlichen Bildungskanon, man denke dabei auch an so zentrale Texte wie Lessings *Emilia Galotti* (1772). Überliefert wurde schematisches, gleichwohl wirkmächtiges, weil weithin geteiltes und für viele Zeitgenossen aus der Latenz heraus aktualisierbares Wissen über ‚Adel', dem vonseiten der empirischen Gruppe nichts von einer vergleichbaren kulturellen Breitenwirksamkeit entgegengestellt werden konnte.

Ebenso zu vermuten ist, dass der mit Härte, Selbstdisziplin und Aufopferungswillen assoziierte ‚Kargheitskult' entstehungsgeschichtlich auf das kulturelle Stereotyp vom adligen ‚Müßiggänger' reagierte. Im 19. Jahrhundert lassen sich folgenreiche

80 Vgl. Strobel, Eine Kulturpoetik des Adels. S. 283–310.

81 Malinowski, Vom König zum Führer. S. 98 f.

82 Ebd. S. 99.

83 Strobel, Eine Kulturpoetik des Adels. S. 287.

Aktualisierungen dieses Topos nachweisen, etwa seitens der frühsozialistischen Adelskritik, ausgehend von Henri de Saint-Simons (1760–1825) *Du système industriel* (1821).[84] In der ersten Hälfte des 19. Jahrhunderts trug der Saint-Simonismus nicht zuletzt dank eines eingängigen Schematismus, der es erlaubte, zwischen aristokratischen *oisifs* (‚Müßiggängern') und produktiv tätigen *industriels* zu unterscheiden, zur Festigung des Negativbildes vom Adligen als einem parasitären Müßiggänger bei, das sich in stereotypen antiaristokratischen Ressentiments niederschlug, so gerade auch in der engagierten Literatur des ‚Jungen Deutschland', namentlich bei Heinrich Heine (1797–1856) oder Georg Büchner (1813–1837), beide zumindest zeitweise Anhänger des Saint-Simonismus.[85]

Zog schon um 1800 die Kritik am ‚Müßiggang' des Adels eine ästhetische Aufwertung nach sich, ganz besonders in der Romantik (exemplarisch: Friedrich Schlegels [1772–1829] *Idylle über den Müßiggang* [1799]),[86] kam es im Zuge der Aktualisierung des Topos vom adligen Müßiggänger im 19. Jahrhundert im europäischen Kontext zu ähnlichen Reaktionsphänomenen, die bis weit in das 20. Jahrhundert hinein ausstrahlten. Saint-Simons Kritik an den adligen *oisifs* hatte wesentlichen Einfluss auf die Entstehung des ‚Dandys'. Von einem Dandytum *avant la lettre* kann bereits in Honoré de Balzacs (1799–1850) Essay *Traité de la vie élégante* (1830) gesprochen werden. Balzac formuliert darin einen Kodex für den *oisif*. Die Figur des Müßiggängers wird ins Positive gewendet, sie führt ein prononciert ‚elegantes', ökonomisch nutzloses, aber ästhetisch interessantes Leben, das sich vom langweiligen *vie occupée* der arbeitenden Bevölkerung abhebt.[87] Die wirkungsgeschichtlich einflussreichste Verbindung zwischen dem aristokratischen *homme oisif* und dem Typus des ‚Dandys' schuf indes Charles Baudelaire (1821–1867). Der viel zitierte

84 Vgl. Schmidt am Busch, Hans-Christoph; Siep, Ludwig; Thamer, Hans-Ulrich; Waszek, Norbert (Hgg.): Hegelianismus und Saint-Simonismus. Münster 2007; Klopfleisch, Reinhard: Freiheit und Herrschaft bei Claude-Henri de Saint-Simon. Eine wissenschaftsgeschichtliche Studie über die Entwicklung des sozialen Freiheitsbegriffs von Rousseau über Saint-Simon zu Marx. Bern 1982.

85 Vgl. Bodenheimer, Nina: Heinrich Heine und der Saint-Simonismus (1830–1835). Stuttgart, Weimar 2014; Hofmann, Michael; Kanning, Julian: Georg Büchner. Epoche – Werk – Wirkung. München 2013. S. 36–43.

86 Vgl. Strobel, Eine Kulturpoetik des Adels. S. 292.

87 Vgl. Rossbach, Susanne: Des Dandys Wort als Waffe: Dandyismus, narrative Vertextungsstrategien und Geschlechterdifferenz im Werk Jules Barbey D'Aurevillys. Tübingen 2002. S. 23. Zum Merkmal von Muße und Müßiggang zuletzt: Erbe, Günter: Der moderne Dandy. Köln, Weimar, Wien 2017. S. 39–41.

erste Satz seines Essays *Le dandy* greift den zeitgenössisch negativ konnotierten Ausdruck *oisif* explizit auf und verleiht ihm eine positive Bedeutung:

> Der reiche, müßige Mensch [*l'homme riche, oisif*], der, blasiert sogar, keine andere Beschäftigung hat, als der Spur des Glücks nachzulaufen; der Mensch, der im Luxus groß gezogen und von Jugend auf den Gehorsam der anderen Menschen gewöhnt ist, kurzum der Mensch, dessen einziger Beruf die Eleganz ist, wird sich stets, zu allen Zeiten, einer besonderen, durchaus eigenen Physiognomie erfreuen.[88]

Die ästhetische Aufwertung des ‚Müßiggangs' wurde zu einem zentralen Phänomen der ästhetischen Moderne, ebenso wie die darin tradierte Möglichkeit, Müßiggang und Adelssemantik zu verbinden. Beispiele reichen von Robert Louis Stevensons (1850–1894) *An Apology for Idlers* (1877) über Nietzsches Apologie des Müßiggangs in *Menschliches, Allzumenschliches* (1878) bis hin zur Literatur des Fin de Siècle, des Ästhetizismus und der Dekadenz.[89] Ventiliert wurden entsprechende Vorstellungen aber nicht allein in ästhetisch progressiven Werken, sondern selbst noch in einem für die Selbstverständigung des Bürgertums im 19. Jahrhundert so bedeutsamen Text wie Gustav Freytags (1816–1895) *Soll und Haben* (1855), der am Beispiel der Familie des Freiherrn von Rothsattel und ihres Schicksals die gängigen Vorurteile durchdekliniert: Mangel an ökonomischem Bewusstsein und Hang zu Verschwendung und Spiel. Exemplarisch vorgeführt wird in Freytags Roman das Scheitern des Adels an den sozioökonomischen Forderungen der Moderne und eine diesbezügliche Unterlegenheit gegenüber dem staatstragenden und zukunftsträchtigen Bürgertum. Wenn in dem Roman permanent soziale und nationale Stereotype konvergieren, weist dies auf Formen radikalisierender Verschiebungen und Umdeutungen voraus, die vor allem im 20. Jahrhundert wirksam wurden: Sind Fleiß, Biederkeit und Ordnungssinn Eigenschaften des Bürgers, lassen sich diese fallweise auch ‚dem Deutschen' zuschreiben. Gleiches gilt für Müßiggang und Neigung zum Spiel, prototypische Negativeigenschaften nicht nur des Adels, sondern auch solche ‚der Franzosen' oder ‚der Slawen'. Über Letztere heißt es im Roman:

88 Baudelaire, Charles: Der Dandy. In: Der Dandy. Texte und Bilder aus dem 19. Jahrhundert. Herausgegeben und eingeleitet von Hans-Joachim Schickedanz. Dortmund 1980. S. 105–108.

89 Vgl. Asholt, Wolfgang; Fähnders, Walter (Hgg.): Arbeit und Müßiggang. Dokumente und Analysen. Frankfurt am Main 1991. Vgl. Pross, Caroline: Dekadenz: Studien zu einer großen Erzählung der frühen Moderne. Göttingen 2013.

> Was die Leute dort im Müßiggang, durch den Druck der stupiden Masse zusammengebracht haben, vergeuden sie in phantastischen Spielerein. Bei uns tun so etwas doch nur einzelne bevorzugte Klassen, und die Nation kann es zur Not ertragen. Dort drüben erheben diese Privilegierten den Anspruch, das Volk darzustellen. Als wenn Adlige und leibeigne Bauern einen Staat bilden könnten![90]

Zugleich werden in *Soll und Haben* die historischen Ambivalenzen der Adelssemantik in Bezug auf die Merkmale ‚Müßiggang‘ und ‚Anökonomie‘ deutlich, etwa wenn der Protagonist Anton Wohlfahrt aus der vorgezeichneten kaufmännischen Laufbahn ausbricht, nicht zuletzt um auf diese Weise den Konventionen des Bildungsromans in der Tradition von Goethes *Wilhelm Meister* (1795) zu entsprechen. Wohlfahrt zieht, wie es im Text heißt, ein „ungeregeltes Begehren“[91] in Richtung des Adels. Was am Adel anziehend wirkt, macht die Komplementärfigur des mondänen Fritz von Fink anschaulich, andeutungsweise etwa schon, wenn „die große breitschultrige Gestalt des Bürgers und die zierliche Figur des Aristokraten nebeneinander standen“[92]. Durch den produktionsästhetisch intendierten Zug der einzelnen Figuren ins Typenhafte (neben dem Typus ‚Bürger‘ findet sich im Roman bekanntlich auch der des ‚Juden‘, des ‚Adligen‘, des ‚Deutschen‘ und des ‚Polen‘) wird dem Leser nahegelegt, aus derartigen Gegenüberstellungen allgemeingültige Schlüsse zu ziehen.[93] Kontrastiert wird die solide und berechenbare Mediokrität des prototypischen Bürgers mit der sublimen Erscheinung des prototypischen Adligen, der das ästhetisch ‚Interessante‘ und ‚Besondere‘, aus bürgerlicher Sicht aber auch das gefahrvolle ‚Abseitige‘ personifiziert. Aktualisiert und bestätigt wird damit letztlich ein seit der Romantik nachweisbarer Motivkomplex, in dem ‚Aristokrat‘ und ‚Künstler‘, ‚Adel‘ und ‚Poesie‘ durch „semantische Austauschbeziehungen“[94] verbunden sind. Die Kulturkritik des 20. Jahrhunderts knüpfte an solche kulturell breit überlieferten und bei allgemeingebildeten Zeitgenossen aus der Latenz heraus abrufbaren semantischen Beziehungen auf vielschichtige Weise an. Den in der Kulturkritik wirksamen Mechanismen „asymmetrischer Gegenbegriffe“ (Koselleck) entsprechend, ließ sich der Gegensatz zwischen einem fleißig-mediokren

90 Freytag, Gustav: Soll und Haben. Mit einem Nachwort von Hans Mayer. München 1978. S. 330 f.

91 Ebd. S. 760.

92 Ebd., S. 317.

93 Vgl. dazu die Beiträge in: Krobb, Florian (Hg.): 150 Jahre Soll und Haben. Studien zu Gustav Freytags kontroversem Roman. Würzburg 2005.

94 Strobel, Eine Kulturpoetik des Adels. S. 183.

Bürgertum und dem ökonomiefernen ‚poetischen' Adel integrieren, ideologisch neu deuten und im Kontext kulturkritischer Fundamentaloppositionen perspektivisch erweitern, sodass der ‚Aristokrat' dann wahlweise zum erbitterten Gegner eines bornierten Bürger- bzw. ‚Philistertums', einer ‚entzauberten' und weiterhin entzaubernd wirkenden Moderne oder gar zur letzten Hoffnung in einer alles nivellierenden ‚Massenordnung' avancieren konnte.

1.7 Zum Aufbau der Studie

Das weitere Untersuchungsprogramm ergibt sich aus den Vorüberlegungen. Die Kapitel 2 und 3 widmen sich jeweils im Detail den Semantiken von ‚Adel' und ‚Kulturkritik'. Deutlich zu machen sind aus formaler Sicht die Prozesse, die zur Genese einer kulturkritischen Adelssemantik führten. In den Kapiteln 4 und 5 werden unterschiedliche historische Erscheinungsformen des Aristokratismus und einer darin wirksamen kulturkritischen Adelssemantik untersucht. Den methodischen Bezugspunkt der Analyse bildet insgesamt die Frame-Semantik, insbesondere ein im ersten Teil der Studie zu formulierender Frame ADEL.

In einer begriffsgeschichtlichen Annäherung werden in Kapitel 2 zunächst historische Gebrauchsweisen von ‚Kulturkritik' beleuchtet. Der Ausdruck ‚Kulturkritik' ist jünger als das bezeichnete Phänomen. Er wird erst um 1900 greifbar. Zeigen lässt sich, dass zwischen ‚Kulturkritik' und ‚Aristokratismus' seither enge Verbindungen bestanden. Die Rede von einer ‚aristokratischen Kulturkritik' war schon vor dem Ersten Weltkrieg verbreitet, auch bereits in deskriptiven Kontexten. Der „Begriff ‚aristokratisch'", gehörte „zu den wichtigsten überhaupt in den kulturkritischen Auseinandersetzungen um und nach 1900"[95]. Friedrich Nietzsche wurde früh als entscheidender Impulsgeber erkannt. Entstehungsgeschichtlich bedeutsam für den historischen Aristokratismus war der in den 1890er Jahren einsetzende Nietzscheanismus. Das ‚Aristokratische' bildete darin eine zentrale Kategorie, die in zunehmend loser Bezugnahme auf Nietzsches Werk große Verbreitung fand.[96]

„Kulturkritik als Reflexionsmodus der Moderne – das meint [...] bestimmte Haltungen und Denkmuster, die nicht Wissen sind, sondern die die Verarbeitung und Produktion von Wissen ermöglichen [...]."[97] Kulturkritik erscheint bei näherer

---

95 Hepp, Corona: Avantgarde. Moderne Kunst, Kulturkritik und Reformbewegungen nach der Jahrhundertwende. München 1987. S. 69.

96 Vgl. Schneider, Anatol: Nietzscheanismus. Zur Geschichte eines Begriffs. Würzburg 1997.

97 Bollenbeck, Geschichte der Kulturkritik. S. 11.

Betrachtung nahezu ‚begriffslos'. Die Beziehung zwischen Adelssemantik und Kulturkritik lässt sich abstrahierend als eine solche zwischen Inhalt und kommunikativ-diskursiver Einbettung, Denotat und Konnotat, Frame und „Meta-Frame" (Busse) beschreiben. Formal unterscheidbar sind ferner zwei verschiedene Reflexions- und Wirkungsebenen von Kulturkritik: die eine ist ‚synchron-paradigmatisch' ausgerichtet, die andere ‚diachron-syntagmatisch'. Die erste bezeichnet ein Paradigma von ‚asymmetrischen Gegenbegriffen', die zweite eine diachrone Deutungsebene, die Gegenwartsdiagnosen in schematische Niedergangserzählungen integriert. Der Wandel der Adelssemantik im Kontext dieser beiden Deutungsebenen der Kulturkritik wird eingehender zu untersuchen sein.

Die inhaltsarme ‚Bewertungskommunikation' Kulturkritik war auf fremde Inhalte und Themen, auf ‚Input' angewiesen. Es lässt sich genauer fragen, mit welchen Mitteln Aneignungen erfolgten. Wie zu zeigen sein wird, spielten metaphorische Projektionen *(mapping)* und Analogiebildungen dabei eine entscheidende Rolle. Die Rede ist von suggestiven Argumentationsweisen, die Kulturkritiker vom Schlage Oswald Spenglers methodisch perfektionierten.[98] Längst hat die Forschung erkannt, dass Kulturkritik insgesamt „ihre Durchschlagskraft weniger den in Anschlag gebrachten wissenschaftlichen Methoden, sondern der Evidenz ihrer Metaphern [verdankt]"[99]. Einen Konsens der kognitiven Metapherntheorie in der Nachfolge George Lakoffs und Mark Johnsons aufgreifend, lassen sich Metaphern als *cognitive tools* verstehen.[100] Metaphern sind kognitive ‚Werkzeuge', die es erlauben, Bilder zu generieren, in denen unterschiedliche Semantiken projizierend zusammengeführt und überlagert werden *(blending)*. Dabei entstehen potentiell neue Einsichten und neues Wissen *(blend)*. Im Anschluss an Alexander Ziems innovative Verknüpfung der Frame-Semantik mit Fauconnier/Turners *blending theory* wird dieser Prozess eingehend zu beschreiben sein.

Die kulturkritische Adelssemantik wird auf der Grundlage des linguistischen Frame-Formats beschrieben und analysiert. Das Kapitel 3 präsentiert den Entwurf eines graphischen Frame-Modells, das die Spezifika einer kulturkritischen

98 Vgl. Meyer, Hans: Die Funktion der Analogie im Werk Oswald Spenglers: Grundlegung zu einem System der Identität. Freiburg 1976.

99 Werber, Niels: Einleitung. In: Semantik der Kulturkritik. Zeitschrift für Literaturwissenschaft und Linguistik (LiLi), 41/161 (2011). S. 5–12. Hier: S. 7.

100 Vgl. Lakoff, George; Johnson, Mark: Leben in Metaphern: Konstruktion und Gebrauch von Sprachbildern. 7. Auflage. Heidelberg 2011. [*Metaphors We Live By;* 1980]; Drewer, Petra: Die kognitive Metapher als Werkzeug des Denkens: zur Rolle der Analogie bei Gewinnung und Vermittlung wissenschaftlicher Erkenntnisse. Tübingen 2003.

Adelssemantik nachvollziehbar macht und die Grundlage weiterer Untersuchungen bildet. Im Vorfeld gilt es, Fragen nach der inhaltlichen Füllung des Frames Adel in Gestalt semantischer Standardwerte zu beantworten. Diskutiert werden in diesem Kontext Anschlussmöglichkeiten an die von der Adelsforschung formulierten Merkmalskataloge. Ein kognitionslinguistischer Zugang zu prototypischen Adelsmerkmalen ergibt sich zudem über zwei konzeptuelle Metaphern von ‚Adel', die in historischen Selbst- und Fremddeutungen konstant anzutreffen sind: zum einen die Metapher ‚Kette', die den Stellenwert genealogischer Kontinuität vermittelt[101], zum anderen eine hochgradig polyvalente ‚Blutmetaphorik'.[102] Sie verweist auf eine sprichwörtlich ‚im Blut' liegende Superiorität des Adels. Außerdem vermittelt sie einen Homogenitätsimperativ. Der Appell lautet, die ‚Reinheit' des Blutes zu wahren und Mesalliancen zu vermeiden.

Metaphern gelten in der Diskursanalyse Michel Foucaults und Michel Pêcheuxs als Medien zur Herstellung von Interdiskursivität.[103] Engführungen zwischen Adelsdiskursen und ideologischen Diskursen fanden auf der Basis ähnlicher Metaphoriken, d.h. eines vergleichbaren Bilderreservoirs, statt. Eine traditionell mit ‚Adel' assoziierte Blutmetaphorik (man denke auch an ‚blaues Blut') wurde historisch mit einer solchen in Beziehung gesetzt, wie sie in rassebiologischen und völkischen Diskursen der Zeit virulent war. Exemplarisch untersuchen lassen sich derartige Interferenzen am Beispiel der Gattung des völkischen Romans im trüben Fahrwasser von Artur Dinters (1876–1948) *Die Sünde wider das Blut* (1917). Adelssemantiken wurden in völkischen Romanen vielfach zum Gegenstand metonymischer Verdichtungen. Ein adliges Figurenpersonal diente im Rahmen literarischer Experimentalanordnungen etwa dazu, die angebliche Gefahr von ‚Mischungen des Blutes' auf bewusst mehrdeutige Weise zu problematisieren. Der erzählte Niedergang adliger Familien infolge genealogischer Kontinuitätsbrüche (‚ein Reißen der Kette') und ‚Blutvermischungen' sollte leserseitig mit strukturell analogen Prozessen in Beziehung gesetzt werden, in denen der Niedergang ‚edler' Völker und ganzer Kulturen als Resultat von ‚Durchmischungen' mit ‚minderwertigen' Elementen kultureller oder biologischer Art erscheint.

Das Kapitel 4 widmet sich signifikanten Binnendiskursen des Aristokratismus zwischen 1890 und 1945. Eine zentrale Figur des historischen Aristokratismus war Julius Langbehn (1851–1907) mit seinem volkspädagogischen Manifest *Rembrandt*

101 Vgl. Malinowski, Vom König zum Führer. S. 50.
102 Zur Übersicht vgl.: Conze, Eckart: [Art.] Blut. In: Kleines Lexikon des Adels. S. 55.
103 Zur Übersicht vgl.: Ternès, Anabel: Intertextualität: Der Text als Collage. Wiesbaden 2016. S. 23–41.

als Erzieher (1890). Das Erscheinen des Buches markierte, „neben der beginnenden Nietzsche-Rezeption Anfang der Neunziger Jahre, das Medienereignis schlechthin im deutschen Sprachraum“[104] und trug, wiederum neben dem Nietzscheanismus, zur Entstehung und Popularisierung kulturkritischer Adelssemantiken entscheidend bei. Karriere machten diverse Sprachschöpfungen Langbehns, darunter der Neologismus ‚Sozialaristokratie‘. Arno Holz' (1863–1929) satirisches Drama *Sozialaristokraten* (1896) reflektiert die Virulenz kulturkritischer Adelssemantiken in bestimmten Teilen des intellektuellen Spektrums zur Zeit der Jahrhundertwende. Holz' Text legt zugleich den Blick frei auf den kompensatorischen Charakter, der der emphatischen Identifikation mit nietzscheanisch-Langbehn'schen Adelssemantiken vielfach zugrunde lag. Verwiesen wird in dem Drama zugleich auf die Krise emphatischer Vorstellungen vom Künstler und einer ideell beanspruchten gesellschaftlichen Führungsrolle. Ein Anspruch, der sich in den zeitgenössisch vermehrt nachweisbaren Rekursen auf die Metapher des ‚Dichterfürsten‘ spiegelt. Die Dysfunktionalität dieses Selbstdeutungsmodells, die insbesondere unter den häufig prekären wirtschaftlichen Bedingungen literarischer Produktion offen zutage trat, bewirkte eine Krise, die nicht etwa zur Aufgabe, sondern vielmehr zu radikalisierenden Neudeutungen entsprechender Adelssemantiken führte. Aus dem ‚Dichterfürsten‘ wurde der ‚Dichter-Führer‘. Parallelen zu ähnlichen Radikalisierungstendenzen in den kompensatorischen Selbstdeutungen der sozialen Gruppe ‚Adel‘ zu Beginn des Jahrhunderts lassen sich dabei aufzeigen.

Die Untersuchung des historischen Aristokratismus erfolgt unter Rückgriff auf Ergebnisse einer umfangreichen Korpusanalyse. Auf der Basis eines verkleinerten Samples wird das methodische Vorgehen exemplifiziert. Als konkretes Beispiel dient die Kulturzeitschrift *Die Grenzboten*. Auf der Grundlage der Untersuchungsergebnisse lassen sich zwei bisher nicht erforschte Binnendiskurse des Aristokratismus genauer in den Blick nehmen. Zum einen der ‚aristokratische Individualismus‘, zum anderen ein ‚Bildungsaristokratismus‘. Diskutiert werden in diesen Kontexten jeweils Aspekte, die für den historischen Aristokratismus als Ganzes zentral wurden. Etwa die Frage, ob der diskutierte Typus des ‚Aristokraten‘ an der Spitze der sozialen Rangordnung stehen sollte, oder aber, ob er sich als Solitär bewusst absentieren

104 Lichtblau, Klaus: ‚Alles Vergängliche ist nur ein Gleichnis‘. Zur Eigenart des Ästhetischen im kultursoziologischen Diskurs der Jahrhundertwende. In: Kultur und Kulturwissenschaften um 1900. Band II: Idealismus und Positivismus. Hrsg. von Gangolf Hübringer, Rüdiger vom Bruch und Friedrich Wilhelm Graf. Stuttgart 1997. S. 86–121. Hier: S. 100 (Anm. 28). Vgl. auch: ders.: Kulturkrise und Soziologie um die Jahrhundertwende: zur Genealogie der Kultursoziologie in Deutschland. Frankfurt am Main 1996. S. 207.

muss, um seine Einzigartigkeit jenseits einer nivellierenden ‚Massenordnung' zu bewahren. Es handelt sich um einen Problemzusammenhang, der sich wiederum als semantischer Konflikt beschreiben lässt. In diesem Fall zwischen zeitgenössischen Individualitäts- und Adelssemantiken.

Den Gegenstand vertiefender Einzelanalysen bilden drei formal und inhaltlich unterschiedliche Texte, die auf ihre Weise als prototypisch für den ‚aristokratischen Individualismus' gelten können. Gesucht wurden, aus divergierenden weltanschaulichen Positionen heraus, Antworten auf die Frage, ob und wie eine Vergemeinschaftung isolierter ‚aristokratischer Individuen' zu einem ‚neuen Adel' unter den desolaten Bedingungen der Gegenwart noch möglich sei. Alle Beispiele weisen jeweils dichte intertextuelle Verknüpfungen mit ideologischen Diskursen der Zeit auf. Karl Böschs (1880–1945) erfolgreiche, über Jahrzehnte hinweg mehrfach neu aufgelegte Aphorismensammlung *Vom Adel* (1920) ist ihrem inhaltlichen Profil nach repräsentativ für den „völkischen Protestantismus"[105]. Emil Hammachers (1885–1916) kulturkritisches Weltanschauungsbuch *Hauptfragen der modernen Kultur* (1914) gilt unter anderem als ein bedeutender Prätext für Thomas Manns (1875–1955) *Betrachtungen eines Unpolitischen* (1918). Mann übernahm von Hammacher vor allem Gedanken zum ‚aristokratischen Individualismus', vielfach wörtlich, was stellenweise die Möglichkeit zu einer vergleichenden Lektüre bietet. Karl Jaspers' (1883–1969) kulturdiagnostischer Essay *Die geistige Situation der Zeit* (1931/32) schließlich war der zeitgenössisch wohl elaborierteste Beitrag zu einem ‚aristokratischen Individualismus', der, wie zu zeigen sein wird, etwa auch im nationalrevolutionären ‚Tat-Kreis' um Hans Zehrer (1899–1966) unverzüglich nach dem Erscheinen rezipiert wurde.

Berücksichtigung finden sollen nicht allein solche literarisch-fiktionalen Texte, die zum ‚Höhenkamm' zählen. Bedeutung kommt vor allem den wirkungsgeschichtlichen Dimensionen sowie Aspekten der Intertextualität und Interdiskursivität zu. Einen Gegenstand der Untersuchung bilden unter diesen Gesichtspunkten auch die populären Adelsromane Hedwig Courths-Mahlers (1867–1950), in denen die Vorzüge sogenannter ‚Adels-' und ‚Herrenmenschen' einem Millionenpublikum vermittelt wurden.[106] Verbindungen zum zeitgenössischen Aristokratismus-Diskurs bestan-

105 Gerstner, Alexandra; Hufenreuter, Gregor; Puschner, Uwe: Völkischer Protestantismus. Die Deutschkirche und der Bund für deutsche Kirche. In: Das evangelische Intellektuellenmilieu in Deutschland, seine Presse und seine Netzwerke (1871–1963). Hrsg. von Michel Grunewald und Uwe Puschner in Zusammenarbeit mit Hans Manfred Bock. Bern 2008. S. 409–436.

106 Vgl. Ochs, Eva: ‚Herrenmenschen' und ‚Vollnaturen'. Das Männerideal in den Romanen Hedwig Courths-Mahlers. Hagen 2004.

den speziell über den Begriff des ‚Adelsmenschen', der auf Henrik Ibsen zurückging, in der ideologischen Rezeption aber weitgehend synonym mit Nietzsches Ausdruck ‚Übermensch' verwendet wurde. In den 1920er Jahren konstatierten Zeitgenossen ein Absinken des inflationär gebrauchten Begriffs ‚Adelsmensch' in die Sphären seichter Unterhaltung. Er fand seinen festen Platz in der Trivialliteratur und diente dort als Vehikel zur Verbreitung ideologischer Inhalte.

Ein volkspädagogischer Impetus findet sich bereits in Langbehns *Rembrandt als Erzieher*. An einem regelrechten ‚Bildungsaristokratismus' partizipierten allerdings tatsächlich überwiegend Pädagogen, Studienräte und Gymnasialprofessoren, die in dem Wert ‚Bildung' das Fundament eines neuen Adels erkannten. ‚Bildung' kann zugleich als Schlüsselbegriff der Kulturkritik gelten. Er bildete einen wesentlichen Bezugspunkt normativ gewendeter und radikalisierter Kulturideale.[107] Im Sinne des Neuhumanismus, auf den sich die Vertreter des ‚Bildungsaristokratismus' praktisch einhellig beriefen, fiel ‚Bildung' in die schützenswerte Sphäre des ‚Zweckfreien', die es gegenüber dem übermächtigen Zeitgeist der ‚Verzweckung' zu verteidigen galt. Nachvollziehen lässt sich in den Diagnosen des ‚Bildungsaristokratismus' mit besonderer Deutlichkeit das Phänomen bildungsbürgerlicher Antibürgerlichkeit. Kulturkritik und Aristokratismus erscheinen als spezifische Ausdrucksformen eines bürgerlichen Krisenbewusstseins. Beispielhaft sind dafür die Bücher und Aufsätze des seinerzeit viel gelesenen Kulturkritikers und Pädagogen Martin Havenstein (1871–1945). Havenstein stelle sich mit *Nietzsche als Erzieher* (1922) offen in die ‚volkspädagogische' Tradition Langbehns. Insbesondere Thomas Manns *Königliche Hoheit* (1909) nahm Havenstein zur Grundlage für die Formulierung eines ‚aristokratischen Bildungsideals', das die Leitlinie für die zukünftige Erziehung der Deutschen abgeben sollte. Formen des ‚Bildungsaristokratismus' fanden sich indes nicht allein auf der Ebene der im Schuldienst tätigen Praktiker, sondern auch bei gewichtigen Akteuren historischer Bildungsdebatten, etwa bei Friedrich Paulsen (1846–1907), dem bedeutendsten Pädagogen des Wilhelminismus, insbesondere in seinem einflussreichen Standardwerk *Die deutschen Universitäten und das Universitätsstudium* (1902). Positionen des ‚Bildungsaristokratismus' lassen sich zudem in Karl Jaspers' einflussreicher Studie *Die Idee der Universität* (1923) finden, die 1946 und 1961 in überarbeiteter Form erschien, ohne von jenen Positionen wesentlich abzurücken. Anzutreffen sind zudem Überlegungen zur zukünftigen Rolle von ‚Kulturfamilien', in denen vielfach Analogien zum Adel hergestellt wurden. Als Keimzelle war etwa

107 Vgl. Bollenbeck, Georg: Bildung und Kultur. Glanz und Elend eines deutschen Deutungsmusters. Frankfurt am Main, Leipzig 1994.

das ‚protestantische Pfarrhaus' vorgesehen. Es handelt sich um Vorstellungen, wie sie gerade auch der Pastorensohn Gottfried Benn (1886–1956) entwickelte und in seine eugenischen Züchtungsutopien, die er zu Beginn der 1930er Jahre offensiv vertrat, einfließen ließ.

Der Fokus des letzten Kapitels liegt auf dem Aristokratismus im Kreis um Stefan George (1868–1933) sowie auf der Rezeption georgeanischer Neuadelsvorstellungen, insbesondere unmittelbar vor und nach dem Tod des ‚Meisters' im Jahr der Machtübernahme durch die Nationalsozialisten. Bereits in der frühen Dichtung, ganz besonders aber im *Stern des Bundes* (1914), finden sich kulturkritisch aufgeladene Adelssemantiken, mit denen George konkret wirken wollte, zuerst auf seinen ‚Kreis', dann auf die Gesellschaft insgesamt. George praktizierte eine „metaphorische Politik"[108], die ihn als typischen Kulturkritiker ausweist. Der Status seiner Dichtung und der darin formulierten Aussagen blieb unscharf und vieldeutig. Seine Lyrik sollte letztlich mehrere Funktionen zugleich erfüllen, sie war Dichtung in einem emphatischen Sinne, daneben aber auch ‚Gesetzestext' für seine ‚Jünger' und nicht zuletzt das Medium, aus dem heraus weitgreifende kulturpolitische Entwürfe formuliert wurden. Zunehmend konfliktträchtig wurden innerhalb des Kreises Fragen nach einer nationalen Realisierungsmöglichkeit seines ‚Neuen Adels' und des ‚Geheimen Deutschlands'. Fragen, die George, wenn überhaupt, nur ausweichend beantwortete und die nach seinem Tod zu Zerwürfnissen und Lagerbildungen führten.

Mit Blick auf Georges ‚Neuen Adel' kann, wie sich zeigen lässt, zwischen einem kreisinternen und einem kreisexternen Diskurs unterschieden werden. Der kreisinterne Diskurs konstituierte sich aus der Kommunikation der Kreismitglieder untereinander sowie aus dem Verhältnis zwischen Georges Dichtung und der kommentierenden Essayistik der ‚Jünger'. Die Interferenzen zwischen kreisinternen und kreisexternen Adelsdiskursen nahmen in den 1930er Jahren zu. Wesentliche Impulse dazu kamen von ‚innen', gingen also von den ‚Jüngern' selber aus, die zwischen der georgeanischen Adelssemantik und solchen Neuadelskonzepten, die im zeitgenössischen Aristokratismus-Diskurs zirkulierten, vermehrt Beziehungen herstellten. Zugleich wurde George nach seinem Tod zum Gegenstand von Instrumentalisierungen seitens der neuen Machthaber. Dies galt ganz besonders für seine Adelssemantik. Der ‚Neue Adel' Georges wurde nun ganz konkret zu einem ‚Neuen Adel' Hitlers umgedeutet. Das geistesaristokratische Konzept wurde dabei unter anderem in die Nähe eines zeitgenössischen ‚Rassenadels' gerückt, wie er von

108 Raulff, Ulrich: Kreis ohne Meister. Stefan Georges Nachleben. Erweiterte und aktualisierte Auflage. München 2012. S. 185.

den Nationalsozialisten vertreten wurde. Längst nicht alle ‚Jünger' protestierten gegen diese Praxis. Wenige, darunter der Historiker Ernst Kantorowicz (1895–1963), verteidigten das ‚Geheime Deutschland' und den ‚Neuen Adel' Georges im Sinne eines ‚Geistesadels'.

2 Die Semantik der Kulturkritik

2.1 Kulturkritik, Aristokratismus und Nietzscheanismus

Ernst Troeltschs (1865–1923) Aufsatz *Die Kulturkritik des Jahrhundert-Endes*[1] (1913) gehört zu den wenigen zeitgenössischen Texten, die sich mit dem Gegenstand wissenschaftlich auseinandersetzen. Begriffsgeschichtlich handelt es sich zugleich um einen der frühesten Belege für ‚Kulturkritik' überhaupt. Auch wenn Formen kulturkritischer Rhetorik sich historisch weiter, potentiell bis in die Antike, zurückdatieren lassen, als Neologismus wird ‚Kulturkritik' erst um 1900 greifbar.[2] Das Phänomen selber ist also deutlich älter als der Begriff. In der jüngeren Forschung, die eng mit den Namen Ralf Konersmann und Georg Bollenbeck verbunden ist, besteht längst Konsens, die ‚moderne' Kulturkritik mit der Aufklärung beginnen zu lassen.[3] Auch Troeltsch spannt in seiner Darstellung einen Bogen zwischen dem späten 18. Jahrhundert („Rousseau", „Neuhumanismus" und der „Romantik") und der historischen Gegenwart unmittelbar vor dem Ersten Weltkrieg. Die zeitgenössische Konjunktur kulturkritischen Denkens stellt er in einen ursächlichen Zusammenhang mit den umwälzenden sozioökonomischen Veränderungen des „mechanistischen" 19. Jahrhunderts:

> Das Übermaß der Intellektualisierung alles Lebens, verbunden mit der Unübersichtlichkeit und Zersplitterung der spezialisierten Wissenschaft, die relativistische Gebrochenheit eines alles historisierenden und psychologisierenden und damit die eigene Produktionskraft lähmenden Triebes der Selbsterklärung, vor allem aber die ungeheure Mechanisierung des Lebens durch den Kapitalismus und den modernen Riesenstaat: all das hat gegen Ende des Jahrhunderts eine Bewegung zur Innerlichkeit, Einheit und Produktionskraft, zum vertieften Individualismus und gleichzeitig zu einer verinnerlichten und verstärkten

1 Troeltsch, Ernst: Die Kulturkritik des Jahrhundert-Endes (1913). In: ders.: Aufsätze zur Geistesgeschichte und Religionssoziologie. Tübingen 1924. S. 641–646; vgl. auch: Merlio, Gilbert: Kulturkritik um 1900. In: Krisenwahrnehmungen in Deutschland um 1900. S. 25–52.

2 Bollenbeck, Georg: Kulturkritik – ein Reflexionsmodus der Moderne. In: Zeitschrift für Kulturphilosophie, 1/2 (2007). S. 201–209. Hier: S. 209; vgl. auch: Jung, Zeichen des Verfalls.

3 Konersmann, Kulturkritik. S. 66–85; Bollenbeck, Geschichte der Kulturkritik, S. 22–110; Becker, Hjördis: Kulturkritik. In: Handbuch Kulturphilosophie. Hrsg. von Ralf Konersmann. Stuttgart, Weimar 2012. S. 46–53.

> Gemeinsamkeit hervorgerufen, in der der eigentliche Geist des Jahrhunderts erst zu seinem vollen Ausdruck kommt. Ähnlich wie Rousseau, der Neuhumanismus, die Romantik und der Nationalstaat die Reaktion gegen den Geist und die Kultur der Aufklärung und des ihr entsprechenden utilitaristischen Absolutismus waren, so folgt der Entwicklung des demokratisch-kapitalistischen-imperialistisch-technischen Jahrhunderts die Kulturkritik. Sie knüpft naturgemäß an allerhand bestehende geistige Ueberlieferungen an, erneuert bald die Romantik, bald den klassischen Neuhumanismus, bald die Renaissance und Antike, bald das germanische-mittelalterliche Ideal. Sie gibt sich bald als künstlerische, bald als philosophische, bald als soziale und schließlich als religiöse Wiedergeburt, ist aber niemals eine einfache Repristination, sondern stets durch den inzwischen gebildeten Gegensatz des mechanistischen Jahrhunderts bedingt.[4]

In einer Weise, die bis heute als instruktiv gelten kann, interpretiert Troeltsch Kulturkritik als eine spezifische Reaktion auf die Epiphänomene der zivilisatorischen Moderne. Kulturkritik artikuliert und intensiviert ein bei vielen Zeitgenossen im Diffusen verharrendes Gefühl der Bedrohung infolge einer „Modernisierungs- und Modernitätskrise", die „Gemeinschaft und Sicherheit, Einheit und Autorität und Kultur"[5] destabilisiert erscheinen lässt. Weit davon entfernt, unter Kulturkritik lediglich einen Sammelbegriff für ephemere Strömungen des Zeitgeistes zu betrachten, glaubt Troeltsch in den als kulturkritisch identifizierten Gegenbewegungen gar „den eigentlichen Geist" des Jahrhunderts erkennen zu können: eine auf den ersten Blick paradox anmutende doppelte Sehnsucht sowohl nach einem „vertieften Individualismus" als auch nach einer „verstärkten Gemeinsamkeit". In Nietzsche erkennt der Theologe den entscheidenden Impulsgeber und „führend[en] Geist" der Kulturkritik. Die enorme Resonanz auf „Nietzsches Aristokratismus"[6] erklärt sich aus einem Verlangen der Zeitgenossen nach einem sogenannten „qualitativen Individualismus":

> Die positiven Ziele einer solchen Kulturkritik sind freilich sehr verschwommen und trotz allem echten ethischen Pathos sehr naturalistisch. Allein die ganze Gedankenrichtung ist doch eine Umformung des modernen Individualismus von der demokratischen Gleichheitsidee zum qualitativen Individualismus, aber auch von der romantischen Selbstbespiegelung zur handelnden Kraft, von der antiken Stilisierung zur modernen Lebenstiefe.

4 Troeltsch, Die Kulturkritik des Jahrhundert-Endes. S. 642.

5 Nipperdey, Thomas: Probleme der Modernisierung in Deutschland. In: ders.: Nachdenken über die deutsche Geschichte. München 1986. S. 44–59. Hier: S. 57.

6 Troeltsch, Die Kulturkritik des Jahrhundert-Endes. S. 645.

Damit begegnet sich in allen Ländern und in den verschiedensten Geistern das Streben nach Umbildung des rationalistischen und quantitativen Individualismus zu tieferer Wahrheit, Kraft und feinerer Differenzierung.[7]

Das Ziel von Nietzsches Individualismus liege in der „Herausbildung einer höheren Art aus der bisherigen Menschheit". Ausgezeichnet durch „Kraft, Wahrhaftigkeit, Fülle und Vornehmheit des Lebens", grenzt sich darin eine Anzahl von „großen Individuen" von der „Masse" ab.[8] Der „qualitative Individualismus" fand Eingang auch in die „sozialistische Kulturkritik". Die sozialistischen „Gedanken der Solidarität, der Gesamtverantwortung und der zentralen Organisation der Gesellschaft im Dienste der Ideen eines höheren, edleren, geistigeren, aber auch harmonischeren und unbefangeneren Menschentums" verschmolzen unter der Ägide geistiger „Führer und Organisatoren" zu einer weiteren Form des Individualismus, dem sogenannten „Sozialaristokratismus"[9].

In seinem Aufsatz offeriert Troeltsch einen Überblick über das „außerordentlich schillernd[e] [...] Spektrum der aristokratisch gefärbten Kulturkritik"[10] der Jahrhundertwende. Die verschiedenen Ausprägungen der Kulturkritik werden zu diesem Zweck in eine begriffliche Ordnung gebracht. Nicht unproblematisch ist, dass sich der Autor dabei weitgehend an den Dichotomien orientiert, die die kulturkritische Wertesprache vorgibt. So wird die vorgefundene kulturkritische Antithese von ‚Aristokratie' und ‚Demokratie' von Troeltsch adaptiert und deskriptiv verwendet.[11] Erweitert wird sie um prototypische Begriffspaare wie ‚quantitativ – qualitativ' sowie ‚rationalistisch – idealistisch'. Troeltsch verwendet die Attribute wertneutral, offensichtlich ist jedoch, dass es sich im genuinen Kontext der Kulturkritik jeweils um negativ bzw. positiv besetzte Ausdrücke handelt. Die dichotome Grundstruktur fordert zu jeder wertenden Kategorie die entsprechende Antithese. Ist die Rede von einer „Umformung" der „demokratischen Gleichheitsidee", so lässt sich das nicht genannte Komplement, eine ‚aristokratische Ungleichheitsidee',

7 Ebd. S. 642.
8 Ebd. S. 643.
9 Ebd.
10 Bruch, Bürgerlichkeit, Staat und Kultur im Kaiserreich. S. 46.
11 Vgl. dazu: ebd. S. 46–49; zum Gegensatz von ‚Demokratie' und ‚Aristokratie' in ideologischen Konzepten der Zeit vgl. auch: Hammersen, Nicolai: Politisches Denken im deutschen Widerstand. Ein Beitrag zur Wirkungsgeschichte neokonservativer Ideologien 1914–1944. Berlin 1993. S. 249 ff.

leserseitig unmittelbar erschließen und dem sogenannten „qualitativen Idealismus" als Ziel und Kernforderung zuordnen.

Die Unterscheidung zwischen einem ‚qualitativen' und einem ‚quantitativen' Individualismus geht zurück auf Georg Simmels (1858–1918) Essay *Die beiden Formen des Individualismus* von 1901. In späteren Aufsätzen griff Simmel wiederholt auf sie zurück.[12] Troeltsch, der Simmel als Quelle nennt, setzt ‚qualitativen' und ‚aristokratischen' Individualismus praktisch gleich. Eine Verwendungsweise, die tatsächlich bereits bei Simmel nahegelegt wird, wenn sie sich dort auch nicht direkt findet. Der nietzscheanische „aristokratische Individualismus", von dem Troeltsch in Anlehnung an Simmel spricht, ist im Übrigen eine abstrahierte Kategorie. Sie lässt sich dem Œuvre Nietzsches *expressis verbis* ebenso wenig entnehmen wie das von Georg Brandes (1842–1927) formulierte Konzept eines „aristokratischen Radikalismus"[13], eine Wendung, die immerhin von Nietzsche ausdrücklich goutiert wurde. Ebenfalls nicht in Nietzsches Werk zu finden ist der Begriff „Sozialaristokratie". Bei den genannten Konzepten handelt es sich jeweils um Kategorien der Wirkungs- und Rezeptionsgeschichte Nietzsches, eines im kulturellen Feld des frühen 20. Jahrhunderts breit ausgefächerten Nietzscheanismus also, dessen historisches Einsetzen praktisch mit dem Verstummen des Philosophen zusammenfiel.[14]

Nietzsche kann, dies bestätigt auch Troeltschs Text, als „Stifter des Aristokratismus-Diskurses"[15] gelten. Die nietzscheanische Adelssemantik erfuhr in der frühen Rezeptions- und Wirkungsgeschichte besondere Aufmerksamkeit.[16] Das ‚Aristokratische' entwickelte sich binnen weniger Jahre zur zentralen Kategorie des

12 Die Unterscheidung zwischen qualitativem und quantitativem Individualismus findet sich zuerst in: Simmel, Georg: Die beiden Formen des Individualismus. In: Georg Simmel. Aufsätze und Abhandlungen 1901–1908. Band I. Band 7 der Gesamtausgabe in 24 Bänden (GSG). Hrsg. von Otthein Rammstedt. Frankfurt am Main 1995. S. 49–56. Vgl. auch: Simmel: Der Individualismus der modernen Zeit. In: GSG 20. S. 249–258. Troeltsch nennt im Literaturverzeichnis seines Kulturkritik-Aufsatzes außerdem Simmels Vortragszyklus ‚Schopenhauer und Nietzsche' (1907) (GSG 10. S. 167–408).

13 Brandes, Georg: Friedrich Nietzsche. Eine Abhandlung über aristokratischen Individualismus. [1888]. In: ders.: Nietzsche. Hrsg. von Klaus Bohnen. Berlin 2004. S. 25–102.

14 Vgl. Ottmann, Henning: Philosophie und Politik bei Nietzsche. 2., verbesserte und erweiterte Auflage. Berlin, New York 1999. (= Monographien und Texte zur Nietzsche-Forschung, Band 17); Schneider, Nietzscheanismus; Rudolph, Enno: Das Individuum als Bestie? Nietzsches genealogische Apologie des Individuellen. In: ders.: Odyssee des Individuums. Zur Geschichte eines vergessenen Problems. Stuttgart 1991. S. 76–85.

15 Sieg, Ulrich: Nietzsche als Stifter des Aristokratismus-Diskurses. In: Aristokratismus und Moderne. S. 61–76.

16 Vgl. Campioni, Guiliano: Aristokratie. In: Nietzsche-Handbuch. S. 192–194.

Nietzscheanismus[17] und damit zu einem „Schlüsselwort der Epoche"[18]. Schon in den 1890er Jahren finden sich Aufsätze, die Titel tragen wie *Aristokratie und Nietzscheanismus* (1895)[19] oder *Friedrich Nietzsche, der Social-Philosoph der Aristokratie* (1891). Im letztgenannten Text schreibt der Freiburger Nationalökonom Georg Adler (1863–1908): „Erst ganz neuerdings ist ein genialer und ursprünglicher Geist aufgetreten, [...] Friedrich Nietzsche, der mit einer originalen Social-Philosophie den Ansturm der Massen zu überwinden trachtete."[20] Adler prognostiziert, dass „vermuthlich Nietzsches Lehre der Ausgangspunkt einer raffinierten aristokratischen Geistescultur innerhalb eines Theils der Bourgeoisie sein wird"[21]. Sieht sich Adler noch veranlasst, Nietzsche einem breiten Publikum ausführlich vorzustellen, besteht nur wenige Jahre später für umständliche Einführungen kein Anlass mehr.

Einer der bedeutendsten Beiträge der letzten Jahre zur Erforschung der Wirkungsgeschichte Nietzsches stammt von Steven E. Aschheim. In seiner wegweisenden Studie *Nietzsche und die Deutschen* (Orig. *The Nietzsche Legacy in Germany 1890–1990*)[22] kritisiert der amerikanische Historiker Teile der älteren Nietzsche-Forschung. Im Hinblick auf die wirkungsgeschichtliche Dimension neige diese dazu, sich allzu oft in bloßen Nachweisen von angeblichen historischen Fehllektüren des ‚wahren' Nietzsche zu erschöpfen.[23] Methodisch an der Rezeptionsästhetik der Konstanzer Schule

---

17 Vgl. dazu die begriffsgeschtlichen Untersuchungen in Schneider, Nietzscheanismus. Inbesondere die Kapitel „Nietzsches Aristokratismus" (S. 22–34) sowie „Aristokratie" (S. 60–69).

18 Hepp, Avantgarde. S. 69.

19 Stümcke, Heinrich: Aristokratie und Nietzscheanismus. (Eine zeitpsychologische Studie). In: Kritik, 2/26 (1895), S. 604–609. Wieder in: ders.: Zwischen den Garben. Essays. Leipzig 1899. S. 89–99.

20 Adler, Georg: Friedrich Nietzsche, der Social-Philosoph der Aristokratie. In: Nord und Süd, 56 (1891). S. 224–240. Hier: S. 225.

21 Ebd. S. 240.

22 Aschheim, Steven E.: Nietzsche und die Deutschen. Karriere eines Kults. Stuttgart, Weimar 2000. [*The Nietzsche Legacy in Germany 1890–1990*. Berkeley, Los Angeles, London 1992]. Vgl. zuletzt: Aschheim, Steven E: Thinking the Nietzsche Legacy Today – A Historian's Perspective. In: ders. (Hg.): In Times of Crisis: Essays on European Culture, Germans, and Jews Madison 2001. S. 13–23. Zur Erforschung von Nietzsches Wirkungsgeschichte unentbehrlich: Krummel, Richard Frank: Nietzsche und der deutsche Geist. Ausbreitung und Wirkung des Nietzscheschen Werkes im deutschen Sprachraum bis zum Ende des Zweiten Weltkrieges. Ein Schrifttumsverzeichnis der Jahre 1867–1945. 3 Bände. Berlin, New York 1974 ff.

23 Aschheim, Nietzsche und die Deutschen: „Im Zentrum einer kulturgeschichtlichen Untersuchung müssen im Fall Nietzsches die Dynamik der von ihm ausgehenden Einflüsse sowie die komplexe Verbreitung und Verwendung seiner Ideen stehen, nicht aber deren Wahrheit, Falschheit und Plausibilität." (S. 5).

orientiert, verzichtet Aschheim in seiner Analyse konsequent darauf, bei den Vereinnahmungen Nietzsches durch diverse zeitgenössische Ideologien jeweils den Umfang vermeintlicher Entstellungen auszumessen. Herausgearbeitet wird vielmehr deren zentrale Bedeutung als Katalysator der dynamischen Ausbreitung des Nietzscheanismus:

> Der Nietzscheanismus gelangte mithin zu öffentlicher Wirksamkeit in dem Maße, in dem er durch andere Kräfte und Ideologien strukturiert und vermittelt wurde. Es gab in ihm keinen nackten Nihilismus, keine reine Dynamik, sondern er wurde stets durch andere Theorien eingerahmt, sozusagen fallweise übernommen. Die Thematik Nietzsches mußte dabei tendenziös verankert oder domestiziert werden.[24]

Ideologische ‚Einrahmungen' und instrumentalisierende Inanspruchnahmen dieser Art sind besonders in der normativen Kulturkritik der ersten Hälfte des 20. Jahrhunderts evident. Nietzsche gab dabei „den Ton an für den aristokratischen Kampf gegen ein Zeitalter der Mediokrität"[25]. Dass ideologische Anschlüsse in der beschriebenen Art bevorzugt über die nietzscheanische Adelssemantik erfolgten, hat in jüngerer Vergangenheit auch Domenico Losurdo in seiner monumentalen „intellektuellen Biographie" des „aristokratischen Rebellen" bestätigt.[26] Losurdo subsumiert Teile der Wirkungsgeschichte Nietzsches konsequent unter dem Begriff einer „aristokratischen Reaktion"[27].

Bereits die Autoren der ästhetischen Moderne erkannten in Nietzsche das zentrale „Ausstrahlungsphänomen" (Gottfried Benn) ihrer Zeit.[28] Der Nietzscheanismus bildete einen zentralen atmosphärischen, vor allem aber auch einen semantischen Ermöglichungszusammenhang, aus dem ein breites Spektrum ‚aristokratischer' Denk- und Redeweisen hervorging. Eingang in das kulturelle Wissen der Zeit fand die aphoristische Philosophie Nietzsches vielfach auf dem Niveau von Schlagworten.[29] Polarisierende Effekte, die sich mit Rekursen auf den Modephilo-

---

24 Ebd. S. 15.

25 Ebd. S. 73.

26 Losurdo, Domenico: Nietzsche. Der aristokratische Rebell. Intellektuelle Biographie und kritische Bilanz. 2 Bände. Berlin 2009.

27 Vgl. insbesondere: ebd. S. 703–819.

28 Zur Nietzsche-Rezeption in der literarischen Moderne vgl.: Valk, Thorsten (Hg.): Friedrich Nietzsche und die Literatur der klassischen Moderne. Berlin, New York 2009.

29 Vgl. dazu: Brömsel, Pathos der Distanz. S. 299. Brömsel betont, dass es sich bei dem ‚Pathos der Distanz' um ein „Motiv mit starkem Schlagwortcharakter" gehandelt habe. Als solches befinde es sich „meist in der Nachbarschaft von Dikta wie ‚Gefühl für Rang und Vornehmheit', ‚Gehorchen und Befehlen', ‚Kluftaufreißung', ‚Spannkraft zwischen den Extremen',

sophen zuverlässig erzielen ließen, waren möglich, weil sich in nur wenigen Jahren ein dichter kultureller Resonanzboden entwickelt hatte, der für entsprechende Bezugnahmen hochsensibel war. Den Einfluss des Nietzscheanismus auf das kulturelle Wissen der Zeit – wie auch die Popularität einer von Nietzsche geprägten Adelssemantik – vermittelt anschaulich ein Werk wie Otto Ladendorfs *Historisches Schlagwörterbuch* (1906).[30] In dem lexikographiegeschichtlich bedeutsamen Nachschlagewerk bildet Nietzsche zahlenmäßig die bedeutendste Einzelquelle für Schlagworte.[31] Auf Nietzsche zurückzuführen sei etwa die Popularität des Ausdrucks „Herrenmensch", inzwischen, so Ladendorf, ein „Modeschlagwort breiter Bildungskreise"[32]. Im Allgemeinen werde darunter ein „höherer Typus Mensch" verstanden, den Nietzsche als „Verkünder einer neuen aristokratischen Herrenmoral" vertreten habe. Ähnliches gelte für das „Pathos der Distanz", auch dies eine verbreitete „Schlagwortformel", die verwendet werde, um „einen scharfen Gegensetz zwischen herrschenden und beherrschten Menschen und Gesellschaftsklassen" auszudrücken.[33] Der „Übermensch", die „erhoffte Höherzüchtung der Menschheit zu einem willensstarken, geistesmächtigen und genussfreudigen Aristokratismus", habe als Schlagwort gleichfalls „mannigfach gewuchert"[34]. Angesichts der verbreiteten Rede vom ‚Aristokratischen' verwundert es nicht, dass Ladendorf auch „Aristokrat" als Schlagwort berücksichtigt. Der Philologe merkt an, dass „Aristokrat" noch lange nach 1789 ein „gehässig[es] Scheltwort" gewesen sei. In der Gegenwart scheine indes die „ursprüngliche lobende Bedeutung wieder vorzuwiegen"[35]. Dass Nietzsche verantwortlich für diese Aufwertung war, dürfte, nicht zuletzt angesichts seiner Rolle als ‚Schlagwortlieferant', für die historischen Leser des Wörterbuchs außer Frage gestanden haben. Ladendorfs Werk dokumentiert insgesamt eine mit dem Nietzscheanismus einhergehende Ideologisierung der Sprache auf der Ebene „breiter Bildungskreise", in denen die Rede vom ‚Aristokratischen' populär wurde.

‚Schaffung von Werthen' etc." (S. 299). Zum ‚Pathos der Distanz' vgl. auch: Gerhardt, Volker: Pathos und Distanz. Studien zur Philosophie Friedrich Nietzsches. Stuttgart 1988.

30 Ladendorf, Otto: Historisches Schlagwörterbuch. Straßburg, Berlin 1906.

31 Schlagworte, die sich exklusiv auf Nietzsche zurückführen lassen, sind: ‚Bildungsphilister'; ‚Blonde Bestie'; ‚Fröhliche Wissenschaft'; ‚Herdentier'; ‚Herrenmensch'; ‚Moraltrompeter von Säckingen'; ‚Pathos der Distanz'; ‚Übermensch'; ‚Umwertung aller Werte'. Darüber hinaus stellt eine große Anzahl weiterer Wörterbucheinträge direkte Bezüge zu Nietzsche her.

32 Ladendorf, Historisches Schlagwörterbuch. S. 122.

33 Ebd. S. 237.

34 Ebd. S. 317–318.

35 Ebd. S. 10–11.

2.2 Zur historischen Semantik von ‚Kulturkritik‘

Der Begriff Kulturkritik lässt sich historisch weiter ausdifferenzieren. Festgestellt wurden „zeitlich gestaffelte Verwendungsgeschichten“[36] sowie „Dimensionen eines historischen Wandels“, die sich besonders bei Vergleichen zwischen Kulturkritik um 1800 und 1900 als aufschlussreich erwiesen haben.[37] Negative Assoziationen, die der Ausdruck bis heute weckt, werden vielfach einer deutschen Tradition von Kulturkritik zugeschrieben: „Kulturkritik in einem *spezifisch deutschen Sinne* operiert mit einem engen, normativen Kulturbegriff, der als kontrastiver Bezugspunkt das Krisenbewusstsein lenkt.“[38] Die jüngere Forschung hat auf die Entstehung vergleichbarer kulturkritischer Diskursmuster auch in anderen europäischen Ländern, etwa Frankreich[39] und Großbritannien[40], hingewiesen, dennoch kann das Postulat von einer deutschen Kulturkritik nach wie vor überzeugen. Dies gilt besonders, wenn man die Entstehung von Kulturkritik mit der eines emphatischen Kulturbegriffs parallelisiert, der „im Gefolge von Klassik, Idealismus und Romantik [...] Kultur in einem inneren Sinn mit Persönlichkeit und Bildung gleichsetzt“[41]. Zu denken ist dabei weniger an direkte inhaltliche Anschlüsse seitens der normativen Kulturkritik, sondern eher an das Potential eines entsprechenden Kulturbegriffes zur „Entfaltung projektiver und regressiver Energie“[42], die sich vorzugsweise gegen die Aufklärung und ihren Rationalitätsprimat richtete. Die typische negative Verengung zeigt sich schon in Troeltschs Darstellung: Die „Kultur der Aufklärung“ wird darin mit einem „utilitaristischen Absolutismus“ gleichgesetzt. Bezeichnend ist zudem eine um 1800 aufkommende und in kulturkritischen Kontexten seitdem vielfach anzutreffende Maschinen-Metaphorik.[43] Mittels der Rede von einem

36 Bollenbeck, Geschichte der Kulturkritik. S. 12.

37 Vgl. Jung, Eine ‚Klage so alt wie die Geschichte?‘.

38 Bollenbeck, Geschichte der Kulturkritik. S. 14 (Hervorhebung im Original).

39 Agard; Beßlich, Kulturkritik zwischen Deutschland und Frankreich (1890–1933).

40 Tröger, Johannes: Kulturkritik und Utopie: Das Denken rechter katholischer Intellektueller in Deutschland und Großbritannien 1918–1939. Paderborn 2016.

41 Müller-Funk, Wolfgang: Kulturtheorie. Tübingen 2006. S. 8.

42 Pankau, Johannes: Wege zurück. Zur Entwicklungsgeschichte restaurativen Denkens im Kaiserreich. Frankfurt am Main, Bern 1983: „Kultur im Horizont dieser Texte bezeichnet nichts begrifflich Faßbares, verharrt im Bereich der Magie; der Begriff tritt heraus, entzieht sich logisch-diskursivem Denken, aktiviert Wunschproduktion und Abwehr. Nirgends in den behandelten Texten finden wir einen Versuch der Definition, offensichtlich benötigen sie die Vieldeutigkeit zur Entfaltung projektiver und regressiver Energie.“ (S. 22).

43 Vgl. Stollberg-Rilinger, Barbara: Der Staat als Maschine. Berlin 1986.

„mechanisch[en] Räderwerk"[44] ließ sich die Bedrohung des einzelnen Individuums in anonymen Funktionskontexten der aufgeklärten Moderne suggestiv vermitteln.

Die von Nietzsche durchaus kritisch konstatierte „Feindschaft der Deutschen gegen die Aufklärung"[45] wurde gerade nicht als Kritik, sondern identifizierend aufgenommen und zu einem nationalen Wesensmerkmal erhoben. Im vermeintlichen Einvernehmen mit den „dunkeln Schriftstellern des Bürgertums"[46] (Adorno) ließ sich die Aufklärung (und die mit ihr assoziierten Bereiche des Politischen und Ökonomischen, die gemeinsam eine Sphäre des Rationalen und Zweckgerichteten bildeten) aufgrund ihres angeblichen Mangels an ‚geistiger' Tiefe unter prinzipiellen Banalitätsverdacht stellen. Die kulturkritische ‚Weltanschauungsessayistik' um und nach 1900 schöpft aus einer Gemengelage idealistischer Vorbehalte und modernekritischer Ressentiments, die seit der klassisch-romantischen Kulturepoche im Bildungsbürgertum aus einem Status der Latenz heraus zuverlässig aktivierbar blieben. Die Durchsetzung der zivilisatorischen Moderne (Rationalisierung, Ökonomisierung, Funktionalisierung, Spezialisierung) wird, so das zunehmend stereotype, vielfach reflexartig applizierte Deutungsschema, begleitet von der gewaltsamen Profanisierung einer ausschließlich ‚qualitativ' beschreibbaren Sphäre des ‚Ganzen', Inkommensurablen und Autonomen infolge der Integration in formalisierende und quantifizierende Bezugssysteme einer aufgeklärt-zivilisatorischen Moderne, die sich im Zuge weitergehender Radikalisierung zunehmend als eigentlicher Gegner ausmachen ließ und überdies eine kulturkritische Aufwertung alles dessen zeitigte, was sich potentiell einer „Verzweckung" widersetzt, darunter auch der Typus des Aristokraten, der zu einer zentralen Hypostase kulturkritischer Hochwertbegriffe um die Sphäre des ‚Autonomen' und ‚Qualitativen' avancierte.

Zwei (eng verbundene) Phasen besitzen für ‚Kulturkritik' aus begriffsgeschichtlicher Sicht eine besondere Relevanz, zunächst die des Wilhelminismus zwischen 1890 und 1914.[47] Im Ersten Weltkrieg mündete dieser Abschnitt unmittelbar in

---

44 Hegel, Georg Wilhelm Friedrich: Das älteste Systemprogramm des deutschen Idealismus. In: ders.: Werke in 20 Bänden. Band 1: Frühe Schriften. Hrsg. von Eva Moldenhauer und Karl M. Michel. Frankfurt am Main 1986. S. 234–236. Hier: S. 234.

45 Nietzsche, Friedrich: Morgenröte. Kritische Studienausgabe. Hrsg. von Giorgio Colli und Mazzino Montinari in 15 Bänden (KSA). Band 3. München 1999. S. 171.

46 Adorno, Theodor W.; Horkheimer, Max: Dialektik der Aufklärung. Philosophische Fragmente. Frankfurt am Main 1988. S. 126.

47 Vgl. Heinßen, Johannes: Historismus und Kulturkritik: Studien zur deutschen Geschichtskultur im späten 19. Jahrhundert. Göttingen 2003. S. 436–488; Bruch, Rüdiger vom: Kaiser und Bürger: Wilhelminismus als Ausdruck kulturellen Umbruchs um 1900. In: Bürgertum, Adel und Monarchie. Wandel der Lebensformen im Zeitalter des bürgerlichen Nationalismus.

einen propagandistischen „Kulturkrieg" gegen die Westmächte.[48] Dieser „richtete sich gegen die Zersplitterung des Wissenschaftskanons und postulierte gegen den Vorrang der Rationalität und Sachlichkeit eine Metaphysik des Irrationalen, eine oft lebensphilosophisch unterfütterte Frontstellung gegen die Maximen einer – als westeuropäische rubrizierten – Aufklärung"[49]. Die Dichotomie ‚Kultur vs. Zivilisation' entwickelte sich während des Weltkriegs zu einer diskursprägenden Formel und wird bis heute vielfach als Musterbeispiel kulturkritischer Antithetik gehandelt.[50]

Die Übergänge zwischen der Kulturkritik der Vorkriegszeit und einer zweiten Hochphase während der Weimarer Republik sind fließend. Zentrale Denkfiguren der ‚Neuen Rechten' bzw. der ‚Konservativen Revolution', die teilweise in den weltanschaulichen Synkretismus des Nationalsozialismus eingingen, weisen ein kulturkritisches Fundament auf.[51] Herausgearbeitet wurden entsprechende Verbindungen zwischen der Kulturkritik der Vor- und Nachkriegszeit bereits in den forschungsgeschichtlich einflussreichen frühen Studien Kurt Sontheimers und vor allem Fritz Sterns. Der von Stern geprägte Begriff des „Kulturpessimismus" lässt sich mit Ralf Dahrendorf auch als „Komparativ der Kulturkritik" verstehen.[52] Die neuere Forschung hat anhand von Detailstudien entsprechende Kontinuitäten bestätigt.[53]

Middle Classes, Aristocracy and Monarchy. Patterns of Change an Adpation in the Age of Modern Nationalism. Hrsg. von Adolf M. Birke und Lothar Kettenacker. München, London, New York, Oxford 1989. S. 119–146.

48 Beßlich, Barbara: Wege in den ‚Kulturkrieg'. Zivilisationskritik in Deutschland 1890–1914. Darmstadt 2000.

49 Ebd. S. 8.

50 Zur Dichotomie ‚Zivilisation – Kultur' vgl. ebd. S. 25–27; vgl. auch Breuer, Ordnungen der Ungleichheit. S. 263–290; zuletzt: Pikulik, Lothar: Natur und die westliche Zivilisation: Literarische Kritik und Kompensation einer Entfremdung. Hildesheim, Zürich, New York 2016. S. 225–232.

51 Vgl. Sontheimer, Kurt: Antidemokratisches Denken in der Weimarer Republik. Die politischen Ideen des deutschen Nationalismus zwischen 1918 und 1933. München 1962; Stern, Fritz: Kulturpessimismus als politische Gefahr. Eine Analyse nationaler Ideologie in Deutschland. Bern, Stuttgart 1963. Breuer, Stefan: Anatomie der Konservativen Revolution. Darmstadt 1993; ders.: Die radikale Rechte in Deutschland 1871–1945. Eine politische Ideengeschichte. Stuttgart 2010.

52 Vgl. dazu das Vorwort Ralf Dahrendorfs in: Stern, Kulturpessimismus. S. 3.

53 Vgl. exemplarisch die Studie von: Nate, Richard: Biologismus und Kulturkritik. Eugenische Diskurse der Moderne. Würzburg 2014.

Das Jahr 1945 bildete zwar eine Zäsur in der Geschichte der Kulturkritik, nicht aber ihr Ende. Bereits in der Nachkriegszeit wurden bekannte Topoi von neuem aufgegriffen.[54] Zugleich blieb bis in die späten Nachkriegsjahre das Wort ‚Kulturkritiker' als seriöse Selbstbeschreibung gebräuchlich, was etwa an der Namensgebung des Münchner „Kulturkritikerkongresses" von 1958 deutlich wird, der führende Intellektuelle der Zeit versammelte.[55] Eine Dekade darauf, spätestens aber seit den frühen 1970er Jahren, war es indes kaum mehr möglich, die Sachebene des Begriffs von negativen Assoziationen zu trennen. Maßgeblich für diese Entwicklung waren die einflussreichen Invektiven seitens der ‚Frankfurter Schule', die den intellektuellen Diskurs der Bundesrepublik jener Zeit dominierte und unter dem Dach der neomarxistischen ‚Kritischen Theorie' ihrerseits zur Popularisierung eines eminent kulturkritischen Vokabulars beitrug, das in politischen Debatten rasch Schlagwortcharakter erlangte (man denke an die weit verbreitete Rede von einer ‚Kulturindustrie' und die Perhorreszierung des ‚Massenkonsums'). Längst konnte nachgewiesen werden, dass, auch wenn gänzlich andere Motive zugrunde lagen, Semantiken und Schemata reaktualisiert wurden, die die konservative bzw. ‚rechte' Kulturkritik weitgehend teilte.[56]

In der Folge wurde der Begriff ‚Kulturkritik' in einem wesentlich breiteren Spektrum gebräuchlich, das sich über die Geisteswissenschaften hinaus auf das Feuilleton und die politische Publizistik erstreckte. Die Polarität von ‚rechter' und ‚linker' Kulturkritik förderte die Entstehung polemischer Gebrauchsweisen.[57] Langfristig konventionalisierte sich eine pejorative Bedeutung von ‚Kulturkritik', die bis heute Aktualität besitzt. Wer zu Beginn des 21. Jahrhunderts Texte oder Debatten in einem breiteren öffentlichen Diskurs als kulturkritisch qualifiziert, tut dies noch immer überwiegend im Modus der Polemik (oder wird so verstanden), bezeichnet damit teils einen larmoyanten Konservatismus, teils ein als potentiell ‚gefährlich' eingestuftes, weil ideologieanfälliges Denken. Weiterhin werden dabei historische Parallelen zu den vielfach nur noch summarisch

54 Vgl. Bühner, Björn: Kulturkritik und Nachkriegszeit. Zur Funktionalisierung bildungsbürgerlicher Semantik in den politisch-kulturellen Zeitschriften 1945–1949. Heidelberg 2014.

55 Vgl. Freudenfeld, Burghard (Hg.): Untergang oder Übergang. Erster Internationaler Kulturkritikerkongress in München 1958. München 1959.

56 Vgl. Hecken, Thomas: Gegenkultur und Avantgarde 1950–1970. Situationisten, Beatniks, 68er. Tübingen 2006; Koch, Lars: Angst in der verwalteten Welt. Emotive Kulturkritik bei Jünger, Gehlen und Adorno. In: LiLi 41/161 (2011). S. 41–58.

57 Vgl. Merlio, Gilbert; Raulet, Gérard (Hgg.): Linke und rechte Kulturkritik. Interdiskursivität als Krisenbewußtsein. Frankfurt am Main 2005.

als „Niedergangspropheten“[58] bezeichneten kulturkritischen Autoren der ersten Hälfte des 20. Jahrhunderts gesucht. Beispiele für entsprechende Gebrauchsweisen von ‚Kulturkritik‘ finden sich in den von Zeit zu Zeit erneut aufflammenden Kontroversen um die Essayistik Botho Strauß’, angefangen in den 1990er Jahren (*Anschwellender Bocksgesang,* 1993) bis in die jüngere Vergangenheit (*Der letzte Deutsche,* 2015). Seither wurde Strauß wiederholt in einem Zuge mit Schriftstellern wie Ernst Jünger, Curzio Malaparte oder Louis-Ferdinand Céline genannt; neuerdings auch – gemeinsam mit Michel Houellebecq und Christian Kracht – als Vorreiter einer rechtslastigen neuen Kulturkritik gehandelt.[59] Losgelöst von der Frage, inwiefern jene Vergleiche gerechtfertigt sind, zeigt sich darin die Aktualität des Begriffs wie auch seine ungebrochen negative Konnotation.

Bis heute beweist die Semantik der ‚Kulturkritik‘ eine erhebliche Anpassungsfähigkeit.[60] „Zeichen des Verfalls“ lautet etwa eine Kapitelüberschrift in Thilo Sarrazins *Deutschland schafft sich ab* (2010).[61] Was darunter an Niedergangssymptomen aufgezählt wird (Bildungsmisere, demographisch bedingter Abfall des kollektiven

58 Vgl. Herman, Arthur: Propheten des Niedergangs. Der Endzeitmythos im westlichen Denken. Berlin 1998.

59 Zur öffentlichen Debatte um Botho Strauß’ Kulturkritik zuletzt: Assheuer, Thomas: In der Nacht der Götterferne. In: Die Zeit, 1/2016 (30. Dezember 2015). Assheuer erkennt eine Kontinuität zwischen Kulturkritik der Vorkriegszeit und Nachkriegszeit: „Seit dem Ende des Zweiten Weltkriegs richtet sich die Hauptlinie der konservativen Kulturkritik gegen die rücksichtslose Modernisierung des Erdballs; dazu gehören klassischerweise Autoren wie Curzio Malaparte oder Ernst Jünger, in der Gegenwart sind es zum Beispiel Botho Strauß, Christian Kracht oder Michel Houellebecq. Sie attackieren die liberale Moderne, denn, weltweit verbreitet, führe sie in eine historische Sackgasse und provoziere erbitterte Gegenwehr.“ Vgl. auch: Schmidt, Thomas: Wen betört der Bocksgesang? Über Botho Strauß’ metaphysische Kulturkritik. In: Merkur. Deutsche Zeitschrift für europäisches Denken, 8 (1994). S. 736–739; Perry, Christoph: Botho Strauß zwischen Kulturkritik und Poetik. Zur Aktualität des konservativen Diskurses. In: Jahrbuch für finnisch-deutsche Literaturbeziehungen, 2 (1996), S. 181–188; Treichel, Hans-Ulrich: ‚Wir Rücken an Rücken vereinte‘. Zeitgeist und Kulturkritik im Werk von Botho Strauß. In: Deutschsprachige Literatur der 70er und 80er Jahre. Autoren, Tendenzen, Gattungen. Hrsg. von Walter Delabar und Erhard Schütz. Darmstadt 1997. S. 286–299; Großheim, Michael: Von der Maigret-Kultur zur Sherlock Holmes-Kultur. Oder: Der phänomenologische Situationsbegriff als Grundlage einer Kulturkritik. In: Phänomenologie und Kulturkritik: Über die Grenzen der Quantifizierung. Hrsg. von Michael Großheim und Steffan Kluck. Freiburg 2010. S. 52–84.

60 Vgl. Knoblauch, Clemens: Neoevolutionistische Kulturkritik – eine Skizze. In: LiLi, 41 (2011). S. 13–40.

61 Sarrazin, Thilo: Deutschland schafft sich ab. Wie wir unser Land aufs Spiel setzen. München 2010. S. 51–103.

Intelligenzniveaus, Marginalisierung des leistungsbereiten Teils der Bevölkerung durch Zuwanderung und Prekarisierung usw.), erinnert teils frappierend an kulturkritische Pathologiebefunde des vergangenen Jahrhunderts. Auch die Mechanismen öffentlicher Erregung in einer um Bestandssicherung fürchtenden Mittelschicht, mit denen Sarrazins Beststeller erfolgreich kalkuliert, erlauben Vergleiche mit Reaktionen des bürgerlichen Lesepublikums zu Beginn des letzten Jahrhunderts. Wiederkehrend auftauchende Nachrufe und Obsoleszenzbehauptungen, die in den 1990er Jahren im Gefolge von Postulaten rund um das „Ende der Geschichte" (Fukuyama) formuliert wurden, erwiesen sich als voreilig.[62] Ob angesichts anhaltender Debatten um eine erstmals von Ralph Keyes diagnostizierte *Post-Truth Era* (2004; im deutschen Sprachraum unter dem Begriff ‚Zeitalter des Postfaktischen' eingehend diskutiert) gar von einer Renaissance der Kulturkritik gesprochen werden kann, bleibt indes abzuwarten.[63] Der Begriff des ‚Postfaktischen' jedenfalls verweist auf eine Konjunktur des – für Kulturkritik typischen – Primats intuitiver Evidenz bei gleichzeitiger Immunität gegenüber rational abgesicherten Gegenargumenten.

Der Gang durch die Begriffsgeschichte von Kulturkritik macht deutlich, weshalb sich die Wortbestandteile ‚Kultur' und ‚Kritik' nur bedingt als Ausgangspunkt für Definitionsversuche eignen. Beide Teile des Kompositums wurden nicht nur durch die typischerweise erst nachträglich als solche identifizierten Kulturkritiker, sondern außerdem durch eine unterschiedlich motivierte, teils willkürlich anmutende Zuschreibungspraxis stark strapaziert. In der Vergangenheit hat dies die Ermittlung einer deskriptiven Dimension von ‚Kulturkritik' wesentlich erschwert. Notorisch sind die Klagen darüber, dass der Begriff „weitläufig, voraussetzungsreich und umstritten"[64] bzw. „extensional grenzunscharf, intensional ungeordnet und heterogen"[65] sei. ‚Moderne-' oder ‚Zivilisationskritik' werden in der Forschung daher seit langem als mögliche Alternativbegriffe gehandelt. So betont Bollenbeck, „Zivilisationskritik" könne durchaus „als Synonym für Kulturkritik gebraucht werden"[66]. Stefan Breuer spricht sich mit Blick auf die von ihm untersuchten „ästhetischen

62 Ullrich, Wolfgang: Zentrifugalangst und Autonomiestolz. Ein Nachruf auf die Kulturkritik. In: Neue Rundschau, Jg. 110/2 (1999). S. 9–22.

63 Keyes, Ralph: The Post-Truth Era: Dishonesty and Deception in Contemporary Life. New York 2004. Vgl. zur Rezeption in Deutschland: Hendricks, Vincent; Verstergaard, Mads: Verlorene Wirklichkeit? An der Schwelle zur postfaktischen Demokratie. In: Aus Politik und Zeitgeschichte (APuZ), 13 (2017). S. 4–10.

64 Konersmann, Ralf: Kulturphilosophie zur Einführung. 2. Auflage. Hamburg 2010. S. 90.

65 Bollenbeck, Kulturkritik – ein Reflexionsmodus der Moderne. S. 201.

66 Bollenbeck, Geschichte der Kulturkritik. S. 13.

Fundamentalisten"[67] gegen ‚Kulturkritik' und für den Begriff ‚Zivilisationskritik' aus. Auch Breuer argumentiert inhaltlich, also vom möglichen Objekt der Kritik her, wenn er darauf verweist, dass die von ihm untersuchten Akteure kaum als „Kulturkritiker" zu kennzeichnen seien, weil sie ihre Kritik eben nicht auf eine (erst noch zu schaffende) Kultur im emphatischen Sinne richteten, sondern auf eine perhorreszierte Zivilisation, die jener Kultur zu weichen habe. Insofern sei es eher angebracht, statt von „Kulturkritik" von „Zivilisationskritik und Kulturoptimismus" zu sprechen.[68]

Rein inhaltliche Bestimmungsversuche haben sich bislang jedoch als defizitär erwiesen. Auf der Hand liegt, dass es unzureichend wäre, den Begriff (etwa in Analogie zu Komposita wie ‚Gesellschafts-' oder ‚Kapitalismuskritik') wörtlich im Sinne einer ‚Kritik an der Kultur' nehmen zu wollen. Kulturkritik meint offenkundig mehr als das. Aufschlussreicher als die Frage, gegen *was* sich die Kritik wendet, scheint daher die Frage, *wie* sie artikuliert wird, durch welche formalen Regelmäßigkeiten sie sich auszeichnet und welchen kommunikativen Regeln sie folgt. Bollenbecks Bestimmung von Kulturkritik als „Reflexionsmodus" legt eine Fokussierung auf das *Wie* der Kritik nahe, eine Ebene, auf der die Aussicht besteht, den Begriff zu schärfen und Alleinstellungsmerkmale zu definieren. Umso problematischer der Umstand, dass Teile der Forschung den Begriff ‚Kulturkritik' nach wie vor primär inhaltlich, nämlich mit Blick auf das Reflexionsniveau kulturkritischer Diagnosen bewerten. Auch Bollenbecks instruktive werk- und autorenzentrierte „Geschichte der Kulturkritik" konstruiert ihren Gegenstand weiterhin als einen (vernachlässigten) Seitenarm der Philosophiegeschichte.[69] Die Frage, was Kulturkritik ist, wird dabei überwiegend unter Bezugnahme auf einen Höhenkamm kanonisierter Denker beantwortet. Ähnlich bei Ralf Konersmann. In der Einleitung zu einer von ihm herausgegebenen Anthologie kulturkritischer Texte heißt es: „Und in der Tat: Von dem, was sich in den letzten zweieinhalb Jahrhunderten kulturkritisch vernehmen ließ, ist vieles und sogar das meiste nicht zu retten – und braucht deshalb in diesem Band nicht dokumentiert zu werden."[70] Erkennbar wird darin der verbreitete Anspruch, allenthalben „Einfallstor[e] für begründungsdefizitäre kulturkritische

67 Breuer, Stefan: Ästhetischer Fundamentalismus. Stefan George und der deutsche Antimodernismus. Darmstadt 1995.

68 Ebd. S. 5.

69 Vgl. Niebel, Eckhard: Kulturkritik. Ein Arbeitsbuch. Frankfurt am Main 1989.

70 Konersmann, Ralf: Das kulturkritische Paradox. In: ders. (Hg.): Kulturkritik. Reflexionen in der veränderten Welt. Leipzig 2001. S. 9–37. Hier: S. 17 f.

Pathologiebefunde"[71] auszumachen sowie den „Schutt der Entstellungen und Selbstmissverständnisse beiseite zu räumen", um den Blick auf eine „avancierte, eher deskriptive Kritik der Kultur"[72] freizulegen. Es soll also offensichtlich die ‚unrettbare' ideologisch-normative Kulturkritik von kulturwissenschaftlich weiterhin diskutablen Elementen getrennt werden. Ein Ergebnis dieser Bemühungen ist Konersmanns heuristisch durchaus überzeugende Differenzierung zwischen „restaurativer" und „postrestaurativer" Kulturkritik, die mit Bollenbecks Bestimmung eines „irreversiblen Zivilisationsprozesses", den Rousseau als Konzept in die Kulturkritik eingeführt habe, konform geht.[73] Ausgedrückt wird damit ein Unterschied im Bewusstsein für die Historizität kultureller Normvorstellungen. Überkommene Formen normativer Kulturkritik seien weitgehend „getragen von der Erwartung der Restitution". Dabei werde ein „stumm[er] und doch unüberhörbar[er] Appell" artikuliert, „die Integrität des Ursprungs, dessen Verbindlichkeit sich über die Zeiten hinweg erhalten hat, *wiederherzustellen*".[74] Die restaurativ-normative Kulturkritik sei letztlich „nicht bereit, sich mit den vielen Gesichtern der Moderne und der Pluralität ihrer Weltmodelle anzufreunden"[75]. Für Konersmann handelt es sich bei dieser Art der Kulturkritik, die „auf die Verklärung vormoderner Lebensformen beschränkt bleibt" und die allen Kontingenzbefunden zum Trotz den Anspruch erhebt, allgemeingültige Wahrheiten zu postulieren, schlicht um eine „schwarze Kulturkritik". Dem stehen die Formen einer sogenannten „weißen Kulturkritik" gegenüber, einer „eher *deskriptiven*", „*reflexiven* und vor allem *postrestaurativen* Kritik der Kultur, die den Prozeß kultureller Selbstbeobachtung rekonstruiert und auch selbst vorantreibt"[76].

Problematisch ist der Umstand, dass die kulturphilosophisch anschlussfähige „postrestaurative" Kulturkritik von Konersmann zu einer Form des Räsonierens hin weitergedacht wird, die letztlich alle normativen Setzungen aufgeben und nur noch deskriptiv verfahren soll. Postuliert wird also eine eher postmoderne Kulturkritik. ‚Postmodern' meint dann im Sinne Wolfgang Welschs, dass jene Kulturkritik von einer „Grundobsession" der Moderne ablässt, das Verlorengegangene durch fragwürdig werdende „Einheitsträume" stets aufs Neue beschwören zu wollen: „Die radikale postmoderne Pluralität bricht mit diesen Einheitsklammern, die auf eine

71 Bollenbeck, Geschichte der Kulturkritik. S. 262.

72 Konersmann, Das kulturkritische Paradox. S. 18.

73 Konersmann, Kulturkritik. S. 86; S. 106; vgl. auch: Becker, Kulturkritik. S. 46–49.

74 Konersmann, Ralf: Kulturkritik und Wiederherstellungserwartung. In: LiLi 41/161 (2011). S. 59–76. Hier: S. 64 (Hervorhebung im Original).

75 Konersmann, Das kulturkritische Paradox. S. 18.

76 Konersmann, Kulturphilosophie zur Einführung. S. 100 (Hervorhebung im Original).

Totalität hoffen, die doch nie anders als totalitär eingelöst werden kann."[77] Letztlich handelt es sich bei einer ‚weißen‘ bzw. ‚postrestaurativen‘ Kulturkritik, so wie Konersmann sie definiert, um eine rein hypothetische, den Erkenntniszielen aktueller Kulturtheorien verpflichtete und dabei weitgehend eingehegte Neudeutung. Eine aus dieser Sicht wünschenswerte entschärfte Kulturkritik, die „ernüchtert", „wertfrei" und als „Instrument der Analyse brauchbar geworden"[78] sein soll, hat sich den wissenschaftlichen Standards kulturphilosophischer Analysen so weit angenähert, dass Unterschiede kaum mehr auszumachen sind.

Misst man kulturkritische Diagnosen an wissenschaftlichen Standards, führt dies in der Mehrzahl der Fälle zu erwartungsgemäßen Ergebnissen, die von den kulturkritischen Autoren, die sich in der Regel ostentativ antiakademisch gerierten, zumeist schon im Vorfeld einkalkuliert wurden. Als unbestritten kann gelten, dass entsprechende Standards zumeist kaum aus purem Unvermögen unterlaufen wurden. Reicht von einem wissenschaftsimmanenten Standpunkt regelmäßig schon eine oberflächliche Betrachtung, um Kulturkritik als ‚begründungsdefizitär‘ zu entlarven, sind weiterführende Einsichten gerade dann zu erwarten, wenn man die diskursiven Praktiken der Kulturkritik als strategische Provokationen durchschaubar macht. Ziel war es in den meisten Fällen jedenfalls nicht, durch rationale Stichhaltigkeit zu überzeugen. Kulturkritik erzielte ihre wirkungsgeschichtlich signifikanten Erfolge stattdessen primär auf der Ebene des Sentiments. Eine ideologisch-normative ‚schwarze‘ Kulturkritik und ‚postrestauratives‘ Denken im Sinne Konersmanns müssen sich zudem keineswegs ausschließen. In den historischen Beiträgen zum Aristokratismus-Diskurs wurde in aller Regel nicht einem Antimodernismus mit Wiederherstellungserwartung das Wort geredet, sondern viel eher einer „anderen Moderne"[79] bzw. einer „modernen Antimoderne"[80]. Ziel war offenkundig nicht die Restauration der Monarchie oder feudaler Strukturen entlang konkreter historischer Vorbilder. Den in der vorliegenden Studie behandelten Akteuren ging es nicht um das Zurück zu einem historischen *status quo ante*. Die häufig vagen, vielfach gar nicht bis zu programmatischer Reife vordringenden Zielvorstellungen emergierten, so viel lässt sich vorgreifend sagen, aus Synthesen reaktionärer und dezidiert moderner Ideen. Folgerichtig wäre ein kulturkritischer Aristokratismus-Diskurs als postrestaurativ *und* ideologisch zu qualifizieren.

77 Welsch, Wolfgang: Unsere postmoderne Moderne. Weinheim 1987. S. 6.

78 Konersmann, Kulturkritik und Wiederherstellungserwartung. S. 76.

79 Rohkrämer, Thomas: Eine andere Moderne? Paderborn 1999.

80 Weiß, Volker: Moderne Antimoderne. Arthur Moeller van den Bruck und der Wandel des Konservatismus. Paderborn 2012.

2.3 Kognitionslinguistische Zugangsmöglichkeiten – Kulturkritik als Frame

2.3.1 Kulturkritik als (Meta-)Frame

Eine Zuordnung von Texten oder Aussagen zur Kategorie ‚Kulturkritik' erfolgt in der Praxis häufig über ein assoziatives „Verfahren der punktuellen Evidenz": Wenn beispielsweise das „Denken Rousseaus, Schillers oder Nietzsches, wenn die Klagen über den allgemeinen Verfall, die Technik oder die Vermassung charakterisiert werden sollen, dann scheint, sozusagen fallweise, klar, was Kulturkritik meint."[81] Ihren Wiedererkennungswert verdankt ‚Kulturkritik' einer Reihe von Topoi und Schemata, die dem jeweiligen Gegenstand eine spezifische Form verleihen. Als „diskursive Regelmäßigkeiten" (Foucault) sind derartige Muster kognitionswissenschaftlich von besonderem Interesse.[82] Alexander Ziem macht im Anschluss an Martin Wengeler darauf aufmerksam, dass sich „Topoi [als] generative Schemata zur Erzeugung von Argumenten" verstehen lassen. „Bestimmte Argumente treten dann auf und haben dann einen hohen Grad an Plausibilität, wenn sie den material-formalen Bedingungen eines bestimmten Topos-Musters genügen."[83] Der Eindruck von Evidenz und Plausibilität verdankt sich in solchen Fällen nicht der inhaltlichen Stringenz vorgebrachter Argumente. Die topischen Erzählungen der Kulturkritik sind, wie häufig festgestellt wurde, von „entwaffnender Schlichtheit"[84]. Gleichwohl ist die Form der Darstellung den meisten Zeitgenossen unbewusst vertraut. Der Erfolg der Kulturkritik, dies gilt noch für ihre elaboriertesten Entwürfe, beruht auf der Anschlussfähigkeit an stereotype Denkgewohnheiten. Kulturkritik setzt auf die suggestive Wirkung ubiquitärer Topoi und schablonenhafter Minimalerzählungen. Aufmerksamkeit verdient daher das, was man die ‚Abwärtskompatibilität' von Kulturkritik nennen könnte. Deutlicher noch, als dies bislang geschehen ist, wären die Verbindungen mit einer alltagsnahen, fragmentierten Kulturkritik offenzulegen,

81 Bollenbeck, Kulturkritik – Ein Reflexionsmodus der Moderne. S. 203.

82 Vgl. Wengeler, Martin: Historische Diskurssemantik als Analyse von Argumentationstopoi. In: Linguistische Diskursanalyse: neue Perspektiven. S. 189–215.

83 Ziem, Alexander: Begriffe, Topoi, Wissensrahmen: Perspektiven einer semantischen Analyse gesellschaftlichen Wissens. In: Sprachgeschichte als Zeitgeschichte. Konzepte, Methoden und Forschungsergebnisse der Düsseldorfer Sprachgeschichtsschreibung für die Zeit nach 1945. Hrsg. von Martin Wengeler. Hildesheim, New York 2006. S. 315–348. Hier: S. 323.

84 Konersmann, Kulturkritik und Wiederherstellungserwartung. S. 61.

wobei auch zustimmungsheischende Konsensformeln nach dem Motto ‚früher war alles besser' nicht ausgeklammert werden sollten.

Topoi etablieren sich, genau wie Frames, langfristig: „Habitualisierter Gebrauch meint hier die Wiederkehr gleicher Schlussmuster in ähnlichen thematischen Zusammenhängen, und zwar so lange, bis die formale und materiale Seite zusammengewachsen sind und den Status eines sprachlichen Musters erreicht haben."[85] Zu unterscheiden ist also zwischen formaler und material-inhaltlicher Ebene. Die „materiale Seite eines Topos", so Ziem, „betrifft die inhaltliche Ausgestaltung einzelner Argumentationsmuster, die formale Seite dagegen die Logik des zugrunde liegenden Schlussprozesses (Kausalschluss, Analogieschluss usw.)"[86]. Während die „materiale Seite" weitestgehend variabel und füllungsoffen ist, ist die formale Seite von Kulturkritik strukturell stabil.

Beschreiben ließe sich die formale Seite der Kulturkritik in einem weiteren Schritt als das Zusammenspiel zweier unterschiedlich ausgerichteter Schemata. Zum einen appliziert Kulturkritik ein *synchron-paradigmatisches Wertungsschema*. Zu verstehen ist darunter ein antithetisch organisiertes Muster aus Wertebegriffen. Die aus diesem Schema heraus erfassten Inhalte werden ideologisch aufgeladen. Sie werden jeweils einem eindeutig positiven oder negativen semantischen Begriffsfeld zugeordnet. Bei den anverwandelten Inhalten überlagert die affizierte und dadurch in den Vordergrund tretende Wertungsebene (Konnotat) die sachlich-gegenständliche Ebene (Denotat). Deutlich wird dabei zugleich, dass der Frame Kulturkritik mit seinen vor allem konnotativ wirksamen Wertebegriffen auf einer anderen Ebene anzusiedeln ist als beispielsweise der inhaltlich klarer konturierte, mithin denotativ beschreibbare Frame Adel. Bei der methodischen Betrachtung von ‚Kulturkritik' gilt es insofern, „Informationen, die über die normalen ‚deskriptiven' [...] Frame-Elemente hinausgehen"[87], zu berücksichtigen. Für einen methodischen Zugriff bietet sich das in der Praxis der Frame-Analyse noch weitgehend hypothetische Konzept der ‚Meta-Frames' bzw. der „Frame-Elemente mit Meta-Informationen oder kurz *Meta-Frame-Elemente*" an, die, so Dietrich Busse, „Informationen betreffen, die über anderen Informationen des Frames operieren und diese in bestimmten Hinsichten (Sprechereinstellungen zum Inhalt, Bewertungen, Wissensmodi, Gewissheitsgrade, Fiktionalitätsannahmen) zusätzlich charakterisieren oder modifizieren"[88]. Erfasst werden mit einem solchen ‚Meta-Frame' in erster Linie „Konnotationen" im Sinne

85 Ziem, Begriffe, Topoi, Wissensrahmen. S. 322.

86 Ebd.

87 Busse, Frame-Semantik. S. 586 f.

88 Ebd. (Hervorhebung im Original).

von „Bewertungen“, dazu „zählen die Einstufungen von Bezeichnungen für Dinge, Personen usw. als *pejorativ* (negativ bewertend) oder *euphemisierend* (sehr positiv bewertend)“[89]. Für die ‚Meta-Frame-Elemente‘ gelten darüber hinaus dieselben theoretischen Prämissen wie für die übrigen Konstituenten der Frame-Semantik, weshalb sich die antithetischen Gegenbegriffe der Kulturkritik analog zu den Standardwerten herkömmlicher Frames operationalisieren ließen. Ein signifikanter Unterschied besteht allerdings hinsichtlich der Art und Weise, wie sich ein Wandel von Standardwerten vollzieht. Die Standardwerte von KULTURKRITIK wären auf einer Metaebene anzusiedeln, das bedeutet, dass semantischer Wandel nicht, wie in der Frame-Theorie bisher üblich, als ein Prozess der ‚horizontalen‘ Verdrängung und Substitution der alten durch neue Standardwerte beschrieben werden kann. Ist ein Meta-Frame involviert, erfolgt ein semantischer Wandel insbesondere durch ‚vertikale‘ Interaktionen. Gemeint ist ein Zusammenspiel zwischen Merkmalen der denotativen Primärebene und der ‚über‘ ihr operierenden konnotativen Metaebene. Das Verhältnis zwischen KULTURKRITIK und instrumentalisierten Semantiken, hier also dem Frame ADEL, entspricht *in abstracto* dem Verhältnis von Wertungsebene und Inhaltsebene, Meta-Frame (Konnotat) und Frame (Denotat). Das Ergebnis eines solchen Zusammenspiels beider Frames ist eine kulturkritische Adelssemantik, in der zuvor wertneutrale bzw. deskripitve Merkmale von ADEL nach Maßgabe des ‚Meta-Frames‘ KULTURKRITIK ideologisch aufgeladen und Teil einer forcierten Wertesprache werden.

Mit der synchronen Ebene direkt verschränkt ist ein zweites, ein *diachron-syntagmatisches Deutungsschema*. Das Konstrukt eines in die Vergangenheit projizierten Idealzustands wird darin mit dem aktuell konstatierten Verfallszustand narrativ verknüpft. Beide Ebenen, die *synchron-paradigmatische* und die *diachron-syntagmatische,* lassen sich im Folgenden zum Zweck der eingehenden Analyse getrennt betrachten. In ihrem Zusammenwirken bilden sie den (Meta-)Frame KULTURKRITIK.

2.3.2 Die paradigmatische Ebene – Kulturkritik und ihre Dichotomien

Eingehend analysiert hat Theo Jung die „Sprache der Kulturkritik“ und ihre „semantische Grundstruktur“[90]. Spricht der Historiker von kulturkritischer Semantik, meint auch er weniger konkrete Inhalte, sondern vorzugsweise in der Kulturkritik

89 Ebd. S. 584 (Hervorhebung im Original).
90 Jung, Zeichen des Verfalls. S. 21–27.

wirksame Strukturen der Semantisierung. Die Semantik der Kulturkritik ist Jung zufolge komparativ strukturiert. Es werden permanent Vergleiche gezogen und Analogien hergestellt zwischen unterschiedlichen Wertordnungen, historischen Zeiten und Zuständen. Rekurriert wird explizit oder implizit auf eine kulturelle, historische oder anthropologische Norm. Nicht selten unter Zuhilfenahme ästhetischer Mittel, wird eine Art ‚goldenes' Zeitalter suggestiv ins Bild gesetzt. „Die Charakterisierung des eigenen Kulturganzen entlehnt ihre Schärfe nicht zuletzt der Kontrastwirkung einer maßgeblichen, oft stark idealisierten Alternative."[91] Die Distanz zur emphatisch idealisierten, häufig jedoch im Detail kaum ausdifferenzierten kulturellen Normvorstellung, die dann regelmäßig in ein utopisches Modell mit Zukunftsbezug transzendiert wird, gerät zum Gradmesser für den aktuellen Verfall.

In Anschluss an Reinhart Koselleck weist Jung ferner auf die zentrale Bedeutung „asymmetrisch-diagnostischer Gegenbegriffe"[92] hin. Koselleck hat in seiner Analyse verschiedener Gegenbegriffe die historische Beständigkeit formaler Strukturen – im Gegensatz zur inhaltlichen Variabilität – hervorgehoben:

> Die Struktur der Gegenbegriffe hängt nicht allein von den Worten ab, mit denen die Begriffspaare gebildet werden. Die Worte sind austauschbar, während sich eine asymmetrische Argumentationsstruktur durchhalten kann. Auf ihre Struktur hin befragt, sind also die Begriffspaare von ihrer einmaligen Entstehung und ihrem ehemals konkreten Kontext lösbar: sie sind geschichtlich übertragbar. Das erst ermöglicht eine Wirkungsgeschichte von Begriffen, darin gründet der strukturelle Befund, daß gewisse Erfahrungsraster immer wieder anwendbar sind und den Blick auf Analogien freigeben.[93]

Ausgehend von dem besonderen Stellenwert antithetischer Gegenbegriffe für die kulturkritische Semantik hat Wolfgang Ullrich den Versuch unternommen, die zahlreichen Dualismen auf einige wenige basale Leitdichotomien zurückzuführen.

91 Ebd. S. 24.

92 Ebd. S. 25.

93 Koselleck, Zur historisch-politischen Semantik asymmetrischer Gegenbegriffe. S. 216. Zu Kosellecks Konzept der asymmetrischen Gegenbegriffe im Kontext der Historischen Semantik vgl. Müller; Schmieder, Begriffsgeschichte und historische Semantik. S. 316–318: „Die entsprechenden Begriffe machen eine wechselseitige Anerkennung unmöglich, sie grenzen aus, diskriminieren und zielen im Extremfall auf die physische Vernichtung der Gegenseite. Der Mechanismus, durch den die allgegenwärtigen Selbst- und Fremdbezeichnungen zu Asymmetrien gesteigert werden, besteht darin, dass konkrete Gruppen oder Organisationsverbände [...] einen exklusiven Anspruch auf Allgemeinheit erheben, indem sie einen Universalbegriff nur auf sich selbst beziehen und jede Vergleichbarkeit ablehnen." (S. 316 f.).

Die zentrale Antithese besteht seiner Ansicht nach aus den Kategorien „Innigkeit" und „Zerstreuung". Beide Werte überträgt Ullrich anschließend in ein raumsemantisches Modell mit den Polen „Zentrum" und „Peripherie":

> So dominieren Metaphern von Entzug und Verdünnung, und die Kulturkritik wendet sich gegen die Auflösung von Ganzheit und den Verlust von Konzentration, gegen Regression und Seinsschwund. Umgekehrt kennzeichnet das „Höherwertige" Einheit und Verdichtung. Das führt insgesamt auf den Dualismus von Innigkeit und Zerstreuung und findet am häufigsten Ausdruck im Bild von Zentrum und Peripherie. Es bedeutet keine polemische Simplifizierung, wenn man behauptet, daß die gesamte Kulturkritik – oft ausdrücklich und manchmal auch verdeckt – auf der Basis dieser einfachen Dualität funktioniert.[94]

In kulturkritischen Deutungen wird demnach stets auf die Wirkung negativer Zentrifugalkräfte abgehoben, die einen Schwund des „Zentrums" zugunsten der „Peripherie" bewirken. Der desolate Gegenwartszustand erscheint als das Ergebnis eines sukzessiven Verlusts von ‚Ganzheit' und ‚Konzentration' zugunsten der Peripherie, die durch Akkumulation anwächst und das Zentrum mehr und mehr aufzehrt. Kulturkritik operiert demzufolge mit einer ebenso simplen wie anpassungsfähigen Semantik, in der permanent und kompromisslos zwischen den Emanationen des kulturell Hochwertigen (und Bedrohten) und den Phänomenen des Minderwertigen (und Bedrohlichen) unterschieden wird.

Die von Ullrich genannten Dichotomien lassen sich durch weitere ergänzen, die für den hier untersuchen Zeitraum, vor allem aber für die kulturkritische Adelssemantik von zentraler Bedeutung sind. Bezug nehmen ließe sich dabei noch einmal auf Ernst Troeltschs Aufsatz *Die Kulturkritik des Jahrhundert-Endes*. Wie zu Beginn des Kapitels gezeigt wurde, operiert Troeltsch mit der Dichotomie ‚qualitativ' vs. ‚quantitativ', eine Unterscheidung, die er der Kulturkritik seiner Zeit entnimmt und die etwa auch Georg Simmel verwendet. Hinter der Kategorie des ‚Qualitativen' steht letztlich die regulative Grundidee der Kulturkritik, es gebe ein ausschließlich qualitativ bestimmbares, rational nicht oder nur bedingt zugängliches ‚Wesen' der Dinge, eine sinnstiftende, nicht selten metaphysisch verstandene Tiefendimension. Die Kategorie des ‚Quantitativen' bezeichnet dagegen die Sphäre des Akzidentiellen und Kontingenten, gemeint ist damit die Summe formalisierender, objektivierender und funktionaler Wirklichkeitsbezüge, die jeweils nur die ‚Oberfläche' tangieren. Kulturkritik, so ließe sich allgemein formulieren, beklagt die Verabsolutierung des

94 Ullrich, Zentrifugalangst und Autonomiestolz. S. 11.

Akzidentiellen und regt zur Erneuerung oder Purifikation im Namen dessen an, was sie jeweils als das unveräußerlich ‚Wesentliche' definiert. Daraus ergibt sich die grundsätzliche Polarität zwischen einem essenzorientierten Qualitätsprinzip und einem akzidenzorientierten Quantitätsprinzip.

Die Antithese von Qualitäts- und Quantitätsprinzip ist im Übrigen zwanglos kompatibel mit dem Gegensatz von (adligem) „Seinsprinzip" und (bürgerlichem) „Leistungsprinzip", der, wie insbesondere Alexandra Gerstner nachweisen konnte, für diverse gedankliche Entwürfe zu einem ‚Neuadel' im 20. Jahrhundert von elementarer Bedeutung war.[95] Es ließe sich die These vertreten, dass der Dualismus von ‚Qualität' und ‚Quantität' jenem Gegensatz vorausgeht und ihn auf einer abstrakteren Ebene einschließt. ‚Sein' und ‚Leistung' (in Assoziation mit ‚Adel' und ‚Bürger') läge demnach also ein kulturkritisches Schema bereits zugrunde. Dies hätte Einfluss auf die kontextuelle Bedeutung beteiligter Begriffe, etwa auf den von ‚Leistung'. Ein bürgerliches Leistungsethos ist bekanntlich integraler Bestandteil dessen, was in der Sozialgeschichte unter dem Begriff „Bürgerlichkeit" (Kaschuba) beschrieben wird. Eine solche Bedeutung von ‚Leistung' ist im vorliegenden Fall aber nur teilweise anzusetzen. Im Kontext von Kulturkritik erfolgt eine pejorative Semantisierung von ‚Leistung' durch die mögliche Zuordnung zum negativen semantischen Feld des ‚Quantitativen' sowie durch Relation zu anderen Begriffen, die dieser Sphäre ebenfalls assoziativ zuzuordnen sind. Ein Beispiel mag dies verdeutlichen.

Genau wie im Falle des ‚Seins-' und des ‚Leistungsprinzips' handelt es sich bei dem Gegensatzpaar ‚Qualität' und ‚Quantität' um zeitgenössisch gebräuchliche Quellenbegriffe, die, wie wir sahen, bei Troeltsch und Simmel zu finden sind, aber keineswegs nur dort. Auch Richard Nikolaus Coudenhove-Kalergi (1894–1972), eine zentrale Figur der Neuadelsdiskurse der Zwischenkriegszeit, setzt zum einen das ‚Qualitative' mit dem ‚Aristokratischen' gleich, zum anderen stellt er jene Begriffe dem ‚Quantitativen' gegenüber.[96] Coudenhove-Kalergi vertritt in seinen kulturkritischen Texten unter anderem das Credo: „Demokratie wertet nicht, sondern sie

---

95 Vgl. Gerstner, Neuer Adel. S. 33; außerdem: Gerstner, Aristokratie und moderne Elite. In: Aristokratismus und Moderne: „Die Betonung des ‚Seinsprinzips' und die Berufung auf Herkunft und geniale Begabung im Gegensatz zum ‚Leistungsprinzip' ist ein bezeichnendes Merkmal des Neuadelsdiskurses in der Moderne und richtete sich dezidiert gegen bürgerliche Werte und die modernen bürgerlichen Eliten." (S. 95).

96 Ziegerhofer-Prettenthaler, Anita: Botschafter Europas: Richard Nikolaus Coudenhove-Kalergi und die Paneuropa-Bewegung in den zwanziger und dreißiger Jahren. Wien, Köln, Weimar 2004. S. 429.

zählt. Sie ist politischer Materialismus."[97] Der angeblich vorherrschende Typus des demokratischen Materialisten „glaubt an Mengen, aber nicht an Werte; an Zahlen, aber nicht an Formen; an Quantität, nicht an Qualität"[98]. In dem eminent kulturkritischen Beitrag *Krise der Weltanschauung* (1923), der Textpassagen enthält, die zuvor bereits in Kurt Hillers (1885–1972) Periodikum *Das Ziel* unter einem anderem Titel erschienen waren, wird der Gegensatz zwischen ‚Qualität' und ‚Quantität' ausdifferenziert und auf prototypische Weise mit Adelssemantiken verknüpft:

> Zwei Weltanschauungen stehen gegen einander: *Prämissen aller Demokratie*: die Menschen sind untereinander gleich [...]. *Prämissen aller Aristokratie*: die Menschen sind von einander sehr verschieden [...]. Wir sehen: es steht die *mechanische* Weltauffassung gegen die *organische*, die *optimistische* gegen *pessimistische*, die *materialistische* gegen die *idealistische*, die *eudämonistische* gegen die *evolutionistische* (evolutionistisch hier im philosophischen, nicht im politischen Sinne). Kurz: Demokratie ruht auf dem *Quantitätsprinzip*, Aristokratie auf dem *Qualitätsprinzip*. So ist es nicht verwunderlich, daß die größten Denker der Welt: Platon, Goethe, Nietzsche – Anti-Demokraten waren.[99]

Gerade der letzte Satz verdeutlicht die Versatilität eines kulturkritischen Schemas bestehend aus asymmetrisch-diagnostischen Gegenbegriffen. Die angeblichen „Anti-Demokraten" Platon, Goethe und Nietzsche können ohne Weiteres als ‚Aristokraten' identifiziert werden. Sie werden als solche für ein positives Feld von Hochwertbegriffen (‚organisch', ‚idealistisch', ‚evolutionistisch', ‚aristokratisch') vereinnahmt, die die abstrakte Kategorie des ‚Qualitativen' jeweils unterschiedlich akzentuieren. Was die Begriffe im Einzelnen bedeuten, ergibt sich vor allem *ex negativo*. Bedeutungsprägend ist ihre antithetische Beziehung zu den Attributen ‚mechanisch', ‚materialistisch' ‚eudämonistisch', ‚demokratisch'. Werte also, die wiederum jeweils das ‚Quantitative' in einer spezifischen Weise beschreiben und dimensionieren. Deutlich machen lässt sich so, wie die Adelssemantik von einer „parasitären" (Jung) Kulturkritik vereinnahmt, in einen Nexus antithetischer Begriffe integriert und dabei zugleich resemantisiert wird.

Zusammenfassend ließe sich eine für ‚Kulturkritik' typische Struktur aus asymmetrisch-diagnostischen Begriffspaaren im Sinne Kosellecks formulieren, die

97 Coudenhove-Kalergi, Richard Nikolaus: Los vom Materialismus. Wien 1931. S. 154.

98 Ebd. S. 36.

99 Coudenhove-Kalergi, Richard Nikolaus: Krise der Weltanschauung. Wien 1923. S. 66. So auch in: ders.: Die Zukunftsmöglichkeit des Neo-Aristokratischen Prinzips. In: Das Ziel. Jahrbücher für geistige Politik, 4 (1920), S. 15–21. Hier: S. 15 (Hervorhebung im Original).

Semantische Standardwerte der Kulturkritik

Zentrum (‚innen')	**vs.**	**Peripherie (‚außen')**
Essenz		Akzidenz
Qualität		Quantität
Ganzheit/Harmonie		Fragmentierung/Disharmonie
Reinheit		Mischung
Autonomie		Heteronomie
Konzentration		Zerstreuung
Tiefe		Oberflächlichkeit
Bindung		Auflösung
Konkretion		Abstraktion
…		…

Abb. 1: Kulturkritik als ein erweiterbares Schema antithetischer Wertebegriffe. Kulturkritik beklagt die Verabsolutierung des Akzidentiellen und regt zur Erneuerung oder Purifikation im Namen dessen an, was sie jeweils als das ‚Essentielle' definiert. Kulturkritisches Denken lässt sich mittels räumlicher Metaphern beschreiben: Die zentrifugal wirkenden Tendenzen des Niedergangs führen zur Stärkung der ‚Peripherie' und zugleich zu einem sich beschleunigenden Schwund des ‚Zentrums' und seiner inneren, ‚substantiellen' Werte. (Vgl. dazu: Ullrich, Zentrifugalangst und Autonomiestolz.)

entsprechend dem raumsemantischen Modell von Ullrich jeweils den Bereichen ‚innen' und ‚außen' bzw. ‚Zentrum' und ‚Peripherie' zuzuordnen sind. Was ‚Adel' und ‚Aristokratie' im Kontext von Kulturkritik bedeutet, lässt sich wesentlich aus dem sprachlichen Kontiguitätsverhältnis zu benachbarten Hochwertbegriffen bzw. zu den antithetischen Niederwertbegriffen ableiten.

2.3.3 Kulturkritische Hypostasen: ‚Massenmensch', ‚Edler Wilder', ‚Neuer Mensch' ... ‚Aristokrat'

In der Kulturkritik verdichten sich die beschriebenen Wertebegriffe regelmäßig zu Metaphern, Allegorien und Hypostasen, von denen sich einige zumindest kursorisch nennen lassen, etwa das Konzept ‚Masse', das über seine avanciertesten Deutungen im späten 19. und im 20. Jahrhundert bei Gustave Le Bon, Sigmund Freud, Siegfried Kracauer, José Ortega y Gasset und Elias Canetti weit hinaus Eingang fand in einen breiten kulturkritischen Diskurs und darin, gerade dank seines metaphorisch-suggestiven Gehalts, wie wenige andere Begriffe das negative Spektrum der kulturkritischen Semantik zu bündeln vermochte.[100]

In kulturkritischen Diskursen wurden nationale Stereotype entworfen und verhandelt. Neben der schon angesprochenen Dichotomie ‚Kultur vs. Zivilisation', die historisch bekanntlich mit klaren nationalen Zuordnungen verbunden war, ließen sich weitere Beispiele anführen, etwa ein in kulturkritischen Einlassungen bis heute anzutreffendes Negativbild von ‚Amerika'. „‚Amerika' war ein Phantom-Raum"[101], der zum bevorzugten Ziel kulturkritischer Projektionen wurde. Dabei fungierte ‚Amerika' wahlweise als Inbegriff von Kapitalismus, Technikhypertrophie, Konsumgesellschaft, kommerzieller Populärkultur oder auch ‚Rassenmischung'. Georg Kamphausen spricht von einer regelrechten „Erfindung Amerikas in der Kulturkritik der Generation von 1890"[102]. Historisch schlug sich diese vor allem im Amerikanismus der 1920er Jahre nieder. Neben positiv-idealisierenden Imaginationen

100 Zur Bedeutung des Begriffs ‚Masse' im Kontext Kulturkritik: Becker, Kulturkritik. S. 49–51. Vgl. auch: Weyergraf, Bernhard; Lethen, Helmut: Der Einzelne in der Massengesellschaft. In: Literatur der Weimarer Republik 1918–1933. S. 636–674; Jonsson, Stefan: Crowds and democracy. The idea and image of the masses from revolution to fascism. New York 2013; König, Helmut: Zivilisation und Leidenschaften. Die Masse im bürgerlichen Zeitalter. Reinbek bei Hamburg 1992.

101 Weyergraf; Lethen, Der Einzelne in der Massengesellschaft: „Der ‚Amerikanismus' der zwanziger Jahre bezeichnet dagegen eine Einstellung, die versucht, aus dem Diskurs über die ‚Massen', den das 19. Jahrhundert entwickelt hatte, auszubrechen, um sich am Beispiel ‚Amerikas' Arten kollektiven Verhaltens vorzustellen, die der magischen Bindung an eine Führerfigur nicht bedurften. ‚Amerika' war ein Phantom-Raum, in dem man sich die Zivilisation vorstellen konnte, in der im Konsum die Lust am Materiellen ungestraft an ihre Objekte kommen durfte." (S. 637).

102 Vgl. Kamphausen, Georg: Die Erfindung Amerikas in der Kulturkritik der Generation von 1890. Weilerswist 2002.

verfestigten sich in jener Phase langlebige kulturkritische Deutungstraditionen, die teils bis in die unmittelbare Gegenwart hinein wirken.

Typisch ist ferner das Konzept des ‚Edlen Wilden', zu verstehen als eine Allegorie der kulturkritischen Standardwerte ‚Harmonie', ‚Einheit' und ‚Reinheit'. Es handelt sich um ein Modell, das schon in der antiken Protokulturkritik die Funktion einer positiven Kontrastfolie erfüllte.[103] Die (noch zu schreibende) Geschichte dieses Typus führt theoretisch über die ‚Germanen' des Tacitus, den *bon sauvage* Rousseaus bis hin zu den indianischen „Edelmenschen" in den Romanen Karl Mays, den Südseebildern Paul Gauguins und endet vorläufig bei Hollywood-Produktionen wie *Der mit dem Wolf tanzt* (1990) oder *Avatar* (2009).[104]

Mit dem Typus des ‚Ganzen Menschen' strukturell verwandt, wenn auch in seinen Füllungsmöglichkeiten noch offener, ist das Konzept des ‚Neuen Menschen'[105], ein Begriff, der in der ersten Hälfte des 20. Jahrhunderts die Forderung nach einer Überwindung diverser Formen des vermeintlich zivilisationsgeschädigten „Massenmenschen"[106] begleitete.[107] Eine besondere Rolle besaß die Denkfigur des ‚Neuen Menschen' – wiederum verbunden mit dem Impuls der Überwindung unbefriedigender Gegenwartszustände – in den biologistisch-eugenischen Diskursen des 20. Jahrhunderts.[108] Auch im Nationalsozialismus war, so Hans-Ulrich Thamer, der „Neue Mensch, bei aller mentalen Nähe, die sich aus den Krisen und Endzeiterwartungen ergab, vor allem der rassenideologisch definierte Mensch"[109]. Auf eine prinzipielle Verwandtschaft der Konzepte ‚Neuer Mensch' und ‚Neuer Adel'

---

103 Niedermayr, Hermann (Hg.): Edle Wilde und grausame Barbaren. Begegnungen und Umgang mit dem Fremden im Spiegel lateinischer Texte. Wien 2008.

104 Kohl, Karl-Heinz: Das Bild vom guten Wilden und die Erfahrung der Zivilisation. Berlin 1981. Peipp, Matthias; Springer, Bernhard: Edle Wilde, rote Teufel. Indianer im Film. München 1997.

105 Vgl. Küenzlen, Gottfried: Der Neue Mensch. Frankfurt am Main 1997.

106 Vgl. die „Analyse des Massenmenschen" in: Ortega y Gasset, José: Der Aufstand der Massen. Aus dem Spanischen von Helene Weyl. Mit einem Nachwort von Michael Stürmer. München 2007 [Orig.: *La rebelión de las masas,* Madrid 1930]. S. 53–60.

107 Vgl. Gerstner, Alexandra; Könczöl, Barbara; Nentwig, Janina (Hgg.): Der Neue Mensch. Utopien, Leitbilder und Reformkonzepte zwischen den Weltkriegen. Frankfurt am Main 2006.

108 Vgl. Nate, Biologismus und Kulturkritik.

109 Thamer, Hans-Ulrich: Der „neue Mensch" als nationalsozialistisches Erziehungsprojekt. Anspruch und Wirklichkeit in den Eliteeinrichtungen des NS-Bildungssystems. In: „Fackelträger der Nation". Elitebildung in den NS-Ordensburgen. Köln, Weimar, Wien 2010, S. 81–94.

hat Alexandra Gerstner hingewiesen.[110] Ein interdiskursiver Austausch zwischen ‚Aristokratismus' und diversen anderen ideologischen Diskursen, darunter auch völkisch-rassebiologische, war auch deshalb möglich, weil übergreifend dieselben kulturkritisch imprägnierten Denkfiguren zur Anwendung kamen, insbesondere die des ‚Neuen Menschen'.

Ist von einem ‚Neuen Menschen' die Rede, so ist ein obsoleter Typus ‚Mensch' stets mitzudenken, den es auf mehr oder weniger radikale Weise zu verabschieden gilt. Reinhart Koselleck hat die Entstehung der „asymmetrischen Gegenbegriffe" „Mensch und Unmensch, Übermensch und Untermensch"[111] historisch auf das späte 18. Jahrhundert zurückgeführt. In dieser Phase kam es, so Koselleck, zu einer „qualitativen" Binnendifferenzierung, den Begriff „Menschheit" betreffend. Koselleck spricht von einer „neuhumanistisch oder revolutionär aufgeladenen qualitativ[en] Bedeutung". Diese „induziert den Anspruch auf Autonomie, der seit dem 18. Jahrhundert dem Begriff der Menschheit innewohnt. Adressat und Subjekt ihrer selbst, wird ‚Menschheit' zu einem politischen Begriff, dessen Gegenfiguren nunmehr gezeigt werden sollen"[112]. In der Folge entstanden diverse Applikationen eines ‚qualitativ' über die Menschheit im Allgemeinen hinausgehobenen „Übermenschen": Der „rundum gelungene Mensch wird zum Genie, zum Erdengott, zum Kraftmenschen, zum ‚Mehr als Mensch', zum Kerl, zum Hochmenschen und wie die Ausdrücke alle lauteten [...]"[113]. Dem sich um 1800 herausbildenden Dualismus von ‚Mensch und Unmensch' bzw. ‚Übermensch und Untermensch' war von Beginn an eine Tendenz zur Radikalisierung immanent, die „im Extremfall auf die physische Vernichtung der Gegenseite"[114] abzielte:

> Der Totalbegriff der Menschheit zeitigte, einmal politisch gehandhabt, totalitäre Folgen. [...] Die politische Weiterverwendung des Ausdrucks heißt seitdem eine Leerformel nutzen, die zu immer neuer konkreter Besetzung nötigt. Deshalb verwundert es nicht, wenn im Bannkreis der einmal als absolut und autonom gesetzten Menschheit neue Unterscheidungskriterien gesucht werden: Der Übermensch und der Untermensch werden mit politischen Qualitäten versehen.[115]

110 Gerstner, Neuer Adel. S. 47 f.

111 Koselleck, Zur historisch-politischen Semantik asymmetrischer Gegenbegriffe. S. 248. Vgl. auch: Fuchs, Max: Mensch und Kultur: Zu den anthropologischen Grundlagen von Kulturarbeit und Kulturpolitik. Wiesbaden 1999.

112 Koselleck, Zur historisch-politischen Semantik asymmetrischer Gegenbegriffe. S. 248.

113 Ebd. S. 255.

114 Müller; Schmieder, Begriffsgeschichte und historische Semantik. S. 316.

115 Koselleck, Zur historisch-politischen Semantik asymmetrischer Gegenbegriffe. S. 253.

Den Endpunkt dieser Entwicklung bildet der Gegensatz von „Arier“ und „Nichtarier“ im Nationalsozialismus. Erkennen ließe sich darin, so Koselleck, ein weiterer „struktureller Anwendungsfall des Begriffspaares von ‚Mensch und Unmensch‘“[116]. Jenseits häufig diffuser inhaltlicher Füllungen wurde mit dem Ausdruck „Nichtarier“ vor allem „eine elastische Negativfigur umschrieben, deren Zuordnung allein in der Verfügungsgewalt dessen lag, der die Macht hatte, den sprachlichen Leerposten oder Blindbegriff zu besetzen“[117]. Die Kategorien „Untermensch“ und „Übermensch“ bezeichnen insofern inhaltlich ‚elastische‘ Figuren, die auf unterschiedliche Weise ideologisch besetzt wurden. Es ging jeweils darum, eine „Leerformel [zu] nutzen, die zu immer neuer konkreter Besetzung nötigt“. Im Rahmen kulturkritisch-ideologischer Diskurse wurden bevorzugt Adelssemantiken für solche ‚Füllungen‘ instrumentalisiert. Der Frame Adel fungierte dabei als Projektionsquelle. Als Ziel entsprechender Projektionen ließe sich durchaus auch an einen assoziationsreichen Begriff wie „Arier“ denken. Sieht man darin im Sinne Kosellecks eine Variante der ‚elastischen Figur‘ des „Übermenschen“, käme dieser für Projektionen von positiv konnotierten Adelssemantiken infrage. Aus theoretischer Sicht, würden Ausgangs- und Zielsemantik konvergieren. Als Folge eines entsprechenden *blending* wären etwa Varianten des Modells „Rassenadel“[118] zu erwarten.

2.3.4 Die syntagmatische Ebene – Kulturkritik als Narrativ

Die synchrone Ebene des Frames Kulturkritik ist verschränkt mit einer diachron ausgerichteten. Gemeint ist ein stereotypes Erzählmuster. Aus kognitionslinguistischer Sicht stehen zur Beschreibung dieser Ebene von Kulturkritik mehrere etablierte Formate zur Verfügung, die von der jüngeren Forschung insgesamt unter dem Begriff ‚Frame‘ rubriziert werden. Infrage käme zunächst der von Roger Schank und Robert Abelson definierte Begriff *‚script‘*:

> A script is a structure that describes appropriate sequences of events in a particular context. A script is made up of slots and requirements about what can fill those slots. The structure

116 Ebd. S. 258.
117 Ebd. S. 257.
118 Zur Entstehung und Bedeutung des „Rassenadels“ im Kontext der Neuadelsdiskurse zwischen Jahrhundertwende und Nationalsozialismus vgl. insbesondere: Gerstner, Neuer Adel. S. 110–196. Außerdem: das Kapitel ‚Blut‘ in: Breuer, Ordnungen der Ungleichheit. S. 47–76.

is an interconnected whole, and what is in one slot affects what can be in another. Scripts handle stylized everyday situations. They are not subject to much change [...].[119]

Bei Skripts steht die „typisiert[e] zeitliche Abfolge von Einzelergebnissen" im Fokus, die „Wissenselemente [stehen] in einem geordneten zeitlich-dynamischen Verhältnis zueinander" und verweisen „so in einer Und-dann-Logik aufeinander"[120]. Bei Skripts handelt es sich typischerweise um syntagmatisch zu Sequenzen verknüpfte Ereignisse oder Handlungen, die alltäglichen Kontexten entnommen sind. Schank und Abelson sprechen von „a predetermined, stereotyped sequence of actions that defines a well-known situation"[121].

Neben Skripts kommen auch die von Marvin Minsky eingeführten Formate ‚*scenes*' oder ‚*scenarios*', bzw. ‚Szenen' und ‚Szenarien', in Betracht. Der Unterschied zwischen ‚Skripts' und ‚Szenen' besteht darin, dass Letztere aufgrund zusätzlicher Variablen eine höhere Komplexität aufweisen. So „spezifizieren und erweitern [*scenes*] in epistemischer Hinsicht die Kenntnis des evozierten Wissensrahmens, indem sie einer Und-Sonst-Fragelogik folgen"[122]. In einem Versuch, die Struktur von *scenes* hinsichtlich ihrer Komplexität zu „skalieren", spricht Minsky von thematischen Rahmen *(thematic frames)* und komplexeren narrativen Rahmen *(narrative frames)*, die wiederum auf jene regulierend Einfluss haben können. Während ‚thematische Rahmen' Szenarien bezeichnen, die „[h]erausragende Probleme und Strategien" erfassen, „die gewöhnlich mit einem Thema verbunden sind", versteht Minsky unter *narrative frames* „Skelettformen *(skeleton forms)* für typische Geschichten, Erklärungen und Argumente. Konventionen zu Schwerpunkten, Protagonisten, Handlungsformen, Entwicklungen usw., die entworfen wurden, um dem Hörer zu helfen, einen neuen, thematischen Rahmen in seinem Geist zu entwerfen und zu instanziieren"[123].

Minskys im vorliegenden Fall besonders einschlägiger Begriff ‚*narrative frame*' führt zu einem Begriff des ‚Narrativs', wie er im Zuge des *narrative turn,* ausgelöst in den 1980er Jahren durch die Arbeiten Jerome Bruners und Jean-François Lyotards,

119 Schank, Roger; Robert Abelson: Scripts, Plans, Goals and Understanding. An Inquiry into Human Knowledge Structures. New Jersey 1977. S. 41.

120 Ziem, Begriffe, Topoi, Wissensrahmen. S. 335.

121 Schank; Abelson, Scripts, Plans, Goals and Understanding. S. 41.

122 Ziem, Begriffe, Topoi, Wissensrahmen. S. 336.

123 Minsky, Marvin: Eine Rahmenstruktur für die Wissensrepräsentation. In: Kognitionswissenschaft. Grundlagen, Probleme, Perspektiven. Hrsg. von Dieter Münch. Frankfurt am Main 2000. S. 92–133. Hier: S. 107.

Eingang in die Kulturwissenschaften fand und dort eine anhaltende Konjunktur besitzt.[124] Eingehend untersucht hat etwa Wolfgang Müller-Funk kulturelle Narrative, wobei er sich weitgehend auf kognitionswissenschaftliche Prämissen stützt.[125] Deutlich wird dies beispielsweise, wenn Müller-Funk betont, dass Narrative Sinn stiften „nicht auf Grund ihrer jeweiligen Inhalte, sondern auf Grund der ihnen eigenen strukturellen Konstellationen: weil sie eine lineare Ordnung des Zeitlichen etablieren“[126]. Auf das Potential von Narrativen (im Sinne von „erzählerisch[en] Generalisierungen“[127]) macht aus nichtlinguistischer Sicht auch Albrecht Koschorke aufmerksam. Mit dem Konzept ‚Narrativ‘ bzw. dem kognitionswissenschaftlichen Schemabegriff generell lässt sich dem Literaturwissenschaftler zufolge eine „Brücke zwischen Kognitionswissenschaft und Erzähltheorie“[128] schlagen. Koschorke stellt in diesem Zusammenhang klar: „Narrative gehören […] der gleichen Klasse von Kategorien an wie die kognitionswissenschaftlichen Konzepte *frames, scripts* und *scenes* […].“[129] Narrative erlauben es demnach, „die Überfülle unsortierter empirischer Daten auf typenhafte, leicht wiedererkennbare Formen zurückzuführen, Unbekanntes an Bekanntes zu assimilieren, Abweichungen zu tilgen und überschüssige Details auszublenden“[130]. „Semantische Konflikte“ ließen sich auf dieser theoretischen Grundlage als „ein Kampf um erzählerische Rahmungen [darstellen], ein *framing* und *re-framing* durch die beteiligten Parteien“[131].

Mit Koschorke ließen sich des Weiteren zehn Narrative unterscheiden, in denen sich die Moderne gleichsam ‚erzählt‘ und an denen ‚Kulturkritik‘ partizipiert. Dies sind: „Aufklärung, Kritik, Fortschritt, Individualisierung, Entfremdung, Säkularisation, Anomie, Entzauberung, Ausdifferenzierung, Globalisierung.“ Alle „genannten Kategorien“, so Koschorke, „enthalten *in nuce* ein bestimmtes Narrativ, das in der Logik des jeweiligen Begriffs schon angelegt ist und darauf wartet, abgerufen und entfaltet zu werden; oder umgekehrt, es sind Narrative, die sich zu Begriffen

124 Vgl. Hofmann, Wilhelm; Renner, Judith; Teich, Katja (Hgg.): Narrative Formen der Politik. Wiesbaden 2014.

125 Vgl. Müller-Funk, Wolfgang: Die Kultur und ihre Narrative. Eine Einführung. 2. Auflage. Wien, New York 2008. Vgl. auch: ders.: Codes und Narrative. Überlegungen zur Poetik der funktionalen Differenzierung. In: Texte zur Literaturtheorie der Gegenwart. Hrsg. von Dorothee Kimmich, Rolf G. Renner und Bernd Stiegler. Stuttgart 2008. S. 545–558.

126 Müller-Funk, Die Kultur und ihre Narrative. S. 29.

127 Ebd. S. 30.

128 Koschorke, Wahrheit und Erfindung. S. 72 f.

129 Ebd. S. 69.

130 Ebd. S. 29 f.

131 Ebd. S. 63.

eingefaltet haben"[132]. Kulturkritik schlösse aus dieser Sicht an die Narrative ‚Entzauberung' und ‚Entfremdung' an. [133] In den Worten *Ent*-Fremdung steckt in äußerster Komprimierung die Erzählung einer historisch sich vollziehenden Alienation vom Idealen (zu verstehen als die dem Ausdruck implizierte mitgesetzte Vorstellung eines ‚nichtfremden' Ausgangspunkts). Das Narrativ ‚Kulturkritik' vermittelt auf diese Weise, dass „die Ausdifferenzierung moderner Gesellschaften [...] auf Kosten ihrer kommunitären Substanz geht, dass diese Substanz ‚früher' größer war als heute [...]". Auf das Transferverhältnis zwischen kulturkritischen Großentwürfen und alltagsnahen kulturkritischen Kommentaren macht Koschorke in diesem Kontext ebenfalls aufmerksam. Die Erzähllogik des Narrativs beherrscht letztlich „die großen metaphysischen Verlustrechnungen der Moderne (Halt verloren, Sinn- und Identitätskrise, soziale Desintegration usw.)" ebenso wie „die Alltagskulturkritik [...], die sich aus diesen Verlustrechnungen speist (nach dem Schema: Massenmedien führt zu Bindungsarmut führt zu Brutalisierung)"[134]. Selbst noch eine alltagsnahe, hochgradig fragmentierte Kulturkritik, die das ‚Hier' und ‚Jetzt' schlicht mit einem Hinweis auf ein sentimental verklärtes ‚Damals' oder ‚Früher' negativ bilanziert, entspricht letztlich der Logik eines solchen Narrativs.

2.3.5 Metaphern – Die *cognitive tools* der Kulturkritik

Kulturkritik konstruiert und verklärt kulturelle Normvorstellungen, gegen deren Verfall sie emotional mobilisiert. Zur Veranschaulichung ihrer Befunde greift sie auf ästhetische Verfahren zurück. Dies erklärt, warum ihre zentralen Medien nicht begrifflich-diskursive Textsorten sind, sondern semiliterarische Formen wie der Essay, die für die Aufnahme solcher Elemente offener sind als rein expositorische Textsorten. Wurde zuvor dargelegt, dass Kulturkritik fremde Semantiken adaptiert und in den von ihr applizierten Schemata verhandelt, wird im Folgenden der Frage

132 Ebd. S. 269 f.

133 Ebd.: „Entfremdung als Zustandsdiagnose der Moderne besagt, dass es Kulturen gab und gibt, in denen die Menschen mit sich eins sind und in glücklicher Übereinstimmung mit sich leben. Das Moderne-Szenario der Auflösung lässt im Umkehrschluss das Bild einer stabilen, in sich ruhenden, in ihrem metaphysischen Bestand gesicherten Vorwelt entstehen. Und schließlich erzählt Ausdifferenzierung als Schlüsselbegriff der modernen Soziologie davon, dass es früher oder anderswo primitivere, übersichtlichere, ganzheitlichere Gesellschaftsformen gegeben hat." (S. 263).

134 Ebd. S. 264.

nachzugehen sein, mit welchen Mitteln Kulturkritik dies im Einzelnen gelingt. Entsprechend dem ‚komparativen' Charakter von Kulturkritik geschieht dies wesentlich über die Konstruktion von Analogien, in denen ursprünglich einander fremde Semantiken enggeführt werden. In diesem Sinne kommt vor allem Metaphern eine besondere Bedeutung zu, hier nun konkret zu verstehen als *cognitive tools,* mit denen sich „zwei eigentlich getrennte Dinge zusammenschau[en]"[135] lassen. Dabei wird implizit die Prämisse gesetzt, dass diese Dinge auch sachlich zusammengehören.

Metaphern als ‚kognitives Werkzeug' zu verstehen bedeutet zugleich, sich von einer engen Bedeutung im Sinne der klassischen Rhetorik zu verabschieden. Metaphernbildung lässt sich als ein „kognitiv-sprachlicher Prozess des imaginativen Denkens"[136] verstehen. Metaphern gelten als „auf spezifischen Konzeptualisierungen und Analogien basierende Verbalisierungsformen, die besonders bei der sprachlichen Beschreibung schwer erklärbarer Phänomene eingesetzt werden [...]"[137]. Während ein Großteil mentaler Prozesse weitgehend unbewusst und automatisiert abläuft, kann die Bildung von Metaphern mit der Intention erfolgen, die – einem weiteren Axiom der Kognitionswissenschaft zufolge – metaphorisch strukturierten Prozesse unseres Denkens auszunutzen. Wolfgang Liebert stellt dazu fest: „Aus handlungstheoretischer Sicht stellen Metaphern Mittel dar, mit denen Sprecher in konkreten Situationen bestimmte Ziele erreichen wollen."[138] Metaphern ließen sich somit als ein bevorzugtes ‚mentales Werkzeug' verstehen, was gerade für kulturkritische Argumentationszusammenhänge gilt. Kulturkritiker nutzten das Potential von Metaphern, „das schwer Fassbare, schwer Beschreibbare unserer Geistes-, Gefühls- und Erlebniswelt konzeptuell greifbar" zu machen sowie „komplexe abstrakte Sachverhalte (teilweise komprimiert und mental-bildhaft)"[139] wiederzugeben.

135 Debatin, Bernhard: Die Rationalität metaphorischer Argumente. In: Metaphern und Gesellschaft: Die Bedeutung der Orientierung durch Metaphern. Hrsg. von Matthias Junge. Wiesbaden 2011. S. 185–204. Hier: S. 188.

136 Kohl, Katrin: Poetologische Metaphern: Formen und Funktionen in der deutschen Literatur. Berlin 2007. S. 2.

137 Schwarz, Monika: Einführung in die kognitive Linguistik. 3. Auflage. Tübingen, Basel 2008. S. 67.

138 Liebert, Wolfgang: Wissenskonstruktion als poetisches Verfahren. Wie Organisationen mit Metaphern Produkte und Identitäten erfinden. In: Sinnformeln. Linguistische und soziologische Analysen von Leitbildern, Metaphern und anderen kollektiven Orientierungsmustern. Hrsg. von Susan Geideck und Wolf-Andreas Liebert. Berlin, New York 2003. S. 83–101. Hier: S. 57.

139 Schwarz, Einführung in die Kognitive Linguistik. S. 66 f.

Zur weitergehenden Klärung dieser Verfahren ließe sich zum einen auf Ergebnisse zurückgreifen, die Bernhard Debatin im Kontext seiner Theorie von der „Rationalität der Metapher" formuliert hat[140], zum anderen auf Erkenntnisse von Michael Pielenz, die eine Verbindung von Argumentationstheorie und kognitionswissenschaftlicher Metapherntheorie betreffen. Konzeptuelle Metaphern können, wie Pielenz nachweist, eine „zustimmungsheischende Rechtfertigungslogik" entfalten:

> Konzeptuelle Metaphern dienen der – unreflektierten und insofern dogmatischen – Beglaubigung kollektiv konstituierter Alltagtheorien über je soziale Zusammenhänge, liefern Leitfäden zur Lebensorientierung und legitimieren Handeln bei Individuum und Gemeinschaft. [...] Sie erweisen sich sodann als kulturelle Modelle, in denen der jeweils gesichtete Weltausschnitt standardisiert und mit einer zustimmungsheischenden Rechtfertigungslogik versehen ist.[141]

Die Evidenz metaphorisch generierter Argumente verdankt sich Regeln, die keineswegs völlig willkürlich sind.[142] Die Metapher bzw. eine metaphorische Argumentation ist vielmehr an die Maßgabe einer „topischen Logik" gebunden, worunter eine „Logik der Gemeinplätze *(topoi)*, des Wahrscheinlichen und der heuristischen Aspekte" verstanden werden kann. Sofern von „metaphorischer Evidenz" die Rede ist, gründet diese auf einem enthymemischen Schlussverfahren. Ein Enthymem ist ein rhetorisches Beweisverfahren, bei dem aber weder Argument noch Schlussregel im logischen Sinne ‚wahr' sein müssen. Zu Herstellung eines Arguments reicht es aus, dass lediglich der Eindruck von Plausibilität entsteht. Diese ‚Plausibilität' stützt sich auf die Evidenz eines stereotypen Hintergrundwissens, damit letztlich auch auf das in Frames bereitgestellte Schemawissen, das in hohem Maße in „Alltagswissen und Alltagslogik verankert" ist, weshalb Enthymeme insbesondere dort ins Spiel kommen, wo auf eine „alltagssprachliche Begründung und Durchsetzung von Meinungen"[143] abgezielt wird:

---

140 Debatin, Bernhard: Die Rationalität der Metapher. Eine sprachphilosophische und kommunikationstheoretische Untersuchung. Berlin, New York 1995.

141 Pielenz, Michael: Argumentation und Metapher. Tübingen 1993. S. 176.

142 Vgl. Debatin, Die Rationalität der Metapher. Die zentrale These von Debatin lautet, „daß der Metapher die Funktion eines *rationalen Vorgriffs* zukommt, wobei die Rationalität des Vorgriffs nicht an irgendwelchen inhärenten Eigenschaften der Metapher zu messen ist, sondern nur durch die *sinn- und geltungskritische Reflexion* der Metaphernverwendung bestimmt werden kann." (S. 7; Hervorhebung im Original, JdV).

143 Bußmann, Hadumod: [Art.] Enthymem. In: Lexikon der Sprachwissenschaft. Hrsg. von Hadumod Bußmann. 4. Auflage. Stuttgart 2008. S. 164.

> Als Element rationaler Argumentation kann die Metapher also ihre Prämissen enthymematisch in topisch-selbstverständlicher Weise voraussetzen. Das Akzeptieren einer Metapher impliziert dementsprechend die Annahme der mit ihr verbundenen Schlusspräsuppositionen und damit des ihr innewohnenden Geltungsanspruches.[144]

Metaphern sind „Bündel kollektiv etablierter und verfügbarer, i.e. habitualisierter Schlußprinzipien [...]", sodass mit dem „Instantiieren einer konzeptuellen Metapher [...] ein Fundus an Geltungsansprüchen als akzeptiert präsupponiert [wird]"[145]. Dies gilt insbesondere für eine durch die Metapher konstruierte Analogie. Sprechen ließe sich dabei von der „Evidenz der impliziten Prämisse":

> Es ist diese Evidenz der impliziten Prämisse, die der Metapher ihren Evidenzcharakter und deshalb auch heuristische Funktion verleiht: Indem sie zwei eigentlich getrennte Dinge zusammenschaut, setzt die Metapher die stille Prämisse, dass diese Dinge bzw. ihr Verhältnis unter einem bestimmtem Blickwinkel ähnlich sind. Die dabei zur Anwendung kommende Ähnlichkeitsregel kann sie aus der topischen Ordnung der Dinge, aus der allgemeinen Geltung der Allgemeinplätze ableiten und voraussetzen. Im unmittelbaren Einleuchten der gelungenen Metapher erweist sich die Evidenz der Prämisse und die Schlagkraft des rhetorischen Arguments.[146]

Worum es im Kern geht, ist letztlich eine der metaphorischen Analogiebildung untergeschobene Wahrheitsbehauptung. Tatsächlich wird die ‚Wahrheit' von Analogien und Verwandtschaften zwischen den metaphorischen ‚zusammengeschauten' Semantiken erst in und mittels der Metaphorik konstruiert: „Die Metapher ist also ein kontrafaktisches Statement, das im Modus der ‚als ob:-Prädikation dazu einlädt, einen Gegenstand in einem neuen Implikationszusammenhang zu sehen und zugleich die Perspektive mitzusehen, unter der dieser Gegenstand nun begriffen wird."[147] Mit der Evokation des Frames Kulturkritik wird ein umfassender, ‚tiefensemantisch' wirksamer „Implikationszusammenhang" inferiert, vor dessen Hintergrund konkrete kulturkritische Argumentationen, Deutungen und Entwürfe überhaupt erst stimmig und überzeugend erscheinen.

---

144 Debatin, Die Rationalität der Metapher S. 193.

145 Pielenz, Argumentation und Metapher. „Das explanative System einer Metapher [...] impliziert einen Hort stillschweigend und kollektiv geteilter Überzeugungen, die Teil des Selbstverständnisses einer Kulturgemeinschaft sind." (S. 157).

146 Debatin, Die Rationalität metaphorischer Argumente. S. 188.

147 Ebd. S. 189.

2.3.5.1 Metaphorische Projektion *(mapping)*

Metaphern bilden einen bevorzugten Untersuchungsgegenstand der Frame-Semantik. Auch hier gilt die Prämisse, dass „kulturspezifisch [...] geprägte Konzeptsysteme [...] im Kern metaphorisch [sind]".[148] Metaphern sind, so Dietrich Busse, zu verstehen als ein „epistemisches ‚Implikationssystem'", welches es ermöglicht, „dass bestimmte gesellschaftliche Annahmen, die bezüglich des Quellbereichs der Metapher gelten, auf den Zielbereich der Metapher sozusagen ‚projiziert' werden"[149]. Aus framesemantischer Sicht bilden Metaphern eine indirekte, gleichwohl ubiquitäre Form, Wissen zu erschließen und neues zu generieren: „Die Hauptfunktion von Metaphern besteht darin, sich auf der Basis von vorhandenem Wissen, das die Quelldomäne bereithält, neues Wissen über die Zieldomäne zu erschließen."[150] Ausführlich widmet sich Alexander Ziem in seiner Studie *Sprache und Wissen* (2008) der Rolle von Metaphern aus framesemantischer Sicht. Ziem verbindet dabei auf innovative Weise die Frame-Semantik, die kognitive Metapherntheorie von Lakoff und Johnson und die darauf aufbauende *blending theory* von Fauconnier und Turner.

Mapping gilt als Schlüsselbegriff in der kognitiven Metapherntheorie seit Lakoff und Johnson. Beim *mapping* werden Wissenselemente, mithin ganze Bildbereiche und Vorstellungskomplexe, von einem Quellbereich auf einen Zielbereich projiziert bzw. ‚gemappt'. Zwischen Quell- und Zieldomäne(n) findet demzufolge ein Austausch von Wissen statt, das in Form von semantischen Standardwerten vorliegt: „Die Quelldomäne und die Zieldomäne bilden Inferenzbasen, die durch Frames derart strukturiert sind, dass konsolidierte Standardwerte der Quelldomäne entsprechende Leerstellen der Zieldomäne besetzten. So entsteht eine neue konzeptuelle Struktur – eben eine metaphorische Bedeutung."[151]

In dem vorliegenden Kontext bildet der (Meta-)Frame Kulturkritik zunächst eine „Quelldomäne" bzw. „Inferenzbasis", die ihre Standardwerte in Gestalt spezifischer Wertebegriffe auf adaptierte Frames (etwa den Frame Adel) projiziert.

148 Vgl. Lakoff; Johnson, Leben in Metaphern: „Wir behaupten, daß der größte Teil unseres normalen Konzeptsystems metaphorisch strukturiert ist; das heißt, daß wir die meisten Konzepte partiell von anderen Konzepten her verstehen." (S. 70).

149 Busse, Frame-Semanitik. S. 775.

150 Ziem, Sprache und Wissen. S. 378.

151 Ebd. S. 377.

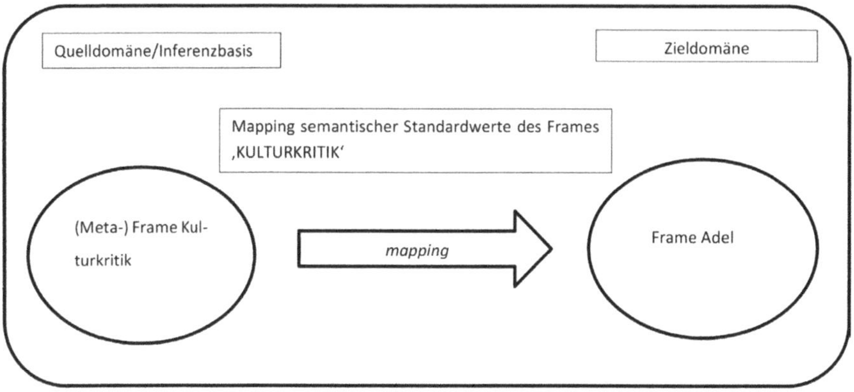

Abb. 2

2.3.5.2 Exkurs: Zum Begriff ‚Projektion' in der Adelsforschung

Der Begriff *mapping* bzw. das Verb *to map (onto)* wird häufig synonym mit dem Begriff der ‚Projektion' bzw. mit ‚projizieren' verwendet, nicht zuletzt in der von Astrid Hildenbrand besorgten Übersetzung von Lakoff/Johnsons Monographie *Metaphors We Live By*. *Mapping* hat jedoch eine engere Bedeutung als ‚Projektion'. Beim Begriff ‚Projektion' ist zu berücksichtigen, dass er in Fachterminologien ganz unterschiedlicher Provenienz verankert ist. Neben der Psychoanalyse, wo er bekanntlich eine spezifische psychische Abwehrreaktion bezeichnet, existieren selbst innerhalb der Linguistik mehrere divergierende Verwendungsweisen.[152] Sofern also im Folgenden von ‚Projektion' und ‚projizieren' die Rede ist, ist damit stets eine enge, d.h. kognitionslinguistische Bedeutung im Sinne von *mapping* gemeint.

Eine Klärung scheint auch deshalb geboten, weil in der kultur- und sozialgeschichtlich ausgerichteten Adelsforschung recht häufig von ‚Projektionen' die Rede ist, ohne dass dieser Begriff eigens reflektiert würde. Regelmäßig anzutreffen sind Aussagen, wonach im Untersuchungszeitraum ‚Adel' zur „Projektionsfläche" wurde.[153] Raimund von dem Bussche geht beispielsweise davon aus, dass bei bestimmten Autoren „ein politisch bedeutungslos gewordener Adel als Projektionsfläche

152 Vgl. Reisigl, Martin: [Art.] Projektion. In: DiskursNetz. S. 313 f.; vgl. auch: Kohl, Poetologische Metaphern. S. 181.

153 Vgl. etwa: Marburg, Silke; Kuenheim, Sophia von (Hgg.): Projektionsflächen von Adel. Historische Zeitschrift (HZ). Beihefte; Neue Folge 69. Berlin, Boston 2016.

[...] metapolitisch[er] Spekulation dienen konnte“[154]. Hartwig Brandt spricht im Hinblick auf den Adel davon, dass die „wohl letzte Stufe seiner Wirksamkeit in der europäischen Geschichte“ erreicht sei, wenn der „Adel als nostalgische Projektion“ [155] gilt. Auch Alexandra Gerstner bezeichnet Adel in ihrer Studie dezidiert als Projektionsfläche: „der traditionelle Geburtsadel erscheint in diesen [von Gerstner untersuchten Neuadelsvorstellungen; JdV] meist nur in Gestalt einer Projektionsfläche, die mit fiktiven und utopischen Inhalten gefüllt wurde.“[156] Gemeint sind in diesen und anderen Beispielen Übertragungsprozesse, die durchaus eine Nähe zu dem aufweisen dürften, was der *terminus technicus* ‚*mapping*‘ meint. Entscheidend ist jedoch, dass der Begriff ‚Projektion‘ seitens der Adelsforschung vortheoretisch verwendet wird und klärende Abgrenzungen zu den diversen fachterminologischen Gebrauchsweisen bisher kaum stattfanden.

Die Frame-Semantik erlaubt hier eine Präzisierung aus linguistischer Sicht. In dem obigen Zitat weist Gerstner den „traditionell[en] Geburtsadel“ etwa als Zieldomäne eines *mapping* aus. In der vorliegenden Studie wird dagegen die These vertreten, dass es nicht um den „traditionellen Geburtsadel“ geht, der als Basis für Projektionen und Inferenzen fungiert, sondern um ein kulturelles Konzept ‚Adel‘, modellhaft repräsentiert durch ein linguistisches Format, den Frame Adel, dessen inhaltliche Füllung in Form von semantischen Standardwerten nicht ohne Weiteres die Realität der empirischen sozialen Schicht spiegelt. Rechnung getragen wird damit auch den bekannten Umständen, dass in den diskursiven Zusammenhängen, um die es hier geht, der historische Adel regelmäßig entweder als obsolet betrachtet wurde oder zumindest keinen Gegenstand anhaltenden Interesses bildete. Sofern seitens der Kulturkritik auf Adel rekurriert wurde, handelte es sich um ein stark stereotypisiertes Konzept, dass eine empirische Referenzgruppe zur Beglaubigung der Deutungen und Aussagen nicht benötigte.

Zum Zweiten wird hier die (noch zu differenzierende) Annahme vertreten, dass ‚Adel‘ nicht allein als Projektions*fläche* bzw. *Ziel*domäne von Projektionen fungierte, sondern ebenso als *Quelle* für ein *mapping* von semantischen Merkmalen. Es ist also nicht allein so, dass kulturkritische Wertungen auf den Frame Adel projiziert und dadurch eine semantische Innovation initiiert wurde. Hinzu

154 Bussche, Raimund von dem: Konservatismus in der Weimarer Republik: die Politisierung des Unpolitischen. Heidelberg 1998. S. 278.

155 Brandt, Hartwig: Adel und Konstitutionalismus. Stationen eines Konflikts. In: Adel und Bürgertum in Deutschland 1770–1848. Hrsg. von Elisabeth Fehrenbach. München 1994. S. 69–82. Hier: S. 69.

156 Gerstner, Neuer Adel. S. 41.

kommt, dass semantische Merkmale, deren Quelldomäne der Frame Adel bildet, zur Füllung inhaltlich variabler Modelle und Denkfiguren der Kulturkritik herangezogen, ja geradezu instrumentalisiert wurden. Genau genommen müsste somit statt von Ziel- und Quelldomänen von solchen Domänen gesprochen werden, die durch wechselseitige Projektionen miteinander verbunden sind, wobei die entsprechenden projizierten Werte auf komplexe Weise interagieren können. Aus theoretischer Sicht setzt an ebendiesem Punkt Ziems Kritik an Lakoff/Johnsons Konzept des *mapping* an.

2.3.5.3 Konzeptuelle Verschmelzung *(blending)*

Was sich am Konzept des *mapping* aus theoretischer Sicht beanstanden lässt, ist der Umstand, dass damit lediglich ein unidirektionaler Vorgang bezeichnet wird. *Mapping* bedeutet, dass ein Begriff von einem anderen aus epistemisch erschlossen wird, ohne dass dieser Vorgang auf die jeweilige Quelldomäne Rückwirkungen hätte. Kernargument der Kritik ist demzufolge, dass „aktualisierte Wissenselemente in der Zieldomäne auch zu Veränderungen der Quelldomäne führen" müssten, also eigentlich oszillierende Projektionen zu erwarten sind.[157] Um diesem Defizit zu begegnen, wurde von Ziem, als Komplementärmodell zu Lakoff/Johnsons Theorie der konzeptuellen Metapher, die von Gilles Fauconnier und Mark Turner entwickelte *blending theory* bzw. *conceptual integration theory* ins Spiel gebracht.[158] Die *blending theory* fokussiert vor allem die Art und Weise der Entstehung emergenten Wissens als Folge wechselseitiger Projektionen, nun klar definiert als *cross-space mapping*.

Ziem übersetzt *conceptual integration theory* mit „Theorie der konzeptuellen Integration". „Blending", so Ziem, ist zu verstehen als „komplexer kognitiver Prozess der begrifflichen ‚Mischung', der zur Entstehung von emergentem Wissen *(blend)* aus mindestens zwei sich überlagernden Wissensquellen *(input spaces)* führt"[159]. ‚Emergent' bedeutet in diesem Zusammenhang: Die semantische Innovation „erwächst allein aus der konzeptuellen Integration bestimmter Informationen aus beiden Quelldomänen unter der Zuhilfenahme zusätzlicher Standardannahmen"[160]. Weiterhin

157 Ziem, Sprache und Wissen. S. 379.

158 Grundlegend: Fauconnier; Turner, The Way we Think; Turner, Mark: The Origin of Ideas. Blending, Creativity & the Human Spark. New York 2014.

159 Ziem, Blending. In: DiskursNetz. S. 58.

160 Ziem, Sprache und Wissen. S. 382. Zum Begriff der Emergenz vgl. auch: Skirl, Helge: Emergenz als Phänomen der Semantik am Beispiel des Metaphernverstehens. Emergente konzeptuelle Merkmale an der Schnittstelle von Semantik und Pragmatik. Tübingen 2009.

handelt es sich beim *blending* (wie schon beim *mapping*), um eine grundlegende mentale Operation („a basic mental operation"[161]), die konstitutiv ist für das Verstehen einer großen Bandbreite sprachlicher sowie nichtsprachlicher Phänomene: „Blending operates over the entire richness of our physical and mental worlds."[162]

2.3.5.4 Mentale Räume *(mental spaces)*

Sind wir bisher lediglich von einer Quell- und einer Zieldomäne ausgegangen, haben wir es der *blending theory* zufolge nicht nur mit zwei durch Frames strukturierten Domänen zu tun, sondern mit mindestens vier Domänen, die in der Terminologie Fauconniers und Turners „mental spaces", bei Ziem „mentale Räume" genannt werden.[163] Bereits Fauconnier/Turner machen deutlich, dass *mental spaces* jeweils Wissen repräsentieren, welches durch Frames definiert wird: „Mental spaces are connected to long-term schematic knowledge called ‚frames' [...]".[164] Im Zuge metaphorischer Analogiebildungen findet zwischen einzelnen inhaltlichen Elementen der *input spaces* ein *matching* statt, es wird also eine punktuelle Analogie erkannt, die die jeweiligen Semantiken als *counterparts* ausweist. Das *matching* bildet dann den Ausgangspunkt eines die punktuelle Analogie oszillierend erweiternden *cross-space mapping*.

Merkmale, die ein *matching* ermöglichen, werden in der *blending theory* in einem weiteren *mental space* eigens berücksichtigt, dem *generic space*. Dieser repräsentiert insofern jene Elemente, die die genannten Frames der *input spaces* miteinander teilen: „A generic mental space maps onto each of the inputs and contains what the inputs have in common."[165] Dabei ist zu berücksichtigen, dass Gemeinsamkeiten keineswegs vorgängig existieren müssen und nicht entsprechend der klassischen Figur des *tertium comparationis* gleichsam vorgefunden werden. Vielmehr werden sie konstruiert. Eine hier zu berücksichtigende Besonderheit betrifft den Umstand, dass KULTURKRITIK zuvor als ein Meta-Frame definiert wurde, der die Wahrnehmung solcher Gemeinsamkeiten aus dem Hintergrund steuert. Dies bedeutet, dass KULTURKRITIK zum einen als *input space* fungiert, gleichzeitig aber auch ‚Implikationszusammenhang' ist. Die Gemeinsamkeiten, die der *generic space* formal

---

161 Fauconnier; Turner, The Way we Think. S. VI (Vorwort).

162 Ebd. S. 49.

163 Vgl. Fauconnier, Gilles: Mental Spaces. Aspects of meaning construction in Natural Language. Cambridge, New York 1994.

164 Fauconnier; Turner, The Way we Think. S. 40

165 Ebd. S. 41.

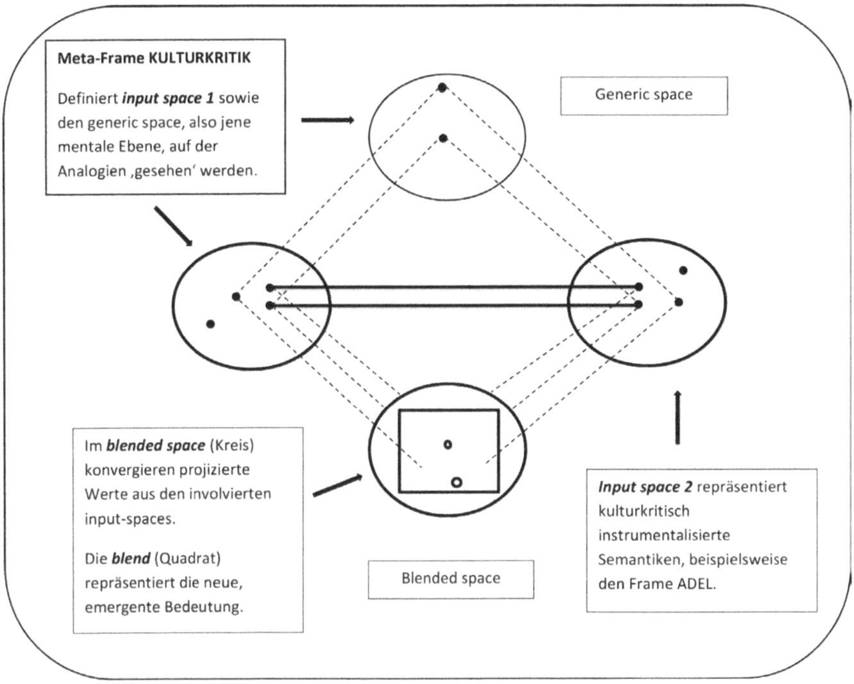

Abb. 3: Conceptual Integration Network. Diagramm nach: Fauconnier; Turner, S. 46. Die durchgehenden Linien illustrieren die sogenannten counterpart connections, die vom generic space aus reguliert werden. Der blend enthält neben Werten aus den input spaces emergente Wissenselemente, die nicht in den input spaces enthalten sind.

erfasst, werden seitens des (Meta-)Frames Kulturkritik gesetzt. Diskursteilnehmer, die den Frame Kulturkritik kognitiv evozieren, vollziehen auf einer vordergründigen Ebene vermeintlich ‚natürliche' Analogien nach. Die ‚Zusammenschau' entsprechender Semantiken erscheint ihnen evident. Diesem Eindruck geht jedoch auf ‚nichtbewusster' Ebene ein inferentieller Prozess voraus, der durch den ‚tiefensemantisch' wirksamen Frame Kulturkritik gesteuert und reguliert wird.

Zwei *input spaces,* der *generic space* sowie der *blended space,* sind lediglich die Minimalvoraussetzung für die Bildung eines *conceptual integration network,* welches theoretisch aus nicht nur zwei, sondern einer Vielzahl an *input spaces* bestehen kann.[166] Anders als beim *mapping,* bei dem unidirektional Wissenselemente von einer Quelldomäne auf eine Zieldomäne projiziert werden, gehen nun Elemente

166 Vgl. ebd. S. 47.

aus beiden *input spaces* in einen dritten *mental space* ein, den *blended space*. Dieser bezeichnet den mentalen Raum, in dem eine neue Bedeutung entsteht, formal: den *blend*, das Produkt der konzeptuellen Verschmelzung bzw. einer Neukomposition der Wissenselemente aus den beteiligten *input spaces*.

Fauconnier/Turner zufolge kommen drei Typen semantischer Operationen beim *blending* zum Tragen:[167] ‚Komposition' („composition"), ‚Komplettierung' („completion") und ‚Elaboration' („elaboration"). Von besonderer Bedeutung ist die ‚Elaboration'. Ziem versteht darunter Prozesse, die dem Zweck dienen, die „neu entstandene Wissenseinheit im Detail auszugestalten"[168]. Fauconnier nennt dies „running the blend"[169]:

> We elaborate blends by treating them as simulations and running them imaginatively according to the principles that have been established for the blend. [...] Part of the power of blending is that there are always many different possible lines of elaboration, and elaboration can go on indefinitely. We can run the blend as much and as long and in as many alternative directions as we choose. [...] The creative possibilities of blending stem from the open-ended nature of completion and elaboration. They recruit and develop new structure for the blend in ways that are principled but effectively unlimited.[170]

Es kommen kognitiv-semantische Operationen zum Tragen, die mit Wolf-Andreas Liebert auch als „Ausdehnung" und „Anpassung" bezeichnet werden können. Eine diskursive Expansion der Metapher liegt vor, wenn Sprecher „metaphorische Szenarien projizierend entfalten oder mehrere Metaphern erweiternd miteinander kombinieren". Metaphern können angepasst werden, indem die Akteure „im Zielbereich Konsequenzen aus einer Metapher ziehen, metaphorische Modelle mit Elementen des Zielbereichs spezifizieren" oder „metaphorische Projektionen reflektierend erklären oder durch andere Modelle ergänzen"[171]. Zu denken ist an

167 Vgl. ebd. S. 48; Ziem, Blending. In: DiskursNetz. S. 58.

168 Ziem, Blending. In: DiskursNetz. S. 58.

169 Fauconnier; Turner, The Way we Think. S. 44.

170 Ebd. S. 49; vgl. Stockwell, Cognitive Poetics. An Introduction: „[...] the emergent structure of the blend allows new insights to appear and a new understanding of the elements of the input spaces. Blended space [...] allows us to apply inferences, arguments, concepts and emotions back into the input space in order to alter our original cognitive models." (S. 127).

171 Liebert, Wolf-Andreas: Interaktion und Kognition. Die Herausbildung metaphorischer Denkmodelle in Gesprächen zwischen Wissenschaftlern und Wissenschaftsjournalisten. In: Metaphern, Medien, Wissenschaft. Zur Vermittlung der AIDS-Forschung in Presse

eine Expansion und argumentative Ausbeutung einer einmal hergestellten metaphorischen Bedeutung *(blend).*

2.3.5.5 Metaphorische Fokussierung *(highlighting/hiding)*

In metaphorischen Deutungen ist es möglich, einzelne Merkmale der involvierten Semantiken gezielt in den Fokus zu rücken oder auch das Gegenteil davon zu erreichen, sie gleichsam zu ‚verbergen'. Lakoff und Johnson bezeichnen diesen zentralen Effekt mit dem Begriffspaar „beleuchten" *(highlighting)* und „verbergen" *(hiding).*[172]

> Durch ihre strukturell bedingte Perspektivität (hiding, highlighting) sind sie [Metaphern; JdV] beliebte Instrumente in konfliktreichen Diskursen, in ihnen und durch sie können sich Konflikte sprachlich manifestieren. Mit der Metaphernverwendung entscheidet sich der Diskursakteur für eine spezifische perspektivierte Sichtweise bzw. Interpretation von Sachverhalten.[173]

Highlighting und *hiding* können langfristig zu semantischen Innovationen führen. Das wiederholte „Hervorheben" eines bestimmten Merkmals dürfte zur Folge haben, dass dessen ‚Salienz' (d.h. die „mentale Zugänglichkeit", „accessibility"[174]) erhöht wird. Die Veränderung der Salienz eines Merkmals hängt langfristig von der Auftretensfrequenz entsprechender Hervorhebungen in bestimmten Diskursen ab.[175] Salienz ist ein Indikator dafür, dass die Aufmerksamkeit auf bestimmte inhaltliche Elemente des Frames gelenkt wird. Der saliente Aspekt rückt in den Vordergrund, mit anderen Worten: Die salienten Elemente bezeichnen die primär assoziierten Vorstellungsinhalte. Langfristig kann dies dazu führen, dass die Wissensstruktur insgesamt eine Konfiguration zugunsten dieser salienten Elemente erfährt:

> Wenn wir die Metapher akzeptieren, die uns zwingt, *nur* auf die Aspekte unserer Erfahrung zu achten, die die Metapher beleuchtet, dann führt das dazu, daß wir die Ableitung

---

und Rundfunk. Hrsg. von Bernd Ulrich Biere und Wolf-Andreas Liebert. Opladen 1997. S. 180–209. Hier: S. 186 f.

172 Vgl. Lakoff; Johnson, Leben in Metaphern. S. 18 ff. Zur Wirkung des ‚Hide-Highlighting'-Effekts vgl. Drewer, Die kognitive Metapher als Werkzeug des Denkens. S. 110 ff.

173 Spieß, Constanze: Diskurslinguistische Metaphernanalyse. In: Methoden der Metaphernforschung und -analyse. Hrsg. von Matthias Junge. Wiesbaden 2014. S. 31–58. Hier: S. 37.

174 Vgl. Ziem, Alexander: [Art.] Salienz. In: DiskursNetz. S. 342.

175 Ebd.

> der Metapher als *wahr* ansehen. Solche ‚Wahrheiten' können natürlich nur wahr sein im Hinblick auf die Realität, die durch die Metapher definiert wird.[176]

Wiederum kann gelten, dass Rahmenbedingungen des entsprechenden Realitätsausschnitts, die über wahr und falsch entscheiden, durch den Meta-Frame KULTURKRITIK gesetzt und reguliert werden.

2.3.5.6 Fallbeispiel: *mapping* und *blending* in Max Schelers *Der Genius des Krieges und der Deutsche Krieg* (1915)

Die theoretischen Ausführungen lassen sich zunächst an einem überschaubaren Beispiel exemplifizieren, Max Schelers (1874–1928) nationalchauvinistischem Weltanschauungsbuch *Der Genius des Krieges und der Deutsche Krieg* (1915). Der Philosoph lieferte damit seinen Beitrag zum „Kulturkrieg" (Beßlich) deutscher Wissenschaftler, Schriftsteller und Publizisten gegen die „Zivilisation" der westeuropäischen Kriegsgegner.[177] Der Text, in dem vor allem mit Großbritannien abgerechnet wird, weist inhaltliche und formale Ähnlichkeiten auf mit einer Flut vergleichbarer Titel, die annähernd zur selben Zeit erschienen, darunter Werner Sombarts (1863–1941) *Händler und Helden* (1915).

Im Anhang von Schelers Buch findet sich eine als solche bezeichnete „Kategorientafel des englischen Denkens". Das ‚englische Denken' wird darin systematisch dem ‚deutschen ' gegenübergestellt, beginnend mit dem Wert „Kultur", dem im ‚englischen' Denken „Komfort" entspricht. Die „Kategorientafel" enthält insgesamt 54 Begriffspaare vergleichbarer Art, darunter „Denken – Rechnen", „Vernunft – Ökonomie", „Sittlichkeit – Recht", „Treue – Genauigkeit in der Einhaltung von Verträgen", „Gemeinschaft – Gesellschaft", „Frömmigkeit – Bigotterie", „Anstand – Prüderie", „Liebe – Interessensolidarität". Scheler erläutert dazu: „Die linksstehenden Begriffe auf der Tafel sind jeweilig diejenigen, die Höherwertiges bedeuten und die der englische Geist mit den rechtsstehenden gleichzusetzen die Neigung hat. Die Tafel kann natürlich noch beliebiger Verbesserung unterliegen."[178] Was hier nun von Interesse ist, ist nicht Schelers Buch als Ganzes, sondern nur jene „Tafel". Verwendbar sein sollte die Tafel nicht zuletzt auch für Frontsoldaten, die schon im Vorwort adressiert werden und für die eine zeitraubende Lektüre des gesamten Textes

176 Lakoff; Johnson, Leben in Metaphern. S. 181 (Hervorhebung im Original).
177 Vgl. Ullrich, Zentrifugalangst und Autonomiestolz.
178 Scheler, Max: Der Genius des Krieges. Leipzig 1915. S. 441.

nicht möglich war. Einen handfesten diagnostischen Nutzwert der Kategorientafel verspricht der Philosoph sich und den Lesern aufgrund der angeblich „systematischen" Möglichkeiten zur individuellen „Selbstprüfung". Allgemein anempfohlen wird die Tafel zum therapeutischen „Kurgebrauch":

> Der Kurgebrauch unserer Tafel ist so zu denken, daß man eine ernstliche Selbstprüfung sowie eine Prüfung seiner Freunde im sokratischen Sinne systematisch vornimmt, ob man nicht da und dort in seinem Bewußtsein Neigungen zu analogen Verwechslungen von Begriffen und Werten wahrnimmt, wie sie diese Tafel systematisch vorführt.[179]

Unter einer kulturkritischen Gesamtperspektive wird eine Reihe von Merkmalen aufgerufen und auf zwei ‚mentale Räume' projiziert: ‚England' und ‚Deutschland'. Es handelt sich jeweils um kulturkritisch präfigurierte Konzepte. Zugrunde liegt dem Dualismus letztlich, wie leicht zu erkennen ist, die kulturkritische Leitdichotomie ‚Qualität/Essenz vs. Quantität/Akzidenz'.

In der Perspektive eines historischen Lesers der Tafel entstehen zwei semantische Felder von verwandt assoziierbaren Begriffen, die sich nach den Prinzipien kultureller Kontiguität konstituieren. Die Bedeutung von ‚England' bzw. ‚Deutschland' ergibt sich jeweils aus einer konzeptuellen Verschmelzung, einem *blending,* von jenen 54 zu Begriffspaaren verbundenen Zuschreibungen. Es handelt sich um eine konstruierte semantische Verwandtschaft, die durch den im Hintergrund wirksamen Meta-Frame Kulturkritik zielgerichtet gestiftet wird. Dieser ist es, der hier die Zentralperspektive einer solchen doppelten ‚Zusammenschau' zugleich initiiert und plausibilisiert.

Unter den von Scheler genannten Begriffen taucht auch das Wort „Adel" auf. Erwartungsgemäß unter die Ausdrücke, die „Höherwertiges bedeuten", rubriziert, darf er nunmehr zugleich als prototypisch für das ‚Deutsche' gelten. Dem Wort entspricht auf ‚englischer' Gegenseite „Reichtum, dessen Provenienz vergessen wurde". In einem *blended space* wird ‚Adel' mit positiven, nun ebenfalls national besetzten Werten wie ‚Treue', ‚Sittlichkeit', ‚Gemeinschaft', ‚Anstand' semantisch enggeführt. Durch die Teilhabe an diesem Feld von Hochwertbegriffen erfährt ‚Adel' eine konkretere Aufwertung, indem eine Verwandtschaft der positiven Begriffe insinuiert wird. Evident ist, dass der Deutung zudem ein prototypisches kulturkritisches Narrativ unterlegt ist. Dient die Tafel vorderhand dazu, ‚Deutschland' und ‚England' zu vergleichen, eröffnet sich zusätzlich eine diachrone Deutungsebene. Ohne dass

179 Ebd.

explizit darauf hingewiesen werden müsste, macht die Tafel auf beunruhigende Weise antizipierbar, was im Fall der Kriegsniederlage aus dem ‚Deutschen' zu werden droht, nämlich das, was der ‚Engländer' vorgeblich schon ist. Auch vom ‚Adel' bliebe nur eine Schwundform, laut Scheler bloßer „Reichtum", der zu nichts verpflichtet.

Ein *cross-space mapping* bedeutet, dass der Frame Adel sowohl zum Ziel wie auch zur Quelle eines *mapping* wird. Der Meta-Frame Kulturkritik fokussiert bzw. ‚beleuchtet' die beteiligten Semantiken im Hinblick auf kontextuell geeignete und ungeeignete Werte für Projektionen. Er bildet eine regulierende und selektierende Instanz. Fokussiert wird auf dieser Weise offensichtlich der adelssemantische Standardwert „Anökonomie"[180] sowie die damit kompatible stereotype Vorstellung eines adligen Antimaterialismus. Es handelt sich im vorliegenden Fall um positive semantische Werte mit einer kontextbedingt erhöhten Salienz. Die entsprechend konfigurierte Adelssemantik wird kulturkritisch vereinnahmt für den Kampf gegen die bekannten negativen Kräfte des Verfalls, die, ihrerseits spezifisch ausgerichtet, aktuell die Gestalt ‚Englands' angenommen haben. Im *blend,* der emergenten Bedeutung, die aus der konzeptuellen Verschmelzung hervorgeht, erscheint ‚England' als Inbegriff von Materialismus, Utilitarismus und eines zynischen Kosten-Nutzen-Kalküls, das sich bis in das Zwischenmenschliche hinein erstreckt. Das ‚Deutsche' steht dazu in einem diametralen Gegensatz. Eine negative Abwärtsentwicklung Deutschlands zu verhindern lässt sich kontextuell als Aufgabe des (oder eines) ‚Adels' erkennen. Ausgehend von dem Deutungsspektrum, das Schelers Tafel offeriert, ließe sich der ‚Adel' als ein Vorbild im ideologischen Kampf gegen ein oberflächliches Profitdenken ausmachen.

180 Strobel, Eine Kulturpoetik des Adels. S. 26; S. 283; S. 294.

3 Adel als ‚Frame'

3.1 Semantische Standardwerte des Frames Adel

Ein Frame ist ein Repräsentations- und Analyseformat für kulturelles Wissen. Als methodisches Instrument soll es unter anderem Antwort auf die Frage ermöglichen, wo sich Anschlüsse seitens kulturkritisch argumentierender Diskursakteure konkret ergaben. Wenn also von einer durch kulturkritische Kontextualisierungen induzierten Innovation der Adelssemantik auszugehen ist, bei welchen semantischen Merkmalen setzte diese an und mit welchem Ergebnis wurden die betroffenen Merkmale einer Umdeutung unterzogen?

Im Zuge der Modellbildung ist eine begrenzte Menge aus einer großen, theoretisch gesehen praktisch unbegrenzten Anzahl möglicher semantischer Merkmale bzw. „Wissenselemente" (Busse) von ‚Adel' auszuwählen. Das dem Frame-Modell zugrunde liegende Kompositionsprinzip (also das Prinzip der Segmentierung eines kulturellen Konzepts in eine Anzahl semantischer Elemente) erlaubt eine methodische geleitete Regulierung bezüglich der Anzahl potentieller Merkmale. Die Möglichkeit zur Ausdifferenzierung jedes einzelnen Elements in eine Vielzahl von Subelementen bleibt dabei theoretisch stets gegeben.

Die Vertreter der Frame-Theorie lehnen praktisch einhellig die Existenz kleinster semantischer Merkmale, sogenannter ‚Seme' oder ‚semantischer Primitive', ab. Daher kann die Ausdifferenzierung einzelner Attribute innerhalb des Frame-Modells grundsätzlich unbegrenzt fortgeführt werden. In diesem Zusammenhang spricht man vom Prinzip der „Rekursivität und Unabschließbarkeit von Frames"[1]. Damit ist eine zentrale theoretische Bestimmung angesprochen, durch die sich die Frame-Semantik von der strukturalistischen Komponentensemantik unterscheidet. So bedeutsam dieser Aspekt aus theoretischer Sicht ist, aus praktischer Perspektive spielt die Möglichkeit einer indefiniten Ausdifferenzierung eine nebensächliche Rolle. Stattdessen geht es hier nun vielmehr um eine sinnvolle Beschränkung der Elemente innerhalb eines (auch graphisch umzusetzenden) Frame-Modells. Der Grad der Ausdifferenzierung wird mit dem Terminus „Granularität" beschrieben.[2] Der Granularitätsgrad des Frames ist idealerweise so zu wählen, dass im Ergebnis eine erweiterbare Kernstruktur des Frames, bestehend aus konstitutiven Elementen,

1 Busse, Frame-Semantik. S. 611 ff.

2 Ebd. S. 707.

vorliegt, mit der ein Anspruch auf modellhafte Repräsentativität erhoben werden kann. Sinnvoll erscheint eine Begrenzung auf etwa 15 bis 20 Merkmale sowie ein eher niedriger, im Bedarfsfall aber anzupassender Grad der Ausdifferenzierung, der typischerweise nicht über zwei bis drei hierarchische Stufen einer zu formulierenden Binnenstruktur hinausgehen sollte.

Steht der Granularitätsgrad des Frames fest, geht es um die eigentlich entscheidende Frage, nämlich welche Merkmale bzw. ‚Wissenselemente' in das Frame-Modell Adel Aufnahme finden sollen. Die Elemente, die zu wählen sind, müssten konstitutiven Charakter besitzen. Doch was bedeutet Konstitutivität in diesem Zusammenhang genau? Bezüglich der Rolle einer Kernstruktur in Frames bemerkt Lawrence Barsalou beinahe lakonisch: „Both frequency of occurrence and conceptual necessity probably contribute to the cores of frames".[3] Geht man davon aus, kämen bezüglich der Auswahl von konstitutiven Merkmalen zunächst zwei Kriterien zum Tragen: „frequency of occurrence" bzw. ‚Auftretenshäufigkeit' und „conceptual necessity" bzw. ‚konzeptuelle Notwendigkeit'. ‚Auftretenshäufigkeit' bedeutet konkret, dass über längere Zeiträume konstant wiederkehrend dem Konzept Adel zugeschriebene Merkmale zu berücksichtigen sind. Von diesen kann angenommen werden, dass sie als semantische Standardwerte regelmäßig evoziert werden, wenn der Frame Adel in einem konkreten kommunikativen Kontext aktualisiert wird. Es handelt sich um Merkmale, die bei den meisten Diskursteilnehmern als kognitiv präsent zu denken sind. Kognitive Präsenz bedeutet nicht, dass die Merkmale tatsächlich verbalisiert werden oder an der Textoberfläche erscheinen müssen. Sie werden in entsprechenden Kontexten vielfach stillschweigend ergänzt bzw. inferiert, sind Teil dessen, was zuvor als „Tiefensemantik" (Busse) beschrieben wurde.

Um das Feld überhaupt infrage kommender semantischer Standardwerte abstecken zu können, erweist sich zunächst ein Blick auf Ergebnisse der Historischen Semantik und vor allem die von der Adelsforschung erstellten Merkmalskataloge als lohnenswert. Eine Reihe potentieller Standardwerte ließe sich etwa bereits der Einleitung von Werner Conzes Artikel *Adel, Aristokratie* aus den *Geschichtlichen Grundbegriffen* entnehmen. [4] Bevor im Hauptteil des Artikels eine diachrone

3 Barsalou, Lawrence: Frames, Concepts and Conceptual Fields. In: Frames, Fields and Contrasts. New Essays in Semantic and Lexical Organization. Hrsg. von Adrienne Lehrer und Eva Feder Kittay. Hillsdale, New Jersey 1992. S. 21–74. Hier: S. 35.

4 Conze, Werner: [Art.] Adel, Aristokratie. In: Geschichtliche Grundbegriffe. Band 1. Hrsg. von Otto Brunner, Werner Conze, Reinhart Koselleck. Stuttgart 1972. S. 1–48: „‚Adel', ahd. Adal, edili, ‚edles Geschlecht, die Edelsten', verwandt mit ahd. Uodal, odal, odil ‚Erbsitz, Heimat' bezeichnete im Deutschen – analog zu allen anderen Sprachen und Kulturen – die

Tiefengliederung des Begriffs ‚Adel' vorgenommen wird, geht es Werner Conze zu Beginn um eine vergleichsweise kurz gehaltene und erkennbar auf Allgemeingültigkeit abzielende Begriffsbestimmung. Es werden erklärtermaßen sprach- und kulturübergreifende Analogien gesucht. Aufgezählt werden, mit der für ein solches Vorhaben notwendigen Abstraktheit, konstitutive Elemente von historisch hoher Stabilität und Allgemeingültigkeit. Es finden sich Zuschreibungen wie „hervorgehobene Herrenschicht", „Landsässigkeit", „Waffen- und Kriegsdienst", „Tugend-Ethos", aber auch erst noch inhaltlich genauer zu bestimmende Merkmale wie „Typusstilisierung" oder „anspruchsvolles Selbstbewusstsein". Ausgeklammert werden in diesen auf das Allgemeine zielenden Zuschreibungen offenkundig noch sämtliche Bedeutungskomponenten, die aus der Perspektive der lexikalischen Semantik den Bereich des ‚umstrittenen Wissens' und der ‚Nebenbedeutungen' berühren.

Mit dem Konzept der ‚Adeligkeit' hat die Adelsforschung eine für kulturwissenschaftliche Fragestellungen anschlussfähige Erweiterung bisheriger Merkmalskataloge vorgelegt.[5] ‚Adeligkeit' ist eine Analogiebildung zum Begriff ‚Bürgerlichkeit', der von Wolfgang Kaschuba in der Bürgertumsforschung eingeführt wurde. Komplementär zu ‚harten' rechtlichen oder sozioökonomischen Indikatoren zielt ‚Adeligkeit' auf verbindende Einstellungen, kulturelle Praktiken und habituelle Merkmale. Forschungsgeschichtlich knüpft das von Michael G. Müller und Heinz Reif[6], sodann von Marcus Funck und Stephan Malinowski entwickelte Konzept an mentalitätsgeschichtlich erweiterte Merkmalskataloge an, wie sie zuvor unter

---

durch Vorrang der Rechte und Pflichten vor dem Volk, zunächst den Bauern, vom Hochmittelalter an auch der Stadtbürger, hervorgehobene Herrenschicht, deren Stand erblich und demnach stets darauf gerichtet war, sich durch geschlossenes Konnubium vom Volk abzuschließen. Kennzeichen des Adels waren: Landsässigkeit mit Herrschaft über landarbeitende Menschen und, darauf beruhend, Freisein zum Waffen- und Kriegsdienst, alsdann zu den Führungsstellen in der Kirche sowie später dem Hof- und Staatsdienst. Zur rechtlichen, wirtschaftlichen und gesellschaftlichen Machtstellung des Adels gehörten ein anspruchsvolles Selbstbewußtsein, Typusstilisierung und ‚Tugend'-Ethos sowie die Anerkennung des adligen Status und Prestiges durch das Volk. All dies verband sich zum Begriff des Adels, der demgemäß (prinzipiell unangefochtene) Herrschaft von Menschen über Menschen in einer bei allem faktischen Wandel statisch begriffenen Sozialordnung bedeutete und eben dieser Herrschaftsstellung wegen der Prinzipien der modernen Revolution zum Opfer fiel." (S. 1).

5 Vgl. Funck, Markus; Malinowski, Stephan: Geschichte von Oben. Autobiographien als Quelle einer Sozial- und Kulturgeschichte des deutschen Adels in Kaiserreich und Weimarer Republik. In: Historische Anthropologie 7, 1999. S. 236–270. Vor allem: S. 240 ff.

6 Reif, Heinz: ‚Adeligkeit' – historische und elitentheoretische Überlegungen zum Adelshabitus in Deutschland um 1800. [Unpaginiertes Manuskript; datiert: 12.06.1997].

anderem von Otto Gerhard Oexle[7] und Gerhard Dilcher[8] erstellt wurden. Malinowski formuliert in seiner Monographie Merkmale wie „Familie", „Landbindung und Großstadtferne", „Charakter (versus Bildung)", einen „Kult der Kargheit" sowie einen spezifisch adligen Begriff von „Herrschaft" und „Führertum".[9] Hinzu kommt das Konzept einer „angeborenen Sonderstellung und Höherwertigkeit"[10]. Von dieser „Vorstellung [...] ein *natürlicher* Führer zu sein, hat sich der Adel auch nach 1918 nicht verabschiedet"[11]. Ausdruck findet darin eine „in Jahrhunderten gehärtete Ideologie der Höherwertigkeit und ein damit verbundenes System spezifischer Ehrbegriffe"[12]. Ungeachtet „der immensen Unterschiede zwischen diesen beiden Modellen [dem ostelbischen und südwestdeutschen Adel; JdV] läßt sich die Selbstdeutung einer angeborenen Sonderstellung und Höherwertigkeit als Gemeinsamkeit benennen, in der sich beide Gruppen überschnitten"[13].

Zugrunde liegt in der vorliegenden Studie ein weiter Wissensbegriff, wodurch prinzipiell jene Merkmale gleichrangig zu berücksichtigen sind, die in der Adelsforschung traditionell als ‚Fremddeutungen' deklariert werden. Im Fokus stehen insofern gerade auch ästhetische Kontexte. Jochen Strobel hat für die Literatur der Romantik die Signifikanz von Merkmalen wie „Genealogie, Ritterschaft, Spiel und eine spezifische Anökonomie"[14] nachgewiesen, Letzteres teilweise mit einer Verbindung zum Merkmal ‚Müßiggang'. Einer eingehenden Untersuchung vorgreifend, lässt sich deren Relevanz zunächst auch für Texte um und nach 1900 postulieren.

Viele der genannten potentiellen Standardwerte von ADEL finden sich in kulturkritischen Diskursen wieder, sodass auf den ersten Blick zunächst durchaus von einer weitgehenden Kontinuität zwischen vorgängiger Adelssemantik und kulturkritisch instrumentalisierter Adelssemantik gesprochen werden könnte. Entscheidend ist wiederum, dass Adelssemantiken im Kontext der Kulturkritik Teil einer spezifischen Bewertungskommunikation werden. Dies hat semantische Innovationen zur Folge, die die Konnotation, teils auch die Funktionalität der Merkmale betreffen:

7 Oexle, Otto Gerhard: Aspekte der Geschichte des Adels im Mittelalter und in der Frühen Neuzeit. In: Europäischer Adel 1750–1950. Hrsg. von Hans-Ulrich Wehler. Göttingen 1990. S. 19–57.

8 Dilcher, Gerhard: Der alteuropäische Adel – ein verfassungsgeschichtlicher Typus? In: Europäischer Adel 1750–1950. S. 57–87.

9 Vgl. Malinowski, Vom König zum Führer. S. 47 ff.

10 Ebd. S. 108.

11 Ebd. S. 104 (Hervorhebung im Original).

12 Ebd. S. 13.

13 Ebd. S. 108.

14 Strobel, Eine Kulturpoetik des Adels. S. 26.

Aus indifferent-deskriptiven Merkmalen werden wertend-evaluative. Am Beispiel des adelssemantischen Standardwerts ‚Landbindung' ließe sich dies verdeutlichen.

3.2 Konvergenz der Frames Adel und Kulturkritik am Beispiel der Kulturkritik Oswald Spenglers

Wie im vorangehenden Kapitel festgestellt wurde, besitzt der Frame Kulturkritik keine genuinen Standardwerte im Sinne von sachbezogenen Denotaten, ganz anders als der Frame Adel, der solche sehr wohl aufweist. Die Wertungsbegriffe des Meta-Frames Kulturkritik werden primär als Konnotationen wirksam, welche die jeweiligen denotativen Bedeutungskerne assimilierter Semantiken überlagern, teils mit ihnen konvergieren und im Zuge dessen zur Entstehung innovativer Bedeutungen beitragen.

Zu den semantischen Standardwerten des Frames Adel, die fraglos eine sachlich-denotative Bedeutungsebene aufweisen, gehört das Merkmal ‚Landbindung'. Bezogen auf den empirischen Adel ist damit ein Wert bezeichnet, der nicht nur auf eine historische Realie verweist, sondern, worauf es hier ankommt, in Texten unterschiedlichster Provenienz konstant bestätigt und dem Adel zugeschrieben wird. Von einem durch kulturkritische Instrumentalisierungen induzierten Wandel betroffen ist nun offenkundig nicht die denotative Bedeutungsebene von ‚Landbindung', etwa in dem Sinne, dass dem Merkmal adliger ‚Landbindung' als solchem widersprochen oder gar ein alternatives Merkmal in Stellung gebracht würde. Diskursive Anschlüsse betreffen stattdessen ein gleichsam ‚über' der Sachebene des Merkmals operierendes und in weitaus stärkerem Maße kulturellen Einflüssen unterworfenes konnotatives Spektrum. Dieses konkretisiert sich insbesondere in einem kulturkritisch anschlussfähigen Stadt-Land-Dualismus. Von dieser Wertungsebene aus ergeben sich weitergehende interdiskursive Übergänge, etwa zur zeitgenössischen Agrarromantik und Heimatkunst, die, entstehungsgeschichtlich betrachtet, jeweils durch die ‚aristokratische' Kulturkritik Julius Langbehns nachhaltige Impulse empfingen.[15]

15 Vgl. das Kapitel ‚Heimatkunst, Aristokratismus, Ständestaat' in: Rossbacher, Karlheinz: Heimatkunstbewegung und Heimatroman. Zu einer Literartursoziologie der Jahrhundertwende. Stuttgart 1975. S. 114–115. Vgl. auch Sprengel, Peter: Geschichte der deutschsprachigen Literatur 1900–1918. Von der Jahrhundertwende bis zum Ende des Ersten Weltkriegs. München 2004. (= Geschichte der deutschen Literatur von den Anfängen bis zur Gegenwart, Band IX, 2). S. 104.

Exemplarisch ließe sich das Zusammenspiel des Meta-Frames KULTURKRITIK und des Frames ADEL am Beispiel Oswald Spenglers veranschaulichen.[16] „Bauerntum" und „Adel" werden in Spenglers *Der Untergang des Abendlandes* als „organische Stände" dem Typus des modernen urbanen Menschen und darüber hinaus den allgemeinen Kräften des Verfalls gegenübergestellt:

> [...] statt eines formvollen, mit der Erde verwachsenen Volkes ein neuer Nomade, ein Parasit, der Großtstadtbewohner, der reine, traditionslose, in formloser fluktuierender Masse auftretender Tatsachenmensch, irreligiös, intelligent, unfruchtbar, mit einer tiefen Abneigung gegen das Bauerntum (und dessen höchste Form, den Landadel), also ein ungeheurer Schritt zum Anorganischen, zum Ende [...][17]

„Adel" ist für Spengler im Wesentlichen „höheres Bauerntum". Das moderne „Stadtvolk" dagegen „anorganische Masse, etwas Fluktuierendes. Der Bauer ist *nicht* Demokrat – denn auch dieser Begriff gehört zum mechanischen und städtischen Dasein [...]. Er ist nach dem Schwinden der alten Stände, Adel und Priestertum, der einzige *organische* Mensch, ein Überbleibsel der frühen Kultur."[18]

Die typische Strategie des Kulturkritikers Spengler besteht zunächst in der Konstruktion kühner Analogien. Von der sprachlich-metaphorischen Ebene ausgehend, wird dann regelmäßig eine unmittelbare Gültigkeit auch für die außersprachliche Realität beansprucht. Im konkreten Fall geschieht dies bereits über eine Ausbeutung von etymologischen Verwandtschaften (‚Bauer – *cultura* – Kultur' und ‚Stadt – *civis* –Zivilisation'). Spengler „schöpft den etymologischen Gegensatz voll aus", womit dann der „Gegensatz von innerer Bildung vs. äußerer Technik durch jenen von Land und Stadt komplementiert"[19] wird.

Erkennbar machen lässt sich die Einbettung der Adelssemantik in einen kulturkritischen Implikationskontext, den Meta-Frame KULTURKRITIK. Aufschlussreich sind diesbezüglich die zahlreichen wertenden Zuschreibungen, überwiegend in Form von adjektivischen Attributen (‚traditionslos', ‚unfruchtbar', ‚formlos', ‚fluktuierend', ‚anorganisch', ‚mechanisch', ‚demokratisch', ‚urban' usw.). Sie bilden kontextuell eine Sphäre kulturkritischer Niederwertbegriffe. Die Bedeutung einzelner

16 Zu Bedeutung des Adels bei Spengler vgl. Bussche, Konservatismus. S. 253–268 sowie Conze, Adel unter dem Totenkopf. S. 160.

17 Spengler, Oswald: Der Untergang des Abendlandes. Umrisse einer Morphologie der Weltgeschichte. Nachwort von Detlef Felken. München 2006. S. 45.

18 Ebd. S. 452 (Hervorhebung im Original).

19 Müller-Funk, Kulturtheorie. S. 10.

Zuschreibungen ist im Wesentlichen relational zu bestimmen. Entscheidend ist ihre semantische Verwandtschaft untereinander, gestiftet durch den gemeinsamen Implikationskontext Kulturkritik. Die positiv besetzten Gegenbegriffe sind, wo sie im Text nicht explizit genannt werden, dabei stets mitzudenken. ‚Landbindung' begründet ferner die Verwandtschaft (ein *matching*) zwischen den von Spengler angeführten Hypostasen kulturkritischer Hochwertbegriffe, gemeint sind die ‚organischen' Stände ‚Bauerntum' und ‚Adel'. Der Bauer ist, wie es bei Spengler nachdrücklich heißt, „*nicht* Demokrat", was ihn, nach Maßgabe der zugrunde liegenden Antithetik, zu einem ‚Aristokraten' macht.

Die aufgezeigten polaren Gegensätze lassen sich problemlos auf die kulturkritische Dichotomie *Kultur* vs. *Zivilisation* zurückführen. Bekanntlich bezeichnen die beiden Begriffe bei Spengler unterschiedliche historische Entwicklungsstufen. Typisch für die Kulturkritik Spenglers ist, dass diese mit klaren raumsemantischen Zuordnungen verbunden werden. In der Einleitung von *Der Untergang des Abendlandes* heißt es grundsätzlich: „Zivilisation sind die *äußersten* und *künstlichsten* Zustände."[20] Die praktisch allgemeingültige Reihe, der Spenglers mehr als tausendseitiges Werk seine Kohärenz wesentlich zu verdanken hat, lautet fortan: ‚Zivilisation = künstlich/anorganisch = außen = negativ' sowie, damit antithetisch verbunden, ‚Kultur = natürlich/organisch = innen = positiv'. Im Hintergrund steht das anfangs beschriebene tiefensemantisch wirksame binäre Paradigma der Kulturkritik, das mit dem Gegensatz ‚Qualität/Essenz vs. Quantität/Akzidenz' operiert und das auch bei Spengler geradezu prototypisch in ein raumsemantisches Modell mit den Polen ‚Zentrum' und ‚Peripherie', ‚Innen' und ‚Außen' übertragen wird. Spenglers *opus magnum* aktualisiert das stereotype kulturkritische Masternarrativ vom Schwund des Zentrums zugunsten der Peripherie. Seine Deutungen verweisen in letzter Konsequenz stets auf die Symptomatik einer negativen, weil dissoziativ wirkenden Zentrifugalkraft und deren zunehmende Beschleunigung.

Das aufgezeigte Verhältnis zwischen dem Frame Adel und dem Meta-Frame Kulturkritik kann über das Merkmal ‚Landbindung' hinaus verallgemeinert werden, beispielsweise anhand von Oswald Spenglers 1924 auf dem ‚Deutschen Adelstag' in Breslau gehaltener Rede *Aufgaben des Adels*, in der unter thematisch verengtem Fokus an die kulturkritischen Ideologeme aus *Der Untergang des Abendlandes* angeknüpft wird. Deutlich erkennbar ist auch darin eine Strukturierung der Standardwerte von Adel durch den Meta-Frame Kulturkritik:

20 Spengler, Der Untergang des Abendlandes. S. 43 (Hervorhebung im Original).

> Jeder echte Adel […] ist nicht nur durch Abstammung abgegrenzt, sondern Inbegriff gewisser Instinkte des Befehlens, Organisierens, Verhandelns, des Sichverantwortlichfühlens, kurz einer Überlegenheit auf allen Gebieten des praktischen nationalen Lebens.[21] […] Dieser Instinkt einer Schicht kann nicht durch patriotische Programme und Ansichten ersetzt werden. Ansichten beruhen auf Gründen, aber der Gang der Weltgeschichte richtet sich nicht nach einem Programm, und die besseren Gründe verbürgen nie den besseren Erfolg. Der politische Instinkt aber wird nicht auf Hochschulen und aus Büchern und Zeitungen gelernt, sondern geweckt […]. Für den praktischen Erfolg kommt es nicht darauf an, die großen Tatsachen und Lagen verstandesmäßig zu zergliedern, sondern beim ersten Blick zu fühlen, welche Möglichkeiten in ihnen ruhen und welche Mittel anwendbar sind. Jeder Zweikampf mit der blanken Waffe, jede weidgerechte Jagd, jedes Spiel hat seine gefühlsmäßige Logik, und diese, nicht die Logik der Philosophie, ist auch die des politischen Erfolges.[22]

Spengler adaptiert das von Malinowski beschriebene Ideologem einer angeborenen Sonderstellung und Höherwertigkeit. Die spezifischen Fähigkeiten des Adels sind bei ihm Ausdruck einer ‚natürlichen' Überlegenheit. Die Betonung liegt auf einem aus kulturkritischer Sicht besonders ästimierten ‚qualitativen' Weltbezug, dem eine gleichzeitige Abwertung ‚quantitativer' Kategorie folgt, wozu vor allem wissenschaftliche Bildung und eine Neigung, Dinge „verstandesmäßig zu zergliedern", zählen. Grundsätzlich weisen die aufzufindenden Standardwerte von Adel eine dualistisch-asymmetrische Struktur auf. Dies führt etwa dazu, dass sie, wo sie isoliert erscheinen, unmittelbar eine gedankliche Komplementierung durch antithetische Gegenbegriffe verlangen. So wird beispielsweise das Merkmal adliger ‚Intuition' in seiner kontextuellen Bedeutung nur dann vollständig erfassbar, wenn zugleich der antibürgerliche Affekt gegen formale Schulbildung mitgedacht und ergänzt wird.

Am Beispiel Spenglers lässt sich eine für die Diskurse der Zeit typische Engführung von Adelssemantik und kulturkritischer Semantik verdeutlichen. Entwickelt wird sie in und mittels scharfer Dichotomien. Einerseits der positiv gezeichnete, in der Sprache Spenglers: ‚kulturmenschliche' Adel als eine ideale, weil dem Organisch-Natürlichen verhaftete Führerschicht. Andererseits der entfremdete bürgerlich-‚zivilisationsmenschliche' Typus, die ideelle Basis für den in technokratisch-funktionalen Kontexten agierenden *homo politicus* modernen Zuschnitts.

21 Spengler, Oswald: Aufgaben des Adels. In: ders.: Reden und Aufsätze. München 1937. S. 89–95. Hier: S. 89.

22 Ebd. S. 90–91.

Adel als ‚Kulturmensch' und Führertypus	vs.	Bürger als ‚Zivilisationsmensch' und Politiker
‚*natürliche*' Superiorität/Führungsqualität;	vs.	‚*funktional*' legitimierter Führungsanspruch
‚*angeborenes*' intuitives Können	vs.	‚*erworbene*' Kenntnisse/Wissen
‚*authentische*' Persönlichkeit (‚*Charakter*'')	vs.	‚*objektive*' Fachkompetenz / ‚formale' Bildung
‚*inneres*' Rangbewusstsein /Vornehmheit	vs.	‚*äußerliche*' Zweckmäßigkeit / Pragmatismus
‚*persönliche*' Ehre (‚*Ritterlichkeit*'),	vs.	‚*abstraktes*' Recht
Primat der Form / Haltung	vs.	Primat der Funktionalität
Anökonomie (‚Müßiggang', auch ‚Kargheit')	vs.	Ökonomische Effizienz/Leistungsethos
Landbindung / ‚Naturbezug'	vs.	Stadtbindung / ‚Urbanität'

Abb. 4: Kulturkritische Modellierung des Adels zu einem ‚kulturmenschlichen' Führertypus im Sinne Spenglers, der Gestalt gewinnt aus dem Gegensatz zum anonym-technokratischen Zivilisationsmenschen und einem funktionalen Politikverständnis. Die jeweils kursiv gesetzten adjektivischen Attribute geben näheren Aufschluss über die ‚tiefensemantische' Präsenz des Frames KULTURKRITIK *und den dadurch induzierten Wandel deskriptiver semantischer Merkmale von Adel zu binär organisierten Wert- und Kampfbegriffen.*

3.3 Konzeptuelle Metaphern von ADEL – ‚Kette' und ‚Blut'

Zur Bestimmung semantischer Standardwerte des Frames ADEL erweist sich eine nähere Betrachtung von Metaphoriken als aufschlussreich, die für die Selbst- und Fremdwahrnehmung des Adels historisch bedeutsam waren. Wiederum ist mit George Lakoff und Mark Johnson davon auszugehen, dass Metaphern das Fundament jenes *conceptual system* bilden, das „weitgehend universell der Spezies ‚Mensch' zugrunde"[23] liegt. Die Prämisse lautet also, dass kognitive Prozesse, die bei der Wirklichkeitskonstruktion überwiegend unbewusst ablaufen, metaphorisch strukturiert sind, d.h. auf der Grundlage von sogenannten *mental mappings* geschehen. Ausgehend von diesem in der Kognitionstheorie im Wesentlichen unbestrittenen Befund

23Eder, Kognitive Literaturwissenschaft. S. 314.

ließe sich zum einen die Frage stellen, in welchen konzeptuellen Metaphern der ‚Adel‘ prototypisch ‚dachte‘. Zum anderen, inwiefern derartige Metaphoriken Anschluss für kulturelle Fremddeutungen und Adaptionen von Adelssemantiken boten.

In der Adelsforschung wurde auf den Stellenwert der Metapher ‚Kette‘ insbesondere im Kontext adliger Selbstdeutungen hingewiesen[24], zuletzt ausführlich von Stephan Malinowski.[25] Malinowski sieht in der ‚Kette‘ eine „von Adligen häufig bemühte Metapher für die übernatürliche Verbindung von Individuen aus unterschiedlichen Zeiten [...]“[26]. Der Metapher ‚Kette‘ lässt sich ein ‚konzeptueller‘ Charakter unterstellen, weil sie die Funktion einer kognitiven Denkfigur erfüllt. Als Konzept sozialer Selbstdeutung etwa evoziert die Metapher der ‚Kette‘ eine Perspektive, aus der heraus der Adlige sich, gleichsam wie in einer *Pars-pro-toto*-Konstellation, stets als Teil der und in Bezug auf die (genealogische) Gemeinschaft interpretiert, der er angehört. Das einzelne ‚Glied‘ bezieht seinen individuellen Wert wesentlich aus dem Verhältnis zum Ganzen der ‚Kette‘. Die Metaphorik erschließt somit zugleich eine existentielle Dimension, die sich auf dramatische Weise im Bild des potentiell aus der ‚Kette‘ isolierten, gar ‚herausgerissenen‘ Einzelgliedes mitteilt.

Die Metapher ‚Kette‘ weist über den in ihr entfalteten adelssemantischen Standardwert ‚Genealogie‘[27] hinaus, denn sie erschließt auf ebenso plastische wie eindringliche Weise die Imperative, die das genealogische Prinzip setzt, nämlich die ‚Kette‘ durch (standesgemäße) Zeugung fortzusetzen, vor allem aber ihr ‚Reißen‘ zu verhindern. Ausgehend von der Metapher ‚Kette‘ lassen sich spezifische Standardwerte *und* zugleich deren funktionale Ausrichtung innerhalb des Frames Adel näher bestimmen. Zu diesen Werten gehören: ‚Kontinuität‘, ferner (intergenerationelle) ‚Verantwortung‘, die der Einzelne für das Bestehen der ‚Kette‘ trägt, was bedeutet, sie nicht nur fortzusetzen, sondern auch sie zu pflegen. Die Metaphorik der ‚Kette‘ integriert ferner die adelssemantischen Standardwerte ‚Form‘, ‚Haltung‘ und ‚Stärke‘. Dabei geht es nicht allein um die Forderung, eine sprichwörtliche Bedrohung durch das ‚schwächste Glied‘ abzuwenden. Die Metaphorik vermittelt

---

24 Vgl. den Aspekt der Kohäsion bei: Matzerath, Joseph: Adelsprobe an der Moderne: sächsischer Adel 1763 bis 1866. Entkonkretisierung einer traditionellen Sozialformation. Stuttgart 2006. S. 31 ff. Vgl. in diesem Zusammenhang auch die Namensgebung der 1815 gegründeten Adelsvereinigung ‚Kette‘. Dazu: Conrad, Horst: Die Kette. Eine Standesvereinigung des Adels auf dem Wiener Kongreß. Münster 1979.

25 Malinowski, Vom König zum Führer. S. 50.

26 Ebd.

27 Zum Stellenwert von ‚Genealogie‘ für den Adel vgl.: Conze, Eckart: [Art.] Genealogie. In: Kleines Lexikon des Adels. S. 99.

einen umfassenderen Homogenitätsimperativ. Denn die ‚Kette' ist nur dann stabil, wenn alle ihre Glieder in Form und Beschaffenheit weitestgehend gleichartig sind. Aus der Metapher der ‚Kette' lassen sich im Weiteren spezifische Vorstellungen eines adligen Konservatismus ableiten, dazu gehört letztlich auch eine Erziehung und Sozialisation im Zeichen der ‚Traditionspflege'.

Die ‚Kette' evoziert den Wert ‚Genealogie' also in Zusammenhang mit der Implikation ‚Gemeinschaft', die lebende und tote Angehörige gleichermaßen umfasst. Die einzelnen Glieder der Kette ‚umschließen' und halten einander, worin ein Ausdruck für den spezifischen Wert adliger ‚Familiarität' gesehen werden kann. Darin verdichtet sich abermals das Vorstellungsbild, der Adlige stehe als Individuum nie nur für sich allein, sondern für die gesamte genealogische Gruppe. Er partizipiert, verbunden durch die ‚Kette', am Ruhm der Vorfahren und empfindet dabei „Ahnenstolz"[28]. Dinge, die ihn als Individuum betreffen, etwa eine Ehrverletzung, betreffen mittelbar alle ‚Glieder' der ‚Kette'. Konstitutiv ist insgesamt die Vorstellung, dass, wo der Einzelne in Erscheinung tritt, die gesamte ‚Kette' der lebenden und toten Angehörigen gewissermaßen unsichtbar mit ihm präsent ist. In den Blick geraten damit nicht nur eine besondere historische Dimension adligen Denkens, sondern gleichsam metaphysische Aspekte adliger Habitualität: „Glied einer solchen Kette zu sein", so Malinowski, „bedeutet im adligen Selbstbild auch, die Fähigkeit zu besitzen, das Eigenleben der einzelnen Glieder zu kennen und auf metaphysische Weise nach- und miterleben zu können."[29]

Eine Metapher lässt sich, wie anfangs deutlich gemacht, als „epistemisches ‚Implikationssystem'" verstehen, mit dem unter anderem „bestimmte gesellschaftliche Annahmen, die bezüglich des Quellbereichs der Metapher gelten, auf den Zielbereich der Metapher [...] ‚projiziert' werden"[30]. Darüber hinaus können Metaphern interdiskursive Beziehungen stiften. Wegweisend hat Michel Pêcheux (1938–1983) den Zusammenhang zwischen „Metapher und Interdiskurs"[31] im Anschluss an

28 Ebd.

29 Malinowski, Vom König zum Führer. S. 50.

30 Zur Übersicht: Gerhard, Ute; Link, Jürgen; Parr, Rolf: [Art.] Interdiskurs, reintegrierender. In: Metzler Lexikon Literatur- und Kulturtheorie. Hrsg. von Ansgar Nünning. Dritte, aktualisierte und erweiterte Auflage. Stuttgart, Weimar 2004. S. 293–294. Grundlegend: Link, Jürgen; Wülfing, Wolf (Hgg.): Bewegung und Stillstand in Metaphern und Mythen. Fallstudien zum Verhältnis von elementarem Wissen und Literatur im 19. Jahrhundert. Stuttgart 1984. (= Sprache und Geschichte, Band 9); Junge, Matthias (Hg.): Metaphern in Wissenskulturen. Wiesbaden 2010.

31 Pêcheux, Michel: Interdiskurs und Metapher. In: Bewegung und Stillstand in Metaphern und Mythen. S. 93–99.

Foucaults Diskursbegriff beschrieben. Zur Überschneidung verschiedener Diskurse kommt es, wenn darin auf analoge Metaphernsysteme zugegriffen wird. Bei der Adaption kultureller Adelssemantiken ist gerade dieser Umstand besonders in Betracht zu ziehen. So weist die Metapher der ‚Kette' unzweifelhaft eine strukturelle Verwandtschaft mit zentralen Metaphoriken konservativer, gerade auch kulturkritischer Geschichtsreflexion auf.[32] Mit dem drastischen Bild der ‚reißenden Kette' lässt sich bekanntlich nicht allein das Scheitern adliger Genealogien eindringlich ins Bild setzen, sondern lassen sich auch moderne Dissoziationserfahrungen plastisch vermitteln, Gleiches gilt für Traditionsbrüche und Entfremdungstendenzen, Phänome also, in denen es um die Lösung des Einzelnen aus sinnstiftenden Zusammenhängen geht. Zwischen den Semantiken von Adel und Kulturkritik bestand auf der Ebene der Metaphorik ein subtiler Nexus aus Verweismöglichkeiten, der insbesondere in literarisch-ästhetischen Kontexten aufgegriffen wurde.

Die Attraktivität, die die prototypische Figur des Adligen in literarischen Texten des Untersuchungszeitraums gewann, muss also vor dem Hintergrund der zuvor geschilderten metaphorischen Deutungs- und Auslegungsmöglichkeiten betrachtet werden. Sie hatte zur Folge, dass, wie in den 1920er Jahren bereits Otto Mann feststellte, aristokratische Kunstfiguren zu den bevorzugten „heroischen Darstellern ewiger Kulturgüter gegen die absinkende Zeit"[33] avancierten. Karina Urbach spricht treffend vom Typus des „anämischen Adligen", der als Motiv in der europäischen Literatur um 1900 eine beeindruckende und dauerhafte Konjunktur erlebte: „Man umschrieb ihren [des Adels; JdV] Zustand mit Verfallsmotiven als die einer dahinsiechenden Schicht von Kranken, die ihre eigenen Symptome nicht erkannten."[34]

---

32 Vgl. Sohns, Jan-Arne: An der Kette der Ahnen. Geschichtsreflexion im deutschsprachigen historischen Roman 1870–1880. Berlin 2004.

33 Mann, Otto: Der Dandy. Ein Kulturproblem der Moderne. Vom Verfasser überarbeitete Neuauflage. Gerabronn 1962. Der Originaltitel lautet: Der moderne Dandy. Ein Kulturproblem des 19. Jahrhunderts. Heidelberg 1925. (= Philosophische Forschungen, Band 1).

34 Urbach, Karina: Adels versus Bürgertum. Überlebens- und Aufstiegsstrategien im deutsch-britischen Vergleich. In: Geburt oder Leistung? Hrsg. von Franz Bosbach, Keith Robbins und Karina Urbach. München 2003. S. 25–43. Hier: S. 33. Vgl. ganz ähnlich auch: Kurwinkel, Tobias: Apollinisches Außenseitertum: Konfigurationen von Thomas Manns ‚Grundmotiv' in Erzähltexten und Filmadaptionen des Frühwerks. Würzburg 2011: „Die Verbindung von Aristokratie und Dekadenz besitzt zur Zeit der Jahrhundertwende nicht nur für Thomas Mann eine große Anziehungskraft: Von Marcel Proust über Eduard Graf von Keyserling bis hin zu Gabriele D'Annunzio sind die Dekadenten fasziniert von der sich über Jahrhunderte hinweg haltenden sozialen Privilegiertheit, den großen Dynastien sowie Auslese- und Verfeinerungsprozessen durch Degeneration, deren Höhe- und Endpunkt sie im Fin de Siècle verorten. Sie träumen davon, selbst diesen Punkt darzustellen oder teilen den Protagonisten

Es wäre wiederum zu kurz gegriffen, wenn man die Gründe für die Popularität entsprechender Adelssemantiken in einem gesteigerten Interesse von Publikum und Autoren an der Realität des Adels und seines faktischen Bedeutungsschwundes suchen würde. Ausschlaggebend war vielmehr das Potential adliger Protagonisten, zugleich als kulturdiagnostische Figuren zu fungieren. Die metaphorischen Verweismöglichkeiten der Adelssemantik erlaubten es, in den verdichteten Darstellungen adliger Krankheit und Dekadenz zugleich den Mechanismen kulturellen Niedergangs nachzuspüren. Der Untergang alter Familien und alter Kulturen wurde also – auf der Basis verwandter Metaphoriken – in eine schwebende Analogie gesetzt. Zu beobachten ist dieses Verfahren etwa in den Schlossromanen Eduard von Keyserlings (1855–1918), die praktisch durchgehend eine solche metaphorisch-symbolische Metaebene aufweisen. Über das Vordergründige der Handlung hinaus, die stets um den Niedergang baltischer Adelsfamilien kreist, besteht der ästhetische Reiz der ‚Schlossgeschichten' gerade darin, dass den Texten zugleich eine subtile Analyse der Symptomatik ‚kranker' Kulturen zu entnehmen ist.[35]

Die Verbindung von ‚Adel' und ‚Blut' (man denke an die Wendung „blaues Blut"[36]) hat begriffsgeschichtlich eine lange Tradition.[37] ‚Blut' erfuhr in den ideologischen Diskursen zwischen 1890 und 1945 eine deutliche Erweiterung des ohnehin schon enormen kulturellen Anspielungsreichtums. ‚Blut' wurde, mehr noch als die

---

ihrer Bücher eben diese Rolle zu. Für sie, die in Untergangsstimmung, Todespathos und Verfallsrausch schwelgen, ist es selbstverständlich, nicht allein den Adel, sondern vor allem den untergehenden Adel zu verherrlichen". (S. 146 f.).

35 Vgl. dazu: Arasteh-Roodsary, Sona: Eduard von Keyserling: Das Narrativ der ‚Schlossgeschichte' als Kulturkritik. In: Aristokratismus und Kulturkritik zwischen Wilhelminismus und Nationalsozialismus. Hrsg. von Eckart Conze, Jan de Vries, Jochen Strobel, Daniel Thiel. Münster 2020.

36 Zur Etymologie und kulturellen Codierung der Farbe ‚Rot' in Verbindung mit ‚Blut' vgl. das Kapitel ‚Blaues Blut' In: Wanzeck, Christiane: Zur Etymologie lexikalisierter Farbwortverbindungen: Untersuchungen anhand der Farben Rot, Gelb, Grün, Blau. Amsterdam, New York 2003. S. 290–315.

37 Vgl. Conze: [Art.] Blut. In: Kleines Lexikon des Adels. S. 55. Vgl. zur Übersicht und mit einigen Belegen zur Verbindung zwischen ‚Adel' und ‚Blut' in der Sprache des Nationalsozialismus: Schmitz-Berning, Cornelia: [Art.] Adel: In: Vokabular des Nationalsozialismus. Hrsg. von Cornelia Schmitz-Berning. Berlin 2007. S. 10–11. Ausführlich auch: Breuer, Ordnungen der Ungleichheit, das Kapitel ‚Blut', S. 47–104; Knust, Christine; Groß, Dominik (Hgg.): Blut: die Kraft des ganz besonderen Saftes in Medizin, Literatur, Geschichte und Kultur. Kassel 2010. Spörri, Myriam: Reines und gemischtes Blut. Zur Kulturgeschichte der Blutgruppenforschung, 1900–1933. Bielefeld 2013; Braun, Christina von; Wulf, Christoph: Mythen des Blutes. Frankfurt am Main 2007.

Metapher ‚Kette‘, Ausgangspunkt für interdiskursive Verknüpfungen und Vereinnahmungen von Adelssemantiken. Augenfällig ist die zeitgenössische Engführung der Konzepte ‚Adel‘, ‚Rasse‘ und ‚Züchtung‘ auf der Grundlage einer verbindenden ‚Blut‘-Metaphorik:[38]

> Die Biologisierung des Volksbegriffs war Ausdruck der Suche nach determinierenden Tiefenstrukturen der nationalen Identität. Wer sich auf das gemeinsame „Blut" berief, rekurrierte auf eine ebenso mythische wie konkrete Substanz, die den eigenen Körper mit dem „Volkskörper" verband und darüber hinaus die intragenerationelle Kontinuität sicherte.[39]

Überschneidungen zwischen den Bildbereichen der Metaphern ‚Blut‘ und ‚Kette‘ betreffen den Imperativ der ‚Kontinuität‘. ‚Blut‘ vermittelt darüber hinaus eindringlicher, als es die Metapher ‚Kette‘ tut, den adelssemantischen Standardwert angeborener ‚Superiorität‘. Gemeint ist eine rational nicht vermittelbare, natürliche Überlegenheit des Trägers ‚edlen Blutes‘. ‚Blut‘ kann in entsprechenden Zusammenhängen die den Träger auszeichnende ‚Substanz‘ selber meinen *oder* das Medium, in dem jene entscheidende Substanz transportiert wird (im Sinne einer sprichwörtlich *im* Blut liegenden Qualität).

Die Blut-Metapher bildet die Grundlage für ein *blending* von völkisch-biologistischen Semantiken der ‚Rasse‘ und ‚Zucht‘ mit genuin adligen Semantiken, etwa der mit ‚Blut‘ (wie auch mit ‚Kette‘) assoziierten Vorstellungen von Endogamie und geschlossenem Konnubium, die jeweils der Wahrung von Kontinuität und der ‚Reinheit des Blutes‘ dienten. Auf der Grundlage eines polyvalenten und hochsuggestiven Bilderfundus ergaben sich Möglichkeiten, Verwandtschaften und Übergänge vom „blauen Blut zum reinen Blut" (Malinowski) zu konstruieren.

Stefan Breuer hat den Stellenwert und die Verbreitung des schillernden Ausdrucks ‚Blut‘ im Spektrum rechter Ideologien „von den ästhetischen und nationalreligiösen Fundamentalisten über die Völkischen bis hin zu den Neoaristokraten"[40] anhand zahlreicher Beispiele nachgewiesen. Ein sukzessiver Übergang von der Vieldeutigkeit der Metaphern- zur Eindeutigkeit der Begriffssprache lässt sich erkennen, wo Breuer historische Gebrauchsweisen typologisch ausdifferenziert und dabei Differenzen akzentuiert zwischen „denen, die auf qualitative Unterschiede im

38 Vgl. Malinowski, Stephan: Vom blauen Blut zum reinen Blut. Antisemitische Adelskritik und adliger Antisemitismus 1871–1944. In: Jahrbuch für Antisemitismusforschung, 12 (2003). S. 147–169.

39 Gerstner, Neuer Adel. S. 141.

40 Vgl. das Kapitel ‚Blut‘ in: Breuer, Ordnungen der Ungleichheit. S. 47.

Blut rekurrierten, um damit bestimmte Stratifikationsmuster zu legitimieren, [...] und denen, die das Blut vor allem heranzogen, um Kategorien wie Nation oder Volk aufzuladen [...]"[41]. Der diskursive Vorteil einer vieldeutigen Metaphern- gegenüber einer präziseren Begriffssprache lag indes gerade darin, dass sich der metaphorische Ausdruck ‚Blut' konkreten inhaltlichen oder gar programmatischen Festlegungen entziehen konnte. Eine verlustfreie Übersetzung der Metapher und ihres immensen Anspielungsreichtums in die Begriffssprache erscheint kaum möglich. Ein ‚Denken in Metaphern', in diesem Fall in der Metapher ‚Blut', schließt eine Kopräsenz sich überlagernder, teils widersprechender Assoziationen ein. Dies erlaubte ein Spiel mit Unbestimmtheiten und Allusionen, die sich in vielen Fällen rational nicht vollständig auflösen lassen (sollten). Beispielhaft bei Spengler, der den Adel in so oder ähnlich lautenden Wendungen wiederholt als „Inbegriff von Blut und Rasse, ein[en] Daseinsstrom in denkbar vollendeter Form"[42] bezeichnete. Innerhalb dieser metaphernreichen, raunenden Sprache werden kulturelle Semantiken von ‚Adel', ‚Blut' und ‚Rasse' aufgerufen und enggeführt. Seitens der Rezipienten kann von einer kognitiven Kopräsenz unterschiedlicher Bedeutungsebenen ausgegangen werden. Beim historischen Leser wird etwa im Falle von ‚Rasse' eine ältere nichtideologische Auslegung mutmaßlich ebenso evoziert wie zeitgenössisch virulente rassentheoretische Implikationen, Gleiches gilt für ‚Blut'. Jenseits der (nur bedingt zielführenden) Frage nach dem tatsächlich Gemeinten ging es den Diskursakteuren darum, Assoziationsräume zu erzeugen, die vielfach eine tentative Funktion erfüllten. Ohne die Notwendigkeit zur endgültigen Festlegung ließen sich diverse Projektionen und Auslegungen in die ideologischen Diskurse einspeisen. Zwischen metaphorischen Aussagekontexten der beschriebenen Art und der relativen Konkretheit programmatischer Entwürfe muss nicht zwangsläufig ein linearer, d.h. argumentativ stringenter Zusammenhang nachweisbar sein, um eine nachhaltige Wirkung entsprechender Metaphoriken zu unterstellen, die tatsächlich solchen Entwürfen gedanklich (und semantisch) vielfach den Boden bereiteten.

Um das Potential der Metapher ‚Blut' genauer zu erfassen, empfiehlt es sich, die Metapher abstrakter zu betrachten, d.h., sie als spezifische Variante einer kulturell beinah ubiquitären Flüssigkeitsmetaphorik zu interpretieren.[43] Das Spektrum dieser Metapher bzw. der Bereiche, in denen sie eine erschließende Funktion erfüllt,

41 Ebd. S. 48.

42 Spengler, Der Untergang des Abendlandes. S. 973.

43 Vgl. Feng, Xiaohu: Konzeptuelle Metaphern und Textkohärenz. Tübingen 2003. S. 174 ff.; Hundt, Markus: Das Ringen um den Geldbegriff, Begriffswandel und Metaphernkonstanz in historischen und zeitgenössischen Geldtheorien. In: Semantische Kämpfe. S. 313–352.

erstreckt sich von der religiösen Sphäre (‚Mystik') über die Ökonomie (‚Geld') bis zum Bereich der Technik (‚Strom'), worauf Thomas S. Kuhn in seinen Ausführungen zur „Flüssigkeitstheorie der Elektrizität"[44] aufmerksam gemacht hat. Die Flüssigkeitsmetaphorik offeriert Möglichkeiten zur kognitiven Erschließung einer Vielzahl abstrakter Wissensgebiete wie auch zu einer gezielten ‚Zusammenschau' kultureller Semantiken und Diskurse auf Grundlage einer beinahe universell verwendbaren Bildsprache des ‚Fließens', ‚Vermischens', ‚Vergießens', ‚Verdünnens', ‚Reinigens' und ‚Verunreinigens'. Eine nochmalige Erweiterung dieses ohnehin schon großen Spektrums bildhaft vermittelbarer Zugänge ergibt sich, wenn man im Anschluss an Hans Blumenberg an die Flüssigkeitsmetapher direkt angrenzende Metaphoriken einbezieht, beispielsweise auch wechselnde Aggregatzustände berücksichtigt. Blumenberg konzentriert sich in seinen Ausführungen zur kulturellen Bedeutung der Wassermetaphorik etwa auch auf „Quellen, Ströme, Eisberge".[45]

Deutlicher werden dabei letztlich auch die interdiskursiven Übergänge zwischen Adel und Kulturkritik. Mit der Blut-Metaphorik verwandt sind die stereotypen kulturkritischen Metaphern des Substanzentzugs und der Auflösung, etwa die Vorstellung historisch wirksamer Zentrifugalkräfte, die auf Kosten einer qualitativen ‚Substanz' gehen, die typischerweise als Flüssigkeit konzeptualisiert wird, was auch daran zu erkennen ist, dass ihr Schwund regelmäßig mittels Metaphern der ‚Verdünnung' einer ursprünglich als ‚konzentriert' oder ‚rein' imaginierten ‚Essenz' beschrieben wird. Wie auf Grundlage der Blutmetaphorik zeitgenössische kulturelle Semantiken des ideologischen Spektrums zusammengeführt wurden und miteinander verschmolzen, lässt sich anhand konkreter Beispiele aus dem Bereich des ‚völkischen Romans' deutlich machen.

3.4 Blutmetaphorik – ‚Reinheit' und ‚Mischung' des Blutes im völkischen Adelsroman

Metaphorische Verknüpfungen in der zuvor beschriebenen Art finden sich beispielsweise in Artur Dinters radikal antisemitischem Erfolgsroman *Die Sünde wider das Blut* (1921).[46] Aufgerufen und verbunden werden bereits im Titel des Romans, der

44 Kuhn, Thomas S.: Die Struktur wissenschaftlicher Revolutionen. Frankfurt am Main 1967. S. 29–33.

45 Blumenberg, Hans: Quellen, Ströme, Eisberge. Hrsg. von Ulrich von Bülow und Dorit Krusche. Berlin 2012.

46 Vgl. dazu: Spörri, Reines und gemischtes Blut. S. 74–80.

selbst im Kontext der völkischen Literatur durch seine Vulgarität hervorsticht, auf abgründige Weise religiös-christologische Implikationen von ‚Blut' mit solchen, die auf völkisch-biologistische Diskurse der Zeit verweisen.[47] Auf der Grundlage der Flüssigkeitsmetaphorik lässt sich bei Dinter etwa eine „Verzahnung und Austauschbarkeit von ‚Blut' und ‚Geld'"[48] erkennbar machen, einschließlich der jeweiligen antisemitischen Konnotationsspektren. Von einem mustergültigen *blending* ließe sich außerdem sprechen, wenn auf der Basis von entsprechenden Metaphern eine Zusammenführung des alten antisemitischen Topos des Brunnenvergiftens mit dem historisch aktuellen des ‚Blut-Vergiftens' erfolgt.

‚Blutmischungen' werden in Dinters Text teils mit direktem Bezug zum Adel problematisiert. Die Barone von Werheim und von Oppenheimer sind Figuren jüdischer Herkunft mit ‚gekauftem' Adelstitel. Nobilitierungen und Namensänderungen (von Werheim heißt eigentlich *Wertheim*) dienen der hinterlistigen Verschleierung ihrer wahren Identität und damit vor allem ihres, so will es der Roman, ‚minderwertigen' Blutes:

> „Mein Name?" fragte mit gedehntem Erstaunen der Baron. „Stört es Sie, daß ich adelig bin?" „Das weniger. Wohl aber, daß man dem Namen deutlich ansieht, welch klotzige Summe Ihr seliger Herr Vater es sich kosten ließ, die erste Silbe des Namens um einen Buchstaben zu verkürzen. Ich gebe zu, Baron v. Werheim klingt besser als Baron v. Wertheim. Aber man merkt der Sache doch zu sehr die Beschneidung an, und das verstimmt."[49]

Durch die Verschleierung distinkter Herkunftsmerkmale, in diesem Fall: des Namens, steigt die ‚Gefahr' unbeabsichtigter ‚Blutvermischungen' für die Träger ‚reinen' Blutes, die nicht mehr erkennen können, mit wem sie es eigentlich zu tun haben. Das adlige Inkognito der Juden erscheint infam, weil darin die Anmaßung besonders ‚edlen' Blutes liegt. Offensichtlich ist, dass der Roman in solchen Zusammenhängen die völkische Hassfigur des nobilitierten Juden aktualisiert.[50]

---

47 Vgl. Bosch, Manfred: Rasse und Religion sind eins! Artur Dinters ‚Sünde wider das Blut' oder Autopsie eines furchtbaren Beststellers. In: Die Ortenau, 71 (1991), S. 596–621; Braun, Christina von: ‚Blutschande'. Form the Incest Taboo to the Nuremberg Racial Laws. In: Encountering the Other(s). Studies in Literature, History and Culture. Hrsg. von Gisela Brinker-Gabler. Albany 1995. S. 127–148.

48 Spörri, Reines und gemischtes Blut. S. 79.

49 Dinter, Artur: Die Sünde wider das Blut. Leipzig, Hartenstein im Erzgebirge 1921. S. 70.

50 Vgl. Drewes, Kai: Jüdischer Adel. Nobilitierungen von Juden im 19. Jahrhundert. Frankfurt am Main 2013.

Dinters großer Erfolg zog zahlreiche völkische Texte ähnlichen Schlages nach sich.[51] Dazu gehörte beispielsweise Egon von Kapherrs (1877–1935) Roman mit dem antisemitischen Titel *Im Netz der Kreuzspinne* (1921), der ein überwiegend adliges Figurenpersonal sowie zahlreiche intertextuelle Bezüge zu Dinters *Die Sünde wider das Blut* aufweist. Der Konzeption nach soll der erzählte Niedergang einer Adelsfamilie infolge von ‚Blutmischungen' exemplarisch gelesen werden. Anhand des geschilderten Beispiels will der Text, dies machen eingestreute deskriptive Passagen deutlich, letztlich ein Bewusstsein schaffen für die fatalen Konsequenzen von entsprechenden „Sünd[en] wider das Blut"[52] in ihren historischen Dimensionen:

> Das scheint Naturgesetz zu sein: edle Rassen gehen stets in weniger edlen verloren. So sind unzählige deutsche Stämme im Slawentum und im Romanentum untergegangen, haben veredelnd gewirkt – aber verschwanden. Und auch heute verschwindet der Germane in der Blutmischung mit Fremden: mit Romanen, Slawen und – Juden ...[53]

Die Reklame des völkischen ‚Alexander-Duncker-Verlags'[54], zu dessen Autoren zu jener Zeit neben Egon von Kapherr auch Julius Langbehn und Adolf Bartels (1862–1945) gehörten, fasst das Wesentliche des Inhalts zusammen, wenn es darin werbewirksam heißt: „Dieser Gegenwartsroman schildert den rassischen Niedergang des Volkes und die Verjudung des deutschen Adels; dazwischen köstliche Bilder aus der Tierwelt."[55] Schlaglichtartig vermittelt der Anzeigentext einen Eindruck von den Vorlieben und Erwartungen der Leserschaft, die Kapherr, ein Oberförster und passionierter Jäger, vor allem für seine zahlreichen,

51 Vgl. Dohnke, Kay: Völkische Literatur und Heimatliteratur 1870–1918. In: Puschner, Uwe; Schmitz, Walter; Ulbricht, Justus H. (Hgg): Handbuch zur ‚Völkischen Bewegung' 1871–1945. München, New Providence, London, Paris 1996. S. 651–684.

52 Kapherr, Egon von: Im Netz der Kreuzspinne. 10.–12. Auflage. Weimar 1933. „Die Sünde wider das Blut rächte sich auch hier ... [...] Alljuda hatte gesiegt und der Geist Jahwes herrschte in der Welt." (S. 324 f.).

53 Kapherr, Egon von: Im Netz der Kreuzspinne. 10–12. Auflage. Weimar 1933. S. 342

54 Zum Alexander-Duncker-Verlag und zum völkischen Verlagswesen allgemein vgl. Ulbricht, Justus H.: Das völkische Verlagswesen im deutschen Kaiserreich. In: Handbuch zur ‚Völkischen Bewegung'. S. 277–301. Außerdem: Wiede, Wiebke: Rasse im Buch. Antisemitische und rassistische Publikationen in Verlagsprogrammen der Weimarer Republik. München 2011.

55 Das Zitat erscheint in den Verlagsanzeigen im Anhang von Kapherrs Roman. So auch in der von Hans Kellermann herausgegebenen ‚Illustrierten Volksausgabe' von Langbehns *Rembrandt als Erzieher* (1922), die ebenfalls im Alexander-Duncker-Verlag erschien.

teils belletristischen, teils populärwissenschaftlichen Natur- und Landschaftsbeschreibungen schätzte.

Adlige Figuren finden sich regelmäßig in den Romanen des völkischen Spektrums, so auch in Martin Otto Johannes' *Adel verpflichtet!* (1920). Erzählt wird das Schicksal des Geschwisterpaars Aripold und Anselda („Ihre Hochgestalten leuchten von selbst in heller Reinheit und Stärke"[56]). Die Handlung ist angesiedelt in einem fiktiven aristokratischen Agrarstaat, der unübersehbare Ähnlichkeiten mit dem ostelbischen Teil Deutschlands aufweist. Die ‚Reinheit des Blutes' wird bedroht durch das enge Zusammenleben der aristokratischen Siedler mit dem autochthonen Volk der „Saken", aus denen sich die subalterne Bauernschaft rekrutiert und dessen Angehörige bezeichnenderweise durchgehend Namen tragen, die eine slawische Abstammung verraten. Infolge von Modernisierungstendenzen drohen die ehernen Gesetze der Reinhaltung ins Wanken zu geraten, was zu permanenten Ermahnungen Anlass gibt: „Statt wahllose Vermischung zu dulden, haben wir seit Anfang unserer Siedlungen auf Auslese und Reinhaltung [...] gedrungen. [...] Rasselose, Fremdartige, Häßliche, Verkommene, Kranke" wurden „von jeher auf friedlichem Wege ausgemerzt."[57]

Adolf Bartels, seinerzeit die einflussreichste Figur des völkisch-literarischen Spektrums[58], propagierte den Roman kurz nach seinem Erscheinen als „Zukunftsbuch"[59]. Zu den prominenten Lesern gehörte auch Richard Walther Darré (1895–1953). Der spätere Reichsminister für Ernährung und Landwirtschaft entnahm Johannes' Text, eigenen Aussagen zufolge, den Begriff des „Hegehofs"[60] und integrierte ihn an zentraler Stelle in seine programmatischen Neuadelskonzepte.[61] Begeistert zeigte sich auch Heinrich Himmler (1900–1945), der, seiner akribisch geführten Lektüreliste zufolge, den Roman am 26. Februar 1924 abschloss und notierte: „Diese Geschichte stellt mir mein Ideal dar und beschreibt es."[62] Darüber hinaus priesen nicht nur einschlägige Periodika des rassenhygienisch-völkischen Spektrums den Text, weil er „dem Adel seinen Wert und seine strengen Gesetze der Reinerhaltung des Blutes vor

56 Johannes, Martin Otto: Adel verpflichtet! Leipzig 1930. S. 9.

57 Ebd. S. 31.

58 Zu Bartels' Rolle in der völkischen Bewegung: Rösner, Thomas: Adolf Bartels. In: Handbuch zur ‚Völkischen Bewegung'. S. 874–894.

59 Bartels, Adolf: Die Jüngsten. Die deutsche Dichtung der Gegenwart. Leipzig 1921. S. 174.

60 Darré, Richard Walther: Neuadel aus Blut und Boden. München 1934. S. 54.

61 Vgl. Conze, Eckart: Rittergüter – Erbhöfe – Hegehöfe. Neuadelsvorstellungen des Nationalsozialismus und Widerstands. In: Aristokratismus und Moderne. S. 319–338.

62 Zitiert nach: Ackermann, Josef: Heinrich Himmler als Ideologe: Nach Tagebüchern, stenographischen Notizen, Briefen und Reden. Göttingen 1970. S. 37.

Augen"[63] halte. Auch die bürgerliche Presse fand anerkennende Worte. Es handle sich um eine „gelungene Ehrenrettung des heute so verkannten Adels"[64]. Auffällig ist, dass in den Lektüren der Romane literarischer und historischer Adel offenbar regelmäßig in Beziehung gesetzt wurden. Der literarische Adel fungierte als Grundlage für Vergleiche, bei denen die vermeintlichen Defizite des ‚echten' Adels reflektiert wurden. In der Literatur fand man ein Modell, das (ideologisch vorgeprägten) Lesern vor Augen führte, wie eine aristokratische Ordnung idealtypisch aussehen könnte. Fiktionale Texte dienten insofern als ein Feld für ideologische Gedankenspiele, die von maßgeblichen Akteuren vielfach auf ihre Realisierbarkeit hin gelesen wurden. Wie im Falle von Darré fanden literarische Konzepte teilweise Eingang in programmatische Entwürfe. Die Konzeption entsprechender Texte legt eine solche Lektürepraxis durchaus nahe.

Typisch für völkische Romane des beschriebenen Zuschnitts ist eine Verlegung der schematischen Handlung in ein kontrafaktisches, teils utopisch-mythologisches Setting, bei dem aktuelle Realitätsbezüge für den durchschnittlichen Rezipienten transparent bleiben sollten, zugleich aber der Charakter einer literarischen Experimentalanordnung deutlich hervortritt. Damit verbunden war der didaktische Anspruch, den Leser durch (teils essayistische) Rekurse auf rassebiologisch-völkische Theoreme über die Gefahren einer ‚Blutmischung' aufzuklären und zu belehren. Zu den Topoi entsprechend konzipierter Texte – Richard Nate spricht treffend von „eugenischen Utopien"[65] – gehört es, die Folgen der ‚Blutvermischung' allegorisch anhand des Niedergangs fiktiver Adelsvölker und aristokratischer Idealordnungen im Zuge von kulturellen und biologischen ‚Vermischungen' mit in beiderlei Hinsicht ‚minderwertigen' Völkerschaften zu veranschaulichen. Einem solchen Modell folgt teilweise auch Willibald Hentschels (1858–1947) dreibändige spekulative Völkergeschichte *Varuna: Eine Welt- und Geschichtsbetrachtung vom Standpunkt des Ariers* (1902). Bei diesem der „Rassezucht-Idee verschrieben[en] Kultbuch der radikal-völkischen Bewegung"[66] handelt es sich um eine semiliterarische, stark

63 [o. A.]: [Rez.] Adel verpflichtet. In: Politisch-anthropologische Monatsschrift für praktische Politik: für politische Bildung und Erziehung auf biologischer Grundlage, 19 (1920). S. 186.

64 [o. A.]: [Rez.] Johannes, Martin Otto: Adel verpflichtet! In: Literarisches Zentralblatt für Deutschland, 5 (1922). S. 74.

65 Vgl. das Kapitel ‚Eugenische Utopien' in: Nate, Biologismus und Kulturkritik. S. 203–244. Außerdem: Hahn, Robert: Der Erfinder als Erlöser – Führerfiguren im völkischen Zukunftsroman. In: Utopie, Antiutopie und Science Fiction im deutschsprachigen Roman des 20. Jahrhunderts. Hrsg. von Hans Esselborn. Würzburg 2003. S. 29–47.

66 Ulbricht, Das völkische Verlagswesen im deutschen Kaiserreich. S. 287.

mythologisierende Geschichtsdarstellung, durchsetzt mit obskuren programmatischen Elementen. Inspirieren ließ sich Hentschel offenkundig von den Rassetheorien Arthur de Gobineaus (1816–1882), im Ganzen ist sein Text gleichwohl das Zeugnis eines kulturkritisch imprägnierten weltanschaulichen Synkretismus. Hentschel, promovierter Biologe und Begründer des völkischen ‚Mittgart-Bundes', dem auch Martin Otto Johannes angehörte, macht ‚die Arier' zum historischen Protagonisten seiner Darstellung, ferner „zum Resultat [...] von Zuchtwahl und Auslese *innerhalb* des eigenen Volkes, also zur Frucht aristokratischer Maßnahmen"[67]. Hentschel entwarf „keine sich primär sozial abgrenzende Adelsschicht, sondern einen ‚Rassenadel' in seiner Eigenschaft als Urtyp und Prototyp zugleich, der das Volk nach Maßgabe der gewünschten Typenauslese in seiner Gänze schrittweise erneuerte"[68]. Hentschels ‚Adel' ist insofern eine in die Vergangenheit projizierte Idealvorstellung, die zugleich als regulatives Modell für die gedanklich antizipierte aristokratische Erneuerung fungieren sollte. Den permanenten Gefahren der ‚Entartung', denen die arische Herrscherschicht dem Autor zufolge seit Jahrtausenden ausgesetzt gewesen sei, vor allem durch ‚zivilisatorische' Tendenzen (etwa eine ausdifferenzierte Urbanität), soll in der Gegenwart, dieser Appell ist überdeutlich, durch eine „planvolle Züchtung der hellen Rasse" entschlossen entgegengewirkt werden.[69] Hentschels detailreich ausgesponnene Pläne für ein völkisches Siedlungsprojekt, basierend auf einer „archaisch-aristokratisch[en] Gesellschaftsordnung"[70], zerschlugen sich, es blieb bei „ein[er] literarisch[en] Utopie"[71].

Eminent kulturkritisch sind die zuvor beschrieben Texte letztlich auch deshalb, weil die zum Untergang führenden Mischungstendenzen typischerweise endogen, d.h. mit dem Schwinden innerer Abwehrkräfte entsprechenden ‚Gefahren' gegenüber, erklärt werden, so auch in Martin Otto Johannes' Roman. Darin werden permanent Mahnungen formuliert, die sich auf der Textebene an die leicht Verführ- und

---

67 Hartung, Günter: Völkische Ideologie. In: Handbuch zur ‚Völkischen Bewegung'. S. 22–44. Hier: S. 40 (Hervorhebung im Original).

68 Wiwjorra, Ingo: Völkische Konzepte des Aristokratischen. In: Aristokratismus und Moderne. S. 298–318. Hier: S. 306.

69 Löwenberg, Dieter: Willibald Hentschel (1858–1947). Seine Pläne zur Menschenzüchtung, sein Biologismus und Antisemitismus. Mainz 1978. S. 11. Vgl. auch: Nate, Biologismus und Kulturkritik. S. 276–283.

70 Pelger, Gregor: Willibald Hentschel. In: Haar, Ingo; Fahlbusch, Michael (Hgg.): Handbuch der völkischen Wissenschaften. Personen – Institutionen – Forschungsprogramme – Stiftungen. München 2008. S. 239–244. Hier: S. 241.

71 Linse, Ulrich: Völkisch-rassische Siedlungen der Lebensreform. In: Handbuch zur ‚Völkischen Bewegung'. S. 397–410. Hier: S. 401.

Beeinflussbaren unter den aristokratischen „Wertmenschen" richten, darüber hinaus aber gerade auch die zeitgenössischen Leser erreichen sollten:

> Die Geschichte der Wertmenschen ist voll dunkler Blätter der Selbstentäußerung, der Vermischung, der Vergeudung seines edlen Blutes. Sein Schicksal war von je, von der platten Allerweltsmasse eingekreist und verschlungen zu werden. Die Einkreisung hebt bis zur Stunde immer bedrohlicher ihre Schwingen.[72]

Neben der Blutmetapher wird in solchen Zusammenhängen regelmäßig auch die Metapher der ‚Kette' aktualisiert. Exemplarisch zur Darstellung gebracht werden fatale Kontinuitätsbrüche. Die mittels der Metapher evozierte Drastik eines ‚Zerreißens der Kette' weist jeweils über die konkrete, prototypisch in einem (vielfach pseudohistorischen) Adelsmilieu angesiedelte Handlung hinaus. Erschlossen werden sollten leserseitig analoge Gesetzmäßigkeiten in ‚edlen' Kulturen und Völkern. Für diese, so die Botschaft, gelten prinzipiell dieselben Imperative der blutsmäßigen ‚Reinhaltung' wie für den Adel.

3.5 ‚Angeborene Überlegenheit' – Aristokratische ‚Seinsweisen' als Distinktionsstrategien

Zum Kern adligen Selbstverständnisses, auch um und nach 1900, gehörte der Glaube an eine „in Jahrhunderten gehärtete Ideologie der Höherwertigkeit"[73]. Von dieser Vorstellung, so Malinowski, „ein *natürlicher* Führer zu sein, hat sich der Adel auch nach 1918 nicht verabschiedet"[74]. Das Konzept angeborener Überlegenheit wurde nicht zuletzt in Exklusions- und Distinktionsstrategien nach außen vermittelt. Ewald Frie spricht bereits für die Zeit des ausgehenden 18. und beginnenden 19. Jahrhunderts von einem zumindest in Teilen „funktionalisierten Adel"[75], der sich mit der Moderne arrangierte. In zentralen Domänen des Adels, etwa im preußischen Militär,

---

72 Johannes, Adel verpflichtet! S. 133.

73 Malinowski, Vom König zum Führer. S. 13.

74 Ebd. S. 104 (Hervorhebung im Original). Ungeachtet „der immensen Unterschiede zwischen diesen beiden Modellen [dem ostelbischen und dem ökonomisch potenteren Adel in West- und Süddeutschland; JdV] läßt sich die Selbstdeutung einer angeborenen Sonderstellung und Höherwertigkeit als Gemeinsamkeit benennen, in der sich beide Gruppen überschnitten." (S. 108).

75 Frie, Adel und bürgerliche Werte. S. 397.

blieben gleichwohl „adlige Verhaltenskodizes handlungsleitend und ein offensiv bürgerlicher Habitus verpönt“[76]. Gerade in diesen Feldern grenzte sich der Adel mit Verweis auf genuin „adelige Seinsweisen“ vom Bürgertum ab:

> Entscheidend ist [...], daß adelige Offiziere gegen die bürgerlichen Werte, die erlernbar waren, adelige Seinsweisen ins Feld führten, die als naturgegeben und damit für den Bürger unerreichbar definiert wurden. So konnte eine geburtsständische Elite ihren Führungsanspruch in einem funktionalen Gesellschaftssegment legitimieren.[77]

Ausgespielt wurden also „naturgegeben[e]“ gegen „erlernbar[e]“ Werte. Eine solche Strategie hielt Konkurrenten aus dem Bürgertum auf Abstand. Zugleich gehen Antibürgerlichkeit und Antimodernismus erkennbar ineinander über. Denn auf einer abstrakteren Ebene ließen sich in derartigen Abgrenzungsversuchen zugleich Defensivstrategien des Adels gegen allgemeine rationale Begründungszwänge erkennen, die letztlich korrodierend auf entsprechende Selbstbehauptungsstrategien wirken mussten. Die eigentliche Bedrohung ging aus von einer rationalen Moderne, die Seinsweisen jener Art, wo immer sie anzutreffen waren, der Irrationalität überführen und letztlich wirkungslos machen konnte. Über die im 19. Jahrhundert noch bestehenden institutionell und juristisch verankerten Privilegien des Adelsstandes hinweg zeigen gerade die Versuche, mittels entsprechender Seinsweisen eine ‚natürliche Superiorität' strategisch zur Geltung zu bringen, eine prinzipielle Angewiesenheit des Adels auf kulturelle Rahmenbedingungen, unter denen solche Strategien tatsächlich noch Erfolge bei denen zeitigen konnten, gegen die sie gerichtet waren.

„Der Adel“, so Eckart Conze, „braucht die Anerkennung als Adel, er braucht den Glauben an die Existenz von Adel – im Adel selbst wie bei den Nicht-Adligen. Ohne diese Anerkennung wären die Konstruktion und die Konservation einer adligen Identität in einer modernen Gesellschaft kaum möglich“[78]. Diese Feststellung betrifft in besonderer Weise die Fähigkeit, das Konzept einer angeborenen Überlegenheit (nach innen wie nach außen) weiterhin auszuspielen. Conzes Befund gilt in leicht abgewandelter Form nicht nur für den Adel, sondern lässt sich übertragen auf jede Gruppe, jeden Akteur, dessen selbstbehauptete Sonderstellung von Systemen des

76 Ebd. S. 400.

77 Ebd. S. 401.

78 Conze Eckart: Adel in der Gegenwart: Vorurteile und Selbstverständnis. In: Adel in Hessen. Herrschaft, Selbstverständnis und Lebensführung vom 15. bis ins 20. Jahrhundert. Hrsg. von Eckart Conze, Alexander Jendorff und Heide Wunder. Marburg 2010. (= Veröffentlichungen der Historischen Kommission für Hessen, Band 70). S. 625–631. Hier: S. 629.

‚Glaubens' und der Möglichkeit zur Glaubhaftmachung von ‚Seinsweisen' abhing. Wo ein entsprechender „Glaube" nicht mehr vorauszusetzen oder vorzufinden war, wurde er zur strategischen Ressource in kulturellen Aushandlungsdiskursen, die darauf abzielten, das Verlorene zurückzugewinnen oder auf neue Art zu plausibilisieren, vorzugsweise dadurch, dass Rationalität, der natürliche Gegner eines Denkens in ‚Seinsweisen', abgewertet oder trivialisiert wurde. Auf diesem Feld erwies sich die Kulturkritik als besonders erfolgreich.

Indem sich der historische Adel mit Rekurs auf entsprechende Seinsweisen sozial abgrenzte, erlangten seine Strategien eine erhöhte kulturelle ‚Sichtbarkeit', selbstredend gerade beim Bürgertum. Von dort aus fand das Modell schließlich Eingang in die kulturkritische Adelssemantik. Spengler etwa bezeichnete den Adel als „den geborenen Führer des Gesamtdaseins und Bewahrer gewachsener, unerlernbarer, langsam entwickelter Triebe und Eigenschaften"[79]. Deutlich wird die Bezugnahme auf ein Seinsprinzip, wenn von einer ‚Unerlernbarkeit' und ‚Angeborenheit' die Rede ist. Julius Langbehn bezeichnet die „Überlegenheit des Angeborenen über das Erworbene" als einen „aristokratisch[en] Grundsatz"[80] und konstruiert davon ausgehend eine Analogie zum genialen, d.h. geborenen Künstler (*„poeta nascitur"*[81]). Beide, Künstler und Aristokrat, können sich somit auf ‚Seinsweisen' berufen. Beide sind damit gleichermaßen den Bedrohungen seitens einer rationalen zivilisatorischen Moderne ausgesetzt.

In der Forschung hat insbesondere Alexandra Gerstner den Stellenwert des adeligen Seinsprinzips in Neuadelskonzepten betont. Gerstner zufolge ist die „Berufung auf Herkunft und geniale Begabung im Gegensatz zum ‚Leistungsprinzip' [...] ein bezeichnendes Merkmal des Neuadelsdiskurses in der Moderne und richtet sich dezidiert gegen bürgerliche Werte und die modernen bürgerlichen Eliten"[82]. Nicht zuletzt handelt es sich beim Seinsprinzip um einen Quellenbegriff. Explizit berief sich etwa Edgar Julius Jung (1894–1934) darauf:

> Es gibt – darin liegt die umwälzende Forderung der konservativen Revolution beschlossen – neben dem Leistungsprinzip ein Seinsprinzip. Abgesehen davon, daß der Mensch,

79 Spengler, Oswald: Politische Pflichten der deutschen Jugend. In: ders.: Politische Schriften. München 1932. S. 128–157. Hier: S. 142.

80 Langbehn, Julius: Rembrandt als Erzieher. Illustrierte Volksausgabe. Hrsg. von Hans Kellermann. Weimar 1922 [1890]. S. 35.

81 Ebd. S. 40.

82 Gerstner, Aristokratie und moderne Elite. In: Aristokratismus und Moderne. S. 95. Vgl. Gerstner, Neuer Adel. S. 33.

> der etwas ist, auch allgemein etwas leisten wird, kommt es entscheidend auf das Sein und nicht auf die Leistung an. Aus dem Sein kommt die geschichtliche, die geistige, die künstlerische Tat. [...] In der Demokratie muß der Führer mit Worten überzeugen und wird dies umso stärker, je mehr er manifestieren kann. Der Adel hingegen herrscht durch sein überlegenes Sein. Die Elite muß leisten, um anerkannt zu sein; der Adel steht außer Frage, so lange er adelig ist.[83]

Das „Leistungsprinzip (individualistisch, konkurrenzorientiert, dynamisch, tendenziell kapitalistisch) blieb", so zuletzt Morten Reitmeyer, „für Jung gegenüber dem *Wesen* menschlichen Daseins [...] rein äußerlich"[84]. Der Verweis auf das ‚Wesen' des Menschen, um das es bei dem ‚Seinsprinzip' eigentlich gehen sollte, verdeutlicht nochmals die prinzipielle Integrationsmöglichkeit des Gegensatzes ‚Leistung vs. Sein' in ein umfassenderes kulturkritisches Schema, das primär mit den Leitdichotomien ‚Außen und Innen', ‚Essenz und Akzidenz', ‚Qualität und Quantität' operiert.

Die Formulierung konkreter Neuadelskonzepte im Sinne von „neo-ständisch-korporativen Ordnungsentwürfen"[85], wie sie exemplarisch bei Edgar Julius Jung zu finden sind[86], bildete einen Kulminationspunkt historisch schon viel früher nachweisbarer kulturkritischer Neuadelssemantiken, die längst nicht den Charakter konzeptueller Entwürfe besaßen, sondern weitgehend im Kontext allgemeinerer Reflexionen über die Moderne standen. Ein frühes Zeugnis, das die Möglichkeiten eines ‚neuen Adels' unter den spezifischen Bedingungen der Moderne reflektiert, findet sich bereits in Charles Baudelaires *Le peintre de la vie moderne* von 1863:

> Der Dandysmus erscheint vor allem in Übergangszeiten, wenn die Demokratie noch nicht allmächtig, wenn die Aristokratie erst ins Wanken geraten ist und ihre Würde noch nicht gänzlich eingebüßt hat. In der Wirrnis dieser Zeiten können einige aus ihrer Bahn geratene, angewiderte, beschäftigungslose Männer, die doch alle reich sind an ursprünglicher Kraft, auf den Gedanken verfallen, eine neue Art von Adelsherrschaft zu gründen, die um so schwerer zu brechen ist, als sie auf den kostbarsten, den unzerstörbarsten Fähigkeiten

83 Jung, Edgar Julius: Sinndeutung der deutschen Revolution. Oldenburg 1933. S. 51. Siehe auch den Vorabdruck: ders.: Adel oder Elite? In: Europäische Revue, 9 (1933). S. 533–535. Hier: S. 535.

84 Reitmeyer, Morten: ‚Elite' im 20 Jahrhundert. In: Aus Politik und Zeitgeschichte (APuZ), 64/15 (2014). S. 9–15. Hier: S. 10 (Hervorhebung im Original).

85 Ebd. S. 9.

86 Gerstner, Neuer Adel. S. 88–99.

ruht, und auf den Himmelsgaben, welche Arbeit und Geld nicht verleihen mögen. Der Dandysmus ist das letzte heroische Sichaufbäumen in Zeiten des Verfalls [...][87]
[Le dandysme apparaît surtout aux époques transitoires où la démocratie n'est pas encore toute-puissante, où l'aristocratie n'est que partiellement chancelante et avilie. Dans le trouble de ces époques quelques hommes déclassés, dégoûtés, désœuvrés, mais tous riches de force native, peuvent concevoir le projet de fonder une espèce nouvelle d'aristocratie, d'autant plus difficile à rompre qu'elle sera basée sur les facultés les plus précieuses, les plus indestructibles, et sur les dons célestes que le travail et l'argent ne peuvent conférer. Le dandysme est le dernier éclat d'héroïsme dans les décadences [...][88]].

Auf der Grundlage von Seinsweisen konnte, was bei Baudelaire bereits angedeutet wird, der Aristokrat nicht nur zum Äquivalent des genialen Künstlers werden, sondern auch zum Symbol für das (autonome) Kunstwerk als solches. Beispielhaft zeigt dies Georg Simmels *Exkurs über den Adel*. Mit Blick auf den Adel spricht Simmel von einer „Erfüllung des individuellen Seins mit einer psychologisch und historisch tradierten Substanz". „Diese Ergänzung aus sich selbst", so Simmel weiter, „trägt die einzigartige Geschlossenheit und Selbstgenügsamkeit dieses Standes, der sozusagen nichts brauchen kann und nichts brauchen darf, was außerhalb seiner selbst liegt"[89]. Jene Geschlossenheit und Abschließbarkeit allem Äußeren gegenüber sollte Simmel zufolge einen „großen Teil der ästhetischen Attraktion" des Adels ausmachen. Eine solche „Attraktion" bestand zweifellos nicht nur aus ästhetischer, sondern auch aus kulturkritischer Sicht, die Simmels wesentlich an Nietzsche geschulter Beobachtung zugrunde liegt. In Bezug auf das Vornehmheitsideal Nietzsches erklärt Simmel bezeichnenderweise mit fast denselben Worten: „Dieser Struktur des Vornehmheitsideals entspricht es, daß nicht die Betätigung nach außen hin, sondern das in sich geschlossene Sein des Menschen seinen Rang bestimmt."[90]

Innerhalb des Aristokratismus-Diskurses wurden diverse Versuche unternommen, ein „geschlossenes Sein" zur Grundlage einer ‚ewigen', durch den Rationalitätsprimat

87 Baudelaire, Charles: Der Maler des modernen Lebens [1863]. In: Charles Baudelaire. Sämtliche Werke/Briefe in acht Bänden. Band 5: Aufsätze zur Literatur und Kunst 1857–1860. Hrsg. von Friedhelm Kemp und Claude Pichois in Zusammenarbeit mit Wolfgang Drost. München, Wien 1989. S. 213–255. Hier: S. 244.

88 Baudelaire, Charles: Le peintre de la vie moderne [1863]. Edition critique de Silvia Acierno et Julio Baquero Cruz. Paris 2010. S. 46.

89 Simmel, Georg: Exkurs über den Adel. In: ders.: Untersuchungen über die Formen der Vergesellschaftung. München, Leipzig 1922. S. 545–552. Hier: S. 550.

90 Simmel, Schopenhauer und Nietzsche (1907). S. 381–408.

der Moderne nicht anfechtbaren Rangordnung zu machen. Der Journalist und spätere Diplomat Bruno E. Werner (1896–1964) vertrat 1929 in dem Essay *Der Versuch einer Ranglehre* (1929) eine Position, die so oder ähnlich in zahlreichen Beiträgen zum Aristokratismus-Diskurs wiederzufinden ist:

> Jene Rangordnung, wie sie in der bürgerlichen Welt durch Beruf und Stand verwirklicht wird, ist weder vom Urteil des Instinkts, geschweige denn vom Geiste her, je ganz anerkannt worden, und heute spürt ein jeder, daß die gesellschaftliche Ordnung nur ein Zerrbild der wirklichen Ordnung ist. Häufig wurden zwar als Maßstab: Leistung, Erfolg, Verstand, Moral, Besitz, Geburt zugrunde gelegt, bis mehr und mehr das Peripherische, Unzulängliche dieser Werte ins Allgemeinbewußtsein drang. Da man heute die Begrenztheit und Hinfälligkeit einer darauf erbauten wirklichen Rangordnung ahnt, eine tiefer fundierte jedoch noch nicht besitzt, so ist jene Krise des Wertgefühls eingetreten, die vom Chaos gar nicht so weit entfernt ist, und die bereits bedeutende Köpfe des 19. Jahrhunderts wie Hegel, Schopenhauer, Nietzsche ahnungsweise oder klar vorausgesehen und zu überwinden versucht haben. Zu einem neuen, klaren Rangaufbau ist jedoch keiner von ihnen gekommen, und das Problem einer Hierarchie der Werte ist für uns so brennend geworden, wie es in der abendländischen Welt noch nie gewesen ist.[91]

Eine universelle Herausforderung der abendländischen Kultur besteht dem Autor zufolge in der Gründung einer neuen Rangordnung. Sämtliche Werte, die früher als Fundament infrage kamen, haben ihre bindende Kraft inzwischen eingebüßt, der „Intuition", mehr noch dem (rational denkenden) „Geiste" sei Dank. Diese Diagnose erstreckt sich auf das Leistungsprinzip und die mit ihm assoziierten (bürgerlichen) Werte wie „Beruf", „Leistung", „Erfolg", betrifft aber ebenso das Konzept einer überlegenen „Geburt", wie es prototypisch der Adel repräsentiert. Das Scheitern bisheriger Versuche, einen entsprechenden Wert zu finden, sei der eigentliche Auslöser einer „Krise des Wertgefühls", so Werner. Intuitiv wahrzunehmen sei die Differenz zwischen den existierenden gesellschaftlichen Ordnungsentwürfen und einer latent bestehenden „wirklichen Ordnung". Unzweifelhaft ist dem Autor, dass ein solcher archimedischer Punkt existiert. Das intuitive Wissen um dessen Existenz reicht aus, um die bestehenden Ordnungen als zu überwindendes „Zerrbild" erscheinen zu lassen.

91 Werner, Bruno E.: Der Versuch einer Ranglehre. In: Deutsche Rundschau, 55/2 (1929). S. 179–181. Hier: S. 179.

Was sich an Werners Aufsatz prototypisch zeigen lässt, ist die Behauptung einer weitgehenden Füllungsoffenheit in Bezug auf die Frage, welcher Wert zur Begründung einer neuen (weiterhin als ‚aristokratisch' apostrophierten) Hierarchie infrage kommt. Die Instrumentalisierungen von Adelssemantiken waren regelmäßig mit Versuchen verknüpft, einerseits an den adelssemantischen Standardwert angeborener ‚Superiorität' anzuknüpfen, anderseits den damit genuin verbundenen Wert der ‚Geburt' bzw. ‚Genealogie' durch alternative Merkmale zu substituieren. Die Spannbreite möglicher Alternativen reichte dabei von einem Merkmal wie ‚Rasse' bis hin zu einem solchen wie ‚Bildung'.

Die im ‚Seinsprinzip' vermittelte Vorstellung angeborener Überlegenheit, die eine Distinktion mittels ‚Seinsweisen' erlaubte, lässt sich formal als Relation zwischen den semantischen Standardwerten ‚Genealogie' und ‚Superiorität' beschreiben. Zu verbinden sind diese beiden Werte zugleich mit den zuvor definierten zentralen konzeptuellen Metaphern von ‚Adel'. Während die ‚Kette' ganz wesentlich die Bedeutung von ‚Genealogie' und daraus ableitbarer Imperative evoziert, enthält ‚Blut' als werttragende Substanz einen metaphorischen Verweis auf die prototypische ‚Superiorität' des Adligen. Versteht man, daran anknüpfend, das Frame-Modell als System von relational verbundenen semantischen Merkmalen, so ließe sich die Relation der Werte ‚Genealogie' und ‚Superiorität' als zentrale Schnittstelle des Wissensmodells bestimmen. Für diese Art der Relation eignet sich der Begriff der „strukturellen Invariante" („structural invariant"). Damit wird betont, dass mit einer solchen besonders engen und konstanten Achse entscheidende konzeptuelle Informationen festgelegt werden, an denen sich die innere Struktur des Frames ganz wesentlich orientiert.[92]

Frames besitzen neben einem taxonomischen Aufbau eine spezifische konzeptuelle Ausrichtung, durch die sich das Format ‚Frame' von einer reinen Katalogisierung semantischer Merkmale wesentlich unterscheidet. Mit Minsky ließe sich dabei auch von einem prototypischen „conceptual viewpoint" sprechen.[93] Busse greift auf Fillmores Begriff *envisionment* zurück, übersetzt ihn mit „Inblicknahme" und postuliert davon ausgehend eine spezifische „Perspektivierung" und „Fokussierung" in Frames: [94]

92 Barsalou, Frames, Concepts and Conceptual Fields: „[...] the relations between frame attributes generally reflect more than cooccurrence, reflecting conceptual information as well. [...]" (S. 37). „The structural invariants described in the previous section represent relatively constant relations between a frame's attributes." (S. 35).

93 Vgl. Busse, Frame-Semantik. S. 256.

94 Ebd.: „*Perspektivierung* und *Fokussierung* bestimmter Aspekte eines Gesamt-Frames in der

> Ein *Frame/Wissensrahmen* ist eine Struktur des Wissens, in der mit Bezug auf einen strukturellen Frame-Kern, der auch als ,Gegenstand' oder ,Thema' des Frames aufgefasst werden kann, eine bestimmte Konstellation von Wissenselementen gruppiert ist, die in *dieser* Perspektive (nicht als absolute Eigenschaft, sondern als eine bestimmte Form der ,Inblicknahme' *[envisionment]* des Frame-Themas bzw. -objekts) als Frame-konstituierende Frame-Elemente fungieren.[95]

Ist bei Busse von einem „strukturellen Frame-Kern" die Rede, meint dies einen „epistemisch[en] Referenzpunkt"[96], die die Anordnung der Elemente in einem Frame wesentlich bestimmen dürfte. Das Frame-Modell einer kulturellen Semantik von ADEL war, so ließe sich zusammenfassend sagen, im Kontext eines kulturkritisch fundierten Aristokratismus-Diskurses wesentlich „darauf gerichtet", ein Seinsprinzip zur Geltung zu bringen. Alle weiteren im Frame beschreibenden Merkmale von ADEL nehmen letztlich Bezug auf diese konzeptuelle Achse und akzentuieren sie inhaltlich unterschiedlich.

Das auf der folgenden Seite graphisch umgesetzte Frame-Modell ADEL berücksichtigt die vorangehend beschriebenen Spezifika einer kulturkritischen Adelssemantik. Den Kern des Frames bilden die Standardwerte ,Superiorität' und ,Genealogie'. Der Fokus des Modells liegt auf der Binnenstruktur und der funktionalen Einbettung einzelner Merkmale. Der Frame bildet ferner eine Basis für nachfolgende Untersuchungen.

kognitiven Aktualisierung sind in der Regel durch *Ziele, Interessen, Intentionen* und *Erwartungen* gesteuert; sie hängen aber auch eng mit sachlogisch sich ergebenden *Zwecken* und *Funktionen* einzelner epistemischer Elemente in einer gegebenen epistemischen Situation zusammen, sind also erheblich durch *Relevanz* bestimmt (für die es im individuellen und sozialen Wissen eigene Kriterien, vermutlich ebenfalls in Frames organisiert, gibt). Insgesamt ergeben all diese Faktoren in der Aktivierung von Frames (oder Teil-Frames) eine *epistemische Kontextualisierung* im verstehensrelavanten Wissen." (S. 622; Hervorhebungen im Original).

95 Ebd. S. 563.

96 Ebd. S. 703.

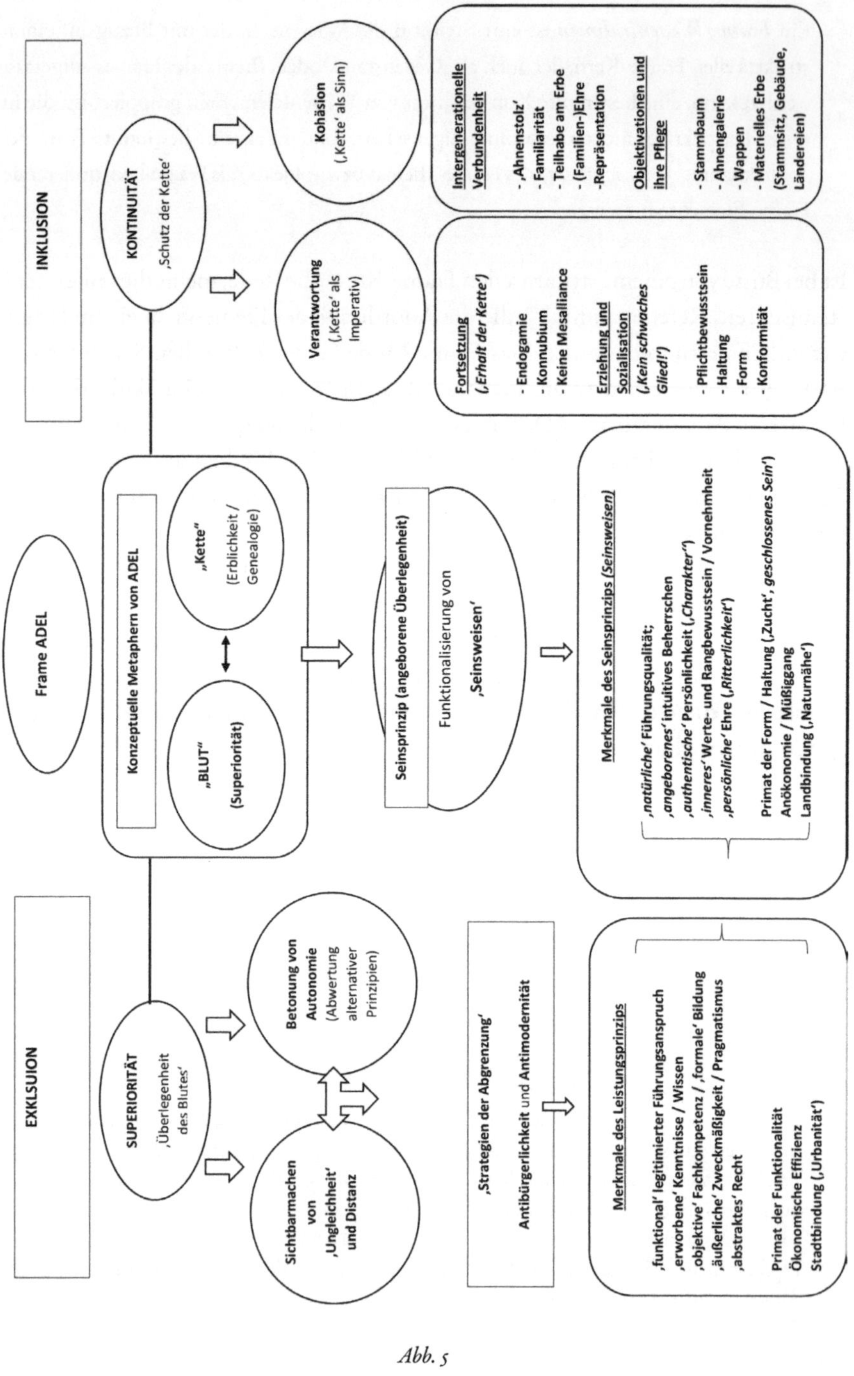
EXKLSUION
SUPERIORITÄT ‚Überlegenheit des Blutes'
Sichtbarmachen von ‚Ungleichheit' und Distanz
Betonung von Autonomie (Abwertung alternativer Prinzipien)
‚Strategien der Abgrenzung'
Antibürgerlichkeit und Antimodernität
Merkmale des Leistungsprinzips
‚funktional' legitimierter Führungsanspruch
‚erworbene' Kenntnisse / Wissen
‚objektive' Fachkompetenz / ‚formale' Bildung
‚äußerliche' Zweckmäßigkeit / Pragmatismus
‚abstraktes' Recht
Primat der Funktionalität
Ökonomische Effizienz
Stadtbindung (‚Urbanität')
Frame ADEL
Konzeptuelle Metaphern von ADEL
„BLUT" (Superiorität)
„Kette" (Erblichkeit / Genealogie)
Seinsprinzip (angeborene Überlegenheit)
Funktionalisierung von ‚Seinsweisen'
Merkmale des Seinsprinzips (Seinsweisen)
‚natürliche' Führungsqualität;
‚angeborenes' intuitives Beherrschen
‚authentische' Persönlichkeit (‚Charakter')
‚inneres' Werte- und Rangbewusstsein / Vornehmheit
‚persönliche' Ehre (‚Ritterlichkeit')
Primat der Form / Haltung (‚Zucht', geschlossenes Sein')
Anökonomie / Müßiggang
Landbindung (‚Naturnähe')
INKLUSION
KONTINUITÄT ‚Schutz der Kette'
Verantwortung (‚Kette' als Imperativ)
Kohäsion (‚Kette' als Sinn)
Fortsetzung (‚Erhalt der Kette')
- Endogamie
- Konnubium
- Keine Mesalliance
Erziehung und Sozialisation (‚Kein schwaches Glied!')
- Pflichtbewusstsein
- Haltung
- Form
- Konformität
Intergenerationelle Verbundenheit
- ‚Ahnenstolz'
- Familiarität
- Teilhabe am Erbe
- (Familien-)Ehre
-Repräsentation
Objektivationen und ihre Pflege
- Stammbaum
- Ahnengalerie
- Wappen
- Materielles Erbe (Stammsitz, Gebäude, Ländereien)

Abb. 5

4 Aristokratismus zwischen 1890 und 1945

4.1 Kulturkritische Adelssemantik um 1900 – Julius Langbehn: *Rembrandt als Erzieher* (1890)

Julius Langbehn, vielen Zeitgenossen besser bekannt als der „Rembrandtdeutsche"[1], gilt mit seinem zunächst anonym unter der Verfasserangabe „von einem Deutschen" erschienenen Manifest *Rembrandt als Erzieher* als entscheidender Impulsgeber für die Kulturkritik um 1900 mit nachweisbarem Einfluss auf die völkische Bewegung, auf die Jugendbewegung, auf die Heimatkunst (vor allem die des Dürerbundes) und nicht zuletzt auf einen bis in den George-Kreis ausstrahlenden Aristokratismus.[2] Das Spektrum der „aristokratisch gefärbten Kulturkritik" des Wilhelminismus lässt Rüdiger vom Bruch daher konsequent mit der „populistischen Kulturkritik Langbehns und Lagardes um 1890" beginnen.[3]

Langbehn propagiert mit volkspädagogischem Eifer die Idee einer organisch gegliederten, von ihm als „aristokratisch" bezeichneten Gesellschaft. Die Virulenz eines konstatierten „rapiden Verfalls" zeigt sich dem Autor zufolge in den maßgeblichen Feldern von Wissenschaft, Kunst und Politik. Der durchgehend alarmistische Tonfall des Buches vermittelt den Ernst der Lage, das Kairos einer Krise, zu deren Lösung der Autor zugleich Entscheidendes beizutragen vorgibt:

> Es ist nachgerade zum öffentlichen Geheimnis geworden, daß das geistige Leben des deutschen Volkes sich gegenwärtig in einem Zustande des langsamen, einige meinen auch des rapiden Verfalls befindet. Die Wissenschaft zerstiebt allseitig in Spezialismus; auf dem

---

1 So lautet auch der Titel der Biographie aus der Feder von Langbehns langjährigem Sekretär und Vertrauten: Nissen, Benedikt Momme: Der Rembrandtdeutsche. Julius Langbehn. Von einem Freunde. Durchgesehene Ausgabe. Freiburg 1927.

2 Pankau, Wege zurück. S. 107–140; Behrendt, Bernd: August Julius Langbehn, der ‚Rembrandtdeutsche'. In: Handbuch zur ‚Völkischen Bewegung'. Ders.: Zwischen Paradox und Paralogismus. Weltanschauliche Grundzüge einer Kulturkritik in den neunziger Jahren des 19. Jahrhunderts am Beispiel August Julius Langbehns. Frankfurt am Main 1984. Heinßen, Johannes: Kulturkritik zwischen Historismus und Moderne. Julius Langbehns ‚Rembrandt als Erzieher'. In: Antisemitische Geschichtsbilder. Hrsg. von Werner Bergmann und Ulrich Sieg. Essen 2009. S. 121–138. (= Antisemitismus: Geschichte und Strukturen, Band 5); ders.: Historismus und Kulturkritik. S. 436–463; Stern, Kulturpessimismus. S. 127–220.

3 Bruch, Rüdiger vom: Wilhelminismus – Zum Wandel von Milieu und politischer Kultur. In: Handbuch zur ‚Völkischen Bewegung'. S. 3–21. Hier: S. 13.

> Gebiet des Denkens wie der schönen Literatur fehlt es an epochemachenden Individualitäten; die bildende Kunst, obwohl durch bedeutende Meister vertreten, entbehrt doch der Monumentalität und damit ihrer besten Wirkung; Musiker sind selten, Musikanten zahllos. [...] Ohne Frage spricht sich in allem diesem der demokratisierende, nivellierende, atomisierende Geist des jetzigen Jahrhunderts aus.[4]

Dem breiten Spektrum angerissener Themen – auf wenigen Seiten wird vom mittelalterlichen Venedig zur Achsendrehung der Erde, von Emile Zola zu Martin Luther gesprungen – steht die ermüdende Stereotypität der Befunde gegenüber. Katalysator des Verfalls sind die immer gleichen Kräfte der Zerstreuung: die emanzipatorische Tendenz der Demokratie, der Objektivitätsprimat exakter Wissenschaften, deren Neigung zur „Zergliederung" und „Atomisierung" vor allem, sowie allenthalben festzustellende Nivellierungstendenzen, die stets zulasten der aristokratischen „epochemachenden Individualitäten" gehen, als zu denen gehörend Langbehn verstanden werden will. Die große Bandbreite behandelter Themen soll den Lesern nicht nur einen Eindruck von den universellen Kenntnissen des Autors vermitteln, sondern dient gerade auch dazu, die Redundanz der Diagnosen durch ein Höchstmaß an thematischer Variation zu kaschieren.

Die Bedeutung Langbehns, dies ist häufig betont worden, ist kaum im dürftigen intellektuellen Gehalt seines immens erfolgreichen populärphilosophischen Werkes zu suchen, das in drei inhaltlich voneinander abweichenden Fassungen vorliegt, die zwischen 1890 und 1893 entstanden. Allein innerhalb dieser drei Jahre brachte es das Buch auf 60.000 verkaufte Exemplare in 43 Auflagen.[5] Die Defizite des Buches sind allgemein bekannt. Es fehlt dem Text an Kohärenz, die argumentative Grundlinie wird zugunsten eines ‚osmotischen' kulturkritischen Induktivismus aufgegeben, der beinahe beliebig an diverse Themen der Zeit andockt, um sie jeweils zum Ausgangspunkt der im Ergebnis stets gleichlautenden Niedergangsdiagnose zu machen.

Problematisch wäre es gleichwohl, von der Gestalt des Buches Rückschlüsse auf den Geisteszustand des Autors zu ziehen, was etwa Fritz Stern tut, wenn er

4 Langbehn, Rembrandt als Erzieher. S. 1.

5 Zu den Unterschieden der zwischen der 1., der 13. und der 37. Auflage vgl. Behrendt, August Julius Langbehn, der ‚Rembrandtdeutsche': „Über eine Vielzahl von formalen Veränderungen, die bis in die Interpunktion hineinreichen, hinaus betreffen die Unterschiede zwischen den genannten Fassungen im wesentlichen drei Punkte: die Anpassung an politische Veränderungen, eine Vermehrung und Verschärfung antisemitischer Äußerungen und eine immer positiver werdende Darstellung des Katholizismus." (S. 96).

Langbehn rundweg als „Psychopath[en]"[6] einstuft. Es handelt sich zwar um einen Vorwurf, der bereits von Zeitgenossen wie dem Langbehn zeitweise nahestehenden Cornelius Gurlitt und zuvor schon vonseiten Max Nordaus erhoben wurde.[7] Gleichwohl wird Langbehn dadurch ein besonderer Status zuteil, mit dem unter verkehrten Vorzeichen das offensiv vertretene Selbstbild von einem genialen, aber verkannten Ausnahmemenschen letztlich eher noch eine Bestätigung erfährt. Einen solchen exzeptionellen Charakter besitzt zumindest Langbehns Werk nicht. In prototypischer Weise finden sich darin die Schemata der Kulturkritik. Die häufig zitierte Diagnose, Langbehns Buch sei eine „Rhapsodie des Irrationalismus"[8], ist, so gerechtfertigt sie in der Sache auch sein mag, ein durchaus erwartbarer Vorwurf vom Standpunkt seriöser Wissenschaft. Zu beachten gilt es, dass in Langbehns Buch nicht ohne Weiteres das Produkt eines in Weltanschauungsfragen Dilettierenden oder gar eines geistig Verwirrten gesehen werden kann, der sich ausschließlich in einer offenkundig defizitären Form und nicht anders äußern kann. Mit den Methoden wissenschaftlicher Erkenntnisgewinnung war der zunächst in Kiel Philologie und Naturwissenschaften studierende Langbehn, der später ein Archäologiestudium mit Promotion abschloss, bestens vertraut. Wurden wissenschaftliche Standards missachtet, geschah dies vielfach bewusst und wesentlich um des Effektes willen. Langbehns Erfolg beruhte gerade auf einer produktionsästhetisch intendierten „charismatisch[en] Form des Buches"[9].

4.1.1 Ein „künstlerischer Barbarossa" – Der Künstler als Aristokrat

Das Wort ‚Adel' wird in *Rembrandt als Erzieher* zum Gegenstand einer der berüchtigten etymologischen Herleitungen des Autors, in diesem Fall aus einem vorgeblich mittelalterlichen Ursprung: „[...] im Mittelalter aber hatte das Wort ‚adlig' etwa den Sinn des heutigen ‚ideal'. Ist doch Idealität nichts anderes als ein Hinstreben nach sittlichem, geistigem und körperlichen Adel."[10] Es erübrigt sich der Hinweis, dass die Erklärung einer kritischen Überprüfung nicht standhält. Langbehn

6 Stern, Kulturpessimismus. S. 2.

7 Vgl. Heinßen, Kulturkritik zwischen Historismus und Moderne. S. 123; zur Kulturkritik Nordaus vgl. Person, Jutta: Der pathographische Blick: Physiognomik, Atavismustheorien und Kulturkritik. Würzburg 2005.

8 Stern, Kulturpessimismus. S. 144.

9 Heinßen, Kulturkritik zwischen Historismus und Moderne. S. 130.

10 Langbehn, Rembrandt als Erzieher. S. 41.

beruft sich wiederholt auf die Autorität angeblicher Ursprungsbedeutungen, die er einfallsreich fingiert und bei denen, wie im vorliegenden Beispiel, schon eine ausschließlich auf Fast-Homophonie basierende Verbindung, wie die von „Adel" und „Ideal", den Ausgangspunkt bilden kann für zielgerichtete Konstruktionen angeblicher sprachlicher (und sachlicher) Verwandtschaften, die dann, erst einmal etabliert, im Fortgang argumentativ immer weiter ausgebaut werden. Auch die zahlreich eingestreuten naturwissenschaftlichen ‚Beweise' besitzen häufig eine rhetorisch-persuasive Funktion. Wertet Langbehn die modernen Wissenschaften auf der einen Seite massiv ab, zielen seine Aussagen andererseits doch erkennbar auf ein primär bürgerliches Publikum, bei dem historische Etymologien und (pseudo) naturwissenschaftliche Exkurse verfangen sollten.

Langbehn prophezeit einen neuen Adel, der dem gegenwärtigen Verfall ein Ende setzen soll. Angekündigt wird ein „heimlicher Kaiser"[11], das Erscheinen „einer gewaltigen und rein geistig dominierenden Einzelindividualität"[12]. Er nennt es ein „geschichtliches Gesetz", dass die verachtete „demokratisch-naturwissenschaftliche" Epoche bald durch einen „cäsarisch-künstlerischen Typus" beendet werde. Dieser „heimliche Kaiser" wird Langbehn zufolge „die Gabe, zu führen und zu formen, besitzen müssen. Er wird dadurch in einen entscheidenden Gegensatz zu dem gegenwärtigen papiernen Zeitalter treten"[13]. Die entworfene Herrscherfigur entsteht aus einer konzeptuellen Verschmelzung der Typen ‚Künstler' und ‚Aristokrat'. Das Ergebnis ist „ein künstlerischer Barbarossa". Seine Vorfahren bilden eine internationale Ahnengalerie aristokratischer Genies: „Leonardo, Shakespeare, Rembrandt, Bach, Bismarck – solange man diese nicht erkannte – sind die heimlichen Kaiser der Deutschen für die letzten fünf Jahrhunderte."[14]

„Fachmänner" und sonstige Verantwortliche für die Verflachung der Kultur verhinderten bisher die Wiederkehr des heimlichen Kaisers. Langbehn bezeichnet sie als „die Raben, welche noch immer den Berg Kyffhäuser umflattern: gelingt es sie zu vertreiben, so kann der Kaiser auferstehen"[15]. Die Berufung auf die Kyffhäusersage weckt nicht zuletzt Erinnerungen an die Mythologeme des George-Kreises. Es verwundert daher nicht, wenn der Georgeaner und Staufer-Biograph Ernst

11 Ebd. S. 236.
12 Ebd. S. 235.
13 Ebd. S. 237.
14 Ebd. S. 236.
15 Ebd. S. 237.

Kantorowicz noch 1933 Julius Langbehn öffentlich zu den zentralen Ideengebern des georgeanischen ‚Geheimen Deutschlands' erklärt.[16]

„Das aristokratische und individualistische Prinzip der Abstufung durchdringt alles Seiende"[17], heißt es bei Langbehn plakativ, wobei vor allem die Gleichsetzung der Konzepte ‚Individuum' und ‚Aristokratie' zu beachten ist. In Langbehns Buch findet sich ein *blending* zwischen dem Typus des genialen Künstlers bzw. den „epochemachenden Individualitäten" und dem ‚Aristokratischen'. Eine kulturkritische Aufwertung erfährt die Adelssemantik über die Bedeutung, die Langbehn ererbten und angeborenen Qualitäten beimisst. So stellt er fest: „Das Wesentliche der Monarchie wie jedes Adels ist die Erblichkeit, das heißt die Kontinuität der lebendigen Blut- und Charakterströmungen, welche sich durch Generationen hinziehen [...]"[18].

Ein *matching* der Frames KULTURKRITIK und ADEL geschieht auf der Grundlage des semantischen Standardwerts ‚Genealogie'. Eine Aufwertung erfahren bei Langbehn erbliche, mithin ‚natürliche' Merkmale. Zugleich werden die ‚künstlichen' abgewertet, gemeint sind die sozial erworbenen Formen der Legitimation, etwa Beruf oder Bildung. Die Integration von ADEL in kulturkritische Deutungsmuster spiegelt sich bei Langbehn in dem kulturkritisch fundierten Dualismus ‚angeboren vs. erworben', der erkennbar eine Variation der kulturkritischen Leitdichotomie ‚Qualität/Essenz vs. Quantität/Akzidenz' bildet. Ausführlich und dabei den zentralen Gedanken permanent wiederholend macht Langbehn die Unterschiede deutlich, die zwischen Dingen bestehen, die „jeder haben" kann, weil in modernen Gesellschaften reglementierte Zugangsmöglichkeiten existieren, und solchen, die ‚angeboren' bzw. ‚natürlich' sind und damit dem Einzelnen, der darüber verfügt, einen nicht einzuholenden Vorzug verleihen, was schließlich das Prädikat ‚aristokratisch' rechtfertigt. Die im Folgenden zitierte Passage lässt dies deutlich werden

---

16 Kantorowicz, Ernst: Das Geheime Deutschland. Vorlesung, gehalten bei Wiederaufnahme der Lehrtätigkeit am 14. November 1933. Hrsg. von Eckhart Grünewald. In: Ernst Kantorowicz. Erträge einer Doppeltagung (Princeton/Frankfurt). Hrsg. von Robert L. Benson und Johannes Fried. Stuttgart 1997. S. 77–93: „Manchen von Ihnen wird unbekannt sein, dass dieser Begriff ‚das geheime Deutschland' schon seine Geschichte hat. Von Lagarde geprägt, hat Langbehn, der ‚Rembrandt-Deutsche' den Begriff übernommen und ihn in dem Sinn angewandt, dass er von Rembrandt, Beethoven, Goethe ‚als den wahren Kaisern des geheimen Deutschland' sprach. Dann griff Karl Wolfskehl im ersten Jahrbuch für die geistige Bewegung das Wort vom ‚geheimen Deutschland' auf und gab ihm einen etwas anderen Sinn." (S. 78).

17 Langbehn, Rembrandt als Erzieher. S. 119.

18 Ebd. S. 115.

und vermittelt zudem auf exemplarische Weise einen Eindruck von der Rabulistik Langbehns:

> Daß das Angeborene höher steht, wichtiger und in jedem Betracht bedeutender und bedeutsamer ist als das Erworbene, darf als eine künstlerische, zugleich aber auch als eine in hohem Sinne politische, konservative, aristokratische Wahrheit bezeichnet werden. Alles Aristokratische ist angeboren; deshalb kann es eine körperliche, eine geistige, eine sittliche Aristokratie geben; aber eine Wissens- oder Geldaristokratie kann es nicht geben [...]. Wissen und Geld werden erworben, sind äußere Güter und darum demokratischer Natur; es kann sie jeder haben. Körperliche, geistige, sittliche Gaben sind angeboren und darum aristokratisch; sie können wohl entwickelt, geschult und gebildet werden; aber wer sie nicht durch ursprüngliche Anlagen besitzt, dem bleiben sie im Wesentlichen versagt. Schönheit, Genie, Mut lernt man nicht. [...] Es ist ein aristokratischer Grundsatz. Eben hierauf, auf der Überlegenheit des Angeborenen über das Erworbene, beruht die naturgemäße und grundsätzliche und unanfechtbare Überlegenheit des Aristokratismus über den Demokratismus.[19]

Das „aristokratische Prinzip“ meint bei Langbehn primär eine „Überlegenheit des Angeborenen über das Erworbene“, ein Gegensatz, mit dem ‚Demokratie‘ und ‚Aristokratie‘ gegeneinander ausgespielt werden. Eine Absage wird vor allem auch der „Wissens- und Geldaristokratie“ erteilt, deren Fundamente auf Äußerlichkeiten beruhen. Ganz anders dagegen beim wahren Künstler:

> Der Gelehrte, selbst wenn er tüchtig ist, ist als solcher stets ein geistiger Parvenu; der echte Künstler ist es niemals; zum Gelehrten kann man sich machen, zum Künstler muß man geboren sein. *Poeta nascitur.* [...] Auch der Gelehrte kann vornehm sein, wenn und insofern er zugleich gestaltender Künstler ist; aber eben an dieser letzten Eigenschaft fehlt es den meisten heutigen deutschen Gelehrten; und damit auch an der inneren Vornehmheit.[20]

Merkmale, die durch individuelle Leistung erworben wurden, bilden aus der Sicht der hier zugrunde liegenden prononciert kulturkritischen Sichtweise nichts weiter als Akzidenzien, beliebig akkumulierbare Äußerlichkeiten in Form ökonomischen Kapitals oder beruflichen Know-hows, das sich in der Gegenwart durch Bildungszertifikate und akademische Titel glaubhaft machen lässt, gegenüber angeborenen und insofern ‚aristokratischen‘ Werten aber gänzlich irrelevant ist.

19 Ebd. S. 35
20 Ebd. S. 40.

4.1.2 Kulturkritischer „Bilderdienst" – Zur Rezeption Langbehns

Nach einer auf Nietzsche zurückführbaren Tradition dient die charismatische Selbststilisierung des Kulturkritikers vor allem auch dazu, das Verkündete *ad personam* zu beglaubigen. Bereits bei Rousseau ist diese Tendenz zu finden, doch erst mit Nietzsche erfolgt die „Transposition des eigenen Lebens in mythische Rollen, die Fiktionalisierung des Ich, die Abfolge von Einsamkeit, Krankheit und Prophetie, schließlich die Übereinstimmung von persönlichem Schicksal und geschichtlicher Bewegung [...]"[21]. Zur Kulturkritik gehört seit Nietzsche die Inszenierung einer zumindest partiellen Kongruenz zwischen der kulturkritischen Aussage, die Bekenntnischarakter besitzt, und der öffentlichen Figur des Kritikers selbst, dessen Persönlichkeit und Schicksal das kulturkritische Dilemma eindringlich widerspiegelt. Die ostentativ hervorgehobene Außenseiterposition des Kulturkritikers, seine vorgebliche *splendid isolation,* aus der heraus er als richtender Beobachter über die verabscheute Massenkultur öffentlich reüssiert, benötigt die Inszenierung und die Pflege eines entsprechenden ‚aristokratischen' Habitus.

Mit Gert Mattenklott ließe sich in diesem Kontext der Begriff des „Bilderdienstes" anbringen. Mattenklott untersucht die kommunikativen Strategien der Selbstinszenierung einer sich als „ästhetische Opposition" verstehenden Kulturkritik, und wie es ihr mittels „Bildern" gelang, Inhalte und kulturpolitische Strategien miteinander zu verknüpfen.[22] Stefan George etwa nutzte das Medium der Photographie strategisch, um sich als Aristokrat zu inszenieren.[23] Die professionell hergestellten Photographien zeigen George vorzugsweise in ordensähnlicher Kleidung und in der herrschaftlichen Pose des aristokratischen Priester-Dichters. Mattenklott leitet das spezifisch ‚Adlige' daran von einer kulturkritisch motivierten Verachtungsgeste ab, die dem bürgerlichen Leistungsprinzip galt. Gemeint ist eine Geste der Autonomie, die sich gegen die repressive „ökonomische Grundordnung" richtet. Dazu wird eine „ostentativ[e] Arbeitslosigkeit"[24] photographisch in Szene gesetzt. Die Bilder Georges suggerieren „eine Einheit von Mann und Werk durch die zur Schau getragene Muße des feudalen Dichterfürsten, durch die äußere Unabhängigkeit des Mannes von Arbeit und Lohn, die innere geistige Autonomie des

21 Thomé, Weltanschauungsliteratur. S. 363.

22 Vgl. Mattenklott, Gert: Bilderdienst. Ästhetische Opposition bei Beardsley und George. Frankfurt am Main 1985.

23 Vgl. Thimann, Michael: Bildende Kunst. In: George-Handbuch, Band 2. S. 551–584. Darin vor allem das Kapitel 2.3.2 Bildnis und Image: George und die Fotografie. S. 565–571.

24 Mattenklott, Bilderdienst. S. 192.

Werkes; man weiß gar nicht, was kostbarer ist: der Produzent oder das Produkt"[25]. Gleiches ließe sich in Bezug auf Langbehn deutlich machen. Auch in seinem Falle verschmilzt in der Rezeption der Aristokratismus des Werkes unlösbar mit dem Aristokratischen des Autors.

Langbehn inszenierte eine Kongruenz zwischen kulturkritischer Aussage, der Idee des bedrohten Künstler-Aristokraten, und eigener Person konsequent. Zum Aufbau eines solchen Habitus gehörten bei Langbehn öffentlich kolportierte Akte der Selbststilisierung, etwa die Vernichtung seiner Promotionsurkunde, die er seiner Heimatuniversität München in Fetzen zerrissen zusandte. Für die Mythenbildung kaum zu überschätzen ist vor allem das ikonische Langbehn-Porträt, das der gerade auch in völkischen Kreisen geschätzte Künstler Hans Thoma (1839–1924) wohl um 1884 malte, das also noch vor dem Rembrandt-Buch entstand. Dem Langbehn-Biographen Benedikt Momme Nissen zufolge einigte sich Langbehn mit Thoma auf den Titel: „Der Philosoph mit dem Ei"[26]. Das Bildmotiv zeigt Langbehn als vitalen Naturmenschen mit rotblondem Vollbart und freiem Oberkörper, der, den Betrachter fixierend, ein Ei in der rechten Hand hält als Symbol organischen Wachstums[27], das, zugleich für Ganzheit und Geschlossenheit stehend, Ausdruck umfassender Kenntnisse des Besitzers sein soll.[28] Das Bild entstand, als sich Langbehn nach dem abrupten Abbruch seiner akademischen Laufbahn mit Gelegenheitsarbeiten das Interesse von zeitgenössischen Künstlern wie Wilhelm Leibl (1844–1900) und Karl Haider (1846–1912) sowie von Sammlern und Kunsthistorikern wie Cornelius Gurlitt (1850–1938) und Woldemar von Seidlitz (1850–1922), dem Generaldirektor der Dresdner Museen, sichern konnte.[29]

Die aufdringliche Bildbotschaft, in der sich die dem Buch entnehmbaren Hochwertbegriffe zu verdichten scheinen, wurde in der Rezeption vollends auf Langbehn übertragen. Das mit dem ‚Angeborenen' zugleich aufgewertete ‚Natürliche' und ‚Aristokratische' verdichtet sich in Langbehns Text nicht zuletzt im Typus

25 Ebd.

26 Nissen, Der Rembrandtdeutsche. S. 71.

27 Vgl. ebd.: „Für Langbehn war das Ei – denen gegenüber, welche die Welt als einen Mechanismus auffassen – ein Bild der organischen Welteinheit." (S. 71).

28 Das Gemälde ist in der Beilage der Märzausgabe von *Der Kunstwart*, 25 (1912) enthalten. In der ‚illustrierten Volksausgebe' des Verlags Alexander Duncker findet sich das Bild in Einleitung von Hans Kellermann. Die Bildunterschrift lautet „Julius Langbehn, der Rembrandt-Deutsche (Der Philosoph mit dem Ei)". (Langbehn, Rembrandt als Erzieher. S. IX). Zum Bild außerdem: Puschner, Uwe; Schmitz, Walter; Ulbricht, Justus H.: Vorwort. In: Handbuch ‚Völkische Bewegung' S. IX–XXVII.

29 Vgl. Behrendt, August Julius Langbehn, der ‚Rembrandtdeutsche'. S. 94.

des niederdeutschen Bauern: der „erdgeborene Niederdeutsche ist ein erdgeborener Aristokrat“[30]. Einen solchen konnte das Publikum auf dem Bild Hans Thomas eindrucksvoll wiedererkennen. Ferdinand Avenarius’ Zeitschrift *Der Kunstwart,* in der Nissen (und damit mindestens indirekt auch Langbehn) über Jahre hinweg mitwirkte, machte das Bild schließlich zur Ikone der Lebensreform-Bewegung[31]; in der 1922 im völkischen Alexander-Duncker-Verlag erschienenen „Volksausgabe“ von Langbehns Buch findet es sich im hymnischen Vorwort des Herausgebers Hans Kellermann. In Nissens panegyrischer Biographie, die Ende der 1920er Jahre noch einmal für kurze Zeit das Interesse an Langbehn aufflammen ließ, wird die Entstehung des Bildes ausführlich besprochen. Langbehn wird dabei vollends zum „Rembrandtdeutschen“, zur Verkörperung des eigenen aristokratischen Ideals, sein Bildnis das Anschauungsobjekt des „erdgeborenen Aristokraten“, das in kulturkritischer Deutung nicht allen eine Personifikation des ‚Natürlichen‘ und ‚Wertvollen‘ zur Anschauung bringt, sondern auch – entsprechend dem kulturkritischen Narrativ – sowohl das gegenwärtig Bedrohte bewusst als auch das in Zukunft neu zu Verwirklichende antizipierbar macht.

4.1.3 Langbehns Adelssemantik und ihre Folgen

4.1.3.1 Langbehns Neologismus: Der ‚Sozialaristokrat‘

Der Begriff „Sozialaristokrat“ ist ein Neologismus, der sehr wahrscheinlich auf Langbehn zurückgeht. Das modische „Reizwort des ‚Sozialaristokraten‘“ verweist auf die „sozialen und mentalen Hintergründe [der] Umbruchszeit“[32] um 1900. Als ein sicheres Indiz für das Eindringen in das kulturelle Wissen der Zeit kann der Umstand gelten, dass bereits wenige Jahre nach Erscheinen von Langbehns Buch der Begriff Aufnahme in populäre Lexika fand. Ladendorfs *Historisches Schlagwörterbuch*

30 Langbehn, Rembrandt als Erzieher. S. 35.

31 Vgl. das Kapitel ‚Kunstwart und Dürerbund‘. In: Bruch, Bürgerlichkeit, Staat und Kultur im Kaiserreich. S. 334 – 349; vgl. auch Avenarius, Ferdinand: Der Rembrandtdeutsche als Kunstwart-Mitarbeiter. In: Der Kunstwart 25/2 (1911). S. 156. Außerdem: Carstensen, Thorsten: Auffrischung für Leib und Seele. Der lebensreformerische Diskurs im ‚Kunstwart‘. In: Carstensen, Thorsten; Schmid, Marcel (Hgg.): Die Literatur der Lebensreform: Kulturkritik und Aufbruchstimmung um 1900. Bielefeld 2016. S. 119–136.

32 Linse, Ulrich: Libertäre und theosophische Strömungen. In: Handbuch Fin de siècle. Hrsg. von Sabine Haupt und Stefan Bodo Würffel. Stuttgart 2008. S. 218–237. Hier: S. 218.

bemerkt unter dem Eintrag „Sozialdemokrat", beim Schlagwort „Sozialaristokrat" handle es sich schlicht um „ein charakteristisches Gegenstück" zum Begriff „Sozialdemokrat"[33]. *Meyers Großes Konversations-Lexikon* von 1909 definiert den „Sozialaristokraten" als denjenigen, „der sich durch seine Leistungen hervortut und vor andern auszeichnet"[34]. Die Einträge offenbaren insgesamt eine gewisse Ratlosigkeit der Verfasser, die jedoch bei einem genaueren Blick auf die in Meyers Lexikon genannten drei Quellentexte verständlich wird. Diese verwenden und füllen den Begriff inhaltlich durchaus unterschiedlich. Genannt werden Langbehns *Rembrandt als Erzieher,* die anonym erschienene Schrift *Volksdienst. Von einem Sozialaristokraten,* deren Autor der Faust-Forscher und sozialdarwinistische Agitator Alexander Tille (1866–1912) ist, sowie Arno Holz' satirisches Drama *Sozialaristokraten* von 1896. Auf alle drei Texte wird im Folgenden näher einzugehen sein.

Den lexikalischen Erklärungsversuchen lässt sich zuvor aber die vielleicht elaborierteste Bestimmung des ‚Sozialaristokratismus' an die Seite stellen, unternommen von dem Neukantianer Heinrich Rickert (1863–1936). In seiner schmalen Schrift *Die Philosophie des Lebens,* einer *Darstellung und Kritik der philosophischen Modeströmungen unserer Zeit,* wie es im Untertitel heißt, widmet sich der Autor Teilen der kulturkritisch fundierten Lebensphilosophie. Rickert entwickelt ein heuristisches Schema aus einer Rekombination komplementärer Begriffspaare, die er der Kulturkritik seiner Zeit entnimmt. Dem Autor zufolge ließen sich die untersuchten Phänomene aus Kombinationen der Begriffe „Sozialismus", „Individualismus", „Demokratie" und „Aristokratie" erklären.

> Dann entstehen vier Gruppen von Tendenzen: die individualistisch-demokratischen, also der „Liberalismus" und das sogenannte Manchestertum, die sozialistisch-demokratischen, die im Marxismus (selbstverständlich nicht bei Marx selbst) ihren interessantesten Ausdruck gefunden haben, die individualistisch-aristokratischen, deren bekanntester Wortführer Friedrich Nietzsche ist, und endlich die Bestrebungen, deren Vertreter sich selber als Sozial-Aristokraten bezeichnen.[35]

Von besonderem Interesse ist Rickerts Versuch einer begrifflichen Differenzierung zwischen dem „radikal-aristokratisch[en] und individualistisch[en] Ideal" Friedrich Nietzsches einerseits und einem „Sozial-Aristokratismus" andererseits.

33 Ladendorf, Historisches Schlagwörterbuch. S. 291.
34 Meyers Großes Konversations-Lexikon, Band 18. Leipzig 1909. S. 633.
35 Rickert, Heinrich: Die Philosophie des Lebens. Darstellung und Kritik der philosophischen Modeströmungen unserer Zeit. 2. Auflage. Tübingen 1922. S. 81.

Der Aristokratismus Nietzsches finde, so Rickert, seinen Gegensatz im „Sozialaristokratismus“. Die Richtung der „Sozial-Aristokratie“ sei bisher „am wenigsten bekannt, aber im theoretischen Interesse nicht zu übersehen“. Rickert interpretiert „Sozialaristokratie“ als eine „Vereinigung des Sozialismus mit der Aristokratie auf biologistischem Boden“[36]. Entscheidend sei dabei die Rückbindung des Individuums an die Gemeinschaft. „Die Sozialaristokraten endlich können sich, soweit das Aristokratische in Betracht kommt, auf Nietzsche stützen, aber sie kehren mehr zum Herdenideal zurück.“[37] Eine Rückkehr zum „Herdenideal“ erfolgt jedoch nur bedingt. Denn die soziale Verantwortung einem „Nächsten“ gegenüber gilt in der „Sozialaristokratie“ erwartungsgemäß nicht den Schwächsten der Gemeinschaft, „sondern dem Besten, damit so die Gattung in die Höhe kommt“. Den primären Bezugspunkt bilden „die Rassen, die Gruppen, die Völker“. Das „einzelne, überragende Individuum“, also die entscheidende Größe in Nietzsches Aristokratismus, erscheine in der Sozialaristokratie dagegen gerade nicht als Ziel und Letztzweck aller Kultur, sondern es gehe um eine Qualitätssteigerung der „Rasse“ oder des „Volkes“ als Ganzes zu einem, wie es Rickert formuliert, „Aristokratenvolk“[38].

Worauf Rickert hinweist, ist letztlich ein Konflikt innerhalb der kulturkritischen Adelssemantik, auf den noch zurückzukommen sein wird. Denn sowohl der Begriff der ‚Gemeinschaft‘ wie auch der des ‚Individuums‘ gelten aus kulturkritischer Sicht fraglos als Hochwertbegriffe. Eine kulturkritisch anschlussfähige Aufwertung der ‚Gemeinschaft‘ gegenüber der negativ besetzten ‚Gesellschaft‘ findet sich in theoretischer Hinsicht bekanntlich schon bei Ferdinand Tönnies (1855–1936). Die beiden prinzipiell positiv besetzten Konzepte, ‚Individuum‘ und ‚Gemeinschaft‘, konkurrieren, wie sich zeigen lässt, innerhalb des Aristokratismus-Diskurses dauerhaft.

4.1.3.2 Alexander Tille: *Volksdienst. Von einem Sozialaristokraten* (1893)

Bei seiner Definition des Begriffs „Sozialaristokratie“ stützt sich Rickert erklärtermaßen auf Tilles agitatorisch-sozialdarwinistische Schrift *Volksdienst. Von einem Sozialaristokraten*. ‚Adel‘ wird darin zu einer sozialen Metapher für die der Natur abgeschauten Selektionsvorgänge:

36 Ebd. S. 85.
37 Ebd.
38 Ebd.

> Die Natur mit ihrer natürlichen Auslese ist, menschlich gesprochen, durchaus aristokratisch. […] Jede Auslese ist aristokratisch, denn das Schlechte wählt niemand aus, um es zu erhalten. Die Thatsache, daß es Hochbegabte, Durchschnitt und Minderbegabte giebt, Menschen mit besonderer, mit durchschnittlicher und schwächlicher Gesundheit, allein genügt, um eine aristokratische Ordnung der Gesellschaft als die einzig natürliche zu erkennen. Eine erbaristokratische darf sie freilich nicht werden, denn diese schlägt der Natur gerade so ins Gesicht wie die sozialistische.[39]

Die Natur ist insofern ‚aristokratisch', als in ihr nach unumstößlichen Gesetzen stets die Besten, d.h. diejenigen, die sich im Selektionsprozess durchsetzen, an der Spitze stehen (sollten). Auch der historische Adel kennt eine vergleichbare ‚Selektion' im Rahmen der Partnerwahl nach dynastischen Gesichtspunkten. Hier setzt Tille bei seiner Adaption von Adelssemantiken an. Ausgehend von einer punktuellen Analogie zwischen sozialer und natürlicher Selektion wird die Adelssemantik zur Quelle für weitere Projektionen, die insgesamt ein geringes Interesse am historischen Adel verraten. Tille argumentiert gegen die Einrichtung der Geburtsaristokratie, weil seiner Meinung nach hervorragende, zur Herrschaft legitimierende Eigenschaften bestenfalls von einer Generation zur nächsten erblich weitergegeben werden könnten, aber nicht wesentlich darüber hinaus. Die historisch herausragende Bedeutung das Adels beruhe in letzter Konsequenz auf einer folgenreichen Fehlinterpretation, die im Lichte moderner wissenschaftlicher Erkenntnisse eklatant ins Auge fallen müsse: „Die Einrichtung des Erbadels, fester Kasten und Stände, beruht ebenso auf leichtfertiger Verallgemeinerung der Beobachtung, daß bei gewissen Familien tüchtige Eigenschaften erblich waren." Die historische Entstehung des Erbadels und einer sich in „Kasten und Stände" differenzierenden Aristokratie ergibt sich Tille zufolge aus spekulativen Schlussfolgerungen, die in vergangenen historischen Epochen aus der Beobachtung eines angeblichen dynastischen Herrscherheils gezogen wurden. Bei einer solchen Deutung wurde aus Tilles Sicht aber fatalerweise in Permanenz gesetzt, was sich in jeder Generation erst durch Kampf und Leistung neu beweisen muss:

> Wenn es in der Natur so wäre, daß der Sohn eines tüchtigen Vaters, der viele Arbeit leistete, die zu jener Zeit hoch im Werte stand, unfehlbar im gleichen Maße tüchtig wäre und imstande, ein gleiches Quantum der in seinen Tagen wertgeschätzten Leistungen

39 Tille, Alexander: Volksdienst. Von einem Sozialaristokraten. Berlin, Leipzig 1893. S. 112.

> zu vollbringen, dann wäre es auch berechtigt, daß es erbliche Kasten gäbe; dann könnten Adelstitel, Besitztitel, Familienvorrechte sich getrost forterben, niemand würde Einspruch erheben.[40]

Die Entwicklung der Erbaristokratie führe notwendig dazu, dass die durch kraftvolle Spitzenahnen gewonnenen Titel, Rechte und Besitztümer den Erben ein „Wohlleben" sichern, in dem sie letztlich „dahinvegetieren", weil sie „durch mehrere Geschlechter dem Daseinskampf entzogen" werden.[41]

Die historische Institution der Erbaristokratie führe dazu, dass die längst dekadent gewordenen Geschlechter künstlich an der Macht gehalten werden. Dies ist für Tille kein historisches, sondern ein durchaus aktuelles Problem, weil sich diese Tendenz im Erbadel wie auch in der „Geldaristokratie" gleichermaßen zeige: „Nur Besitz oder Titel sind das Aristokratische an ihnen, nicht die Persönlichkeiten. Die Aristokratie kann ihnen genommen werden und wird ihnen genommen werden, sobald die Volksmehrheit zur Vernunft gekommen ist, und die Erblichkeit jenes Unfugs aufhebt."[42] Die Idee einer Vererbung von Herrscherheil und Herrscherpersönlichkeit soll, so der Appell, von der „Volksmehrheit" als „Unfug" durchschaut und in einem revolutionären Akt zugunsten des Modells einer Sozialaristokratie „aufgehoben" werden. Im Hinblick auf Erb- und „Geldaristokratie" stellt Tille klar: „Nur die Aristokratie der Arbeit, die Arbeitsaristokratie, oder Sozialaristokratie kann sie vernichten."[43]

Auch bei Tille dominiert letztlich eine kulturkritische Polarität zwischen Akzidentiellem und Substantiellem. Nur unbedeutende Äußerlichkeiten wie Besitz und Titel machen in Wahrheit den Adel in der aktuellen Form aus. Die Merkmale, auf die es in Wahrheit ankommt („Persönlichkeit"), sind gleichmäßig über alle Schichten verteilt, was einen permanenten Kampf um die Spitze der gesellschaftlichen Hierarchie unausweichlich macht. Darüber hinaus wird deutlich, dass Tille zunächst an einen Adel der Leistung denkt. Der Autor spricht statt von Leistung von „Arbeit", was ein besonderes Ethos meint, dabei auch geistige Eigenschaften und Talent inkludiert. Auch dieser Begriff ist letztlich sozialdarwinistisch grundiert, sodass sich ohne Weiteres von einer Aristokratie der ‚Fittesten' sprechen ließe. Die Unterschiede zwischen Tille und Langbehn liegen etwa auch darin, dass Langbehn an die von Tille mit Nachdruck verabschiedeten Vorstellungen einer Erblichkeit

---

40 Ebd. S. 125.
41 Ebd. S. 126.
42 Ebd. S. 130.
43 Ebd. S. 125.

herrschaftslegitimierender Merkmale im Adel glaubt, die durch Neigungen zur „Entartung“ zwar gefährdet seien, die Gültigkeit des Befundes an sich aber unangetastet lassen. So schreibt Langbehn: „denn nach rein naturwissenschaftlichen Gesetzen summiert sich die Kraft der Vorfahren, soweit nicht spezielle Schwäche oder Entartung eintritt, in den Nachkommen.“[44] Ideengeschichtlich spiegelt sich darin ein zeitgenössisch viel diskutierter Gegensatz zwischen den Evolutionstheorien Lamarcks und Darwins, wobei es Alexander Tille und nicht Julius Langbehn ist, der dezidiert sozialdarwinistisch argumentiert. Weitgehende Übereinstimmung findet sich bei der Aufwertung der großen ‚Persönlichkeit‘, des aristokratischen Individuums: Die „Sozialaristokratie“ ist „nicht erbaristokratisch“, wie Tille klarstellt, sie „erkennt nur das Individuum als ein aristokratisches an, das auch wirklich durch seine persönlichen Eigenschaften besser ist als andere“[45].

Fragt man abschließend nach der Definition des ‚Sozialaristokraten‘ bei Langbehn, sollte zuvor noch einmal an seine Neigung erinnert werden, mit Etymologien, Homophonien und Alliterationen zu spielen, teils um Beziehungen zwischen ganz unterschiedlichen sozialen und historischen Gegenständen zu stiften, teils um Dichotomien zu konstruieren, die sich argumentativ ausbeuten lassen. ‚Sozialaristokratie‘ fungiert in Langbehns Pamphlet nicht zuletzt als rhetorischer Kampfbegriff, dessen Mangel an Substanz offensichtlich ist. Die philosophiernden Erklärungen zum Ursprung des „aristokratischen Prinzips“ können darüber nur bedingt hinwegtäuschen:

> Die nackte Gegenüberstellung von Adel und Bürgertum ist die roheste und primitivste Vorstellung, welche man sich vom Aristokratismus machen kann; Bauern, gesetzte Bürger, Edelleute vertreten insgesamt das aristokratische Prinzip, wenn sie in abgestufter Gliederung als staatsbestimmende Faktoren nebeneinander stehen. Adel ist Abstufung.[46]

Das „aristokratische Prinzip“ bedeutet für Langbehn im Kern „Gliederung“ und hierarchisch gestufte Ordnung, und zwar weit über den Bereich des Sozialen hinaus. Es handelt sich für ihn um nichts weniger als ontologische Konstanten (alles „Seiende“ durchdringend), aus den Naturgesetzen ableitbare und in ihnen wirksame Grundprinzipien: „Das alles Organische beherrschende Prinzip der Zelle, mit ihrem Zellkern, ist hier aufs soziale Gebiet übertragen“.[47] Das in der Natur und dem Sein

44 Langbehn, Rembrandt als Erzieher. S. 118.
45 Tille, Volksdienst. Von einem Sozialaristokraten. S. 109.
46 Langbehn, Rembrandt als Erzieher. S. 119.
47 Ebd. S. 118.

selbst waltende (damit zugleich aller Anfechtung entzogene) „aristokratische Prinzip" bildet, ähnlich wie bei Tille, dort, wo es auf das Soziale appliziert wird, lediglich eine Variante des Aristokratischen, eben „Sozialaristokratie". Aristokratisch ist, so ließe sich folgern, all das, was einer strengen Form unterworfen ist, für die die Natur selbst beispielgebend ist. Die Antithese bildet das Formlose, zur Mischung und Auflösung Tendierende, sei es in der Natur, sei es in der Gesellschaft. Dieser semantisch weite Begriff des ‚Aristokratischen' wird indes wieder verengt, wenn Langbehn den Fokus auf den Kampf gegen Sozialismus und Sozialdemokratie richtet. In der politischen Emanzipation des Proletariats sieht Langbehn bekanntlich eine notorische Gefahr für den Bestand der deutschen Kultur, die im Kern „aristokratisch" sei. Die „Sozialdemokratie" gilt Langbehn als Atavismus, als ein „Rückfall in das Herdenprinzip des allerfrühesten menschlichen Daseins [...]; sie ist ungegliederte, unbefruchtete, unbelebte menschliche Masse [...]"[48]. Die ‚aristokratische' Anlage der Deutschen gelte es dagegen zu verteidigen, mehr noch: Man müsse ihr zum vollen Durchbruch verhelfen, denn „[g]anz Deutschland ist von latenter Sozialaristokratie erfüllt"[49]. Die Bedeutung von ‚Aristokratismus' changiert in Langbehns Buch zwischen nationalem Spezifikum und natürlichem Ordnungsprinzip. Insgesamt appelliert er unter Rückgriff auf das ‚Aristokratische' an einen Formwillen, der sich, darin typisch für den kulturkritischen Diskurs der Zeit, gegen historische Zentrifugalkräfte stemmt, die in den Augen der Kritiker zur sozialen Anomie führen.

4.1.3.3 Arno Holz: *Sozialaristokraten* (1896)

Fraglos gehören „Individualismus, Aristokratismus und Übermenschentum" zu den „Sujets der Parodie und Karikatur"[50] in Arno Holz' *Sozialaristokraten*. Den Entstehungshintergrund bildeten Debatten in der Zeitschrift *Freie Bühne,* dem Organ des 1889 gegründeten gleichnamigen Vereins.[51] Einen Eindruck von den Inhalten der Zeitschrift vermittelt exemplarisch der Aufsatz *Der Kultus der Persönlichkeit* (1891) von Curt Grottewitz (d.i. Max Curt Pfütze), in dem die soziale Frage vor dem Hintergrund eines allgegenwärtigen Nietzscheanismus diskutiert wird: „Wie

48 Ebd. S. 141.

49 Ebd.

50 Meyer, Theo: Nachwort. In: Holz, Arno: Sozialaristokraten. Hrsg. von Theo Meyer. Stuttgart 1980 [1896]. S. 148–197. Hier: S. 170.

51 Zum geistesgeschichtlichen Hintergrund und der Entstehung des Stücks vgl. Scheuer, Helmut: Arno Holz im literarischen Leben des ausgehenden 19. Jahrhunderts (1883–1896). Eine biographische Studie. München 1971. S. 189.

läßt sich dieser aristokratische, die Menge verachtende Persönlichkeitskultus mit dem demokratischen Zuge vereinen?“[52] Holz' Drama stellt, primär über den Titel, intertextuelle Verknüpfungen her mit den genannten Texten Tilles und Langbehns, die zu ergänzen sind um Bruno Willes (1860–1928) Einlassungen.[53] Theo Meyer vermutet, dass insbesondere Alexander Tilles Schrift *Volksdienst* Arno Holz indirekt über Wille bekannt war.[54] Bruno Willes Aufsatz *Socialaristokratie* erschien im Übrigen ebenfalls in der *Freien Bühne.*[55]

Nachweisen lassen sich direkte inhaltliche Übernahmen in Holz' Drama gleichwohl nicht. Die Figuren des Stücks vertreten kaum weltanschauliche Haltungen, die sich klar den dafür infrage kommenden Prätexten Julius Langbehns, Alexander Tilles oder Bruno Willes zuordnen ließen. Das Schlüsseldrama reflektiert stattdessen die Popularität ‚aristokratischer' Selbstinszenierungsstrategien. Dargestellt wird in satirischer Zuspitzung die Virulenz einer kulturkritisch aufgeladenen Adelssemantik im bürgerlich randständigen Künstler- und Intellektuellenmilieu. Der ‚Sozialaristokratismus' erscheint zunächst als zentraler Aspekt eines weltanschaulichen Synkretismus der Protagonisten. Bei den Versuchen, den Zeitgeist einzufangen, gelingt es diesen, den vertretenen Aristokratismus mühelos mit einer Vielzahl von Denkströmungen der Zeit zu verbinden, die dabei stets auf Schlagworte reduziert werden.

Das Stück selbst ist handlungsarm. Die in Aussicht gestellte Erbschaft eines jungen Schriftstellers bildet den Anstoß für das ambitionierte Zeitschriftenprojekt eines in Berlin-Friedrichshagen situierten Kreises von Schriftstellern, hinter dem sich, kaum verhüllt, das historische Vorbild des Friedrichshagener Dichterkreises um Bruno Wille verbirgt. Der Name der Zeitschrift soll ‚Sozialaristokraten' lauten, eine spontane Eingebung des als einfältig gezeichneten Verlegers Fiebig, der über beachtliches marktstrategisches Gespür verfügt und einen lukrativen Beitrag zum im Trend liegenden Nietzscheanismus wittert. Mittelpunkt des Kreises von erfolglosen Schriftstellern und *spiritus rector* der projektierten Zeitschrift ist die Figur des sich genialisch gebärdenden Dr. Gehrke, dessen Habitus eines „akademisch randständigen Dichterphilosophen“ (Bollenbeck) ihn als typischen Kulturkritiker ausweist. In dem ausführlichen Personenregister heißt es über sein Äußeres: „Blaue

52 Grottewitz, Curt: Der Kultus der Persönlichkeit. In: Freie Bühne, 2 (1891). S. 233–236. Hier: S. 233.

53 Schickling, Dieter: Interpretationen und Studien zur Entwicklung und geistesgeschichtlichen Stellung des Werkes von Arno Holz. Tübingen 1965. Vgl. Fähnders, Walter: Avantgarde und Moderne 1890–1933. Stuttgart 1998. S. 80 ff.

54 Meyer, Nachwort. S. 193.

55 Wille, Bruno: Socialaristokratie. In: Freie Bühne, 4 (1893). S. 914–920.

Augen. Sogenannt urgermanischer Typus. Schwankend zwischen Waldmensch und Oberlehrer."[56] Teile der Beschreibung decken sich offenbar mit dem Äußeren Bruno Willes.[57] Es ist davon auszugehen, dass auch Züge Julius Langbehns in die Figurenzeichnung eingingen. Wiederum muss man hier an das Langbehn-Gemälde von Hans Thoma denken, das laut Langbehns Biographen Nissen als „Bildnis des Nordmannes"[58] bezeichnet wurde und das Holz unzweifelhaft ebenso bekannt war wie Langbehns Buch selbst.

Gehrke versucht mit pädagogischem Elan einen „*neu[en]* Menschen, welche[n] die Zukunft braucht", zu schaffen. Ziel ist dabei nicht länger der nunmehr als obsolet erkannte Standpunkt des „*Übermenschen*", wie ihn Nietzsche, die „Pseudogröße einer überwundenen Epoche", im Sinn hatte. Stattdessen geht es um die „*Übermenschheit*"[59]. Gehrke ist es auch, der als Einziger eine vage Definition des Begriffes liefert: „[d]er Instinkt des Einzelnen als Wille zur Elite."[60] Über die parodistisch behandelte Überbietungsgeste hinaus wird auf den zeitgenössischen Aristokratismus-Diskurs und seine Akteure Bezug genommen. Für Gehrke soll der Bezugspunkt des Aristokratismus nicht das Individuum sein, sondern die Gemeinschaft. Der originelle Begriff der „Übermenschheit" ließe sich mit dem von Rickert formulierten Konzept des „Aristokratenvolk[es]" in Beziehung setzen, das dem Philosophen zufolge das allgemeine Ziel der „Sozialaristokratie" sei.

Dabei ist es nicht der Begriff ‚Sozialaristokrat' allein, der Bezüge zum zeitgenössischen Aristokratismus eröffnet. Die Figur des anämischen Dichters Styczinski etwa, deren Vorbild offensichtlich der zeitweise von einem modischen Satanismus beeinflusste Schriftsteller Stanislaw Przybyszewski (1868–1927) war, ließe sich in jenen Kontext ebenfalls einordnen. Holz legt ihr Sentenzen wie die Folgende in den Mund: „Wir sind alle kranke Sumpfblumen am Jahrhundertsende."[61] Dabei handelt es sich um eine direkte Anspielung auf Przybyszewskis wohl bekanntestes Werk, die Richard Dehmel (1863–1920) gewidmete Erzählung *Totenmesse* (1893). Im Vorwort zu seiner Erzählung erklärt Przybyszewski mit sinisterem Tonfall:

> Einen von den Unbekannten, von den im Dunklen und in Vergessenheit lebenden „Certains" führe ich hier vor. Er ist Einer von denen, die auf dem Wege hinknicken, wie kranke

56 Holz, Sozialaristokraten. S. 6.
57 Scheuer, Arno Holz. S. 190.
58 Nissen, Der Rembrandtdeutsche. S. 71.
59 Holz, Sozialaristokraten. S. 59 (Hervorhebung im Original).
60 Ebd. S. 60.
61 Ebd. S. 43.

> Blumen, – Einer von dem aristokratischen Geschlechte des neuen Geistes, die an übermäßiger Verfeinerung und allzu üppiger Gehirnentwicklung zu Grunde gehen.[62]

An gleicher Stelle macht der Autor darauf aufmerksam, dass es sich bei seiner Erzählung um eine Literarisierung essayistischer Betrachtungen handelt. Es geht um Befunde, die Przybyszewski in seinen weltanschaulichen Essays zum Thema ‚Individualismus' zutage förderte:

> In einer Zeit, wo die Herdeninstinkte sich zu einem mächtigen Gefühl der Zusammengehörigkeit kondensiert haben, wo die Rechte eines jeden Menschen genau abgegrenzt sind, [...] ist an die Machtentfaltung der herrschsüchtigen Instinkte, an den Auslöser der tatengierigen Kräfte, an die Geltendmachung der über das Maß hinausgehenden Anlagen nicht zu denken. Für das Individuum, das dermaßen organisiert ist, gibt es in der „Gesellschaft" keinen Platz. [...] Was das Individuum von heute auszeichnet, das ist das Gefühl des Über-den-Menschen-seins, das Gefühl, außerhalb der Marktinteressen der Menge zu stehen [...].[63]

Ein Schlüsselwort sind zweifellos die „Marktinteressen", über denen nicht nur Przybyszewski zu stehen meint, sondern auch sein literarisches Pendant in Holz' Drama sowie die anderen ‚Aristokraten' des Stücks. Die Berufung auf Adelssemantiken ist insgesamt Teil einer Praxis, mit der sich die ‚Sozialaristokraten' zur geistigen Elite stilisieren. Mit den Mitteln der naturalistischen Milieustudie in Dramenform, die sich an Holz' Text mustergültig studieren lassen, gelingt es dem Autor, in satirischer Absicht zu zeigen, wie die tatsächlich prekäre soziale Außenseiterposition der Schriftsteller konsequent zu einer selbstgewählten ‚aristokratischen' Gegenposition umgedeutet wird. Dabei wird ein ‚Pathos der Distanz' zelebriert, das sich gegen das verspottete Bürgertum und das ‚geistlose' Proletariat gleichermaßen richtet. Den artikulierten Führungsansprüchen liegt jedoch erkennbar ein Kompensationsbedürfnis zugrunde. Den eigentlichen Antrieb bildet ein kränkendes Gefühl der Statusinkonsistenz, also eine subjektiv empfundene Asymmetrie zwischen

---

62 Przybyszewski, Stanislaw: Totenmesse. In: ders.: Werke, Aufzeichnungen und ausgewählte Briefe. Band 1: Erzählungen. Hrsg, von Michael Schardt und Hartmut Vollmer. Paderborn 1990. S. 7–41. Hier: S. 7.

63 Przybyszewski, Stanislaw: Zur Psychologie des Individuums I – Chopin und Nietzsche. In: Werke, Aufzeichnungen und ausgewählte Briefe. Band 2: Zur Psychologie des Individuums: Erzählungen und Essays. Hrsg. von Walter Fähnders. Paderborn 1991. S. 99–122. Hier: S. 106.

dem tatsächlichen und einem ideell beanspruchten Status als ‚Dichter-Herrscher'.[64] Diese Erweiterung des Blicks erlaubt es auch, das zeitdiagnostische Potential von Holz' Satire neu zu bewerten. Über eine ideologische Adelssemantik in Gestalt des ‚Sozialaristokraten' hinaus wird in dem Stück implizit auch die zeitgenössisch im Wandel begriffene Metaphorik des ‚Dichterfürsten'[65] verhandelt.

4.1.3.4 Die Metapher des ‚Dichterfürsten'

Die Metapher des ‚Dichterfürsten' bezeichnet prinzipiell eine

> [...] historisch gewachsen[e] Strukturhomologie zwischen Dichtung und Herrschaft, die sich unterschiedlich akzentuiert sowohl produktions- als auch rezeptionsästhetisch manifestiert und bis in die Antike zurückverfolgen lässt. Bereits etymologisch gestaltet sich eine intensive Nähe zwischen Dichtung und Diktat, bzw. zwischen Autorität und *auctoritas* bzw. Autorschaft.[66]

Die Bedeutung der Metaphorik um 1900 lässt sich mit Blick auf den populären, etwa auch von Theodor Fontane satirisch bearbeiteten Schiller-Vers ermessen: „Es soll der Dichter mit dem König gehen, / Sie beide wohnen auf der Menschheit

64 Zum Begriff der ‚Statusinkonsistenz' vgl. Engel, Uwe; Simonson, Julia: Strukturelle Differenzierung, Statusinkonsistenz und Integration: Mehrebenenmodelle für Paneldaten. In: Sozialstruktur und Gesellschaftsanalyse. Sozialwissenschaftliche Forschung zwischen Daten, Methoden und Begriffen. Hrsg. von Gerd Nollmann. Wiesbaden 2007. S. 72–97. „[...] die Frage, ob Elementarfaktoren sozialstruktureller Platzierung in einem stimmigen Verhältnis zueinander stehen oder nicht. Ist das Binnenverhältnis der Elementarfaktoren stimmig, ist Statuskonsistenz gegeben, bei einem nicht stimmigen Binnenverhältnis liegt dagegen Statusinkonsistenz vor. Was als stimmige Relation definiert wird, kann allerdings variieren. Ursprung divergierender Statusinkonsistenzkonzeptionen sind meist unterschiedliche zugrunde liegende Konsistenznormen. [...] Auf der individuellen Ebene ist Statusinkonsistenz [...] ein Ungleichgewichtszustand, den Personen zu vermeiden oder durch Mobilität zu verändern versuchen und der verschiedene als unangenehm erlebte psychosoziale Folgen mit sich bringen kann." (S. 73).

65 Vgl. dazu: Lämmert, Eberhard: Der Dichterfürst. Metamorphosen einer Metapher in Deutschland. In: Vom Künstlerstaat. Ästhetische und politische Utopien. Hrsg. von Ulrich Raulff. München, Wien 2006. S. 144–185.

66 Ramponi, Patrick; Wiedner, Saskia: Dichter und Lenker, Literatur und Herrschaft. Eine kulturhistorische und methodologische Hinführung. In: Dichter und Lenker. Die Literatur des Staatsmänner, Päpste und Despoten von der Frühen Neuzeit bis in die Gegenwart. Hrsg. von Patrick Ramponi und Saskia Wiedner. Tübingen 2014. S. 9–32. Hier: S. 13 f.

Höhen!" Dichter und Fürst, Künstler und Aristokrat stehen – zumindest idealiter – „auf der Menschheit Höhen". Im Licht dieses Verses ist ungefähr zu erkennen, wo die Überschneidungen zu suchen sind: Während dem ‚Fürsten' die Herrschaft über das ‚Weltliche' obliegt, ist der ‚Dichterfürst' die Autorität im Bereich des ‚Geistigen'. Es wird also eine komplementäre Stellung von geistigem und politischem Herrschertum behauptet, bei der sich fragen ließe, wie ernst dieser Anspruch um 1900 genommen wurde. Walter Fähnders bemerkt jedenfalls, dass vom Bildungsbürgertum eine Nobilitierung des Dichters in dieser Form bestenfalls „auf verquere Weise akzeptiert werden"[67] konnte. „Als Erinnerungsposten" blieb bei vielen zeitgenössischen Autoren sowie „bei Teilen des Bürgertums ein Dichterbild lebendig, das von den Marktgesetzen wie der kulturellen Praxis der Eliten im Bismarckreich zwar längst desavouiert war, das aber, so anachronistisch es sein mochte, den Adel des Geistes feierte und den Dichter unverdrossen mit seinen Lorbeeren kränzte"[68]. Gleichwohl lassen sich bis in das 20. Jahrhundert hinein Positionen nachweisen, in denen die Gleichrangigkeit von Dichtertum und Herrschertum keineswegs als ‚bloße' Metaphorik oder als „Erinnerungsposten" galt.[69] Weiterhin identifizierte sich eine Anzahl von Autoren mit der emphatischen Deutungsmöglichkeit des ‚Dichterfürsten'. Historische Anpassungen des dichterischen Selbstverständnisses bewegten sich vielfach in einem Rahmen, der sich mittels einer Adelssemantik abstecken ließ. Zwischen traditionell-idealistischen Dichterkonzepten – ein solches vermittelt die Metaphorik des ‚Dichterfürsten' – und ‚aristokratischen' Neu- und Umdeutungen, dazu zählen etwa auch Holz' ‚Sozialaristokraten', bestand eine historische Verbindung. Die Adelssemantik bildete in zeitgenössischen Diskursen, in denen über die Rolle des Dichters in der Gesellschaft nachgedacht wurde, ein kontinuitätsstiftendes Element.

In gewisser Hinsicht ließe sich tatsächlich von einer durch „Goethe initiiert[en] und bis zum George-Kreis reichend[en] Variante des ‚Dichterfürsten'"[70] sprechen. Gleichzeitig fand jedoch in jenem Zeitraum eine signifikante Binnendifferenzierung statt. Zu unterscheiden wäre zwischen einem vom Bürgertum gestützten und geteilten Konzept des nationalen „Dichterfürsten", dessen Bezugspunkt Goethe blieb und dessen öffentliche Legitimität wesentlich durch das Prestige und die Autorität

67 Fähnders, Avantgarde und Moderne. S. 64.

68 Ebd. S. 64 f.

69 Vgl. Raulff, Ulrich: Der Traum vom ästhetischen Staat und die Diktatur der Dichter. In: Vom Künstlerstaat. S. 7–17.

70 Ramponi; Wiedner, Dichter und Lenker, Literatur und Herrschaft. S. 15.

eines klassischen Bildungsfundus sanktioniert wurde, und dem aufkommenden Modell eines dezidiert elitär-antibürgerlichen ‚Dichter-Führers'.

Zumindest für einen kleinen Teil der Autoren in der Zeit um und nach 1900 bot die allgegenwärtige Klassikeridolatrie eine reelle Möglichkeit zur Selbstnobilitierung. Der ‚Dichterfürst' wurde in seiner Relevanz als dichterisches Selbstdeutungsmodell durch die große Popularität, die den ‚Klassikern' zuteilwurde, noch gestärkt. Die öffentliche Apotheose der Klassiker zu ‚Dichterfürsten' generierte für lebende Autoren die Möglichkeit, zum aktuellen Repräsentanten deutscher ‚Kultur' aufzusteigen. Die Anwartschaft und die öffentliche Plausibilisierung einer *geistigen* Nachkommenschaft zu Goethe und Schiller gehörten insgesamt „zu den typologischen Argumentationsformen, die mit der Selbsterhebung des Dichters in einen geistigen Adelsstand im frühen 20. Jahrhundert zwingend verknüpft"[71] waren. Ein solcher Titel war bekanntermaßen umkämpft. Autoren wie Thomas Mann, Gerhart Hauptmann (1862–1946) oder der heute praktisch vergessene Paul Heyse (1830–1914) nahmen ihn für sich in Anspruch.[72] Ein Rückgriff auf Adelssemantiken lässt sich auch in der Implementierung genealogischer Vorstellungen erkennen, gemeint sind die obligatorischen Rekurse auf „Spitzenahnen"[73] der romantisch-klassischen Kulturepoche. Die diskursiven Strategien der Selbstnobilitierung zielten nicht nur darauf ab, sich als ‚Dichterfürst' standesgemäß zu präsentieren, sondern auch darauf, sich dabei zugleich in eine entsprechende Genealogie einzuschreiben. Zu erkennen ist darin ein dynamisches, am Vorbild ‚Adel' orientiertes „Denken in Genealogien". Die Entfaltung genealogischer Narrative kann über das Offensichtliche einer konstruierten Goethe-Nachfolge hinweg als „Instrument einer historiografischen oder mythologischen Suche nach dem Ursprung von Individuen, Dynastien, Völkern"[74] verstanden werden.

Durch die Adelsmetaphorik des ‚Dichterfürsten' wurde allerdings eine weitgehend stabile hierarchische Konstellation zum Ausdruck gebracht. Es geht um ein Verhältnis, welches die bruchlose wechselseitige Anerkennung der jeweiligen Rollen impliziert, der des Herrschenden (des ‚Dichterfürsten') und der des Beherrschten

71 Lämmert, Der Dichterfürst. S. 148.

72 Vgl. Mendelssohn, Peter de: Von deutscher Repräsentanz. München 1972.

73 Parnes, Ohad; Vedder, Ulrike; Willer, Stefan: Das Konzept der Generation. Eine Wissenschafts- und Kulturgeschichte. Frankfurt am Main 2008. „Für die legitimatorische Funktion von Herkunfts- und Abstammungserzählungen ist somit immer zu fragen, welche ‚Spitzenahnen' und sonstigen Vorfahren gewählt werden, um die eigene Position zu begründen." (S. 46).

74 Ebd. S. 40.

(des ‚Volkes'). So wie der Ur-Dichterfürst „Goethe zum Repräsentanten einer konfliktfreien Kooperation von Macht und Geist"[75] stilisiert wurde, schließt die zur Repräsentanz gewandelte Herrschaft des ‚Dichterfürsten' eine paternalistische Verantwortung ein. Es geht um einen ‚Fürsten', dessen Autorität als ebenso intakt gedacht wird wie sein grundsätzliche Vermögen, Volk und Nation *im Ganzen* zu repräsentieren. Gerade in dieser Bruchlosigkeit erweist sich das Konzept ‚Dichterfürst' als vormodern und krisenanfällig, was von zentralen Autoren der Zeit, beispielsweise Thomas Mann, durchaus reflektiert wurde. Dezidiert modern zeigt sich Thomas Mann, dessen Selbststilisierungen zum Präzeptor Deutschlands Legion sind, nämlich gerade dort, wo in seinen Texten die Möglichkeiten von „Repräsentierbarkeit" selbstreflexiv problematisiert werden.[76]

4.1.3.5 Ideal und Wirklichkeit des ‚Dichterfürsten' – Detlev von Liliencron

Im welchem Ausmaß Anspruch und Realität in Bezug auf das Rollenmodell des ‚Dichterfürsten' konfligierten, lässt sich anhand eines Beispiels näher illustrieren, das hier auch deshalb Interesse verdient, weil ein adliger Autor involviert ist.[77] Quelle ist ein Briefwechsel zwischen Verleger und Autor. Letzterer ist der aus dänisch-deutschem Adel stammende Detlev von Liliencron (1844–1909), der 1905 den Briefwechsel in der Halbmonatszeitschrift *Die Feder,* dem Periodikum eines Kartells lyrischer Autoren unter der Ägide von Arno Holz und Richard Dehmel, selbst veröffentlichte.[78] Gegenstand des Briefwechsels ist die Reaktion auf eine Weigerung Liliencrons, seine impressionistische Kurzerzählung *Die vergessene Hortensie*

75 Bollenbeck, Georg: Goethe als kulturkritische Projektion bei Chamberlain, Simmel und Gundolf. In: Goethe in Gesellschaft. Zur Geschichte einer literarischen Vereinigung vom Kaiserreich bis zum geteilten Deutschland. Hrsg. von Jochen Golz und Justus H. Ulbricht. Köln, Weimar, Wien 2005. S. 13–32. Hier: S. 13.

76 Strobel, Jochen: „Gut deutsch sein heisst sich entdeutschen". Thomas Mann zwischen aporetischer Repräsentation und glückender Repräsentanz. In: Die Erfindung des Schriftstellers Thomas Mann. Hrsg. von Michael Ansel, Hans-Edwin Friedrich und Gerhard Lauer. Berlin, New York 2009. S. 317–350. Hier: S. 320.

77 Vgl. Füssel, Stephan: Das Autor-Verleger-Verhältnis in der Kaiserzeit. In: Naturalismus, Fin de siècle, Expressionismus 1890–1918. Hrsg. von York-Gothart Mix. München 2000. (= Hansers Sozialgeschichte der deutschen Literatur, Band 7). S. 137–154; Bierwirth, Maik: Detlev von Liliencron und das Verlags- und Urheberrecht von 1901: In: Turns und Trends der Literaturwissenschaft. Literatur, Kultur und Wissenschaft zwischen Nachmärz und Jahrhundertwende im Blickfeld aktueller Theoriebildung. Hrsg. von Christian Meierhofer und Eric Scheufler. Zürich 2011. S. 129–146.

78 Vgl. Sprengel, Geschichte der deutschsprachigen Literatur 1900–1918. S. 132.

kostenlos zum Nachdruck in einem Lesebuch für Jugendliche zu überlassen. Der Vertreter des Verlags erinnert an die ideellen Pflichten des Dichters und weist damit zugleich die Vergütungsansprüche Liliencrons („Ich muß Sie deshalb bitten, mir – zum mindesten mit 30 Mk. – den Nachdruck der vergessenen Hortensie zu bezahlen"[79]) als nicht standesgemäß zurück. Skandalisiert wird seitens des Verlags der Umstand, dass der Dichter die Möglichkeit ausschlägt, sein „Scherflein zur ästhetischen Bildung der Jugend beizutragen" und „zu unserem Volke zu sprechen". Appelliert wird an das Ideal des ‚Dichterfürsten', dem sich Liliencron verweigern würde. Der Verfasser des an „Herrn Baron Detlev von Liliencron" adressierten Schreibens betont ausdrücklich, dass er ein solches Verhalten „bei Dichtern Ihres Namens nicht erwartet [hätte]", was sich zum einen auf den Bekanntheitsgrad Liliencrons als Autor bezieht, darüber hinaus als direkte Anspielung auf dessen adlige Herkunft zu verstehen ist.

Liliencron wird also in doppelter Hinsicht moralisch in die Pflicht genommen, als Dichter *und* als Adliger. Aus der Sicht des Verlags verlangt beides gleichermaßen, dass er – *noblesse oblige* – auf ein Honorar zu verzichten habe. Der Vorwurf an Liliencron besteht in einem angeblichen Verrat am bildungsidealistischen Konzept ästhetischer Interesselosigkeit, das hier mit dem Stereotyp ökonomischer Distanz und materieller ‚Interesselosigkeit' des Adels verflochten und potenziert erscheint: Ein Dichter, der Geld für seine Poesie verlangt, so der Vorwurf, kompromittiert sich. Dies gilt umso mehr, wenn er außerdem Adliger ist. Seitenhiebe dieser Art waren für Liliencron nichts Unbekanntes. Bereits Jahre zuvor erteilte der ebenso umtriebige wie streitbare Verleger Wilhelm Friedrich (1851–1925), dessen eindrucksvoller Briefwechsel mit Liliencron von Walter Hasenclever (1890–1940) 1914 veröffentlicht wurde, dem notorisch überschuldeten Autor den wohlgemeinten Rat, er solle vor allem keine Lyrik mehr produzieren, sondern sich stattdessen auf Prosatexte konzentrieren, die sich als Fortsetzungen in Zeitschriften publizieren ließen und deshalb als weitaus einträglicher gelten konnten: „Das *ideale* Schaffen ist ja etwas sehr schönes für den, der vom Kouponabschneiden nebenbei lebt; aber wer auch an den *Realismus* des Lebens denken muß, der muß seinen Idealismus wenigstens in *die* Form kleiden, die dem gebildeten Pöbel die angenehmste ist, und dies ist die Romanform."[80]

In einem anderen Brief Friedrichs an Liliencron aus dem Jahr 1889 heißt es:

---

79 Liliencron, Detlev von: Ein Briefwechsel, mitgeteilt von Detlev von Liliencron. In: Die Feder, Band 8, Nr. 155 (1905), S. 1352–1353. Hier: S. 1352.

80 Hasenclever, Walter (Hg.): Dichter und Verleger. Briefe von Wilhelm Friedrich und Detlev von Liliencron. Mit einer Einleitung, Faksimiles und mehreren unveröffentlichten

> Lachen Sie nicht über diese Prosa. In der Prosa liegt die Poesie des Geldes! Wenn Sie also letzteres gern haben – und wer hätte das nicht? – so schreiben Sie Prosa, das ist [...] verkäufliche Ware für die jetzige Zeit. Gedichte soll sich eigentlich nur der *Freiherr* von Liliencron auf *Schloß* Liliencron (Größe des Majoratsbesitzes: *mindestens* eine Quadratmeile) leisten.[81]

Bei wieder anderer Gelegenheit rückt Friedrich die angeblich „kindlichen Ansichten" Liliencrons über das „Geschäft" zurecht und bemerkt einmal mehr mit Verweis auf die noble Herkunft des Autors: „[W]o sollten Sie im Leben Gelegenheit gehabt haben, Einblicke in das ‚Geschäft' zu tun"; Liliencrons Kritik am Geschäftsgebaren der Verlegers sei letztlich unwürdig „eines den ‚Edelsten der Nation' angehörenden Edelmanns und Offiziers".[82] Friedrich macht keine Anstalten, sein ökonomisches Denken hinter gespielter Empörung zu verbergen. Nicht nur dominiert eine rein kommerzielle Sicht auf das Schaffen des Autors, Liliencron werden auch seine Möglichkeiten als armer Adliger drastisch vor Augen geführt. Die dabei deutliche hervortretende stereotype Verknüpfungsmöglichkeit von ökonomischer Unkenntnis und adliger Herkunft wird zum Ausgangspunkt für beißenden Spott. Von dem süffisant gezeichneten Bild eines bar aller materiellen Sorgen dichtenden Schlossherrn war Liliencron, das wusste kaum einer besser als Friedrich, denkbar weit entfernt. Seit dem frühen Ausscheiden aus der mit dem Herkunftsmilieu noch konformen Militärlaufbahn gelang es Liliencron beinahe zeitlebens nicht mehr, sich seiner drückenden Existenzsorgen als freier Schriftsteller zu entledigen. Liliencron reflektierte seine Situation als armer Adliger sehr früh in einem autobiographisch gefärbten Drama mit dem bezeichnenden Titel *Arbeit adelt* (1887) – zumindest dort mit versöhnlichem Ausgang, dessen Zug ins Märchenhafte und Realitätsferne sich gleichwohl als Kritik verstehen ließe.

4.1.3.6 Vom ‚Dichterfürsten' zum ‚Dichter-Führer'

Idealistische Vorstellungen des ‚Dichterfürsten' kollidierten zu Beginn des 20. Jahrhunderts mit einer realen ökonomisch-sozialen Marginalisierung von Schriftstellern zu „Tintensklaven" (Theodor Fontane), die verbunden war mit einer vorher nicht gekannten Abwertung progressiver ästhetischer Verfahren seitens des bürgerlichen

---

Photographien. München, Berlin 1914. S. 64 (Friedrich in einem Brief vom 10.05.1886; Hervorhebung im Original).

81 Ebd. S. 92 (Hervorhebung im Original).

82 Ebd. S. 101.

Publikums und der Obrigkeit (man denke an das berüchtigte ‚Rinnsteinkunst'-Verdikt Wilhelms II. von 1901).[83] Betroffene Autoren suchten Wege, die gerade aus dem weiterhin als verbindlich erachteten Selbstbild des ‚Dichterfürsten' heraus schmerzhaft empfundene „Isolation von Gesellschaft und Publikum"[84] zu überwinden. Es ging darum, in einer durch „Vermarktung der Literatur, Statusverlust und Isolation der Künstler, materielle und ideelle Deklassierung" geprägten Situation zu überleben, die seit der „Reichsgründung tendenziell für die gesamte literarische Szene" galt.[85] Die Strategie, mit der auf eine solche Marginalisierung reagiert wurde, könnte man mit Pierre Bourdieu als „symbolische Revolution" beschreiben. Diese bestand darin, dass sich die Autoren von der Kränkung einer ästhetischen und kommerziellen Missachtung seitens des bürgerlichen Publikums lösten, „indem sie keinen anderen Herrn und Meister anerkennen wollen als ihre Kunst". Bei radikalen Verweisen auf künstlerische Autonomie und *l'art pour l'art* handelt sich laut Bourdieu um Strategien, den „Markt zum Verschwinden zu bringen"[86]. Künstler akkumulieren aus der Ablehnung des ökonomischen Feldes symbolisches Kapital. Es handelt sich letztlich um eine kulturkritisch aufgeladene Konstellation, wenn die scharfe Abgrenzung des literarischen vom ökonomischen Feld seitens der Dichter als ein konstitutiver Akt der Selbstermächtigung wahrgenommen und durch einen entsprechenden Habitus des Anökonomischen unterstrichen wird, der wiederum Anschlüsse an stereotype Adelssemantiken erlaubte.[87] Bezogen auf die Verhältnisse im Deutschen Reich um 1900 kann letztlich aber nur bedingt von einer „Revolution" im Sinne Bourdieus gesprochen werden, sondern eher noch von einer Reaktion, deren Radikalität nur verständlich wird, wenn man wiederum das Gefälle registriert, das für die Beteiligten tatsächlich zwischen Ideal und Realität bestand. Um eine Reaktion und nicht um eine Revolution handelte es sich, weil der Widerstand gegen die „immer lastender werdende Konkurrenz der Klassiker und Klassizisten" nicht etwa dazu führte, dass Selbstdeutungsmodelle wie das des ‚Dichterfürsten' kritisch reflektiert oder aufgegeben wurden, sondern vielmehr dazu, dass sie durch ungleich „krasser[e] Formen

83 Beutin, Heidi; Beutin, Wolfgang: Rinnsteinkunst? Zur Kontroverse um die literarische Moderne während der Kaiserzeit in Deutschland und Österreich. Frankfurt am Main 2004.

84 Fähnders, Avantgarde und Moderne. S. 59.

85 Ebd. S. 64.

86 Bourdieu, Pierre: Die Regeln der Kunst. Genese und Struktur des literarischen Feldes. Frankfurt am Main 1999. S. 134.

87 Eine eingehende Analyse von ‚Adel' auf der Grundlage von Bourdieus Feldtheorie findet sich in: Strobel, Eine Kulturpoetik des Adels. S. 311–413.

der Selbsterhöhung“[88] überboten wurden, was wiederum auf der Grundlage von Adelssemantiken geschah.

Eberhard Lämmert kommt in seiner Untersuchung zur Metaphorik des ‚Dichterfürsten‘ zu dem Ergebnis, dass der „abstraktere und zugleich rigorosere Begriff des geistigen Führers bis zur Mitte der zwanziger Jahre sowohl in seiner Anwendung auf die Klassiker als auch in der Selbstauslegung der zeitgenössischen Autoren auf [...] breiter Front den des Fürsten ablöst [...].“[89] Zuletzt hat Ulrich Fröschle die Virulenz des Modells ‚Dichter-Führer‘ in der Zwischenkriegszeit nachgewiesen.[90] Von diesen Befunden ausgehend ließen sich Parallelen zur Situation des historischen Adels aufzeigen. Malinowski weist nach, dass der zentrale Begriff „Herrschaft nach 1918 tendenziell aus dem adligen Sprachgebrauch verschwand und selbst in der älteren Generation überall durch den Begriff ‚Führung‘ ersetzt wurde [...]“[91]. Dabei ging es laut Malinowski um „die Wiedererfindung des Adels im kriegerischen und völkisch gefärbten ‚Führertum‘“ mit dem Ziel, „uralte Herrschaftskonzepte zeitgemäß zu modifizieren; anders gesagt: zu modernisieren“[92]. Der von Malinowski angesprochene Wandel, der sich semantisch in der Durchsetzung des Ausdrucks ‚Führer‘ niederschlug, war nicht auf den engen Rahmen der sozialen Schicht ‚Adel‘ beschränkt. Zu sprechen ist von einer Veränderung, die sich zu Beginn des 20. Jahrhunderts in verschiedenen kulturellen Feldern beobachten lässt, wo auf Adelssemantiken rekurriert wurde, um damit nach innen das eigene Selbstverständnis, nach außen hin angefochtene elitäre Ansprüche ein- und zurückzufordern. Hier wie dort ist eine sich in semantischen Innovationen niederschlagende Radikalisierung zu beobachten, mit der auf die Dysfunktionalität älterer Adelssemantiken reagiert wurde. Vor diesem Hintergrund gewinnt das von Holz als ‚Komödie‘ titulierte Drama *Sozialaristokraten* tatsächlich den Charakter einer „fast prophetisch[en] Zeitsatire“[93].

88 Bourdieu, Die Regeln der Kunst. S. 164.
89 Ebd. S. 166.
90 Zum Modell des Dichter-Führers vgl. Fröschle, Ulrich: „Dichter als Führer“ und „Ingenieure der menschlichen Seele“. Zur literarischen Verhandlung von Führung in der Zwischenkriegszeit. In: Politische Kultur und Medienwirklichkeiten in den 1920er Jahren. Hrsg. von Ute Daniel, Inge Marszolek, Wolfram Pyta, Thomas Welskopp. München 2010. S. 205–231; ders.: Geborene Führer? Zur Natur- und Kulturgeschichte ‚charismatischer Führung‘ im 19. Jahrhundert. Magie der Geschichten. Weltverkehr, Literatur und Anthropologie in der zweiten Hälfte des 19. Jahrhunderts. Hrsg. von Michael Neumann, Kerstin Stüssel. Konstanz 2011. S. 485–508.
91 Malinowski, Vom König zum Führer. S. 116.
92 Ebd. S. 117.
93 Holz, Sozialaristokraten. S. 93.

Dies betrifft besonders die soziale Dynamik einer Gruppe, bestehend aus Dichtern und Intellektuellen bürgerlicher Herkunft, die sich als prononciert antibürgerliche ‚Aristokraten' gerieren. In dieser Art Gruppenbildung lassen sich, bei aller satirischen Überspitzung, nach innen wie nach außen sozial konfliktträchtige Selbstlegitimationsstrategien ausmachen, die Breuer mit Blick auf die internen Dynamiken des George-Kreises als ‚ästhetischen Fundamentalismus' beschrieben hat. Ein Phänomen, das in Holz' Stück gleichsam vorweggenommen scheint. Dies gilt gerade auch für die Bedeutung einer Neuadelssemantik und ihrer Anschlussfähigkeit an ideologische Semantiken der Zeit. Potentiale, auf die – tatsächliche historische Überlappungen antizipierend – vor allem der Schluss des Dramas aufmerksam macht. Dr. Gehrke, die Figur des aristokratischen Kulturkritikers im Stile Langbehns, wechselt in dem Moment, in dem sich das Scheitern des ambitiösen Zeitschriftenprojekts seiner ‚aristokratischen' Schriftsteller-Clique abzeichnet, unversehens in das Lager einer offensichtlich antisemitischen Splitterpartei, die ihm eine Plattform bietet, von der aus er seinen Aristokratismus, minimal reformuliert, in einen neuen Kampf „gegen Mammonismus und Überkultur" führen kann.[94]

4.2 ‚Aristokratismus' in Zeitschriften am Beispiel der *Grenzboten*

4.2.1 Korpusanalyse: Kulturzeitschriften als Quelle

Die in der vorliegenden Monographie unternommene Untersuchung des Aristokratismus-Diskurses erfolgt, neben Einzelbetrachtungen exemplarischer fiktionaler und nichtfiktionaler Texte, auf der Grundlage des im Einleitungsteil der Studie definierten Zeitschriftenkorpus. Das Korpus versammelt Texte, in denen sich Konvergenzen zwischen den Semantiken von ‚Adel' und ‚Kulturkritik' ausmachen lassen. Das konkrete methodische Vorgehen soll zunächst am Beispiel eines verkleinerten Samples, bestehend aus 30 Artikeln der Zeitschrift *Die Grenzboten,* im Detail verdeutlicht werden. Die qualitative Auswertung erfolgt in einem zweiten Analyseschritt, dann unter Hinzuziehung von weiteren Texten aus dem Gesamtkorpus.

Homogen ist das Korpus im Hinblick auf das textsortenspezifische Selektionskriterium. Berücksichtigt wurden Zeitschriftenartikel im Sinne expositorischer Texte mit ganz überwiegend essayistischem bzw. feuilletonistischem Zuschnitt, also für das Medium ‚Kulturzeitschrift' typische Textsorten, worunter im Einzelnen auch

94 Ebd. S. 104.

Kolumnen, Glossen, Kommentare und (ausführlichere) Rezensionen fallen. Für die Analyse von Zeitschriften als Quelle haben sich die von Rudolf Stöber formulierten Kategorien ‚Aktualität', ‚Periodizität', ‚Publizität' und ‚Universalität' bewährt.[95] Die Merkmale erlauben Abgrenzungen zum einen zwischen den Textsorten ‚Zeitschrift' (geringere Aktualität) und ‚(Tages-)Zeitung' (hohe bzw. höchste Aktualität), zum anderen zwischen teils hochspezifischen Fachzeitschriften (sehr geringe Publizität) und polythematischen Publikumszeitschriften (höchste Publizität).

Kulturzeitschriften besitzen auch dann, wenn sie ein klar definiertes weltanschaulich-politisches *(Die Tat)* oder konfessionelles Profil *(Hochland)* aufweisen, eine hohe Publizität. Während Fachzeitschriften Nichtexperten aufgrund hoher Anforderungen an das zur Partizipation notwendige Vorwissen tendenziell ausschließen, ist dies bei Kulturzeitschriften, unabhängig von ihrem Profil, typischerweise nicht der Fall. Es handelt sich um ein Medium, in dem ein breiteres kulturelles Wissen vorausgesetzt und verhandelt wird, wobei die Frage, welche (teils radikalen) Schlussfolgerungen das konkrete Ergebnis solcher Aushandlungsprozesse sind, zunächst zurückgestellt werden kann. Historisch gesehen adressieren politisch-kulturelle Zeitschriften mit Blick auf die Kriterien ‚Periodizität' und ‚Universalität' eine breitere intellektuelle Öffentlichkeit. Mit Ingrid Laurien ließe sich, von der historischen Entwicklung der Textsorte ‚politisch-kulturelle Zeitschrift' ausgehend, der prototypische Leser als ein über Allgemeinbildung im bürgerlichen Sinne verfügendes, am politisch-kulturellen Räsonnement seiner Zeit mindestens passiv partizipierendes Individuum interpretieren.[96]

Die Kulturzeitschrift *Die Grenzboten* eignet sich für die Zwecke einer exemplarischen Analyse in besonderer Weise. Sie weist kein dezidiert kulturkritisch-ideologisches Profil auf, gleichwohl lässt sich für die letzten Jahre ihres Bestehens ein Wandel in der Gesamtausrichtung hin zu einem nationalistischen Antimodernismus ausmachen. Kulturgeschichtliche Bedeutung erlangte die 1841 gegründete Zeitschrift unter den prominenten Herausgebern Julian Schmidt (1818–1886) und Gustav Freytag.

95 Stöber, Rudolf: Historische Zeitschriftenforschung heute. In: Publizistik. Vierteljahreshefte für Kommunikationsforschung. Sonderheft 3 (2002): Zeitschriften und Zeitschriftenforschung. Hrsg. von Andreas Vogel und Christina Holtz-Bacha. Wiesbaden 2002. S. 42–59.

96 Vgl. auch die Ausführungen zur Geschichte politisch-kultureller Zeitschriften bei Laurien, Ingrid: Politisch-kulturelle Zeitschriften in den Westzonen 1945–1949. Ein Beitrag zur politischen Kultur der Nachkriegszeit. Frankfurt am Main 1991. Laurien geht in einem geschichtlichen Exkurs über den bei ihr fokussierten Untersuchungszeitraum hinaus, wenn sie als Adressaten politisch-kultureller Zeitschriften einen „mündigen Leser, der die Zeitschrift als einzelner in kontemplativer Versenkung zur Kenntnis nahm und sich am kritischen Räsonnement der Gleichen beteiligen konnte […]." (S. 43).

Nach deren Ausscheiden konnten *Die Grenzboten* ihre Stellung als bedeutende bürgerlich-liberale Kunst- und Kulturzeitschrift bis in die frühen Jahre des 20. Jahrhunderts behaupten. Unter den Beiträgern im relevanten Zeitraum ab 1890 bis zur Einstellung der Zeitschrift im Jahre 1922 finden sich eine Reihe etablierter Namen, darunter Adolf Bartels, Gottfried Benn, Hermann Hesse, Walter von Molo, Paul Ernst, Friedrich Paulsen und Heinrich Spiero.[97] Die illustren Namen können indes kaum darüber hinwegtäuschen, dass die Zeitschrift in der Phase vor und während des Ersten Weltkriegs zunehmend von ihrem einstigen Ruhm zehrte, der rapide zu verblassen begann. In dem Untersuchungszeitraum verloren die *Grenzboten* den Anschluss an zeitgenössische Entwicklungen weitgehend. Der Tenor der Beiträge veränderte sich, vor allem am Vorabend des Weltkrieges, merklich. Die einst offene, bürgerlich-liberale Ausrichtung wich aufs Ganze gesehen einer Skepsis gegenüber aktuellen sozialen, politischen und kulturellen Tendenzen der Moderne. Rüdiger vom Bruch konstatiert für die letzten Jahre der Zeitschrift insgesamt eine regelrechte „Abschottung" sowie eine zunehmend „erstarrte und ausgehöhlte Phraseologie", die den Rückzug in ein „nationalistisches Pathos" begleitete. [98]

Entsprechend häufen sich in dem bezeichneten Untersuchungszeitraum Artikel, in denen sich ideologische Semantiken nachweisen lassen. Davon wiederum weist eine signifikante Anzahl von Texten zusätzlich Adelssemantiken in dem hier definierten Sinne auf. Berücksichtigt wurden im Folgenden solche Artikel, in denen sich deutliche Konvergenzen zwischen den Semantiken von Adel und Kulturkritik ausmachen lassen. Methodisch-empirisch nachweisbar sind diese anhand von ‚Kookkurrenzen'. Linguistische Kookkurrenzanalysen untersuchen das unmittelbare gemeinsame Vorkommen von spezifischen Wörtern in Sätzen, sodann in Einzeltexten und schließlich in Textkorpora. Die Erkenntnismöglichkeiten eines solchen Verfahrens hat, in enger Verbindung mit einer framesemantischen Methode, vor allem Claudia Fraas in mehreren Untersuchungen sowohl theoretisch als auch praktisch unter Beweis gestellt.[99]

Der Rahmen für Kookkurrenzanalysen kann sehr eng gefasst sein. In linguistischen Untersuchungen liegt der Fokus häufig auf der Satzebene. Im Folgenden wird Kookkurrenz jedoch, angepasst an die kulturwissenschaftlichen Erkenntnisziele,

---

97 Vgl. Dietzel, Thomas; Hügel, Hans Otto: Deutsche literarische Zeitschriften 1880–1945. Ein Repertorium. Band I: A travers les Vosges–Deutsch nordisches Jahrbuch. München, London, Paris, New York 1988. S. 511–514.

98 Bruch, Rüdiger vom: Bürgerlichkeit, Staat und Kultur im Kaiserreich. S. 384.

99 Vgl. Fraas, Claudia: Gebrauchswandel und Bedeutungsvarianz in Textnetzen. Die Konzepte ‚Identität' und ‚Deutsche' im Diskurs zur deutschen Einheit. Tübingen 1996.

weiter gefasst. Über Satzkookkurrenzen hinaus geht es um das gemeinsame Auftreten der relevanten Semantiken von ‚Adel' und ‚Kulturkritik' in einem inhaltlich definierten Sinnzusammenhang. Gemeint ist damit primär die Ausführung eines Arguments oder Gedankens, die sich naturgemäß über mehrere Sätze erstrecken kann, als kohärente Textsequenz gleichwohl abgrenzbar bleiben sollte. Die praktischen Erfahrungen bei der Sichtung entsprechender Textstellen führten zu der Erkenntnis, dass bei Kookkurrenzanalysen Textsequenzen im Umfang von durchschnittlich fünf bis sechs Sätzen einen realistischen Rahmen bilden.

In der Kookkurrenzanalyse folgen quantitative und qualitative Untersuchungsschritte eng aufeinander. In einem ersten Schritt geht es um den rein empirischen Nachweis des gemeinsamen Vorkommens von prototypischen Ausdrücken sowie um eine Quantifizierung entsprechender Funde. Die im Anschluss folgende qualitative Auswertung konzentriert sich beispielsweise darauf, „welche semantischen Zusammenhänge die Sprecher zwischen einzelnen Wörtern im Diskurs ziehen, welche Bedeutungsbeziehungen für sie also wichtig sind. [...]." Ferner sollen Kookkurrenzen Aufschluss ermöglichen über das „gemeinsame Vorkommen von und die semantischen Beziehungen zwischen Wörtern in Diskursen", sie geben dabei etwa auch Hinweise auf „ein kulturell verortetes und sich veränderndes ‚Wissen'"[100].

Der Zusammenhang zwischen Kookkurrenz und semantischem Wandel bedarf der Erklärung. Ein Wandel im Sinne des hier zugrunde liegenden theoretischen Rahmens bedeutet, dass innovative Bedeutungsaspekte sich im kulturellen Wissen langfristig durchsetzen müssen, sie Gegenstand einer (kontroversen) Aushandlung („semantischer Kämpfe") in den maßgeblichen Diskursen werden. Sie erscheinen insofern regelmäßig an der Oberfläche jener Texte, aus denen sich die Diskurse konstituieren, sind letztlich also Teil dessen, was zuvor als ‚bewusstes Wissen' (im Sinne Titzmanns) beschrieben wurde.

Zwischen der jeweiligen Quellsemantik des innovativen Merkmals und der Zielsemantik entstehen Kookkurrenzbeziehungen. Bedeutungen mit Innovationspotential (framesemantisch: ‚konkrete Füllwerte') zielen darauf ab, konkurrierende bzw. vorgängig im kulturellen Wissen etablierte, mithin ‚verfestigte' Wissenselemente (‚Standardwerte') zu verdrängen. Einmal etabliertes kulturelles Wissen ist träge, es reagiert also auf Impulse zur Innovation mit einer passiven strukturellen Persistenz. Die Durchsetzung neuen Wissens bedarf schon deshalb der permanenten Wiederholung und Bestätigung, empirisch nachweisbar an einem rekurrenten Auftreten der betroffenen Merkmale im Diskurs.

100 Spitzmüller; Warnke, Einführung in die Diskurslinguistik. S. 93 f.

Im gegebenen Kontext bildet der Frame Adel zum einen das Ziel innovativer Merkmalszuschreibungen. Quelle dieser Zuschreibungen und Projektionen sind diverse ideologische Semantiken. Zwischen diesen und dem Frame Adel etablieren sich, empirisch gesehen, Kookkurrenzen. Zugleich wird Adel von Diskursakteuren aber auch als Quelldomäne instrumentalisiert. Durch gezielte Projektion *(mapping)* spezifischer Merkmale von Adel werden andere im Diskurs präsente Frames in ihrer Bedeutung modifiziert oder dimensioniert. Wie zu sehen sein wird, ist etwa das Konzept der ‚Großen Persönlichkeit'[101] Ziel eines *mapping* von Elementen, deren Quelle der Frame Adel ist, was sich konkret in Begriffsbildungen wie ‚aristokratische Persönlichkeit' niederschlagen kann.

Claudia Fraas zufolge führen regelmäßige Kookkurrenzen zur Entstehung diskurstypischer „usueller Wortverbindungen"[102]. ‚Usualität' meint Gewohnheit und letztlich auch Erwartbarkeit von Wortverbindungen. Infolge eines permanenten gemeinsamen Auftretens werden entsprechende Engführungen als geläufig wahrgenommen, dann seitens der Rezipienten entsprechend (unbewusst) erwartet und letztlich dort, wo sie ausbleiben, inferentiell ergänzt. Kookkurrenz und (kulturelle) Kontiguität stehen somit in engem Zusammenhang. „Die Wahrnehmung von Kontiguitätsphänomenen beruht auf Gewohnheit. Aus der Existenz eines Objekts lässt sich nicht logisch, wohl aber inferentiell die Existenz einer anderen Entität ableiten."[103]

Bestehen entsprechende kulturelle Kontiguitätsbeziehungen, etwa zwischen einzelnen Merkmalen der Frames Adel und Individuum, werden bei einem isolierten Auftreten nur eines der jeweiligen Kookkurrenzpartner Aspekte des anderen ergänzend hinzugedacht. Die beteiligten Frames werden als Folge ihres regelmäßigen gemeinsamen Auftretens als zusammengehörend, als semantisch miteinander verwandt assoziiert. Möglich werden durch solche Konvergenzen wechselseitige Erschließungen und Projektionen sowie syntagmatische und paradigmatische bzw. metonymische und metaphorische Austauschbeziehungen. Letztlich kann es, wie in Kapitel 2 gezeigt, zu konzeptuellen Verschmelzungen, einem *blending,* zwischen diversen Bedeutungsaspekten beteiligter kultureller Semantiken kommen. Im Folgenden wird vor dem skizzierten theoretischen Hintergrund unter anderem der

101 Vgl. dazu unlängst: Gamper, Michael: Der große Mann: Geschichte eines politischen Phantasmas. Göttingen 2016.

102 Fraas, Claudia: Usuelle Wortverbindungen als sprachliche Manifestationen von Bedeutungswissen. Theoretische Begründung, methodischer Ansatz und empirische Befunde. In: Lexikon und Text. Hrsg. von Henrik Nikula und Robert Drescher. Berlin 2001. S. 41–46.

103 Ziem, Sprache und Wissen. S. 252.

diskurstypische Begriff *Adelsmensch* untersucht, in dem sich das Ergebnis einer konzeptuellen Verschmelzung der Frames ADEL und INDIVIDUUM erkennen lässt.

4.2.2 ‚Aristokratischer Individualismus' – Zur Kookkurrenz von ADEL und INDIVIDUALISMUS

In einer signifikanten Zahl von Artikeln (im Rahmen des verkleinerten Samples: in 26 von 30 Texten) lassen sich dichte Kookkurrenzenbeziehungen zwischen den Frames ADEL und INDIVIDUUM ausmachen. Mit Blick auf das Gesamtkorpus bestätigt sich insgesamt eine vergleichbare Häufung. Zur Veranschaulichung soll eine Auswahl exemplarischer Belege aus dem Sample dienen. Vom Inhalt der einzelnen Beiträge kann in einem ersten Untersuchungsschritt abgesehen werden. Zunächst geht es primär um den Nachvollzug von Kookkurrenzen. Auf die zitierten Textsequenzen soll im Folgenden teils summarisch, teils im Detail eingegangen werden. Um potentielle Kookkurrenzpartner kenntlich zu machen, werden diese im Folgenden durch Fettdruck hervorgehoben:

> Und heute? Ob wohl eine Zeit mehr als die unsere unter dem Zeichen der **Massenwirkungen** steht? Ob wohl eine Zeit weniger als die unsere das Recht der **einzelnen Persönlichkeit**, dieses Grundprinzip des **wahren Aristokratismus** gegenüber dem Recht der **Masse**, gelten läßt? Gegen eine Politik, die sich auf die **Menge** gründet, und in die insbesondere in der Partei der **Demokratie** ihren Ausdruck gefunden hat, erhebt sich freilich auch in unserer Zeit der Geist der **aristokratischen Persönlichkeit**, wie ihn Shakespeare im Koriolan darstellt, wie ihn die Größten aller Zeiten vertreten haben, wie ihm Schiller Sprache verleiht, wenn er im Demetrius das Wort prägt: „Was ist die Mehrheit? Mehrheit ist Unsinn."[104]
>
> Gewiß sind **Individuen** die Träger alles geschichtlichen Geschehens, und gewiß stehen große **Individuen** im Vordergrund unseres Interesses an der Geschichte. Darin ist sie durchaus **aristokratisch** – fast im Gegensatz zu der ebenso gewiß **demokratischen** Moral. Wie sehr uns diese Art von **Aristokratismus** und **Individualismus**, die Heroenverehrung im Blut liegt, zeigt heute der Name Hindenburg.[105]
>
> Denn ohne solchen **Adel des Geistes** kann unser Volk seine materielle Blüte auf die Dauer nicht behaupten. An der reichgeschmückten Tafel der höheren Menschheitsbildung

104 Fleischhauer, Otto: Koriolan. In: Die Grenzboten, 70/1 (1911). S. 1–10. Hier: S. 5.

105 Ziegler, Theobald: Geschichtsphilosophische Probleme. In: Die Grenzboten, 74/1 (1915), S. 388–397. Hier: S. 393.

sitzen **jene einzelnen.** Der draußen stehenden **Masse** nun müssen sie gedenken und ihr Brosamen zukommen lassen.[106]

[...] wir haben keinen **Adel** mehr! Und die Menschheit braucht einen **Adel.** Wir haben **adlige Menschen, vereinzelt,** gewiß, aber **keinen Stand,** der die Gesamtheit unserer *kaloi kagatoi* sinnlich darstellt. Dieser **Adel** kann natürlich nur als Ergebnis jener Höchstausbildung des **Subjekts** nach allen Richtungen hin gedacht werden, die uns Goethe veranschaulicht, im *nûs,* wie in der *physis.* Geburt, Rasse, Vermögen, Fähigkeit, Wissenschaft, Kunst, ja Genie – sie alle sind nur vereinzelte und verschiedene Mittel, diesen Adelsbrief zu erhalten, keines enthält an sich ein Anrecht darauf.[107]

Diese Eigenschaften können wohl anerzogen, aber nicht eigentlich vererbt werden, jeder **Einzelne** muß sie sich selbst erwerben, mag der auch von andern bevorzugt sein, dem Goethe das schöne Wort zuruft: „Was du ererbt von deinen Vätern hast, / Erwirb es, um es zu besitzen." Also ist die Zugehörigkeit zu dieser **Geistesaristokratie** etwas höchst **Persönliches** [...].[108]

Das ist nie anders gewesen und wird nie anders sein; es giebt **Aristokraten** im niedern Volke und Plebejer in den höchsten Kreisen, und wenn wir hundert Jahre im sozialistischen Zukunftsstaate gelebt hätten, auch dann würden die **Persönlichkeiten** noch genau so wie jetzt **vereinzelt** überall hervortreten, von **Dutzendmenschen** umgeben.[109]

Eine Kookkurrenzrelation besteht in den zitierten Passagen zwischen den Frames Adel und Individuum (worunter auch sämtliche Varianten des emphatischen Ausdrucks ‚Persönlichkeit' rubriziert werden). Eine weitere besteht zwischen den Frames Demokratie und Masse. Diese beiden Frames stehen, darin diskurstypisch, jeweils für negativ konnotierte Semantiken, die zugleich mit den Frames Adel und Individuum antithetisch verbunden sind. Auch zwischen Demokratie und Masse lassen sich diskursive Engführungen und reziproke Projektionen in den meisten Texten des Samples ausmachen. Alle vier genannten Frames stehen in einem engen Konnex, der ihre kontextspezifische Semantik bestimmt. Zu beobachten sind Engführungen der genannten Semantiken, die zu einer weitgehenden Austauschbarkeit untereinander führen können. Aufschlussreich sind dazu regelmäßig

106 Stutzer, Emil: Goethe und Bismarck in ihrer Bedeutung für die deutsche Zukunft. In: Die Grenzboten, 63/2 (1904). S. 16–20. Hier: S. 19.

107 Meszlény, Richard: Chamberlains Goethe. In: Die Grenzboten, 72/1 (1913). S. 441–448. Hier: S. 446 f.

108 Kaemmel, Otto: Geistesaristokratie. In: Die Grenzboten, 57/2 (1898). S. 1–8. Hier: S. 7 f.

109 Bartels, Adolf: Das Recht der Persönlichkeit. In: Die Grenzboten, 55/1 (1896). S. 359–369. Hier: S. 363.

anzutreffende Aufzählungen folgender Art: „Dagegen hat man das in bestimmten ausschließenden Kreisen wohl öfter gethan und einen Kultus des Adelsmenschen, des Genies, der Persönlichkeit gepredigt, der wohl angetan war, schwache Köpfe zu umnebeln; in den Himmel gewachsen sind die Bäume darum noch nicht."[110]

Mit Blick auf den „Kultus", von dem im ersten Satz die Rede ist, wird Kontiguität durch eine hierarchisch strukturierte Teil-Ganzes-Relation gestiftet. Der Ausdruck „Kultus" fungiert im Verhältnis zu den folgenden Begriffen als übergeordnetes Hyperonym. Die untergeordneten Konzepte bilden dann semantisch verwandte Meronyme: „Adelsmensch", „Genie", „Persönlichkeit". Inhaltlich auffällig ist, dass der Autor dieser Zeilen, es handelt sich um Adolf Bartels, einer solchen Gleichsetzung ausdrücklich kritisch gegenübersteht.

Der virulente Begriff „Persönlichkeit" war eine „Schlüsselvokabel vor allem der Goethebiographik des 19. Jahrhunderts" und gehörte als solche „gewissermaßen zum festen Bildungsgut des bürgerlichen Kulturprotestantismus". Gegen Ende des 19. Jahrhunderts zeichnete sich ein Wandel ab. Der „Kult der Persönlichkeit", so Breuer, „gilt als solcher, unabhängig vom Inhalt [...]".[111] Die anhand der *Grenzboten* gewonnenen empirischen Befunde stützten diese Aussage. Bei dem zuvor zitierten exemplarischen Artikel *Das Recht der Persönlichkeit* von Adolf Bartels handelt es sich um ein frühes (und kritisches) Zeugnis des gerade erst einsetzenden Nietzscheanismus. „[N]euerdings", so Bartels, werde das Wort „Persönlichkeit" auf „allen Gebieten aufgenommen", man „verlangt überall Persönlichkeiten und verheißt, daß sie kommen." Das Wort sei „jetzt in der That das beliebteste Schlagwort unserer Zeit geworden"[112]. Zwei Autoren werde für die Allgegenwart des Schlagwortes verantwortlich gemacht: „Nietzsche und Langbehn mögen das auf dem Gewissen haben [...]". Beiden werden populistische Wirkungsabsichten unterstellt, vor allem ein suggestiver Umgang mit Sprache. Wie „alle Weisen und Halbweisen" seien sie schon allein „der Wirkung halber gezwungen [...], einzelne Begriffe und Wörter mit besonderem Nachdruck, fast refrainartig zu wiederholen"[113]. Eine Gefahr bestehe darin, dass „nächstens alle jungen Deutschen, die das Gymnasium verlassen und in

110 Ebd. S. 369.

111 Breuer, Stefan: Konservatismus oder Existentialismus? Anmerkungen zu Rembrandt als Erzieher. In: „Nichts als die Schönheit". Ästhetischer Konservatismus um 1900. Hrsg. von Jan Andres, Wolfgang Braungart und Kai Kauffmann. Frankfurt am Main 2007. S. 127–145. Hier: S. 136 f.

112 Bartels, Das Recht der Persönlichkeit. S. 360.

113 Ebd. S. 361.

ihren ersten Semestern Nietzsche und Langbehn gelesen haben, Persönlichkeiten im Sinne dieser Männer sein wollen und das Recht der Persönlichkeit verlangen"[114].

Bartels gibt eine Interpretation für den Bedeutungswandel. Zunächst macht er Unterschiede zwischen der aktuellen und einer vorgängigen Bedeutung aus. „Persönlichkeit" sei, bevor Nietzsche und Langbehn sich diesen Begriff zu eigen gemacht hätten, ein „durchaus harmloses Wort, sogar ein wenig farblos"[115] gewesen. „Persönlichkeit" werde jüngst jedoch „zu der sogenannten Dutzendware der Natur, den Klischeemenschen, dem Herdentier in den schärfsten Gegensatz gestellt".[116] ‚Persönlichkeit' fand, so ließe sich Bartels' Beobachtung deuten, Eingang in eine Struktur asymmetrischer Gegenbegriffe. Das Ergebnis eines solchen sprachlichen Wandels beschreibt der Autor im Anschluss:

> Aber man hat sich neuerdings daran gewöhnt, die Herrschaft der Aristokratie im Mittelalter und bis zur französischen Revolution als eine Herrschaft der Persönlichkeit zu betrachten, und stimmt förmlich Klagelieder an, daß die französische Aristokratie und die alte Gesellschaft, die so herrlich zu leben wußte, durch die Revolution untergegangen sei.[117]

Bartels spricht von einer positiven Neuinterpretation der historischen Adelsherrschaft in Europa seitens der kritisierten Nietzsche- und Langbehn-Adepten. Diese werde nun interpretiert als eine Jahrhunderte überdauernde „Herrschaft der Persönlichkeit". Auf der Grundlage dieser in die Vergangenheit projizierten positiven Neudeutung gewinnt der Begriff ‚Adel' an Aktualität. Die Adelssemantik wird zum Gegenstand der Kommunikation, die nicht historisch ausgerichtet ist, sondern Zukunftspotentiale einschließt und sie für neue Diskurse öffnet.

Kookkurrenzanalysen geben „Hinweise darauf, welche semantischen Aspekte von Ausdrücken textuell ausgebaut, also in irgendeiner Weise von den Sprechern für wichtig erachtet werden"[118]. Auffällig ist diesbezüglich die Signifikanz des Wertes ‚einzeln/einzelne'. Die „aristokratischen Persönlichkeiten" sind, diese Zuschreibung findet sich in den Texten des Korpus regelmäßig, *„einzelne"* Individuen („Recht der *einzelnen* Persönlichkeit"; „jene *einzelnen*", *„vereinzelt"* usw.). In diese Reihe fallen auch Komposita wie „Einzelgenie". Bartels spottet über einen solchen Ausdruck, weil er darin eine Tautologie erkennt. Die Rede von aristokratischen „Persönlichkeiten"

114 Ebd. S. 360.
115 Ebd.
116 Ebd. S. 361.
117 Ebd. S. 364.
118 Fraas, Usuelle Wortverbindungen. S. 45.

impliziert für ihn immer schon, dass es sich dabei um „Einzelne" handelt: „Persönlichkeit bedeutet stets Vereinzelung, wie das Wort Individualität ja auch ausdrückt."[119] Ausgehend von der Annahme, dass „Vereinzelung" ein Standardwert des Frames INDIVIDUUM ist, würde es sich bei der Rede von ‚einzelnen Individuen' oder ‚einzelnen Persönlichkeiten' tatsächlich um eine Tautologie bzw. einen Pleonasmus handeln. Derartige semantische Redundanzen können verschiedene Gründe haben. Es kann sich um eine gezielte Bedeutungsverstärkung, eine rhetorische Hervorhebung eines besonders zu akzentuierenden Teilaspekts der Bedeutung handeln.[120] Semantische Redundanzen können jedoch auch subtile Hinweise auf tiefensemantische Konflikte sein. Ein Grund für die Hervorhebung dürfte letztlich in dem Kookkurrenzpartner ADEL zu suchen sein.

Es besteht offenbar ein Konflikt zwischen den Frames ADEL und INDIVIDUUM, der sich an dem semantischen Merkmal ‚einzelne' entzündet, was sich empirisch an dessen erhöhter Salienz zeigt. Im Korpus findet sich diesbezüglich eine signifikante Anzahl von Belegen. Die Rede ist davon, dass jeweils einzelne „aristokratische Persönlichkeiten", „adlige Menschen" oder „Adelsmenschen" existieren. Gemeint sein sollen dabei jeweils ausdrücklich *nicht* Vertreter eines ‚Standes' („Wir haben adlige Menschen, vereinzelt, gewiß, aber keinen Stand"). Inferenzen von ADEL im Sinne einer sozialen Gruppe oder Schicht werden negiert. Stattdessen geht es offensichtlich darum, ADEL auf einen Solitär, ein „Einzelindividuum" zu beziehen. Betroffen ist die Bedeutung von ADEL als „Kollektivsingular"[121].

4.2.3 ‚Adel' – Kollektivsingular oder Solitär?

Im Folgenden soll von einer „Individualitätssemantik" die Rede sein, die sich in kulturkritischen Diskursen mit Adelssemantiken verbindet. Zuerst von Niklas Luhmann formuliert, ist der Begriff an dieser Stelle von systemtheoretischen Fragestellungen zu trennen.[122] Er bildet zunächst ein Analogon zu dem bereits eingeführten Begriff

119 Bartels, Das Recht der Persönlichkeit. S. 363 f.

120 Vgl. Bußmann: [Art.] Pleonasmus. In: Lexikon der Sprachwissenschaft. S. 534.

121 Zu Kosellecks Begriff Kollektivsingular vgl. Müller; Schmieder, Begriffsgeschichte und historische Semantik. S. 289–296.

122 Vgl. Luhmann, Niklas: Individuum, Individualität, Individualismus. In: ders.: Gesellschaftsstruktur und Semantik. Band 3. Frankfurt am Main 1993. S. 149–258. Laut Fotis Jannidis bezeichnet Luhmanns „Individualitätssemantik" „den Vorrat an Deutungsmustern, die in einer kulturellen Situation zur Verfügung stehen, um einzelne Menschen wahrzunehmen,

'Adelssemantik'. Eine im Begriff des „aristokratischen Individualismus" erkennbare Instrumentalisierung der Adelssemantik zielte historisch grundsätzlich nicht auf „die Restitution wirklicher feudaler Zustände, sondern beabsichtigte durch die Rede vom 'Aristokratischen' den Individualismus weiter zu dimensionieren"[123]. In dieser Funktion wurde die Adelssemantik in kulturkritischen Kontexten, aber durchaus auch in deskriptiven Einlassungen zum Individualismus verwendet. So heißt es in Meyers Lexikon von 1907 in dem Eintrag 'Individualismus': „In allen diesen Fällen kann der [Individualismus] ein aristokratischer oder ein demokratischer sein, je nachdem ein Rangunterschied der Individuen und demgemäß ein Vorrecht einiger vor den andern anerkannt wird oder nicht."[124]

Eine solche Definition von 'Individualismus' offeriert die Möglichkeit, die Adjektive 'aristokratisch' und 'demokratisch' als diagnostische Gegenbegriffe zu verwenden. Vermittelt werden Wertungen, die nachhaltig auf die Semantiken der beteiligten Begriffe zurückwirken. Die Antithetik erlaubt es, 'Demokratie' letztlich als Synonym für einen Antiindividualismus im Zeichen verabsolutierter Egalitätsforderungen zu interpretieren. 'Demokratie' erscheint vom Standpunkt eines so gezeichneten Individualismus aus als repressive Ordnung. Der 'aristokratische' Individualismus im Speziellen, und mittelbar das Konzept ADEL allgemein, erfahren aus einer solchen Dichotomie heraus eine erkennbare Aufwertung, weil 'Aristokratie' und 'Aristokratismus' nunmehr als ein Einstehen für die irreduzible Einzigartigkeit des Individuums verstanden werden können. 'Aristokratismus' hieße in dieser Konstellation, die Rechte des Individuums, seine qualitativ begründete Einzigartigkeit gegenüber der (explizit als demokratisch apostrophierten) Tendenz zur Nivellierung irreduzibler Qualitäten durch rationalistisch-abstrahierende und

---

zu beschreiben, zu thematisieren und daraus Verhaltensregeln zu gewinnen. 'Individualität' bezeichnet eine spezifische Individualitätssemantik, in der die Einzigartigkeit des Individuums im Zentrum der Beschreibung steht." Jannidis, Fotis: 'Individuum est ineffabile' Zur Veränderung der Individualitätssemantik im 18. Jahrhundert und ihrer Auswirkung auf die Figurenkonzeption im Roman. In: Aufklärung, 9,2 (1996), S. 77–110. Hier: S. 77 (Anm. 3).

123 Schneider, Nietzscheanismus. Im Hinblick auf Jacob Burckhardts 'Renaissance-Persönlichkeit' bemerkt Schneider: „Solche Vorführungen, an denen sich wohl nicht unbedeutend der Topos des 'Aristokratischen' formte, wurden wie der gesamte Rückbezug auf die Renaissance von den Rezipienten ohne weiteres in ihrer kulturkritischen Dimension erkannt. Wo die Problematik des Individuums sich aufgrund sozialer Umbruchserscheinungen als virulent erwies, schien die Instrumentalisierung des 'Aristokratischen' zur Selbstbegründung geradezu angeraten." (S. 63).

124 Vgl. den Artikel 'Individualismus'. In: Meyers Großes Konversations-Lexikon. Band 9. Leipzig 1907. S. 806–807.

quantifizierende Zugriffe zu verteidigen – also primär gegen demokratische Egalitätsansprüche. Aus einer entsprechenden antithetisch zugespitzten Perspektive heraus kann der emphatische Begriff des Individuums jederzeit zum Gegenstand eines ideologisch aufgeladenen kulturkritischen Opferdiskurses werden.

Genauer zu fragen wäre im Anschluss daran, welche semantischen Standardwerte des Frames Adel zum Ausgangspunkt einer Engführung mit dem Frame Individuum wurden. Zur Beantwortung ist eine eingehendere Untersuchung der zeitgenössischen Semantik von ‚Individualismus' notwendig. Dazu kann zunächst auf Forschungsergebnisse der Historischen Semantik zurückgegriffen werden.[125] Begrenzte Aufschlussmöglichkeiten bietet eine Minimaldefinition, wie sie sich in Anton Rauschers Artikel ‚Individualismus' im *Historischen Wörterbuch der Philosophie* findet. Der Akzent liegt bei Rauscher auf der in verschiedenen Formen von ‚Individualismus' unterschiedlich gewichteten Polarität zwischen dem einzelnen Individuum einerseits und der Gemeinschaft andererseits. Rauscher stellt fest: „Allgemein betont ein individualistisches Denken den Wert der ‚Persönlichkeit' vor den Gemeinschaftswerten, die persönliche Freiheit vor der gesellschaftlichen Bindung, die Gleichheit der Individuen vor der Ein- und Unterordnung in das Gesellschaftsganze."[126]

Eine wesentlich ausführlichere Untersuchung mit besonderem Fokus auf nationalen Ausprägungen einer historischen Semantik des Individualismus bietet der britische Soziologe Steven Lukes in seinem zuletzt 2006 neu aufgelegten Standardwerk *Individualism*.[127] Der Ideengeschichte Arthur Lovejoys (1873–1962) verpflichtet,

125 Einen kompakten Forschungsüberblick zur historischen Semantik des Individualismus bietet: Jannidis, Fotis: Das Individuum und sein Jahrhundert: Eine Komponenten- und Funktionsanalyse des Begriffs ‚Bildung' am Beispiel von Goethes ‚Dichtung und Wahrheit'. Tübingen 1996. (= Studien zur Sozialgeschichte der deutschen Literatur, Band 56). S. 43 ff. Jannidis merkt zusammenfassend an: „In der Forschung zu dem Thema konnte bisher keine Einigung erzielt werden, wie eine angemessene Definition aussehen müßte. Gerade Begriffsbestimmungen mit einer minimalen Intensionsdefinition haben den Nachteil, daß historische Differenzen verschwinden. Wohl erst eine Kombination aus historisch-funktionaler Begriffsanalyse und Diskursanalyse könnte unterschiedliche Individualitätskonzepte über die in ihnen gebündelten Komponenten und die betroffenen Diskurse angemessen rekonstruieren." (S. 45).

126 Rauscher, Anton: [Art.] Individualismus. In: Historisches Wörterbuch der Philosophie. Band 4. Hrsg. von Joachim Ritter und Karlfried Gründer. Darmstadt 1976. Sp. 289–291. Hier: Sp. 290.

127 Lukes, Steven: Individualism. With a new introduction by the author. Colchester 2006; ders.: Types of Individualism. In: Dictionary of the History of Ideas. Studies of Selected Pivotal Ideas. Hrsg. von Philip P. Wiener. Band 2. New York 1973. S. 594–604.

unternimmt Lukes eine historische Sichtung von „Elementarideen" („unit-ideas"), die zum Ausgangspunkt seiner semantischen Untersuchung werden. Im ersten Teil seiner Studie („Semantic History of 'Individualism'") geschieht dies zunächst im Rahmen einer vergleichenden Begriffsgeschichte. Untersucht werden die Aufnahme und der Wandel des ursprünglich aus dem Französischen stammenden Begriffs in einzelnen europäischen Ländern und den Vereinigten Staaten seit dem 18. Jahrhundert. Im Kontext der Untersuchung liefert Lukes eine Beschreibung nationaler Spezifika, die sich zur vorläufigen Formulierung prototypischer semantischer Merkmale von 'Individualismus' in besonderer Weise eignet. Dazu ein längeres Zitat aus dem Unterkapitel zur deutschen Begriffsgeschichte:

> There is, however, quite distinct from this French use of the term, another use whose characteristic reference is German. This is the Romantic idea of 'individuality' *(Individualität),* the notion of individual uniqueness, originality, self-realisation – what the Romantics called *Eigentümlichkeit* – in contrast to the rational universal and uniform standards of the Enlightenment, which they saw as 'quantitative', 'abstract', and therefore sterile. [...] Thereafter, the term soon became, in this, chiefly German, use, virtually synonymous with the idea of individuality, which had originated in the writings of Wilhelm von Humboldt, Novalis, Friedrich Schlegel and Friedrich Schleiermacher. [...] The German idea of individuality has had a remarkable history. Having begun as a cult of individual genius und originality, especially as applied to the artist, stressing the conflict between individual and society and the supreme value of the subjectivity, solitude and introspection, it developed along various lines.[128]

Von zentraler Bedeutung sind teilweise schon genannte, nun aber explizit als prototypisch herausgestellte Merkmale wie „uniqueness" und „originality", also 'Einzigartigkeit' und 'Originalität', ferner ein Wert wie „self-realisation", den Lukes mit dem aus dem Deutschen entlehnten Begriff „Eigentümlichkeit" in Verbindung bringt. Sinngemäß dürfte damit die Fähigkeit des Einzelnen gemeint sein, seine individuelle Einzigartigkeit mitzuteilen, gleichsam die Fähigkeit zu einem authentischen, individuellen Ausdruck.

Prägend für die (deutsche) historische Semantik von 'Individualismus' seit dem späten 18. Jahrhundert ist Lukes zufolge ein inhärenter Antagonismus. Die Genese einer nationalen Semantik von 'Individualismus' sieht er untrennbar verbunden mit Abgrenzungen gegenüber einer historisch vorgängigen Individualitätssemantik, die

128 Lukes, Individualism. S. 30 f.

ihren Ursprung in der Aufklärung hatte. ‚Aufklärung' wird aus der Perspektive einer deutschen Variante von ‚Individualismus' mit dem Primat des rationalen Denkens verbunden („the rational universal and uniform standards of the Enlightenment"). Die negative Konnotation, die sich darin andeutet, wird in Zuschreibungen wie ‚abstrakt' und ‚steril' („abstract, sterile") vollends deutlich. Die Quintessenz solcher Bewertungen ist offenbar in dem Wert ‚quantitativ' („quantitative") zu suchen. Die Anschlüsse an eine Semantik der Kulturkritik, die, wie ausführlich dargelegt, mit den Polen ‚qualitativ' und ‚quantitativ' operiert, werden hier deutlich.

Ideen- und begriffsgeschichtlich folgenreich wurde die skizzierte Antithetik in der Genie-Ästhetik und ihrer Aufwertung des schöpferischen (Autor-)Subjekts. Als „praktisch synonym" („virtually synonymous") mit dem Ausdruck „Individuum" interpretiert Lukes (höchst polyvalente und ideengeschichtlich komplex verknüpfte) Begriffe wie ‚Persönlichkeit' und ‚Genie', wie sie innerhalb des Sturm und Drang, der romantisch-klassischen Kulturepoche und des Neuhumanismus formuliert und produktiv verhandelt wurden. Die Möglichkeit einer gemeinsamen Betrachtung unter dem Oberbegriff ‚Individualismus' entsteht auf der Grundlage der in diesen Strömungen jeweils zu konstatierenden Abwehr heteronomer bzw. ‚quantitativer' Zwecksetzungen dem autonomen Kunstwerk oder auch dem schöpferisch-autonomen Individuum gegenüber.

Stellenweise etwas zu schematisch geratene, letztlich einer merkmalstypologischen Fokussierung geschuldete Zuspitzungen in Lukes' historischer Semantik des Individualismus können hier nicht vertieft diskutiert werden. Bedeutsam, so jedenfalls auch Fotis Jannidis, ist die Beobachtung, dass „Individualität im Sinne des einmaligen und einzigartigen Individuums […] anschließen [kann] an die ästhetische Diskussion um das ‚Genie', ein Wort, das zum Formulierungsmuster für Individualität wird"[129]. Ein Spezifikum des ‚qualitativen' bzw. ‚aristokratischen' Individualismus besteht aus begriffsgeschichtlicher Sicht in der weitgehenden inhaltlichen Engführung von Begriffen wie ‚Individuum', ‚Genie' und ‚Persönlichkeit'. Bedeutsam ist außerdem, dass ‚Individualismus' Lukes zufolge den Standardwert ‚Einzigartigkeit' aufweist. Diese ‚Einzigartigkeit' richtet sich nicht zuletzt gegen Formen des Sozialen und einer Integration in Gemeinschaften oder problematisiert diese zumindest insofern, als darin eine mögliche Bedrohung des Wertes ‚Einzigartigkeit' liegen kann.

129 Jannidis, Das Individuum und sein Jahrhundert. S. 46. Zur Ideen- und Begriffsgeschichte noch immer nicht veraltet: Schmidt, Jochen: Die Geschichte des Genie-Gedankens in der deutschen Literatur, Philosophie und Politik 1750–1945. Zwei Bände. 2. Auflage. Darmstadt 1988.

Fritz Mauthner brachte 1923 in seinem *Wörterbuch der Philosophie* das Problem eines konsequenten Individualismus auf den Punkt: „Ein konsequenter Individualismus aber ist unvorstellbar, weil alle die Begriffe, die das Individuum charakterisieren, nur relative Begriffe sind: Einheit, ganz, Persönlichkeit, Charakter, Freiheit. Ein konsequenter Individualismus wäre ein sozialer Atomismus [...]."[130] Gerade der bezeichnete „soziale Atomismus" wird bei einer konzeptuellen Verschmelzung *(blending)* von Adel und Individuum konfliktträchtig. Der Konflikt betrifft konkret den adelssemantischen Standardwert einer Führungs- und Herrschaftsprädestination. Vorgreifend lässt sich sagen, dass auch dort, wo das ‚aristokratische Individuum' ausdrücklich als sozialer Solitär imaginiert wird, mindestens auf einer tiefensemantischen Ebene die Denkmöglichkeit einer sozialen Wirkungsdimension präsent bleibt. Spannungen und semantische Konflikte zeigen sich also zwischen dem prototypischen Merkmal adliger ‚Herrschaft' und ‚Führung' (Adel) und der Notwendigkeit zur Wahrung der ‚Einzigartigkeit', die verbunden ist mit einer notwendigen isolierenden Distanzierung von der Gesellschaft und ihren nivellierenden Tendenzen (Individuum).

Aus dem Zeitschriftenkorpus ließe sich eine Reihe illustrierender Beispiele anführen. Prototypisch ist diesbezüglich etwa der Aufsatz *Politik und ihr Gegenpol* von Hans Hesse, der 1933 in der *Deutschen Rundschau* erschien:

> Nun bedarf sie der Führer, die sich nicht nur dieser Masse *voran,* sondern auch ihr *gegenüber* stellen. Das ewige Gesetz der Polarität verlangt nach seinem Rechte. Die wenigen, die das vermögen, heißen wir von Adel, er stamme aus dem Blut oder aus dem Geiste. Adlig ist alles, was nicht Masse ist. Ein ewiger Abgrund klafft zwischen Adel und Menge. Als Pole des Volkstums stehen sie in Spannung zueinander. Vornehmheit, Gerechtigkeit, Haltung und Maß sind die Kennzeichen allen echten Adels. Bei aller Bereitwilligkeit, sich dem ganzen zu opfern, ist jeder Adlige ein extremer Individualist, weil ihn das Gefühl der Unersetzbarkeit und Unvertauschbarkeit seiner Person beseelt. In diesem Widerspiel zwischen Individualismus und Sozialismus, das im Bereich des Kulturellen um so unentbehrlicher wird, je mehr der letztere im Materiellen und Wirtschaftlichen vorschreiten mag, liegt erst die echte Form des ganzen Volkstums beschlossen.[131]

Hesse beklagt, charakteristisch für das entsprechende ideologische Spektrum, das Fehlen einer potenten Führungsschicht. In Hesses Text wird die imaginierte

130 Mauthner, Fritz: Wörterbuch der Philosophie. Band 2. Leipzig 1923. S. 156–158.

131 Hesse, Hans: Politik und ihr Gegenpol. In: Deutsche Rundschau, 59/4 (1933). S. 193–197. Hier: S. 196.

Führungsschicht auf typische Weise zu einer Projektionsfläche von Zuschreibungen, deren Quelle der Frame Adel ist. Gegenstand eines *mapping* sind typische adelssemantische Attribute („Vornehmheit, Gerechtigkeit, Haltung und Maß"). Die Superiorität des projektierten neuen Adels kann sich sowohl aus „Blut" wie auch aus „Geist" ableiten, wobei wiederum unter „Blut" Unterschiedliches verstanden werden kann, zu denken wäre auch an Implikationen im Sinne von ‚Rasse'.

Entscheidend ist, dass ein absoluter Gegensatz zwischen dem ‚Adel' und der ‚Masse' postuliert wird. Aus diesem scharfen Gegensatz heraus erscheint dann allerdings das Verhältnis zwischen der anvisierten Führungsrolle des neuen Adels einerseits und der individualistischen Isolation jenes Adels zunehmend widersprüchlich. Das vom Autor als solches bezeichnete „ewige Gesetz der Polarität" verdeckt entsprechende Widersprüche eher, als dass es zur Erklärung taugen würde. Es werden in mehreren Anläufen Synthesen beschworen (ein *blending* von Adel und Indivdualismus), die letztlich an keiner Stelle des Aufsatzes aufgehen und am Ende plausibel erscheinen würden. Spätestens auf den zweiten Blick offenbaren sich hinter der Rede vom vorgeblich universellen Charakter dieser „Polaritäten" Indizien für Spannungen, die über die brüchige argumentative Tektonik des Aufsatzes hinweg auf die Ebene der Tiefensemantik verweisen.

Festhalten ließe sich mit Blick auf Hesses Ausführungen Folgendes: Der „Adel" soll zunächst „Führer" sein, eine prototypische Vorstellung, die mit einer traditionellen Semantik von Adel weitestgehend konform geht. Daneben steht die pauschalierende Zuschreibung, dass „jeder Adlige" auch „extremer Individualist" sei. Der zur Führung auserkorene neue Adel von „Blut" oder „Geist" soll, wie es bei Hesse heißt, ein und derselben „Masse" einerseits ausdrücklich *vorangehen* (‚Führerschaft' im Sinne von Adel), andererseits soll er sich *gegen* sie stellen (‚Einzigartigkeit' im Sinne des Frames Individuum). Der neue Adel wird als Anführer der Masse imaginiert, ist zugleich aber dort, wo es darum geht, seine individuelle Einzigartigkeit zu behaupten, ihr größter Feind.

Das Motiv Hesses bestand darin, zur Bildung einer neuen (aristokratischen) Führungsschicht aufzurufen, wozu programmatische Anstöße gegeben werden sollten. Entgegen der Intention des Autors dürfte der Text bei den geneigten Rezipienten aber wohl eher einen ambivalenten Eindruck hinterlassen haben. Denn es ist schlicht nicht plausibel zu machen, warum angesichts des „ewigen Abgrunds" und der „extrem[en]" Individualität des postulierten ‚Neue Adels' dieser bereitwillig aus seiner Isolation heraustreten und die Führung der Masse übernehmen sollte.

Im Folgenden soll der anhand des Beispiels aufgezeigte zentrale Konflikt des ‚aristokratischen Individualismus' in exemplarischen Analysen kulturkritischer

Texte des Untersuchungszeitraums vertieft werden. Folgende Fragen sollen für die weitere Untersuchung leitend sein:

1. Im Kontext des ‚aristokratischen Individualismus' erscheint Adel als ein problematischer Kollektivsingular. Ist das ‚aristokratische Individuum' jeweils Vertreter einer unterschiedlich definierten ‚aristokratischen' Gruppe/Gemeinschaft oder tatsächlich ein sozial exterritorialer Solitär? Zu fragen wäre dabei zugleich, ob die zugeschriebenen ‚qualitativen' Merkmale (im vorangegangenen Beispiel „Geist" und „Blut") Eigenschaften bezeichnen, die sich aus einem einzigartigen Sosein des Individuums ergeben, ihm also *endogen* zuwachsen (Individuum), oder aber, ob es sich jeweils um Aspekte handelt, die kollektiver Natur sind, vermittelt primär durch genealogische oder soziale *Teilhabe*.

2. Unvereinbar mit dem Frame Adel und seinen Implikationen erscheint die durch den Frame Individuum inferierte Vorstellung von einer rein solitären Stellung des Adligen. Der Konflikt konzentriert sich um den von Steven Lukes hervorgehobenen Standardwert ‚Einzigartigkeit' der historischen Individualitätssemantik. Versuche eines *blending* beider Frames in den Texten der Zeit führten dazu, dass die Suche nach alternativen Formen der Vergemeinschaftung angeregt wurde. Gesucht wird also ein Kompromiss. Die irreduzible ‚Einzigartigkeit' des ‚aristokratischen Individuums' soll einerseits unangetastet bleiben, andererseits soll die völlige Isolation vermieden werden. Ziel war es offenbar, weiterhin Wirkungsmöglichkeiten des ‚aristokratischen Individuums' im Sozialen im Sinne einer prototypisch adligen Führungsrolle aufzuzeigen. Eine mögliche Lösung, dies sollen die folgenden Beispiele deutlich machen, fanden sehr verschiedene Vertreter des Aristokratismus-Diskurses darin, ‚Adel' als eine gleichsam alternative, regelmäßig ins Numinose ausweichende Form der Gemeinschaft zu imaginieren.

4.2.4 ‚Aristokratischer Individualismus' in Einzeluntersuchungen

4.2.4.1 Adel als „unsichtbare Gemeinschaft" – Karl Bösch: *Vom Adel* (1920)

Die programmatische Eingangssentenz von Karl Böschs (1880–1945) Spruchsammlung *Vom Adel* lautet: „Die ganze Aufgabe der Zukunft: Ein neuer Adel, die Aristokratisierung der Welt."[132] Der publizistisch erfolgreiche Aphorismenband erschien in der Zwischenkriegszeit in mehreren Auflagen, wobei sich in Titel, Inhalt und

132 Bösch, Karl: Vom Adel. Leipzig, Hartenstein. 1920. S. 5.

Aufbau teils erhebliche Unterschiede zeigen. Die erste Auflage *Vom Adel. Sprüche und Gedanken* erschien 1920, gefolgt von einer gleichnamigen, inhaltlich nur leicht veränderten zweiten Auflage im Jahr 1921. Eine dritte, erheblich erweiterte Auflage erschien 1930, nun nicht mehr im völkischen ‚Erich Matthes-Verlag', sondern im Berliner Verlag ‚Deutschkirche'. Die Aphorismen lassen sich damit klar dem publizistischen Umfeld des sogenannten „Völkischen Protestantismus" und den „zahllosen völkischen Weltanschauungsmanifest[en] mit ihrer religiösen Semantik"[133] zuordnen. Eine vierte und letzte, nochmals inhaltlich veränderte Auflage erschien noch 1944 unter dem verkürzten Titel *Adel*, nun wieder im ‚Erich Matthes-Verlag', wobei (vermutlich kriegsbedingt) als Erscheinungsort die Zweigstelle des Verlags in Prag genannt wird.[134]

Literaturhistorisch handelt es sich bei Böschs Aphorismen, so Friedemann Spicker, um ein „Kronzeugnis für den Vorläufer des nationalsozialistischen Spruchs". Bezüglich ihres ideologischen Gehalts stuft Spicker die Sammlung ein als „extrem, aber von symptomatischer Bedeutung für einen großen Teil des national-konservativen Bürgertums"[135]. Dass sich Bösch mit seinen Sprüchen an ein überwiegend bürgerliches Lesermilieu wandte, mag man daran erkennen, dass sich neben Aphorismen mit weltanschaulicher Thematik auch solche finden, die um traditionelle Themen des bürgerlichen Alltags kreisen. Dem Profil des völkischen Protestantismus entsprechend nehmen zudem religiöse Themen breiten Raum ein. Bösch lässt sich mustergültig dem Typus des „völkisch[en] Religionspropheten" zuordnen, der „auf rassen- und germanenideologischer sowie dezidiert antisemitischer Grundlage spezifische Konzepte einer sogenannten arteigenen, Rasse und Volk spezifischen Religion"[136] propagierte. Allenthalben finden sich bei Bösch Zeugnisse einer Amalgamierung religiöser Semantiken mit solchen von ‚Adel', etwa wenn es heißt: „Religion ist adliges, hochgeborenes Verhältnis zur Welt."[137] Bösch beschwört eindringlich die „Kraft arisch-adligen Fühlens und Gotterlebens"[138]. Inbegriff und Vorbild des ‚Aristokratischen' ist ihm dabei Christus persönlich: „Einer war vor allen

133 Zur Deutschkirche vgl. Gerstner; Hufenreuter; Puschner, Völkischer Protestantismus. S. 409.

134 Bösch, Karl: Adel. 4. Auflage. Leipzig, Hartenstein [ohne Jahr; 1944].

135 Spicker, Friedemann: Studien zum deutschen Aphorismus im 20. Jahrhundert. Tübingen 2000. S. 72. Vgl. auch: ders.: Der Aphorismus: Begriff und Gattung von der Mitte des 18. Jahrhunderts bis 1912. Berlin, New York 1997. S. 340.

136 Gerstner; Hufenreuter; Puschner, Völkischer Protestantismus, S. 410.

137 Bösch, Vom Adel (1921). S. 138.

138 Bösch, Vom Adel (1930). S. 186.

vom Hoch- und Uradel, so daß man gesagt hat, er war von Gott selbst. Sein Adel *verpflichtete* ihn nicht, es war sein Leben selbst, jeden Augenblick für eine höhere Menschheit zu leben."[139]

Innerhalb eines Spektrums der völkischen Bewegung, auch über den engeren Rahmen eines ,Völkischen Protestantismus' hinaus, erlangte der Band eine gewisse Bedeutung als Steinbruch für Zitate.[140] Wie man vermuten darf entgegen der Intention des Autors, wurde der Band auch im rassenhygienischen Diskurs der Zwischenkriegszeit rezipiert. Zu weiterer Bekanntheit gelangten Böschs Aphorismen auf mittelbarem Wege durch die populäre *Rassenfibel* des Düsseldorfer Medizinalrats Robert Lehmann, die erstmals 1933 erschien. Lehmann konzipierte seine Schrift als allgemeinverständlich gehaltenes Vademekum zur zeitgenössischen „Rassenkunde". Er bezieht sich zur Veranschaulichung seiner Ideologeme wiederholt auf Bösch: „Ich habe auf meine Frage ,Was ist Rasse?' nirgends eine bessere Antwort gefunden, als bei dem Schriftsteller Karl Bösch, in seinem Buch ,Vom Adel': ,Rasse ist der Zustand abgeschlossener, inniger, bewährter und wetterfester Verschmelzung urverwandter Elemente'."[141]

Böschs aphoristische Aussagen zum Thema ,Rasse' hält der Mediziner Lehmann für naturwissenschaftlich anschlussfähig.[142] Gleichwohl verwendet Bösch den Begriff in erster Linie in Bezug auf ,seelische' Qualitäten, die für ihn grundsätzlich höher zu bewerten sind als biologische Merkmale. Erkennbar wird bei Bösch eine christlich-religiös begründete Reserve gegenüber den Naturwissenschaften und ihrem Menschenbild im Allgemeinen. ,Adel' will Bösch in letzter Konsequenz nicht

---

139 Ebd. S. 175 (Hervorhebung im Original).

140 Dies gilt insbesondere für den Aphorismus: „Das deutsche Gebet heißt nicht: gib Deinem Volk Führer und Helden, die es erretten, sondern: gib Deinen Führern und Helden ein Volk, das sie erkennt." (Bösch, Vom Adel [1930], S. 73). Vgl. dazu auch: Paul, Ina Ulrike: Paul Anton de Lagarde. In: Handbuch der ,Völkischen Bewegung'. S. 45–93. Insbesondere: S. 84.

141 Lehmann, Robert: Ra.Fi. Rassenfibel. Mit 52 Bildern. 2. Auflage. Berlin 1934. S. 14. Lehmann greift Böschs Definition später wieder auf, vgl. S. 60. Der zitierte Aphorismus findet sich in Bösch, Vom Adel (1930), S. 36.

142 Lehmann doziert an anderer Stelle unter Rückgriff auf Böschs Aphorismus: „Rasse ist die wetterfeste Vereinigung urverwandter Elemente. Das will im naturwissenschaftlichen Sinne besagen, daß die Elemente, dich sich miteinander verbinden sollen, auch zueinander passen müssen. […] Auch Tiere und Menschen müssen zueinander passen, also, wenn auch nicht gleich durch Ahnentafeln nachweisbar, so doch im naturwissenschaftlichen Sinne miteinander verwandt, nicht gleich, aber gleichartig, d.h. gleicher, mindestens verwandter Art (Rasse) sein, soll ein brauchbares und für die fernere Arterhaltung wertvolles Produkt herauskommen." (Lehmann, Rassenfibel. S. 60).

verstanden wissen als etwas, das sich im rassebiologischen Sinne züchten lässt. Bösch denkt vielmehr an „Individuen“ und „große Persönlichkeiten“, deren Auftreten abhängig erscheint von unergründlichen Gesetzen:

> Nicht im Zwiespalt mit der Natur, sondern aus ihr heraus und in Harmonie mit ihr schafft Adel eine nicht minder zwingende zweite Natur und mit ihr eine Selbstverständlichkeit reineren Fühlens, klareren Denkens, festeren Handelns. So führt Adel zum reinen, wahren und höheren Menschen, wenn auch nicht zu der Ausgeburt Darwinistischen Denkens, dem Übermenschen. Alles wahrhaft Große, die Majestät des Genies, kommt von jenseits unseres Willens und unserer Berechnungen und ist von Gottes Gnaden. Der Sinn von Zucht und Adel kann nur der sein: den Zufall der Regel zu nähern, das Spiel der Notwendigkeit, den Wurf dem Ziel.[143]

Deutlich wird der Vorbehalt gegenüber naturwissenschaftlichen Zucht- und Auslesevorstellungen, deren Ziel der „Übermensch“ sein soll. Gleichwohl kann „Zucht“ immerhin die Auftretenswahrscheinlichkeit des adligen Individuums bis zu einem gewissen Grad steigern. Eine besondere Bedeutung besitzt das „Volk“ als Ausgangssubstanz, aus der willkürlich und sporadisch ein neuer adliger Mensch hervorgehen kann. Während das durchgehend positiv konnotierte „Volk“ fruchtbar ist, d.h. ein zum Hervorbringen solcher Menschen notwendiges Potential grundsätzlich besitzt, ist dies bei seiner Schwundform, der innerlich abgestorbenen „Masse“, nicht mehr der Fall. „Volk“ und „Adel“, einst eng miteinander verbundene Gruppen, haben in der Gegenwart aufgehört als solche zu existieren:

> Ohne Adel kein Volk. Ein Volk sieht und formt sich in seinem Adel. Heute haben wir kein Volk mehr, sondern nur eine Masse. Aber auch kein Adel ohne Volk. Wo ein Adel nicht im Volk wurzelt, aus ihm lebt und sich verjüngt, da stirbt er ab. So starb unser Adel; denn es gibt keinen Adel mehr, es gibt nur noch einzelne adlige Menschen.[144]

Es gibt also gegenwärtig zwar keinen Adel mehr, sehr wohl aber noch „einzelne adlige Menschen“, die die ansonsten längst tote oder korrumpierte Idee des ‚Adels‘ weiter in sich tragen und auf die sich nun alle Hoffnung zu richten hat. Diese „adligen Menschen“ stehen Bösch zufolge jenseits aller Stände „überall verstreut,

143 Bösch, Vom Adel (1944). S. 16.
144 Ebd. S. 11.

vereinsamt und auf verlorenem Posten"[145]. Verzeichnen lässt sich demzufolge eine Ausgangskonstellation, die für den ,aristokratischen Individualismus' typisch ist.

Mehrfach wiederholt werden entsprechend Aussagen wie diese: „Es gibt keinen Adelsstand mehr, sondern nur noch hier und da einen adligen Menschen"[146]. Mit insistierendem Nachdruck wird auf die Nichtidentität zwischen einem nur noch durch solitäre „adlige Menschen" verkörperten Adel und dem alten Adelsstand hingewiesen, offensichtlich gerade um Missverständnissen seitens der Leserschaft entgegenzuwirken. Teilweise sieht sich Bösch dazu genötigt, konkreter zu werden. So fühlt er sich veranlasst, möglichen Überlegungen der Leser hinsichtlich des Weiterbestehens einer Differenz zwischen Adel und Bürgertum vorgreifend eine Absage zu erteilen:

> Lassen wir den Namensträgern des vergangenen geschichtlichen Adels das äußere Merkmal ihrer Namen als große Verpflichtung. Es gibt aber keinen Gegensatz mehr zwischen Volk und Adel, auch nicht zwischen „adlig" und „bürgerlich", sondern nur zwischen dem Adelsstand des Menschen und dem Stand des Gemeinen.[147]

Die von Bösch propagierte Revitalisierung eines überzeitlichen „Adels-Gedankens", der verschüttet „unter dem Wahn der Gleichheit und der Herrschaft von Mammon und Masse"[148] fortexistiere, wird letztlich unterminiert durch die nach wie vor kursierenden Vorurteile dem historischen Adel gegenüber. Bösch verbindet das Insistieren auf einem von ihm ganz anders gemeinten Adelsbegriff in dem folgenden Zitat einmal mehr mit der Klage über die grundsätzliche Widerständigkeit solch überkommener Vorstellungen, die nicht die fruchtbare *Idee* von ,Adel' betreffen, sondern einem gescheiterten Realisierungsversuch in Gestalt des historischen Adels anhaften:

> Daß wir nun einen Adel abgestorben sehen und uns einen solchen denken als eine bevorzugte, vom Volk abgetrennte Kaste, daß wir nur eine Verfallserscheinung sehen, aber nicht die Gesundheit, die Idee, das erschwert die Bildung eines neuen. Dieser neue Adel kann kein gesellschaftlicher Stand, er wird ein Wertstand des Volkes sein. Als eine unsichtbare

145 Bösch, Vom Adel (1930). S. 12.
146 Bösch, Vom Adel (1944). S. 17.
147 Ebd. S. 10.
148 Ebd. S. 9.

> Gemeinschaft, in Blut und Seele sich selbst erkennbar und verpflichtet, wird er sein Volk durchwirken und sich erheben.[149]

‚Adel' erscheint als ein historisch vorbelasteter Begriff, der erst noch mühsam von Missverständnissen befreit werden muss. Bösch selbst bewegt sich innerhalb einer eigentlich verabschiedeten Semantik von ADEL, wenn er mangels geeigneter Alternativen auf den Begriff „Stand" zurückgreift, den er allerdings inhaltlich anders zu füllen beansprucht.

Bemerkenswert gerade mit Blick auf den Diskurs als Ganzes ist die Lösung, die Bösch anbietet. Er entzieht sich dem prototypischen Konflikt, eine Gemeinschaft der adligen Solitäre zu definieren, letztlich durch das Ausweichen auf eine numinose Ebene. Bezüglich des „neuen Adels", verstanden als ein soziologisch nicht klassifizierbarer „Wertstand", spricht Bösch von einer „unsichtbaren Gemeinschaft", deren Mitglieder „in Blut und Seele sich selbst erkennbar und verpflichtet" sein sollen. Zu erwarten ist eine gleichsam durch ‚mystisches' wechselseitiges Erkennen induzierte spontane Bildung des neuen Adels. Die Auflösung immanenter Widersprüche zwischen der Inkommensurabilität des Einzelnen und einer stets mit repressiven Tendenzen verbundenen sozialen Vergemeinschaftung im Sinne einer „Kastenbildung" erfolgt also auf der Ebene des Numinosen, wo jede Frage nach dem konkreten sozialen Status dieser Gemeinschaft an Grenzen stößt und zugleich den Autor von der Aufgabe entlastet, eine präzise Definition zu liefern. Was von außen betrachtet diese Gruppe zusammenhält, ist nicht ersichtlich, soll offenbar wesentlicher Teil des Arkanums der „unsichtbaren Gemeinschaft" sein.

4.2.4.2 „Aristokratische Mystik" – Emil Hammacher: *Hauptfragen der Modernen Kultur* (1914)

Hauptfragen der Modernen Kultur (1914) ist ein kulturkritisches Weltanschauungsbuch des bis zum Ersten Weltkrieg in Bonn lehrenden Privatdozenten für Philosophie Emil Hammacher (1885–1916). Der Autor entwirft darin, typisch für die kulturkritische Weltanschauungsliteratur seiner Zeit, eine sich auf nahezu sämtliche Bereiche erstreckende pessimistische Kulturdiagnose. Die Antwort auf die von Hammacher aus wechselnden Perspektiven diskutierte Frage, ob und wie Auswege aus der fundamentalen Krise der europäischen Kultur überhaupt vorstellbar seien, wird praktisch schon im Vorwort vorweggenommen. Hammacher erteilt

149 Ebd. S. 18.

diesbezüglich eine unmissverständliche Absage. Lakonisch stellt er fest: „An der Herrschaft der Abstraktion werden wir zugrunde gehen."[150]

Historische Bedeutung erlangte der Text nicht zuletzt aufgrund des Stellenwertes, den Thomas Mann ihm beimaß. Die aus der Lektüre Hammachers gezogenen Anregungen ließ der Autor der *Buddenbrooks* unmittelbar in die Arbeit an seinen *Betrachtungen eines Unpolitischen* einfließen. Mann, der den im Krieg gefallenen Hammacher in den *Betrachtungen* als „seinen postumen Freund"[151] würdigte und ihm damit ein Denkmal setzte, suchte und fand in den *Hauptfragen* argumentative Schützenhilfe für seine Auseinandersetzungen mit der westlichen „Zivilisation". Hermann Kurzke hat in seinem Kommentar zu den *Betrachtungen* das erhebliche Ausmaß an Anleihen, gedanklichen Übernahmen und nicht ausgewiesenen wörtlichen Zitaten im Detail deutlich gemacht.[152] Einflussreiche Wissenschaftler der Zeit wie Max Weber, Ernst Troeltsch und Werner Sombart kannte Mann, auch dies lässt sich bei Kurzke nochmals nachvollziehen, weitgehend aus zweiter Hand, vermittelt offenbar ganz wesentlich über die ausführlichen Anmerkungen im Schlussteil von Hammachers Studie, deren Kernformulierungen in Manns *Betrachtungen* teils unverändert wiederkehren.[153] Für Thomas Mann von besonderem Interesse waren Hammachers Ausführungen zum aristokratischen Individualismus. Wie zu zeigen sein wird, bestehen gerade bei den entsprechenden Stellen in Manns Großessay besonders deutliche intertextuelle Bezüge. Dies erlaubt über weite Strecken eine vergleichende Analyse der Texte.

---

150 Hammacher, Emil: Hauptfragen der modernen Kultur. Leipzig, Berlin 1914. S. IV (Vorwort).

151 Mann, Thomas: Betrachtungen eines Unpolitischen. Herausgegeben und textkritisch durchgesehen von Hermann Kurzke. 2. Auflage. Frankfurt am Main 2013. (= Große kommentierte Frankfurter Ausgabe [GkFA], Band 13.1): „Und ganz dicht am Kriege, beinahe schon *im* Kriege, 1914 erschienen, steht ein Buch, das mir das letzte Deutschland, das Deutschland das in den Krieg gehen mußte, und das nicht mehr das Deutschland von 1875 war, zu resümieren, in erstaunlicher Synthese darzustellen scheint: Die ‚Hauptfragen der modernen Kultur' vom Emil Hammacher, dem jungen in Frankreich gefallenen Bonner Philosophen, den ich wohl meinen postumen Freund möchte nennen dürfen ..." (S. 262).

152 Mann, Betrachtungen eines Unpolitischen. Kommentar von Hermann Kurzke (GkFA, 13.2). S. 371: Kurzke betont, dass Thomas Manns Übernahmen stellenweise „unbestreitbar den Tatbestand des Plagiats erfüllen", was zugleich aber als Teil eines „ästhetischen Programms" des Autors verstanden werden könne. Zur Bedeutung Hammachers für Mann vgl. neben Kurzkes Kommentar auch: Heimendahl, Hans-Dieter: Kritik und Verklärung. Studien zur Lebensphilosophie Thomas Manns in ‚Betrachtungen eines Unpolitischen', ‚Der Zauberberg', ‚Goethe und Tolstoi' und ‚Joseph und seine Brüder'. Würzburg 1998. S. 85 f.

153 Mann, Betrachtungen eines Unpolitischen (GkFA, 13.2). S. 265.

Spuren in den ideologischen und kulturkritischen Diskursen zwischen Weltkrieg und Nationalsozialismus hinterließ Hammachers Buch auch über die *Betrachtungen eines Unpolitischen* hinaus. Ein einschlägiges Rezeptionszeugnis bildet etwa der Artikel *Stirb und Werde! Staatsvergottung, Übermenschentum und deutsche Staatsidee* des dem völkischen Spektrum zuzuordnenden Mediävisten Eugen Meyer (1893–1972).[154] Meyer fragt in seinem Essay nach dem Nutzen des „Übermenschentums für die germanische Staatsidee, und insbesondere für den Staatsgedanken der deutschen Gegenwart“[155]. Sich explizit auf Emil Hammachers *Hauptfragen* beziehend, kann Meyer über Nietzsches Vorstellungen von einem aristokratischen Übermenschentum vereinfachend erklären: „In der Frage, wie das ersehnte Übermenschentum sich bildet, schwankt Nietzsche. Bald ist es Familienerbgut, bald Rassenerbtum, bald Beruf; zuletzt der Gegensatz der einsamen Edelmenschen zur Masse (‚Solitärpersönlichkeit‘).“[156] Die besondere Akzentuierung des „einsamen Edelmenschen“ und seiner (notwendigen) Distanz zum Volk ist es dann gerade, was Meyer davon absehen lässt, Nietzsches „Übermenschentum“ zum programmatischen Fundament einer „deutschen Staatsidee“ machen zu wollen. Denn ein gangbarer Weg, der vom „einsamen Edelmenschen“ zur wirksamen Führungsschicht führt, lässt sich auf der Grundlage von Nietzsches Lehre, wie Hammacher sie verstand, nicht erkennen.

Hammacher unterscheidet zwischen einem verfehlten Individualismus der Aufklärung und einem positiv gedeuteten „metaphysischen“ Individualismus: „Ein Fundamentalirrtum unserer Zeit, eine Folge der ‚Aufklärung‘, ist die Identifizierung des Überindividuellen mit dem Sozialen, das Außerachtlassen des metaphysischen Überindividuellen.“[157] Indiskutabel ist von der Warte des „persönlichen Aristokraten“[158] aus der Versuch, das individuelle „Metaphysische“ in Kategorien des „Objektiven“ und „Sozialen“ aufgehen lassen zu wollen. Verfehlt sei insofern ein demokratischer „Gleichheitsindividualismus“. Hammacher verbindet mit der Rede vom „Metaphysischen“ und vom „Mystischen“ zusätzlich Vorstellungen von mystisch gesteigerten Erkenntnismöglichkeiten der „Solitärpersönlichkeit“, die es erlauben, unterhalb der allgemein wahrnehmbaren Ebene aktueller kultureller Brüche und Dissonanzen verborgene Zusammenhänge zu erkennen und so potentiell neuen Sinn zu stiften:

154 Meyer, Eugen: Stirb und Werde! Staatsvergottung, Übermenschentum und deutsche Staatsidee. In: Deutsche Rundschau, 50/200 (1924). S. 77–88.

155 Hammacher, Hauptfragen der modernen Kultur. S. 83.

156 Ebd. S. 82.

157 Ebd. S. 81.

158 Ebd. S. 173; S. 178.

> Die Mystik hebt alle Zersplitterung der subjektiven Freiheit auf und vereinigt sie mit dem Objektivismus, sie versöhnt die bisherigen Gegensätze, indem sie die Einheit von Natur und Geist als vermittelte behauptet und in der Kulturgeschichte selbst die zeitliche Entfaltung des Zeitlosen erkennt, ein Werden Gottes, das Wertfolge ist und daher metaphysische Bedeutung hat.[159]

Zur Diskussion steht bei Hammacher die Frage, inwiefern das kulturelle Ideal des metaphysisch-aristokratischen Individualismus sich im Rahmen der bestehenden (oder zu schaffenden) sozialen Ordnungsverhältnisse nicht doch realisieren lässt, ob also dem aristokratischen Individuum zumindest theoretisch ein äquivalentes soziales Modell an die Seite gestellt werden könne. Dieses „soziale Ideal" bestünde dann darin, so führt Hammacher aus, die „möglichste Identität der persönlichen und gesellschaftlichen Rangordnung"[160] zu verwirklichen.

Es handelt sich um eine Schlüsselfrage des Aristokratismus-Diskurses, der auch Thomas Manns besonderes Interesse galt. In den *Betrachtungen* heißt es fast wortgleich mit Hammacher: „Staatswichtig ist ohne Zweifel die möglichst vollkommene Übereinstimmung der persönlichen und der sozialen Rangordnung."[161] Eingehend diskutiert wird von Mann die „ewige Unaufhebbarkeit des Widerstreits zwischen Individuum und Gesellschaft"[162]. Seine Angriffe gelten, analog zu denen Hammachers, einer „positivistisch[en] Aufklärung", die eine „Harmonie von Individual- und Sozialinteresse" anstrebe, tatsächlich aber einen fehlgeleiteten „Gleichheitsindividualismus" hervorgebracht habe, der bei näherem Hinsehen leicht als ein „salbungsvoll[er] Völkerbetrug" entlarvt werden könne. In weitgehender gedanklicher und wörtlicher Übereinstimmung mit Hammachers ‚aristokratischem Individualismus' kennzeichnet Mann das „Politische" als die „Sphäre des (demokratischen) Individuums", die jener der „(aristokratischen) Persönlichkeit"[163] gegenüberstehe. Die Frage, die letztlich auch Thomas Mann interessiert haben dürfte, lautet also: Wie lässt sich die Existenz des „persönlichen Aristokraten" in eine „gesellschaftliche Rangordnung" überführen, mit der der „persönlichen Rangordnung" keine Gewalt angetan wird? Hammacher vertieft die Diskussion über die „qualitative Aristokratie" schließlich unter Rekurs auf Nietzsche. Dieser verwendet, Hammacher zufolge, den Begriff ‚Adel' unscharf. Dies gilt vor allem für das Merkmal ‚Genealogie': „Zwar hat

159 Ebd. S. 290.
160 Ebd. S. 163.
161 Mann, Betrachtungen eines Unpolitischen (GkFA, 13.1). S. 282.
162 Ebd. S. 279.
163 Ebd.

schon Zarathustra die heutige Geburts- und Besitzaristokratie abgelehnt und einen neuen Adel verlangt; aber in seinen Prosawerken hatte der Philosoph fortgefahren, Klassen- und Ständeherrschaft zu preisen."[164]

Hammacher schreibt, dabei Nietzsche interpretierend: „Da alles Gute Instinkt und somit vererbt ist, so ist höhere Kultur nur durch Klassenherrschaft möglich; der einzelne ist nichts für sich, sondern die ganze Linie Mensch bis zu ihm selber noch, eine Kette mit den Aufgaben aller Zukünfte der Kette."[165] Hammacher greift zur Veranschaulichung seines Aristokratismus auf die konzeptuelle Metapher der ‚Kette' zurück. In der „Klassenaristokratie" geht der einzelne Aristokrat unter, er ist „nichts für sich". In Abkehr davon gilt es, das ‚Glied' gegenüber der ‚Kette' aufzuwerten. Nietzsche scheitert laut Hammacher an diesem Anspruch: „[...] es ist die ganze Kette seiner Vorfahren einschließlich seiner selbst, eben deshalb kommt dem Einzelwesen die große Bedeutung als Vertreter des gesamten Geschlechts zu."[166] „Groß" ist die Bedeutung des adligen „Einzelwesen[s]" nur dort, wo es als Vertreter zu Geltung kommt, dann steht es für die Größe seines Herkunftsgeschlechts, *nicht* aber für seine ganz individuelle Größe, auf die es eigentlich ankommt. Bei Nietzsche sei, so Hammacher, immerhin ein Umdenken, eine Revision dieser Positionen erkennbar. Diese finde sich in Nietzsches *Der Wille zur Macht,* an dessen Authentizität Hammacher in zeitbedingter Unkenntnis der hochproblematischen Entstehungsgeschichte des postum erschienenen ‚Hauptwerkes' nicht zweifelt. Hammacher sieht im *Willen zur Macht* den Endpunkt und eigentlichen Gipfel von Nietzsches geistiger Entwicklung. Erst jetzt habe Nietzsche zum „Ideal einer persönlichen Rangordnung"[167] gefunden: „Nun beginnt an Stelle des Gegensatzes zwischen Herren und Sklaven ein anderer zu treten, der zwischen der Solitärperson und der Herde." Deutlich wird, dass es sich um zwei völlig anders gelagerte Konflikte handelt. Der Konflikt zwischen „Herr" und „Sklave" vollzieht sich *innerhalb* einer sozialen Rangordnung. Das aristokratische Individuum steht dagegen *außerhalb* des Sozialen. Seine Gegnerschaft zur „Herde" bzw. „Masse" schließt nicht zwangsläufig das Ziel ein, diese zu beherrschen oder sie anzuführen, sondern das Entscheidende ist, in der Masse nicht aufzugehen. Nietzsches gedankliches Vordringen zu einem ‚qualitativen Aristokratismus' hat zur Folge, dass die bis dahin seitens des Philosophen unscharf aufrechterhaltene Idee genealogischer Kontinuität endgültig fallen gelassen, zumindest aber deutlich revidiert wird:

---

164 Hammacher, Hauptfragen der modernen Kultur. S. 255 f.

165 Ebd. S. 252.

166 Ebd. S. 255.

167 Ebd.

> Will Nietzsche auf solche Weise das Ideal einer persönlichen Rangordnung, wobei natürlich noch immer sehr wenige den allzu Vielen gegenüberstehen können, so muß der Vererbungsgedanke zwar nicht aufhören, aber doch zurücktreten. Denn die Ablehnung des kastenmäßigen Abschlusses schließt doch ein, daß durch ihn Vorteile verloren gehen, die Nachteile also größer werden als die Vorteile.[168]

Unbeantwortet bleibt letztlich jedoch die entscheidende Frage, wie ein sozial isolierter, nur in Einzelindividuen existierender Adel kulturell positiv wirken soll. Hammacher führt aus, dass Lösungen zwar vorstellbar seien, gleichwohl ist „ihr Verständnis […] so schwierig, daß nur wenige Menschen die heute gültigen Ideale in Ethik und Politik, Philosophie, Kunst und Religion annehmen können“[169]. Erwogen wird von Hammacher am Rande die Vergemeinschaftung der aristokratischen Individuen in einem esoterischen Geheimbund, er erklärt diese Möglichkeit aber letztlich für unrealistisch: „Eine Kultur ist aber, wie wir mehrfach betonten, als geheimes Bündnis einer winzigen Minorität nicht lebensfähig.“[170] Aussichtslos sind für ihn letztlich alle Versuche, die fortschreitende Verwandlung breiter Bevölkerungsschichten zu einer formlosen Masse zu verhindern, für solche Versuche fehle schon jetzt der geeignete „Resonanzboden“:

> Und nur folgende beide trüben Aussichten scheinen zu bleiben: entweder siegt die Masse und tötet allen Kulturfortschritt oder das Individuum wehrt sich erfolgreich gegen die Ansteckung und bleibt vorläufig Herr, wird aber so sehr von dem Zusammenhang mit dem Volke getrennt, daß ihm die zur Reproduktion erforderlichen Kraftquellen versiegen, und so findet jetzt der Untergang statt.[171]

Aus der Isolation des ‚aristokratischen Individuums' heraus sind keine erfolgversprechenden Möglichkeiten mehr zu erkennen, einen signifikanten „Kulturfortschritt“ herbeizuführen. Einen Trost findet Hammacher immerhin darin, dass nicht aufzuhebende Antagonismen und der sich voraussichtlich verschärfende „Krieg gegen die Masse“ eine vorher nicht geahnte Vereinzelung der verstreuten aristokratischen Individuen erwarten lassen, womit die Aussicht bestünde, zumindest für die Einzelnen eine völlig neue Stufe der mystischen Vertiefung zu erlangen.

168 Ebd.
169 Ebd. S. 293.
170 Ebd. S. 287.
171 Ebd. S. 115.

Ernst Troeltsch äußerte in seiner Rezension in der *Historischen Zeitschrift* die Ansicht, dass die Weltanschauung Hammachers auf eine Synthese von Nietzsches Kulturkritik und Hegels Teleologie zulaufe. Für die Idee einer nur in ganz wenigen „mystischen Aristokraten" tatsächlich zu realisierenden Steigerung menschlichen Daseins findet Troeltsch die treffende Bezeichnung „aristokratische Mystik".

> Es bleibt nur als reifste Frucht einer zu Ende gehenden Kultur der mystische Aristokrat, der den Untergang der Masse und ihrer Kultur bejaht, weil dadurch in einigen wenigen Exemplaren ihre höchste Leistung, die aristokratische Mystik, zustande kommt. Rationalismus und Romantik sind in solchem Aristokratismus verbunden und ihr Gegensatz im Pessimismus überwunden.[172]

Hammacher sieht von einer, zumindest hypothetisch ins Spiel gebrachten Vergemeinschaftung der aristokratischen Einzelnen schlussendlich ab. Stattdessen optiert er für die als unausweichlich betrachtete Isolation einer „aristokratischen Mystik", womit er zugleich eine Ausnahme unter den Vertretern des ‚aristokratischen Individualismus' bildet. Seine Extremposition war verbunden mit dem Bekenntnis zum nietzscheanischen *amor fati*, einer stoischen Bejahung des Unausweichlichen, deren Kehrseite Rigorismus und fatalistische Härte sind, Merkmale, wie sie vor allem in kulturkritischen Texten nach dem Weltkrieg begegnen, beispielhaft bei Ernst Jünger.[173] Zieht Troetsch noch Vergleiche mit Hegels Teleologie, scheint Hammacher *ex post* betrachtet weit eher Oswald Spengler und seinen Geschichtsdeterminismus zu antizipieren, gerade auch, was die damit verbundene intellektuelle Haltung zynischer Unerbittlichkeit anbetrifft. Dies mag im Übrigen ein Grund gewesen sein, warum Thomas Mann seinem „postumen Freund" Hammacher am Ende ebenso wenig zu folgen bereit war wie späterhin Oswald Spengler.[174]

---

172 Troeltsch, Ernst: [Rez.] Emil Hammacher: Hauptfragen der modernen Kultur (1914). In: Historische Zeitschrift. Der ganzen Reihe 116. Band. Dritte Folge, 20 (1916). S. 495–498. Hier: S. 496. Wieder in: Troeltsch, Ernst: Rezensionen und Kritiken (1915–1923). Hrsg. von Friedrich Wilhelm Graf. In Zusammenarbeit mit Diana Feßl, Harald Haury und Alexander Seelos. Berlin, New York 2010. (= Kritische Gesamtausgabe, Band 13). S. 174–178.

173 Vgl. zum Überblick: Honold, Alexander: Natur/Geschichte. In: Ernst Jünger-Handbuch. Leben – Werk – Wirkung. Hrsg. von Matthias Schöning. Stuttgart 2014. S. 339–342.

174 Vgl. Beßlich, Barbara: Faszination des Verfalls. Thomas Mann und Oswald Spengler. Berlin 2002.

4.2.4.3 Adel als „unsichtbare Kirche" – Karl Jaspers: *Die geistige Situation der Zeit* (1931/32)

Zu ähnlichen Ergebnissen wie Bösch und Hammacher kam auch Karl Jaspers in seiner kulturdiagnostischen Schrift *Die geistige Situation der Zeit,* adressiert an ein breiteres intellektuelles Publikum. Der Text erschien mit der Bandnummer 1000 in der Sammlung Göschen.[175] Im Geleitwort der Neuausgabe von 1946 schrieb Jaspers, dass er zur Zeit der Niederschrift Anfang der 1930er Jahre „kaum Kenntnis vom Nationalsozialismus" gehabt habe. Über die Wahlerfolge der NSDAP von 1930 sei er gleichermaßen „erstaunt" wie „erschrocken" gewesen. Anlass für eine inhaltlich unveränderte Neuauflage kurz nach dem Weltkrieg sah er, weil sich das diagnostische Urteil durch die Zeitläufe bestätigt habe: „Im ganzen der philosophischen Haltung und der Weltperspektive aber scheint mir das Buch heute wie damals gültig trotz der Ereignisse, die zwischen seinem Erscheinen und dem gegenwärtigen Neudruck liegen."[176] Bezüglich Jaspers' Positionierung im Spektrum rechter und linker Kulturkritik stellt Manfred Gangl fest, dass bei Jaspers' vehementesten Kritikern wie Horkheimer, vor allem aber auch seinem eigentlichen Antipoden, Georg Lukács (1885–1971), sich „der frühe und starke Einfluß derselben kulturkritischen und lebensphilosophischen Autoren nachweisen [lässt], die auch Jaspers entscheidend geprägt haben"[177]. Indem Jaspers seine eminent kulturkritische Schrift 1946 unverändert wieder veröffentlichte, stellte er zugleich Kontinuität her zwischen radikalen Positionen der Kulturkritik des frühen 20. Jahrhunderts und der Ideenlandschaft der unmittelbaren Nachkriegszeit.[178]

---

175 Jaspers, Karl: Die geistige Situation der Zeit. 8. Abdruck der 1932 bearbeiteten 5. Auflage. Berlin, New York 1979. (= Sammlung Göschen, Band 1000).

176 Ebd. S. 194.

177 Gangl, Manfred: Karl Jaspers und Georg Lukács. Rechte und linke Kulturkritik in der Weimarer Republik. In: Karl Jaspers. Denken zwischen Wissenschaft, Politik und Philosophie. Hrsg. von Dietrich Harth. Stuttgart 1989. S. 87–110. Hier: S. 89.

178 Vgl. Schildt, Axel: Zwischen Abendland und Amerika: Studien zur westdeutschen Ideenlandschaft der 50er Jahre. München 1999. Mit Bezug auf Jaspers' *Die geistige Situation der Zeit* bemerkt Schildt, dass es sich bei der typischen elitären Abscheu vor dem „Massendasein und seinen Bedingungen" um verbreitete „Wendungen" handelte, „die offenbar nach 1945 durch die zwischenzeitlichen Erfahrungen der Intellektuellen mit dem NS-Regime und dem Weltkrieg an Überzeugungskraft noch gewonnen hatten." (S. 7).

Jaspers' Text weist kulturkritische Adelssemantiken in hoher Dichte auf.[179] Der Philosoph warnt vor einer „nirgends Halt machenden Rationalität"[180], die zur „Zertrümmerung, Besitzverschiebung und Entaristokratisierung"[181] geführt habe. Grundlage seiner Analyse bildet ein existenzphilosophisch untermauerter Seins-Begriff.[182] Die behauptete „Entaristokratisierung" betrifft die Auflösung einer Substanz, deren sichtbare Objektivationen „Kunst, Dichtung, Philosophie" bilden:

> Man fragt nach einem dunklen Gesetz unerbittlichen Ablaufs des gesamtmenschlichen Geschehens. Ob nicht eine Substanz langsam aufgezehrt werde, welche einmal mitgegeben wurde. Ob nicht der Niedergang von Kunst, Dichtung, Philosophie Symptom des bevorstehenden Aufhörens dieser Substanz sei. Ob nicht die Weise, wie heute Menschen im Betrieb sich auflösen, wie sie verkehren, ihren Beruf abarbeitend erfüllen, Politik ohne Gesinnung treiben, sich gehaltlos vergnügen, ein Beweis dafür sei, daß sie schon fast zunichte geworden ist.[183]

Die kulturkritische Diagnose setzt an bei einem sukzessiv voranschreitenden, einem, so hat es den Anschein, nach „dunklen Gesetzen" ablaufenden Prozess der Auflösung jener Substanz, die, historisch gänzlich voraussetzungslos, ursprünglich dem Menschen „einmal mitgegeben" worden sei. Zur eigentlichen Chiffre dieses metaphysischen Substanz-Begriffes wird bei Jaspers, dies deutet sich bereits in der Synonymität von „Substanzauflösung" und „Entaristokratisierung" an, der Begriff „Adel".

> Es beginnt heute der *letzte Feldzug gegen den Adel.* Statt auf politischem und soziologischem Felde wird er in den Seelen selbst geführt. Man möchte die Entwicklung *rückgängig machen,* die für das Wesen der neueren, aber jetzt vergangenen Zeit gehalten wird, die *Entfaltung der Persönlichkeit.* [...] Die Möglichkeit, daß der Einzelne sich im Gang seines Schicksals erwirbt, soll am Ende vernichtet werden. [...] Erst dieser *Aufstand* richtet sich *gegen den eigentlichen Adel im Menschen.* Die früheren politischen Aufstände konnten

---

179 Vgl. Beyme, Klaus von: Zeitkritik: Von der Kulturkritik zur Politikkritik im Werk von Karl Jaspers. In: Karl Jaspers – Philosophie und Politik. Hrsg. von Reiner Wiehl und Dominic Kaegi. Heidelberg 1999. S. 81–96.

180 Jaspers, Die geistige Situation der Zeit. S. 17.

181 Ebd. S. 19.

182 Vgl. Großheim, Michael: Politischer Existentialismus: Subjektivität zwischen Entfremdung und Engagement. Tübingen 2002.

183 Jaspers, Die geistige Situation der Zeit. S. 187.

> gelingen, ohne den Menschen zu ruinieren; dieser würde, wenn es gelänge, den Menschen selbst zerstören.[184]

Jaspers' Diagnose folgt einem prototypischen kulturkritischen Narrativ, dem zufolge das Einsetzen der zivilisatorischen Moderne seit dem 18. Jahrhundert mit einem umfassenden Substanzverlust einherging. Während sich durch frühere politische Revolutionen nur äußere Verhältnisse veränderten, ist nun der vom Autor scharf verurteilte, in der Aufklärung geborene *„Gleichheitsgedanke"*, der „unwahrhaftig" und historisch gesehen „daher stillschweigend fast immer verworfen"[185] worden sei, bei der Substanz angelangt. Dieser totalisierte Gleichheitsprimat bedroht längst über das Politische hinaus die innere Verfassung, das „Sein" des Einzelnen, seine „Persönlichkeit" und damit zugleich das eigentliche Adlige im Menschen.

Anders als die hier thematisierten kulturkritischen Autoren vom Schlage Julius Langbehns war Karl Jaspers bekanntlich kein intellektueller Renegat, kein akademisch randständiges *enfant terrible,* sondern galt bereits zu Beginn der 1930er Jahre als längst arriviert. Jaspers wurde insbesondere in der unmittelbaren Nachkriegszeit zur öffentlich geehrten, etwa auch im Rundfunk präsenten geistigen Autorität, gefragt letztlich auch bei der amerikanischen Besatzungsmacht, die nach Kriegsende sogleich seine Berufung in eine Kommission zur Neugründung der Universität Heidelberg erwirkte. Was die Situation Jaspers' etwa von derjenigen Heideggers unterschied, ist offensichtlich. Jaspers' Ruf konnte nach dem Krieg als makellos gelten, seine Distanz zum Nationalsozialismus war unbestritten. Jaspers war Mitte der 1930er Jahre nicht nur mit einem Lehr- und Publikationsverbot belegt und schließlich zwangspensioniert worden, sondern sah sich auch aufgrund seiner Ehe mit einer Jüdin permanenten Bedrohungen durch das NS-Regime ausgesetzt. Einer Verhaftung entging er 1945 nur deshalb, weil die amerikanischen Truppen Heidelberg rechtzeitig erreichten, bevor die bereits beschlossene Festnahme erfolgen konnte.

In Jaspers' Schrift von 1931 lassen sich gleichwohl Überschneidungen mit dem Denken der ‚Konservativen Revolution' bzw. ‚Neuen Rechten' erkennen[186], ein früh erhobener Vorwurf, gegen den Jaspers von seinen Anhängern in Schutz genommen wurde.[187] Kritische Stimmen wie die des aufgrund seines Marxismus als politisch verdächtig geltenden Georg Lukács, der Jaspers und Heidegger gleichermaßen „eine

184 Ebd. S. 177 (Hervorhebung im Original).
185 Ebd. S. 181.
186 Vgl. Gangl, Karl Jaspers und Georg Lukács. S. 87–110.
187 Vgl. Beyme, Zeitkritik. S. 222; Stäblein, Ruthard: Kulturkonservatismus oder konservative Revolution? Karl Jaspers' und Hugo von Hofmannsthals Erkundungen einer authentischen

deutliche antidemokratische Tendenz" nachwies, waren in der Minderheit. Lukács zufolge habe sich bei Jaspers eine Tendenz gesteigert

> zum äußersten Philistertum: nur beim „innerlich" gewordenen, rein auf sich gestellten Individuum (im intellektuellen Philister, der jedes öffentliche Leben ablehnt) ist nach seiner Auffassung Wahrheit, Echtheit und Menschlichkeit zu finden; jeder Einfluß der Massen erscheint – in echt deutsch-spießbürgerlicher Art – als Unwahrhaftigkeit, als Barbarei.[188]

Den Aussagen Lukács', der mit Jaspers lose über den Heidelberger Kreis um Max und Alfred Weber bekannt war, lässt sich ihre Evidenz nicht absprechen. Hinsichtlich der Verachtung des „Massenmenschen" unterscheidet sich Jaspers' Diktion kaum von radikalen kulturkritischen Autoren der Zeit um 1930. „Physiognomische Widerwärtigkeit in Benehmen und Aussehen", ein „häßlich[es] Lachen" sowie „ekl[es] Vergnügtsein" und „würdelos[es] Jammern" sind die typischen Merkmale, die die „Masse" auszeichnen. Nur „wer im Gemeinen sich gemeinschaftlich fühlt", so Jaspers weiter, „kann da nicht zurückschrecken."[189]

Grundsätzlich wird eine in allen denkbaren Ausdrucksformen zutage tretende hassenswerte Mediokrität als Folge einer „universell[en] Nivellierung in der Massenordnung" attestiert. In der mit unverhohlener Verachtung vorgetragenen Kritik an der „Masse" wird allerdings deutlich, dass nicht, oder zumindest nicht in erster Linie, an die radikalisierten politischen Bewegungen der frühen 1930er Jahre gedacht wurde. Zentrales Kennzeichen der pöbelhaften „Masse" ist für Jaspers bezeichnenderweise ihr ekelerregendes „Lachen" und „Vergnügtsein". Zum Ausdruck gebracht wird vor allem eine kulturell-ästhetisch fundierte elitäre Abscheu vor einer Trivialisierung der Hochkultur. Bedroht erscheint Jaspers die Dignität eines Kulturbegriffs, von Kunst, Dichtung und Philosophie also, in denen Jaspers die eigentlichen Medien der humanen „Substanz" sieht. Rigoros gab sich der Philosoph allerdings auch, wenn er auf kategorische Unterschiede der aristokratischen „Wenigen" zu den „Massenmenschen" hinweist:

> Massenmenschen sind anzuerkennen, sofern sie dienen, leisten, aufblickend den Impuls eines möglichen Aufschwungs kennen, das heißt, sofern sie selbst das sind, was die Wenigen

---

Existenz. In: Karl Jaspers. Denken zwischen Wissenschaft, Politik und Philosophie. Hrsg. von Dietrich Harth. Stuttgart 1989. S. 111–137.

188 Lukács, Georg: Von Nietzsche bis Hitler oder Der Irrationalismus in der deutschen Politik. Frankfurt am Main 1966. S. 199.

189 Jaspers, Die geistige Situation der Zeit. S. 181.

entschiedener sind. Nicht der Mensch als Daseinsexemplar, sondern der Mensch als mögliche Existenz ist liebenswert, in jedem Einzelnen sein möglicher Adel.[190]

Eine Würdigung des Menschen erfolgt nicht *per se,* sie gilt nicht voraussetzungslos schon dem bloßen „Daseinsexemplar", sondern nur, wenn der Einzelne die Möglichkeiten seiner Existenz ausschöpft. Diese Möglichkeiten sind beim „Massenmenschen" gleichwohl begrenzt. Das höchste Lob, das dem „Massenmenschen" aus Sicht der unerreichbaren Wenigen, von deren Warte aus Jaspers offensichtlich spricht, zuteilwerden kann, ist, „liebenswert" zu sein. „Liebenswert" ist der „Massenmensch" also dann, wenn er aus der subalternen Position des Dienenden die Überlegenheit jener Wenigen nacheifernd anerkennt, von denen er letztlich unüberbrückbar geschieden bleibt.

Jaspers' Rekurse auf Adelssemantiken sind mit Erläuterungen verbunden, in denen zu verstehen gegeben wird, was mit dem Begriff ‚Adel' konkret gemeint ist. Jaspers stellt zunächst klar, dass, wenn er von Adel spricht, nicht an den historischen Adel gedacht werden könne:

Um die Aristokratie in Gestalt der *Herrschaft einer Minderheit* als der *erblich privilegierten,* durch Macht, Besitz, Erziehung und verwirklichtes Bildungsideal aus der Menge herausgehobenen Schicht, die sich für die Gemeinschaft der Besten hält und gehalten wird, handelt es sich heute *nicht mehr.*[191]

Der Philosoph meint nicht die Herrschaft einer Minderheit, die sich wesentlich genealogisch, d.h. über den Wert der ‚Erblichkeit', konstituiert. Die typographische Hervorhebung vermittelt den Nachdruck, mit der diese Deutungsmöglichkeit zurückgewiesen wird. ‚Adel' im Sinne Jaspers' meint gerade nicht eine Ordnung, in der der ‚Adel' gruppenintern wie gruppenextern gleichermaßen als „Gemeinschaft der Besten" Anerkennung findet. Überhaupt könne letztlich keine der genannten Formen von Aristokratie, fundiert durch „Macht", „Besitz" oder „Erziehung", heute noch Geltung beanspruchen:

Die Besten im Sinne eines Adels des Menschseins sind nicht schon die *Begabten,* welche man auslesen könnte, nicht *Rassentypen,* die sich anthropologisch feststellen ließen, nicht schon *geniale Menschen,* die außergewöhnliche Werke schaffen, sondern unter allen diesen

190 Ebd.
191 Ebd. S. 176 (Hervorhebung im Original).

> die *Menschen, die sie* selbst *sind,* im Unterschied von denen, die in sich nur eine Leere fühlen, keine Sache als die ihre kennen, sich selber fliehen.[192]

Weder von einem ‚Rassenadel' noch einem Geistesadel, bestehend aus „genialen Menschen" und „Schöpfern großer Werke", könne heute die Rede sein. Den existenzphilosophischen Grundpositionen von Jaspers' Denken entsprechend ist Adel allein unter den mit sich selber identischen „selbstseienden" Menschen zu suchen, diese besitzen den „Adel des Menschseins"[193].

Im letzten Kapitel spitzt Jaspers seine Thesen zu. Die alles entscheidende Frage der Zeit sei nunmehr die nach dem Adel: „Die Frage, ob menschliche Würde noch möglich sei, ist identisch mit der Frage, ob noch Adel möglich sei."[194] Jaspers nährt sich dabei Problemstellungen, wie sie auch in den Texten von Bösch und Hammacher zu finden sind. Wiederum wird die zentrale Problematik des aristokratischen Individualismus zur Sprache gebracht.

Der Adel bilde aktuell eine bedrohte Minorität, deren Potential, soll noch Anlass zur Hoffnung bestehen, es für die Zukunft zu retten gilt: „Das *Problem* des menschlichen Adels ist jetzt die *Rettung der Wirksamkeit der Besten, welche die Wenigsten sind*."[195] Tatsächlich beginnt für Jaspers das Problem dort, wo aus Einzelnen eine adlige Minorität werden soll. Jede Art von sozialer Gemeinschaft erliegt zwangsläufig der immanenten Tendenz zur Homogenisierung und Nivellierung. Jede Gruppenbildung geht zwangsläufig auf Kosten der hervorragenden Einzelnen:

> Wenn auch soziologische Aristokratie zu den großartigsten Erscheinungen gehört hat, wurde sie doch bald die Herrschaft einer Minderheit, die, selbst eine Masse, deren typische Züge zeigte: Entscheidungen durch Majoritäten, Haß gegen jeden hervorragenden Einzelnen, Forderung der Gleichheit, rücksichtslose Isolierung der Ausschließung jeder Besonderheit, welche nicht repräsentativ für alle ist, Verfolgung des Überragenden.[196]

Im Sinne des „hervorragenden Einzelnen" müsste konsequenterweise von allen Versuchen, einen neuen Adel in Gestalt einer sozialen Gruppe zu gründen, Abstand genommen werden. Eröffnet wird eine pessimistische Perspektive auf die zeitgenössischen Versuche, eine aristokratischen „Elite" zu formen:

192 Ebd. S. 176.
193 Ebd. S. 180.
194 Ebd. S. 175.
195 Ebd. S. 176 (Hervorhebung im Original).
196 Ebd. S. 176.

> Exklusive Minoritäten können im Bewußtsein ihres Adels, unter dem Namen der Avantgarde oder der Fortgeschrittensten, der Willenskräftigsten, der Gefolgschaft eines Führers, des ererbten Vorrangs ihres Blutes sich zusammenschließen, um auf diesem Wege die Macht im Staate zu ergreifen. Sie formieren sich analog zu den früheren Sekten: scharfe Auswahl, hohe Anforderungen, strenge Kontrolle. Sie fühlen sich als Elite, als die sie nach Gewinn der Macht sich zu erhalten suchen durch Heranbildung einer Jugend, welche sie fortsetzen könnte. Jedoch, wenn auch in ihrem Ursprung die Kraft des Selbstseins als der Adel des Menschen eine Rolle gespielt haben kann und in den entscheidenden Individuen weiterhin spielt, so ist die Gesamtheit alsbald eine neue, keineswegs aristokratische Masse als Minorität. Es bleibt vielmehr hoffnungslos, in dem durch die Massen bestimmten Zeitalter den Adel des Menschseins in Gestalt einer herrschenden Minderheit zu erwarten.[197]

Der Versuch also, aus den einzelnen adligen Menschen einen neuen Adel als „herrschende Minderheit" in modifizierter Analogie zum historischen Adel zu erschaffen, mündet zwangsläufig in eine Aporie. Zu erwarten wären im Ergebnis lediglich isolierte Massenbildungen innerhalb einer umfassenden Massenordnung. Die sozialen Homogenisierungszwänge lassen sich nicht umgehen, individuelle Unterschiede würden in jedem neuen Adel nivelliert zugunsten eines sich zwangsläufig ausbildenden Durchschnitts. Wenn sich dieser Durchschnitt auch auf denkbar höchstem Niveau einpendelt, geschieht dies doch stets auf Kosten der hervorragendsten Individuen.

Insgesamt zielen Jaspers' Ausführungen darauf ab, ‚Adel' getrennt von einer Realisierung im Sozialen zu denken. Aus dem Kollektivsingular ‚Adel' wird bei ihm im Zuge einer modifizierenden Neuverhandlung zunächst ein Singular ohne Extension. Jaspers' Variante bedeutet eine Resemantisierung von ‚Adel', bei der sich die Frage stellt, ob diese frei von Brüchen ist. Modelliert werden Denkmöglichkeiten, die der Frame Adel offeriert. Wie sich auch hier zeigen lässt, bindet die einmal gewählte Semantik ihn allerdings auch, sodass selbst Aktualisierungen zuvor verabschiedeter semantischer Merkmale nicht ausgeschlossen bleiben. Entsprechende tiefensemantische Spannungen mögen dazu beigetragen haben, dass Jaspers auf Vorstellungen von einer Vergemeinschaftung des Adels letztlich doch nicht völlig verzichten kann, er vielmehr eine Lösung auf der Basis der von ihm instrumentalisierten Adelssemantik sucht:

> Wahrer Adel ist nicht in einem isolierten Wesen. Er ist in der Verbundenheit der eigenständigen Menschen. Sie kennen die Verpflichtung, stets auszuschauen nacheinander,

197 Ebd. S. 180.

> sich zu fördern, wo sie sich begegnen, und bereit zu sein zur Kommunikation, wartend ohne Zudringlichkeit.[198]

Vollzogen wird eine überraschende Abkehr, die angesichts der an anderer Stelle weiterhin mit Nachdruck behaupteten ‚Vereinzelung' des Adels Fragen aufwirft. Jaspers spricht von der notwendigen „Solidarität der Selbstseienden". Fraglich ist, wie diese „Solidarität" angesichts zuvor artikulierter Vorbehalte gegenüber sozialen Gruppenbildungen vorzustellen sein soll. Eins zumindest scheint sicher, die „Solidarität" darf keineswegs einen Grad an Verbindlichkeit erreichen, der erneut zur Bildung einer Gruppe bzw. sozialen Minorität führen würde. Jaspers erkennt dies und spricht von einer paradox anmutenden „Einheit dieser Zerstreutheit"[199].

Jaspers postuliert eine Synthese von Adel und Individuum, die nicht auf sozialer, sondern auf mystisch-metaphysischer Ebene vollzogen werden soll. Definiert Karl Bösch in seinen weltanschaulichen Aphorismen den von ihm geforderten neuen Adel als „geheime Gemeinschaft", so spricht Jaspers nun aus einem ganz ähnlichen semantischen Konflikt heraus von einer „unsichtbaren Kirche":

> Adel der selbstseienden Geister ist zerstreut in der Welt. Wer in ihn eintritt, erwählt sich nicht durch Beurteilung, sondern durch Verwirklichung seines eigenen Seins. Die Einheit dieser Zerstreutheit ist wie eine unsichtbare Kirche eines *corpus mysticum* in der anonymen Kette der Freunde, von der hier und dort ein Glied durch Objektivität seines Tuns anderem, vielleicht fernen Selbststein sichtbar wird. In diesem gestaltlosen Geisterreich finden sich jeweils Einzelne, die sich in gegenwärtiger Nähe entzünden durch die Strenge ihrer Kommunikation. Sie sind jeweils der Ursprung des höchsten Aufschwungs, der jetzt in der Welt möglich ist. Nur sie gestalten eigentlich Menschen.[200]

Auch bei Jaspers ist letztlich das Aufgehen der irreduziblen Einzigartigkeit in einer sozialen Gemeinschaft nur mittels einer Ausweichbewegung ins Numinose möglich. In der Forschung ist Jaspers' Lösung als der Versuch verstanden worden, einer „total sinnentleerten Welt zu entfliehen"; was übriggeblieben sei, sei „der hilflose Appell einer rein subjektivistischen religiösen Sinnsuche"[201]. Grundlage dieser ‚mystischen' Gemeinschaft sollen geheime, letztlich intersubjektiv nicht oder nur sehr eingeschränkt mitteilungsfähige Erfahrungs- und Erkenntnisweisen sein. Die Rede

---

198 Ebd. S. 179.
199 Ebd.
200 Ebd.
201 Gangl, Karl Jaspers und Georg Lukács. S. 107.

ist von einem gleichsam epiphaniehaften wechselseitigen Erkennen der vereinzelten Adligen untereinander, ein Moment, den Jaspers metaphorisch als ein „Entzünden" umschreibt. Deutlich wird darin eine Annäherung an die sprachlichen Register der Mystik, die sich ganz ähnlich in allen drei der hier untersuchten Texte finden lässt. Fraglich bleibt insgesamt, ob die aus einer konfliktträchtigen Verschmelzung von Adelssemantik und Individualitätssemantik heraus erklärbaren Brüche damit tatsächlich behoben werden können, konkreter: ob der „Adel der selbstseienden Geister" in seiner „unsichtbaren Kirche" am Ende nicht doch die Züge eines Adels aufweist, der sich als solcher, zumindest unter seinesgleichen, auch als Adel zu beweisen hat und damit wiederum den eigentlich verabschiedeten sozialen Mechanismen unterliegt. Denn ‚sichtbar' wird der Einzelne für die anderen Mitglieder der „unsichtbaren Kirche" ja insbesondere durch die, wie es Jaspers ausdrückt, „Objektivität seines Tuns". Das „adlige Selbstsein" muss sich also notwendig in irgendeiner Form entäußern, somit aus der Isolation heraustreten, um einen Nachweis seiner Nichtidentität mit der Masse zu erbringen. Folglich käme auch die „unobjektiv[e] Gemeinschaft" der Adligen völlig ohne objektive Kriterien nicht aus.

Karl Löwith (1897–1973) bemerkt in einer Rezension von 1933, dass Jaspers' *Die geistige Situation der Zeit* binnen kürzester Zeit von allen Intellektuellen, die auf sich hielten, zur Kenntnis genommen worden sei.[202] Jaspers' Gedankengänge erregten das Interesse letztlich auch bei Vertretern der Konservativen Revolution. Insbesondere die umfangreichen Ausführungen zum Adel fanden Beachtung, allerdings ohne dass man sich durch die Spitzfindigkeiten von Jaspers' existenzphilosophischem Pessimismus hinsichtlich der Gründung eines neuen Adels entmutigen ließ.

Passagen aus Jaspers' Schrift, die die Möglichkeit behandeln, Adel als „unsichtbare Kirche" zu konstituieren, fanden Eingang insbesondere in Hans Zehrers (1899–1966) programmatischen Aufsatz *Die eigentliche Aufgabe,* der im Frühjahr 1932 in *Die Tat* erschien.[203] Hans Zehrer, der nach Kriegsende Karriere im Springer-Verlag machte,[204] galt zum Zeitpunkt der Niederschrift als Vordenker und führende Figur des nationalrevolutionären ‚Tat-Kreises', zu dem auch die Redakteure Giselher Wirsing (1907–1975), Ferdinand Friedrich Zimmermann (1898–1967) und Ernst Wilhelm Eschmann (1904–1987) zählten.[205] Zehrer gelang es nach der informellen

202 Löwith, Karl: [Rez.] Die geistige Situation der Zeit. In: ders.: Sämtliche Schriften. Hrsg. von Klaus Stichweh. Band 8. Stuttgart 1984. S. 19–31.

203 Zehrer, Hans: Die eigentliche Aufgabe. In: Die Tat, 23/2 (1932). S. 777–800.

204 Vgl. Demant, Ebbo: Hans Zehrer als politischer Publizist. Von Schleicher zu Springer. Mainz 1971.

205 Vgl. Hübinger, Gangolf: Die Tat und der Tat-Kreis. Politische Entwürfe und intellektuelle

Übernahme der Herausgeberschaft, die Auflage der im Verlag von Eugen Diederichs erscheinenden *Tat* ganz erheblich, auf rund 30.000 Exemplare, zu steigern[206], sodass sie binnen kurzer Zeit zum zahlenmäßig bedeutendsten publizistischen Organ der ‚Neuen Rechten' avancierte.

Die von Hans Zehrer im Titel des Aufsatzes genannte eigentliche Aufgabe gilt konkret der „Herausbildung einer geschlossen führenden Schicht […]."[207] Diese Forderung begründete offenbar das Anfangsinteresse an Jaspers' Text, mit dem Zehrer sich intensiv auseinandersetzt. In Zehrers Artikel wird eingehend das als virulent erkannte, sich aktuell angeblich krisenhaft zuspitzende und so zum Handeln drängende Problem der „Masse" diskutiert, insbesondere was deren vermeintliche Führerlosigkeit angeht. Die Analyse der Situation geschieht unter Heranziehung bekannter Gewährsmänner wie Friedrich Nietzsche und Vilfredo Pareto (1848–1923). Weiterhin werden insbesondere Positionen von José Ortega y Gasset (1883–1955) zur Diskussion gestellt, die dieser kurz zuvor in seinem kulturkritischen Großessay *Der Aufstand der Massen* (1930) entfaltet hatte.[208]

Die quasi druckfrischen Publikationen von Jaspers und Ortega y Gasset – die von Helene Weyl (1893–1948) besorgte und von Zehrer verwendete erste deutsche Übersetzung von *Der Aufstand der Massen* erschien 1931 – wurden praktisch ohne Zeitverzug rezipiert und eingehend auf ihr diagnostisches Potential hin geprüft, insbesondere was die aktuelle Lage in Deutschland anging. Gesucht wurde dabei

Konstellationen. In: Das konservative Intellektuellenmilieu in Deutschland, seine Presse und seine Netzwerke. Hrsg. von Michael Grunewald und Uwe Puschner. Bern 2003. S. 407–426; Breuer, Ordnungen der Ungleichheit. S. 219 ff. Außerdem: Weiß, Moderne Antimoderne. S. 208 ff.

206 Vgl. Hecker, Hans: Die Tat und ihr Osteuropa-Bild 1909–1939. Köln 1974. S. 7.

207 Zehrer, Die eigentliche Aufgabe. S. 793.

208 Ortega y Gasset, Der Aufstand der Massen. Analog zu anderen hier untersuchten Vertretern eines kulturkritischen Adelsdiskurses geht es auch Ortega zunächst darum, die Semantik des von ihm instrumentalisierten Adelsbegriffs in seinem Sinn neu zu definieren, genauer: um eine selektive Projektion bestimmter Merkmale. Es gehe darum, „den ursprünglichen Sinn des Wortes ‚Adel', der Erblichkeit ausschließt, wiederherzustellen". (S. 65, Anm. 1). Ortega geht es somit um die Rehabilitierung einer angeblichen ursprünglichen Bedeutung des Wortes „Adel". Die von ihm intendierte Resemantisierung betrifft die Assoziation zwischen ‚Adel' und ‚Genealogie'. Diese gilt es zu unterbinden: „Es ist ärgerlich, daß ein so beschwingtes Wort wie ‚Adel' im gewöhnlichen Sprachgebrauch so entartet ist. Denn indem es für viele den Blutsadel, den erblichen Adel bedeutet, bekommt es Ähnlichkeit mit den allgemeinen Menschenrechten und wird etwas Statisches und Passives, das man empfängt und weitergibt wie ein lebloses Ding." (S. 64).

offensichtlich nach Fingerzeigen für einen Weg, der von der Theorie zur politischen Praxis führt.

Hans Zehrer erkennt in Ortega y Gasset zwar einen „klar und vor allem aristokratisch denkend[en] Geist“[209], aber auch einen „Liberalen“, der allzu zaghaft sei, wenn es darum gehe, aus seinen prinzipiell zustimmungsfähigen Diagnosen zur Dominanz der Masse und des Fehlens eines Adels weitergehende, wenn nötig radikale Konsequenzen zu ziehen. Ortega wird als ein an bürgerlichen Denkschablonen haftender Theoretiker interpretiert, der „sich als Liberaler darum herumdrückt, die Schuldfrage aufzuwerfen.“[210] Die eigentliche Schuld an einer umfassenden Misere der europäischen Gegenwartskultur, so Zehrer, trage der „Liberalismus“, von dem „Ortega selbst nicht loskommt.“[211]

Aus Jaspers' Text dagegen gewinnt Zehrer entscheidende Impulse: „Damit wäre zum Schluß noch die Frage zu streifen: wie und aus welchen Persönlichkeiten kann man heute eine geschlossene, führende Schicht bilden?“[212] In enger Anlehnung an Jaspers' Aussagen, etwa an die, dass „wahrer Adel“ in der „Verbundenheit der eigenständigen Menschen sei“ – auch diese Passage wird ausführlich zitiert –, reflektiert und problematisiert Zehrer die Situation einer potentiellen neuen Führungselite in Deutschland. Er teilt die Diagnose, wonach „Autorität“ zunächst nur „in der Isolierung gewonnen werden“[213] könne. Sie darf dort allerdings nicht verharren, die Isolation ist ein unter Umständen notwendiger, aber vorübergehender, wesentlich der inneren Konsolidierung dienender Zustand. Insgesamt müsse man sich dem Problem stellen, wie eine Gemeinschaft eigenständiger Individuen zu einer politisch wirksamen neuen Führungsschicht geformt werden kann:

> [D]ie Individualität, die sich unabhängig und selbständig bis zu dieser Stelle durchgerungen hat, hat sich derartig an die Existenz als Einzelgänger gewöhnt, daß sie wenig Bereitschaft zeigt zum Anschluß oder zur Kooperation, ihre Illusionslosigkeit ist enorm, ihre Geschlossenheit total, sie hat sich damit abgefunden, in einem Irrenhaus zu leben [...]. Der Individualität, die bis zu dieser Stelle gelangt ist, erwächst die Gefahr, dort stehen zu bleiben und jede Initiative zu einer anderen als der persönlichen Verbreitung abzulehnen. Das ist die entscheidende Gefahr, die der Schaffung einer neuen führenden Schicht droht.[214]

209 Zehrer, Die eigentliche Aufgabe. S. 780.
210 Ebd. S. 781.
211 Ebd. S. 782.
212 Ebd. S. 797.
213 Ebd. S. 796.
214 Ebd. S. 798.

Bei Jaspers' Ideen von einer „unsichtbaren Kirche eines *corpus mysticum*" und einem „gestaltlosen Geisterreich" der Aristokraten kann Zehrer nicht stehen bleiben. Gerade in diesem Punkt zeigt er sich letztlich deutlich optimistischer als der Philosoph, wobei auch die letzten Verbindungen zu einem voraussetzungsreichen existenzphilosophischen Seins-Begriffs gelöst werden. In enger wörtlicher und gedanklicher Anlehnung an Jaspers stellt er fest:

> Die Individualitäten sind bereits heute zum sehr großen Teil eingebettet in gleichgesinnte Kreise, die meist verborgen existieren, zunächst mehr auf den persönlichen Gleichklang eingestellt waren, aber durch die Zeit auch zur sachlichen Gleichrichtung bestimmt wurden. Diese Kreise wiederum, die genau wie die Individualität sich ursprünglich als isoliert und geschlossen empfanden, spüren plötzlich, daß überall neben ihnen bereits Kreise existieren oder heranwachsen, die instinktiv dieselbe Richtung gewählt haben.[215]

Im unmittelbaren Anschluss an Jaspers' Ausführungen erklärt Zehrer, dass die bei dem Philosophen vage in Aussicht gestellten „geheimen" Kreise sich bereits im Zustand der Formierung befänden. Die Aussagen Jaspers' zum ‚neuen Adel' bilden für Zehrer eine Grundlage, um die Rolle und das Selbstverständnis des ‚Tat-Kreises' zu reflektieren. Jaspers' Ausführungen wurden von Zehrer und seinem Kreis dabei offenbar als Identifikationsangebot gelesen. Diese konnten sich mit Jaspers als Vertreter eines sich aus der Zerstreuung neu herausbildenden Adels verstehen, der zunächst vor dem entscheidenden, von Jaspers deutlich skizzierten Problem steht, wie sich aus Einzelnen eine neue führende Schicht bilden kann.

4.2.5 Der ‚Adelsmensch' (Henrik Ibsen) – Ein Fallbeispiel für semantischen Wandel im Aristokratismus-Diskurs

4.2.5.1 Zur Rezeption von Henrik Ibsens ‚Adelsmensch'

Paul Ernst (1866–1933) bewertet in seinem kulturkritischen Essayband *Grundlagen der neuen Gesellschaft* (1930) aus großer zeitlicher Distanz die Popularität Henrik Ibsens direkt vor Jahrhundertwende.[216] In Erinnerung geblieben ist Ernst aus dieser

215 Ebd. S. 799.
216 Vgl. Thomé, Horst (Hg.): Paul Ernst. Außenseiter und Zeitgenosse. Würzburg 2002.

Zeit das Modewort „Adelsmensch", ein Neologismus, den der norwegische Dichter in seinem Drama *Rosmersholm* (1887) geprägt hatte:

> Vor etwa einem Menschenalter, als die heutige Auflösung der Gesellschaft sich zuerst stärker bemerkbar machte, gewann ein norwegischer Theaterschriftsteller, namens Henrik Ibsen, einen großen Einfluß. Er stand im Bann der Ideen von Sören Kierkegaard, in welchem die alten puritanischen Anschauungen eine etwas schwächliche Neubelebung erfahren hatten. Auf Grund dieser Ideen ließ Ibsen seinen Helden in Rosmersholm das Wort von den „Adelsmenschen" bilden; damals wurden plötzlich die Bewohner von Berlin alle Adelsmenschen.[217]

Berlin war unmittelbar vor der Jahrhundertwende ein Zentrum des literarischen Naturalismus, bei Pauls Ernst steht die Metropole *pars pro toto* für das intellektuelle Milieu in Deutschland insgesamt. Dass der Begriff „Adelsmensch" bis weit nach 1900 tatsächlich eine annähernd so große Popularität besaß, wie Ernst sie beschreibt, spiegelt sich auch in den *Grenzboten.* Nachweisbar ist dort eine enge Kookkurrenzbeziehung mit dem Wort ‚Übermensch' sowie zu anderen Konzepten mit Schlagwortcharakter aus dem Spektrum des Nietzscheanismus. Beispielhaft dafür ist Richard Meszlénys Artikel *Prometheus und Zarathustra* (1912). Darin stellt der Journalist den norwegischen Dramatiker in eine Reihe mit anderen zeitgenössischen „Adelsucher[n]":

> Muß nicht ein visionär-optimistisch veranlagter Geist aus dem frischen Eindruck der Deszendenz den Übermenschen ersehen? Müssen es nicht alle? Spitteler, Nietzsche – und weit weg von Basel: Ibsen? Hat er nicht zu selben Zeit um den stolzen, freien Adelsmenschen gerungen? [...] Die ersten Adelsucher [*sic!*] in der Ära des nivellierenden Bürgertums, waren eben Spitteler, Ibsen, Nietzsche.[218]

Der Text nivelliert erkennbar inhaltliche Unterschiede zwischen „Adelsmensch" und „Übermensch". Die Synonymität wird zusätzlich durch eine typisierende Beschreibung ihrer jeweiligen Urheber als „Adelsucher" unterstrichen. Die Gemeinsamkeit besteht in der Feindschaft zum „nivellierenden Bürgertum". Das Beispiel zeigt, wie im Aristokratismus-Diskurs kulturell breit kursierende Schlagworte adaptiert und

217 Ernst, Paul: Die Zucht. In: ders.: Grundlagen der neuen Gesellschaft. München 1930. S. 425–430. Hier: S. 425.

218 Meszlény, Richard: Prometheus und Zarathustra. In: Die Grenzboten, 71/4 (1912). S. 297–312. Hier: S. 306.

resemantisiert wurden. Die Ursprungsbedeutung des Ausdrucks ‚Adelsmensch', wie er in Ibsens *Rosmersholm* erscheint, spielt praktisch keine Rolle mehr. Gegenstand des Dramas, das 1887 in deutscher Übersetzung erschien, ist der Niedergang der Familie Rosmer. Proklamiert wird die Idee des ‚Adelsmenschen' *(adelsmennesket)* von der Hauptfigur, dem Geistlichen Johannes Rosmer. Dieser lebt nach dem Suizid seiner Ehefrau weitgehend zurückgezogen auf seinem Hofgut. Er hat sich das Ziel gesetzt, „[a]lle Menschen im ganzen Lande zu Adelsmenschen zu machen". Was dies im Detail bedeuten soll, bleibt unscharf. Die Rede ist von einer „Befreiung des Denkens und [...] Läuterung des Wollens"[219]. Umsetzen will Rosmer sein idealistisches Vorhaben zusammen mit der schuldbeladenen, politisch progressiven Rebekka West, mit der ihn eine platonische Liebe verbindet.

Eine programmatische Idee des ‚Adelsmenschen' lässt sich dem Text kaum entnehmen. Eine Nähe zwischen ‚Adelsmensch' und ‚Übermensch' war überdies weder vom Autor intendiert noch ist sie aus dem Inhalt schlüssig abzuleiten. Dass es in den kulturellen Diskursen nach 1900 gleichwohl zu einer Engführung kam, hat die deutsche Ibsen-Forschung veranlasst, wiederholt nachdrücklich auf inhaltliche Unterschiede zwischen den Konzepten Ibsens und Nietzsches hinzuweisen.[220] Matthias Sträßner zählt in seiner Vergleichsstudie gleich eine ganze Reihe von Gründen auf, „warum Ibsens und Nietzsches Adels-Philosophie und das Konzept des Übermenschen trotz deutlicher und teilweise auch beachtlicher Übereinstimmungen nicht wirklich harmonieren"[221]. Er schließt damit an die ältere Ibsen-Forschung an.[222] Bereits Rüdiger Bernhardt stellt angesichts rezeptionsgeschichtlicher Konvergenzen beider Semantiken klar: „Ibsens Adelsmenschen, Rosmer in ‚Rosmersholm' zum Beispiel, aber auch Dr. Stockmann im ‚Volksfeind', sind nicht identisch mit Nietzsches Übermenschen [...]."[223] Wurde seitens der Forschung einer entsprechenden Nähe mit quellenkritischen Argumenten widersprochen, fand das Rezeptionsphänomen als solches bisher kaum oder gar keine Beachtung. Insbesondere mit Blick auf den

219 Ibsen, Henrik: Rosmersholm. Aus dem Norwegischen übertragen von Hans Egon Gerlach. Mit einem Nachwort von Aldo Keel. Stuttgart 1990. S. 29.

220 Vgl. Bernhardt, Rüdiger: Henrik Ibsen und die Deutschen. Berlin 1989. S. 179 ff.; Sträßner, Matthias: Flöte und Pistole. Anmerkungen zum Verhältnis von Nietzsche und Ibsen. Würzburg 2003. S. 14–20.

221 Sträßner, Flöte und Pistole. S. 64.

222 Als Quellenbibliographie noch immer von Bedeutung: Fallenstein, Robert; Hennig, Christian: Rezeption skandinavischer Literatur in Deutschland 1870–1940. Neumünster 1977. Zur zeitgenössischen Rezeption Ibsens vgl. auch: Friese, Wilhelm (Hg.): Ibsen auf der deutschen Bühne. Texte zur Rezeption. Tübingen 1976.

223 Bernhardt, Henrik Ibsen und die Deutschen. S. 181.

Aristokratismus-Diskurs verspricht eine nähere Untersuchung jedoch aufschlussreiche Erkenntnisse, zumal der Begriff dort omnipräsent scheint. Beispielsweise stellt Oswald Spengler, dessen *Untergang des Abendlandes* eine chronologische „Übersicht über die *wirkliche* Philosophie des 19. Jahrhunderts" enthält, „Rosmersholm (die ‚Adelsmenschen')" und „Nietzsche, ‚Jenseits von Gut und Böse'"[224] auf eine Stufe, und dies offenbar nicht allein aufgrund desselben Erscheinungsjahrs. Noch Hans F.K. Günther sah sich genötigt, seine eigene Adelssemantik von derjenigen Ibsens abzugrenzen. In *Der nordische Gedanke unter den Deutschen* (1925) zählt er den norwegischen Dramatiker zu den „Schöngeist[ern]", die den „Menschen veredeln wollen und nie erkennen, wie Veredlung allein möglich ist. Nicht Bildung und Volksbildung schafft ‚Adelsmenschen'; das kann nur ein Rosmer träumen (Ibsen, Rosmersholm). Adelsmenschen werden letztlich nur durch Auslese geschaffen"[225]. Fritz Mauthner sieht in seinem *Wörterbuch der Philosophie* die Gemeinsamkeit von „Übermensch" und „Adelsmensch" in einem Antagonismus zum kantischen Pflichtbegriff: „Nicht nur der Übermensch, sondern auch der Adelsmensch haßt den Zwang, muß die Pflicht hassen."[226]

Zur Popularisierung des ‚Adelsmenschen' trug nach 1900 eine populäre, überwiegend an Weltanschauungsfragen orientierte Ibsen-Literatur entscheidend bei. Die publizistisch erfolgreichsten Texte dieser Art stammten von Rudolf Lothar[227], Wilhelm Hans[228] und Alfred Markowitz[229]. Insbesondere Lothar betont die Nähe zwischen Nietzsche und Ibsen unablässig:

> Der Individualismus all der Aristokraten der Subjectivität war die Reaction gegen die große Massenbewegung der Politik und des socialen Lebens, jene ungeheure Bewegung, in der der einzelne verschwand, verschwinden musste, und wo die Zahl, die Macht der Anonymen gegen Vorrechte und Privilegien der Einzelnen entschied. Der Individualismus ist eine specifisch indogermanische Rasseneigenschaft und ist vor allem ein Grundzug des germanischen Wesens.[230]

224 Spengler, Der Untergang des Abendlandes, S. 480 (Hervorhebung im Original).
225 Günther, Hans F.K.: Der nordische Gedanke unter den Deutschen. München 1927. S. 106.
226 Mauthner, Wörterbuch der Philosophie. S. 416.
227 Lothar, Rudolph: Henrik Ibsen. Dritte Auflage. Leipzig, Berlin, Wien 1902.
228 Hans, Wilhelm: Schicksal und Wille. Ein Versuch über Henrik Ibsens Weltanschauung. München 1906.
229 Markowitz, Alfred: Die Weltanschauung Henrik Ibsens. Leipzig 1913.
230 Lothar, Henrik Ibsen. S. 64.

Betont wird ein in Ibsens Drama nirgends wiederzufindender radikaler Antagonismus zur ‚Masse', die, der Semantik des aristokratischen Individualismus entsprechend, auf Kosten hervorragender einzelner „Adelsmenschen" existiert. Wilhelm Hans' Monographie erhebt *Rosmersholm* zu Ibsens bedeutendstem programmatischen Text. Er erklärt: „Rosmer zieht sich aus dem Parteileben [...] zurück, um ‚Adelsmenschen' zu bilden. Ibsens Gedanken treffen auch in diesem Punkte wieder mit denen seines großen Zeitgenossen [Nietzsche] zusammen."[231] Schließlich dominieren auch in Markowitz' distanzlos-idealisierender Schrift weitreichende ideologische Umdeutungen. Der „Adelsmensch" wird zum Inbegriff eines heroischen Menschentypus, der für das Gesamtwerk Ibsens repräsentativ sei: „Und nur derjenige, der sich auf diese Weise zur Sittlichkeit durchgerungen hat, ist befähigt, das Wohl der Gesamtheit zu leiten und zu fördern, während die Herrschaft der Masse jene Adelsmenschen zu Boden zieht und so den Weg zu Sittlichkeit versperrt."[232]

Ein erwähnenswertes Rezeptionsphänomen ist ferner die inhaltliche Annäherung der Konzepte ‚Adelsmensch' und ‚Drittes Reich'. Leitmotivartig taucht der Begriff ‚Drittes Reich' *(tredie rige)* in dem früheren Ibsen-Drama *Kaiser und Galiläer* (*Kejser og Galilaeer*, 1873) auf. Die deutsche Erstübersetzung von 1888 bildet den Ausgangspunkt einer verstärkten Präsenz des Begriffs in der deutschsprachigen Literatur jener Zeit: „Von diesem Zeitpunkt" an, so Cornelia Schmitz-Berning mit Blick auf die folgenreiche Begriffsgeschichte im 20. Jahrhundert, „wird *drittes Reich* zu einem geläufigen Ausdruck in der deutschen Literatur"[233].

Rudolph Lothar fasst die Botschaft von Ibsens *Rosmersholm* so zusammen: „Unser Geschlecht ist nicht reif für das dritte Reich, wo die Adelsmenschen wohnen werden."[234] Ähnlich auch der Literaturwissenschaftler Oskar Walzel (1864–1944). Er interpretiert das „Adelsmenschentum" als den „ethisch[en] Inbegriff des dritten Reiches", der „als großer und reiner Gedanke in Rosmers Kopf und Herzen"[235] lebt. Die Beispiele zeigen, dass in den entsprechenden Diskursen ‚Drittes Reich' und ‚Adelsmensch' regelmäßig gemeinsam verwendet wurden. Der ‚Adelsmensch' bildet einen Füllbegriff für ideologische Individualitätssemantiken, der Begriff ‚Drittes Reich' bezeichnet eine dazu komplementäre gesellschaftliche Utopie. Ein solcher Konnex findet sich etwa auch in Eugen Diedrichs' Text *Vom Adel deutscher Seele*

231 Hans, Schicksal und Wille. S. 77.

232 Markowitz, Die Weltanschauung Henrik Ibsens. S. 269.

233 Vgl. Schmitz-Berning, Cornelia: [Art.] Drittes Reich. In: Vokabular des Nationalsozialismus. S. 156. Vgl. auch: Sträßner, Flöte und Pistole. S. 75 ff.

234 Lothar, Henrik Ibsen. S. 132.

235 Walzel, Oskar: Henrik Ibsen. Dritte Auflage. Leipzig 1912. S. 20.

(1916/17). In der Schlusspointe des Aufsatzes heißt es in höchster Verdichtung: „Verhülle Dein Haupt Wanderer, Du warest im Zukunftsland, dem dritten Reich, von dem Ibsen ahnend spricht, dem Land des Übermenschen Friedrich Nietzsches, dem Land der zukünftigen Menschheit."[236] In einem einzigen Satz konvergieren und verschmelzen also diverse Semantiken Nietzsches und Ibsens zu einer prophetischen Gesamtaussage.

Avancierte der ‚Adelsmensch‘ zu einem der zentralen Schlagwörter in den kulturellen Diskursen vor und während des Weltkrieges, lässt sich zugleich eine auch von Zeitgenossen beobachtete Tendenz zur Trivialisierung ausmachen. Infolgedessen fand der Begriff in anspruchsvollen kulturellen Diskursen nach 1920 zunehmend seltener Verwendung. Der semantische Wandel von ‚Adelsmensch‘ vollzog sich in mehreren Stufen. Am Beginn stehen sehr früh anzutreffende Parodien und satirische Gebrauchsweisen.[237] Entscheidend für den Eindruck von Trivialität, den der Begriff vor allem ab den 1920er Jahren weckte und der letztlich seriöse Bezugnahmen verunmöglichte, war die Bedeutung, die der ‚Adelsmensch‘ in der zeitgenössischen Unterhaltungsliteratur allgemein, vor allem aber als leitmotivischer Ausdruck in den Adelsromanen Hedwig Courths-Mahlers gewann.

4.2.5.2 ‚Adelsmensch‘ und Satire – Von Hedwig Dohms *Sibilla Dalmar* zu Robert Mischs *Der Adelsmensch*

Hedwig Dohm (1831–1919) zählt insbesondere mit ihrer Romantrilogie, bestehend aus *Sibilla Dalmar* (1896), *Schicksal einer Seele* (1899) und *Christa Ruland* (1902), zu den profiliertesten Vertreterinnen der engagierten Frauenliteratur um die Jahrhundertwende. Der Begriff ‚Adelsmensch‘ besitzt in den Romanen einen beinahe leitmotivischen Charakter und ist dabei eng verknüpft mit dem des ‚Übermenschen‘. Die Präsenz Nietzsches, zumindest in Schlagworten, war durchaus typisch ist für vergleichbare literarische Texte des Zeitraums. Es sei „geradezu auffällig“, so Peter Sprengel, „wie häufig sich führende Frauenrechtlerinnen der damaligen Generation auf Nietzsches radikalen Individualismus beriefen“[238].

236 Diedrichs, Eugen: Vom Adel deutscher Seele. In: Die Tat, 8/2 (1916/17). S. 641–642. Hier: S. 642.

237 Vgl. Roßbach, Nikola (Hg.): Ibsen-Parodien in der frühen Moderne. München 2005.

238 Sprengel, Peter: Geschichte der deutschsprachigen Literatur 1870–1900. Von der Reichsgründung bis zur Jahrhundertwende. München 1998. (= Geschichte der deutschen Literatur von den Anfängen bis zur Gegenwart, Band IX,1). S. 38.

In *Sibilla Dalmar* formuliert die titelgebende Figur Erwartungen an eine ideale Partnerschaft, die sie teils ironisch abwehrend, letztlich aber doch zutreffend zwischen dem „Ibsenschen Adelsmenschen“ und dem „Nietzscheschen Übermenschen“[239] ansiedelt. Eine durch lose Schlagworte aktualisierte Adelssemantik Nietzsches und Ibsens wird aufgerufen und einem *blending* unterzogen, um damit auf einen aristokratischen Individualismus zu verweisen. Im Vordergrund steht dabei zunächst die jeweils von der weiblichen Protagonistin getragene Erwartung an eine innige geistige Verbundenheit zweier ‚Adelsmenschen', die, analog zu Ibsens *Rosmersholm,* der Nukleus eines gesellschaftlichen Wandels sein soll.

Gelangweilt von der bürgerlichen Gesellschaft, erklärt Sibilla Dalmar ihrer Briefpartnerin: „Ich wollte gut sein, Adelsmensch werden, mich vom sittlichen Pöbel lossagen, abtun die Sklaverei üppiger Gewohnheiten.“[240] Von kulturkritischen Narrativen abweichend, richtet sich ihr Widerstand nicht gegen eine angebliche Gefährdung der Kultur durch den ‚Pöbel', sondern gegen gesellschaftlich verfestigte Geschlechterkonventionen und ein der sozialen Frage gegenüber indolentes Großbürgertum. Dessen Phlegma wird durch Alternativentwürfe konterkariert, die sich im Begriff des ‚Adelsmenschen' verdichten und letztlich ins Utopische ausgreifen:

> Ich möchte ja gern nur mit ernsten, gehaltvollen Menschen umgehen, Männern und Frauen; gewiß sie existieren. Aber wo? Wollen wir Palmen sehen, gehen wir nach Sizilien, suchen wir Orangen- und Citronenwälder, wir finden sie in Italien. Die Adelsmenschen aber, die sind über den ganzen Erdkreis zerstreut, und an keinem Merkzeichen sind sie erkennbar.[241]

Erkennbar wird in entsprechenden Aussagen die Nähe zum zeitgenössischen aristokratischen Individualismus. ‚Adelsmenschen' existieren nur als Solitäre. Sie finden sich zerstreut über alle sozialen und nationalen Grenzziehungen hinweg. Fernziel aller geistigen Menschen ist ihre Zusammenführung in einem ‚neuen Adel', was dadurch eminent erschwert wird, dass objektivierbare „Merkzeichen“ fehlen.

In Dohms *Christa Ruland* wird das Konzept des ‚Adelsmenschen' erneut aufgegriffen. Den Kern der Handlung bildet das spannungsvolle Verhältnis der gebildeten Protagonistin zu ihrem intellektuellen Mentor. Finden sich in *Sibilla Dalmar* Bezüge zu Nietzsche, sind es in *Christa Ruland* nun vor allem auch solche zu Max Stirner (1806–1856), den die weibliche Hauptfigur als ihren „philosophischen

239 Dohm, Hedwig: Sibilla Dalmar. Roman aus dem Ende unseres Jahrhunderts. 2. Auflage. Berlin 1897. S. 104 f.

240 Ebd. S. 321

241 Ebd. S. 103.

Messias" bezeichnet und noch vor ihren „Johannes Nietzsche" stellt.[242] Die beiden zentralen Figuren des Romans führen geistvolle Gespräche, in denen wiederum Positionen des aristokratischen Individualismus verhandelt werden:

> Meinen sie nicht, Frank, es müßten gerade die Vornehmsten, die Adelsmenschen sein, die Seelenaristokraten, die sich zuerst in souveränem Stolz von der Gesellschaftsknechtung emanzipieren, vorausgesetzt natürlich, daß sie die „Umwertung aller Werte" in ihrem Denken bereits vollzogen haben.[243]

Zu überwinden gilt es, so die Quintessenz, eine „Gesellschaftsknechtung", die mit dem nietzscheanischen Konzept einer „Umwertung aller Werte" gleichgesetzt wird. Derartige Passagen in den Romanen Dohms besitzen letztlich auch die Funktion, die Bildung der Protagonistin zur Anschauung zu bringen. Ganz deutlich wird zugleich der Anspruch der Autorin, mit ihrer Literatur an die Höhe avancierter kultureller Diskurse anzuschließen.

Eine fragwürdige Auseinandersetzung mit Ibsens Konzept und seiner zeitgenössischen Rezeption findet sich in dem Roman *Der Adelsmensch* (1900) des produktiven Unterhaltungsschriftstellers Robert Misch (1860–1929). Als „satirischer Eheroman" untertitelt, erschien der Text in der populären Reihe *Engelhorn's Romanbibliothek*. Gegenstand der Handlung ist die Ehekrise der bildungshungrigen und sozial engagierten Hauptfigur Meta Rhode, die offensichtlich eine Parodie auf Dohms Protagonistin Sibilla Dalmar sein soll. Der integre, aber kulturell desinteressierte Gatte steht den Ambitionen Metas indifferent bis ablehnend gegenüber. Aufgrund der permanenten Rede vom 'Adelsmenschen' glaubt er zunächst, seine Partnerin habe Gefallen an adligen Männern gefunden. Ihm wird erklärt: „Rang, Stand, Titel – darauf blicken wir von der Höhe unserer idealen Weltanschauung verächtlich herab. Adelsmensch – ich glaube, Ibsen hat das schöne Wort erfunden – das ist der Mensch mit dem inneren Adel."[244] „Adelsmensch" bedeute „innerer Adel", entscheidend sei, „kein Egoist und Philister"[245] oder „bloße Herdennatur"[246] zu sein.

242 Dohm, Hedwig: Christa Ruland. Berlin 1902: „Das Leben lag neu vor Christa. Sie knüpfte das Band zwischen sich und Stirner immer fester, diesem philosophischen Messias, auf den in umgekehrter Ordnung der Johannes Nietzsche folgte." (S. 238 f.).

243 Ebd. S. 223.

244 Misch, Robert: Der Adelsmensch. Satirischer Eheroman. Stuttgart 1900.(= Engelhorn's Romanbibliothek. Siebzehnter Jahrgang, Band 7). S. 13.

245 Ebd. S. 42.

246 Ebd. S. 13.

Anders als in der Theater-Satire *Ein reiner Adelsmensch* (1906) von Julius Schaumberger (1858–1924) und Erich Ziegel (1876–1950), worin Ibsens ‚Adelsmensch' als Inbegriff spießbürgerlicher Moralvorstellungen verspottet wird, attackiert Misch nicht in erster Linie Ibsens ‚Adelsmenschen', sondern das Frauenbild Hedwig Dohms bzw. das ihrer weiblichen Romanfiguren. Sofern die „Diagnose der Feminisierung der Kunst und Literatur [...] um die Jahrhundertwende zum Repertoire der Kulturkritik"[247] gehörte, lässt sich in Mischs Roman ein mustergültiges Zeugnis für entsprechende Tendenzen erkennen. Die Misogynie von Mischs „Eheroman" kommt zum Ausdruck in schwer erträglichen Plädoyers für eine abgeklärt-lebenskluge Haltung zur Ehe, die im direkten Gegensatz zur diesbezüglichen Progressivität von Hedwig Dohms Romanen stehen. Misch unterzieht das von seiner Protagonistin völlig internalisierte Konzept des ‚Adelsmenschen' mit satirischer Absicht einer Realitätsprüfung. Das aus anspruchsvoller Lektüre abgeleitete Postulat des ‚Adelsmenschen' wird mit dem durchschnittlichen Eheleben, wie Misch es sieht, konfrontiert und scheitert erwartungsgemäß kläglich. Das Frauenbild Hedwig Dohms soll dabei als verstiegen und überspannt entlarvt werden. Aktualisiert wird in dieser Diagnose offensichtlich das misogyne Klischee von der lesewütigen, ihrer ‚natürlichen' Rolle entfremdeten Frau.

Am Ende wird eine Alternative zum ‚Adelsmenschen' in Gestalt einer ‚echten' Adligen präsentiert. Verschärft und schließlich überwunden wird die Ehekrise, als die junge Witwe Hermine von Traut als mögliche Nebenbuhlerin auf der Bildfläche erscheint. Die Gefahr, ihren Mann zu verlieren, bewegt Meta zur Aufgabe aller Ambitionen: „Ach welch schreckliche Reue überkam sie! Was nützen ihr nun die Vereine und die Vorlesungen und all ihre Weltbeglückungspläne, nun, nachdem sie ihr eigenes Glück zerstört?!"[248] Die Wiederherstellung des Eheglücks gelingt durch ein fragwürdiges *sacrificium intellectus*. Meta orientiert sich nunmehr statt am Konzept des ‚Adelsmenschen' am Habitus der bodenständigen Adligen Hermine von Traut. Diese stellt eine zwanglose Verbindung bürgerlich-weiblicher Tugenden mit aristokratischer Anmut zu Schau. Propagiert wird dabei das Idealbild einer Harmonie inneren und äußeren Adels. Hermine zeichnet sich entsprechend aus durch „sinnliche Grazie"[249] und „reife Anmut"[250], die sich in ihren „regelmäßigen

247 Brinker-Gabler, Gisela: Weiblichkeit und Moderne. In: Naturalismus, Fin de siècle, Expressionismus. 1890–1918. S. 243–256. Hier: S. 243.

248 Misch, Der Adelsmensch. S. 155.

249 Ebd. S. 19.

250 Ebd. S. 17.

Zügen"[251] unmittelbar spiegelt. Das Romanende verabschiedet Ibsens und Dohms ,Adelsmenschen' als ambitiöse, mit der Realität nicht vereinbare Form des Individualismus und deutet den Begriff um zu einer Trivialform des ,ganzen Menschen', worin ein direkter Vorgriff auf jene „Adels-", „Voll-" und „Herrenmenschen" Hedwig Courths-Mahlers besteht.[252]

4.2.5.3 Ein „Marlitt-Element" – Adelssemantiken in der zeitgenössischen Trivialliteratur

Einen Topos der Expressionisten aufgreifend, spricht der Journalist Stefan Großmann (1875–1935) 1919 von einer *Ibsen-Dämmerung*. Er tut dies zuerst in Fritz Gurlitts *Almanach auf das Jahr 1919*, dann erneut in Benno Karpeles' (1868–1938) hochkarätiger, aber kurzlebiger Zeitschrift *Der Friede*.[253] Der behauptete Aktualitätsverlust Ibsens wird vor allem am Beispiel von *Rosmersholm* festgemacht: „Vor ein paar Tagen sah ich ,Rosmersholm' wieder. Das haben wir vor zwanzig Jahren mit heiliger Andacht angehört." 1919 weckt Ibsens Drama dagegen einen völlig anderen Eindruck. Großmann stellt nach nochmaligem Betrachten des Stücks fest: „es ist ein Marlitt-Element in Ibsens Schauspiel vom Adelsmenschen."[254] Der ,Adelsmensch' erscheint verbraucht, assoziiert offensichtlich den Eindruck des Trivialen:

> Wie verschlissen ist dieses Schlagwort vom Adelsmenschentum inzwischen geworden, was für ein billiges Volksschullehrerideal! [...] Es sind heute schon vergilbte Broschüren, in denen er [Rosmer; JdV] geblättert hat und aus denen dieses gemischt demo-aristokratische Ideal des Adelsmenschen abstammt, der in breiten Massen auftreten soll. Unmöglich, Rosmers und seiner Freundin Rebekka Lebensideale heute unkritisch anzusehen! Sein Glaube an die reine Seelenfreundschaft, die nicht durch erotische Regungen entweiht werden soll, stammt doch aus einer Zeit, in der die gute Marlitt der gelesenste deutsche Autor war.[255]

---

251 Ebd.

252 Ochs, ,Herrenmenschen' und ,Vollnaturen'.

253 Großmann, Stefan: Ibsen-Dämmerung. In: Der Friede. Bd. 2, Nr. 50 (1919). S. 573–575. Hier: S. 574. Zuerst in: Almanach auf das Jahr 1919. Hrsg. von Fritz Gurlitt. Berlin 1919. S. 59–66. Großmann war bei weitem nicht der Erste, der von einer „Ibsen-Dämmerung" sprach. Von einer solchen ist auch bei Alfred Kerr bereits 1906 die Rede. Unter den Expressionisten war die Diagnose geläufig. Vgl. George, David E.R.: Henrik Ibsen in Deutschland: Rezeption und Revision. Göttingen 1968. S. 75 ff.

254 Großmann, Ibsen-Dämmerung. S. 575.

255 Ebd. S. 575.

Laut Großmann wird das „Schlagwort" vom ‚Adelsmenschen' um 1920 nicht nur inflationär gebraucht, sondern ist auch längst aus dem sprachlichen Register avancierter kultureller Diskurse in den Wortschatz breiterer Volksschichten abgesunken. Geradezu ungenießbar und für den anspruchsvollen kulturellen Diskurs verloren scheint Großmann der Begriff durch die den ursprünglichen Gehalt überlagernden Assoziationen mit Moralvorstellungen, die geradewegs den Romanen Eugenie Marlitts (1825–1887) entnommen scheinen, ein Name, der weithin als Synonym für triviale Liebesliteratur galt.[256] Marlitt und Courths-Mahler definierten die Genrekonventionen des trivialen Liebes- und Adelsromans. Beide Autorinnen wurden (und werden) häufig in einem Zug genannt.[257] Spricht Großmann von einem „Marlitt-Element", dürfte der Name Courths-Mahler zumindest mitgemeint sein. Dafür, dass sogar eher noch Courths-Mahler als Marlitt gemeint gewesen sein dürfte, spricht, dass erst bei ihr der Begriff ‚Adelsmensch' zum kontinuierlich wiederkehrenden Markenzeichen des trivialen Adelsromans wurde.[258]

1920 erreichte Courths-Mahler mit 14 veröffentlichen Titeln die Spitze ihrer Produktivität. Der kommerzielle Erfolg ist durch überlieferte Honorarbrechnungen gut dokumentiert. Die Auflagen mehrerer Romane überschritten in kurzer Zeit die Millionengrenze. Die durchschnittliche Zahl der zwischen 1905 und 1954 pro Jahr abgesetzten Titel beläuft sich nach Berechnungen von Krieg und Sichelschmidt

256 Vgl. dazu Nusser, Peter: Trivialliteratur. Stuttgart 1991. S. 64. Nusser sieht in der „Tabuierung des Sexuellen" ein zentrales Kennzeichen des trivialen Liebesromans. Vgl. auch: Nutz, Walter: Trivialliteratur und Popularkultur. Vom Heftromanleser zum Fernsehzuschauer. Eine Literatursoziologische Analyse unter Einschluß der Trivialliteratur der DDR. Wiesbaden 1999. S. 65 ff. „Eugenie Marlitt und Hedwig Courths-Mahler […] beschreiben nur die ‚Romantik der Liebe' – sexuelle Thematik gab es nicht einmal andeutungsweise. Dieses Frauenromangenre, das Marlitt und Courths-Mahler schufen, wird bis heute grundsätzlich fortgeführt." (S. 68).

257 Vgl. Opitz, Roland: Hedwig Courths-Mahler in literaturwissenschaftlicher Sicht. In: Weimarer Beiträge, 39/4 (1993). S. 534–551. Generell steht eine an aktuelle Forschung anschließende Neubewertung Courths-Mahlers in weiten Teilen noch aus. Die überwiegende Zahl der Forschungsbeiträge stammt noch immer aus der Hochzeit des literatursoziologischen Forschungsparadigmas in den 1970er und 1980er Jahren, das sich intensiv der Schema- bzw. Trivialliteratur und dem Phänomen des „Kitschs" widmete.

258 Vgl. Willenborg, Gertrud: Autoritäre Persönlichkeitsstrukturen in Courths-Mahler-Romanen. In: Kölner Zeitschrift für Soziologie und Sozialpsychologie, 15 (1962). S. 706–733. Dies.: Adel und Autorität. Zu den Romanen der Courths-Mahler. In: Der Trivialroman. Hrsg. von Gerhard Schmidt-Henkel, Horst Enders, Friedrich Knilli und Wolfgang Maier. Berlin 1964. S. 192–216.

auf sagenhafte 600.000 Exemplare.[259] Berücksichtigt man, dass die Popularität Courths-Mahlers starken Schwankungen unterlag (in den 1930er Jahren ließ sie erkennbar nach, bevor sie während des Zweiten Weltkriegs erneut signifikant anstieg), ist das Zustandekommen dieser enormen Absatzzahlen vor allem der langen Erfolgsphase zwischen 1912 und 1926 geschuldet.

Die Romane Hedwig Courths-Mahler waren bis in die jüngere Vergangenheit selber regelmäßig Gegenstand von Kulturkritik.[260] Betrachtungen dienten häufig dazu, vor allem das ästhetische Versagen der Autorin zu dokumentieren. Überfällig war daher der Einspruch Sigrid Töpelmanns, die zutreffend bemerkt, dass selbst Beiträge der neueren Forschung nach wie vor nicht auf süffisant-ironische Distanznahmen zu ihrem Untersuchungsobjekt verzichten.[261] Typischerweise wird dabei von der evidenten inhaltlichen und formalen Schlichtheit der Texte unmittelbar auf eine entsprechende Naivität der Autorin geschlossen. Problematisch ist dabei vor allem, die Schreibmotive weiterhin aus der Biographie Courths-Mahlers heraus zu erklären, die, so will es die Fama, „das phantastische Märchen [ihres] Lebens noch einmal dichterisch nachvollzieh[t]"[262].

Die biographische Beglaubigung der Romanbotschaften ist gleichwohl Teil einer publizistischen Strategie der Autorin, mit der auf eine verbreitete Erwartungshaltung

259 Vgl. Sichelschmidt, Gustav: Hedwig Courths-Mahler. Deutschlands erfolgreichste Autorin. Eine literatursoziologische Studie. Bonn 1967. (= Bonner Beiträge zur Bibliotheks- und Bücherkunde, Band 16). S. 32 ff. Vgl. auch: Krieg, Walter: Unser Weg hinauf. Hedwig Courths-Mahler und ihre Töchter als literarisches Phänomen. Wien 1954.

260 Eine Verteidigung des Frauen-Bildes in Courths-Mahlers Romanen aus dezidiert konservativ kulturkritischer Perspektive, die auch den Adel als Inkarnation ethischer Werte einbezieht, findet sich bei: Sichelschmidt, Hedwig Courths-Mahler: „Das Modell der heutigen Frau tendiert nicht mehr [...] zur Mütterlichkeit. Sie kokettiert vielmehr mit einer konformen Internationalität. Eheliche Bindungen werden dabei eher als berufliches Handicap und Beschneidung persönlicher Entfaltungsmöglichkeiten gewertet. Die aristokratische Elite der Courths-Mahler ist inzwischen längst von einer höchst fragwürdigen Prominenz, die keine ethischen Werte inkarniert, abgelöst worden." (S. 39).

261 Töpelmann, Sigrid: Flucht in den Frieden. Wie ‚wahr' sind die ‚harmlosen Märchen' der Hedwig Courths-Mahler? Eine Entgegnung auf Gunnar Müller-Waldeck. In: neue deutsche literatur, 49/538 (2001). S. 143–155. „Es scheint ausgemacht, dass man sich über HCM nur hohnlachend äußern kann, wohl um nicht in den Verdacht zu geraten, an solchen Büchern Geschmack zu finden. Es ist üblich, ihr vor allem mit beißender Arroganz zu begegnen (die durch gelegentliche Einschränkungen nur ihre Würze enthält), und ebenso üblicherweise wird HCM gern als ungebildet und naiv hingestellt. Wer sich über sie äußert, verzichtet häufig auf wissenschaftliche Sorgfalt und Genauigkeit, wenn man dafür nur mit einem ansonsten reichen literarischen Wissen und witzigen Formulierungen glänzen kann." (S. 142 f.).

262 Sichelschmidt, Hedwig Courths-Mahler. S. 1.

der Leserschaft reagiert wurde. Überzeugend ist Alphons Silbermanns Analyse, in der die Volksnähe Courths-Mahlers als „bewußte Naivität“ erkennbar gemacht wird.[263] Aufschlussreich in mehrfacher Hinsicht sind typische Selbstaussagen Courths-Mahlers wie diese: „Ich habe nichts anderes getan als später der Film: ich habe schwer arbeitenden Menschen jenes Leben gezeigt, nach dem ihre Sehnsucht ging, das sie jedoch nie kennenlernen würden. Ich habe Märchen für große Kinder erdacht.“[264] Die Distanz, die die Autorin zu ihren ‚kindlichen‘ Lesern hält, wird *en passant* deutlich. Ihre Reaktion auf ästhetische Kritik bestand regelmäßig darin, die Adelsromane als Märchen zu deklarieren. Dahinter steht die Absicht, die einzige im kulturellen Feld positiv konnotierte Form von Schemaliteratur zu reklamieren und damit Trivialitätsvorwürfe zu entkräften. Auf ein reflektiertes Verhältnis Courths-Mahlers zur Wirkung ihrer Texte deutet die gezogene Parallele zum Film und zu dessen Potential, durch bewegte Bilder „Sehnsucht“ hervorzurufen. Nicht zuletzt handfeste kommerzielle Interessen führten zu einer auffälligen Präsenz in dem neuen Massenmedium. Bereits zwischen 1917 und 1921 entstanden, von der Autorin eng begleitet, nicht weniger als 21 Verfilmungen ihrer Adelsromane, hochprofessionell hergestellt unter der Leitung der deutsch-dänischen Produktionsfirma ‚Nationalfilm‘.[265] Courths-Mahler zeigt sich auch in dieser Hinsicht als Vorläuferin über Jahrzehnte hinweg erfolgreicher Autorinnen wie Utta Danella (1920–2015) oder Rosamunde Pilcher (1924–2019), deren Romane gegenwärtig weiterhin in Serie verfilmt werden, ein Millionenpublikum erreichen und dabei Adelssemantiken popularisieren, die sich so oder ähnlich bereits bei Marlitt und Courths-Mahler ausmachen lassen.

4.2.5.4 Der ‚Adelsmensch‘ in den Romanen Hedwig Courths-Mahlers

Der Adelsmensch bezeichnet einen zentralen Figurentypus in den Romanen Courths-Mahlers. Mit ihm verknüpft ist die stets gleichlautende moralische Kernbotschaft von der Überlegenheit kleinbürgerlicher Tugenden gegenüber einem Vorzug aufseiten des Adels, der einzig durch den Zufall der Geburt gewährt wird. Der folgende Abschnitt ist dem Roman *Das Halsband* (1916) entnommen. Inhaltlich

263 Silbermann, Alphons: Von der Kunst, unterhaltsam zu schreiben. Die Liebe bei Hedwig-Courths-Mahler. In: Internationales Archiv für Sozialgeschichte der deutschen Literatur, 18 (1993). S. 69–85. Hier: S. 72.

264 Zitiert nach: Sichelschmidt, Hedwig Courths-Mahler. S. 13.

265 Vgl. Graf, Andreas: Hedwig Courths-Mahler. München 2000. S. 100 f. Avé, Lia: Das Leben der Hedwig Courths-Mahler. München 1990. S. 78.

und formal nur unwesentlich variiert, finden sich derartige Textpassagen in einer Vielzahl von Romanen Courths-Mahlers[266]:

> Die alte Dame lächelte fein mit einem gütigen, nachsichtigen Ausdruck. Sie legte die Hände auf die Armlehne ihres Sessels und beugte sich vor. „Liebes Kind, wir haben uns schon vor Jahren einmal über unsere Adelsbegriffe unterhalten. [...] Ich bin inzwischen fester mit meiner Ansicht verwachsen, daß nicht der Zufall unsere Welt bestimmt, sondern das, was wir sind in unserem Innenleben und der Welt gegenüber. Es kommt darauf an, was wir für Eigenschaften besitzen, nicht darauf, ob wir zufällig einen Adelstitel geerbt haben. Wir haben Anspruch auf Bevorzugung erst, wenn wir edler, besser, tüchtiger sind als alle anderen Menschen. Adelsmensch im schönsten und wahrsten Sinne kann jeder sein, ohne Ansehen der Geburt."[267]

Vermittelt wird das Konzept des ,Adelsmenschen' – dem konservativen Familienbild des proletarisch-kleinbürgerlichen Lesepublikums entsprechend – durch ausführliche Figurenreden älterer Respektspersonen, die sowohl dem Adel wie auch dem Bürgertum angehören können.

Der in den Romanen Courths-Mahlers so zentrale Begriff des ,Adelsmenschen' war indes keine genuine Schöpfung der Autorin. Sie dürfte ihn adaptiert haben. Indizien, die für eine entsprechende Übernahme sprechen, lassen sich vereinzelt den Texten Courths-Mahlers selber entnehmen, so beispielsweise dem Roman *Ich will* (1916):

> Er stützte den Kopf in die Hand und sah sie mit seinen klugen, guten Augen an. „Weil du selbst ein Adelsmensch bist, Renate. Nein, lache nicht! Dein Vater rüstet sich nicht umsonst mit neuzeitlichen Schlagwörtern. Ich las das Wort irgendwo, und es blieb mir haften, weil es auf dich passt. Trotz deiner bürgerlichen Herkunft bist du ein Adelsmensch, wie es auch unter den Edelleuten Plebejer gibt. [...] Und ganz offen, ich sähe dich gern als die Frau eines Edelmannes. Aber nicht der Geburt nach müßte er es sein, sondern bis ins Herz hinein. So ein echter Ritter ohne Furcht und Tadel. Das wäre mein Traum, obwohl ich ein schlichter Mann aus dem Volke bin. Nur einen einzigen kenne ich, der alle Vorzüge eines solchen Edelmannes besitzt. Das ist Letzingen. Der ist auch ein Adelsmensch."[268]

---

266 Vgl. Zimmermann, Hans Dieter: Schema-Literatur. Ästhetische Norm und literarisches System. Stuttgart, Berlin, Köln 1979. S. 70–83.

267 Courths-Mahler, Hedwig: Das Halsband. Werdau 1914. S. 149.

268 Courths-Mahler, Ich will. Werdau 1916. S. 44.

Die zitierte Passage zeigt zunächst noch einmal die stereotype Grundsituation: Die Lehre vom ‚Adelsmenschen' wird einer Autoritätsfigur aus dem Familienumfeld in den Mund gelegt. Sie richtet sich an die weibliche Haupt- und Identifikationsfigur des Romans, sodass der pädagogische Impetus mittelbar das (weibliche) Lesepublikum adressiert. Bemerkenswert ist, dass der Begriff des ‚Adelsmenschen' ausdrücklich als „neuzeitlich[es] Schlagwort" bezeichnet wird, das die Figur des Vaters „irgendwo las". Zwar finden sich keine direkten intertextuellen Bezüge, markiert wird der „Adelsmensch" jedoch als Element der erzählten Welt, das über eine Lektüre Eingang in das Bewusstsein der Figuren findet. Die Rede vom ‚Adelsmenschen' bildet ein intradiegetisches Indiz für die Lokalisierung der Romanhandlung in einem gegenwartsnahen historischen Setting, mit dem auf eine außerliterarische Welt verwiesen wird, in der ja tatsächlich der ‚Adelsmensch' als Schlagwort kursierte.

Es ist also insgesamt wenig wahrscheinlich, dass Courths-Mahler den Begriff des Adelsmenschen gelöst von den Diskursen der Zeit noch einmal erfand. Begriffsgeschichtlich ist Courths-Mahlers ‚Adelsmensch' als ein Sediment zeitgenössischer kultureller Diskurse und darin breit verhandelter Adelssemantiken zu verstehen. Dies hat zur Folge, dass letztlich auch die viel gelesenen Adelsromane Courths-Mahlers als Teil des hier untersuchten Aristokratismus-Diskurses zu interpretieren sind. Zu fragen wäre damit letztlich auch, inwiefern die adaptierte Adelssemantik des ‚Adelsmenschen' weiterhin ideologische Botschaften transportierte.

4.2.5.5 ‚Aristokratismus' im Adels- und Trivialroman um und nach 1900

Der Adel bei Eugenie Marlitt, dem Vorbild Courths-Mahlers, wurde in der Forschung überwiegend als „bürgerlich[e] Imaginationen des Adels"[269] interpretiert. Anders als lange Zeit behauptet, gibt es in Marlitts Texten jedoch keine strikte Polarität zwischen den tugendhaften Protagonisten aus dem Bürgertum und einer vorzugsweise im Adel beheimateten Amoralität. Die Darstellung des Adels zeichnet sich, wie Urszula Bonter betont, vielmehr durch eine „eigenartige Mischung aus Ablehnung, Faszination und Furcht" aus.[270] Eine Diagnose, die auch für Hedwig Courths-Mahler gelten kann.

---

269 Bonter, Urzula: Der Populärroman in der Nachfolge von E. Marlitt. Wilhelmine Heimburg, Valeska Gräfin Bethusy-Huc, Eufemia von Adlersfeld-Ballestrem. Würzburg 2005. S. 51. Vgl. auch: Herminghouse, Patricia: Schloß oder Fabrik? Zur Problematik der Adelsdarstellung im Roman das Nachmärz. In: Legitimationskrisen des deutschen Adels 1200–1900. S. 245–261.

270 Bonter, Der Populärroman in der Nachfolge von E. Marlitt. S. 230.

Das Œuvre Courths-Mahlers besteht aus 208 Romanen, die über einen Zeitraum von mehreren Jahrzehnten erschienen. Darunter gibt es praktisch keine Texte, die qualitativ, formal oder in anderer Hinsicht besonders hervorstechen würden. Der Umfang ist stets in etwa gleich. Erzählt werden abgeschlossene Geschichten, die untereinander in keinem Zusammenhang stehen. Bewährte Handlungsbausteine und Figurentypen werden regelmäßig neu aufgegriffen und miteinander kombiniert, sodass sich die Romane inhaltlich vielfach zum Verwechseln ähneln. Das Gesamtwerk der Autorin vermittelt dadurch, trotz seines immensen Umfangs, den Eindruck weitgehender Homogenität. Dies erlaubt es, durch Einzelanalysen gewonnene Befunde bis zu einem gewissen Grad zu verallgemeinern. Einschränkungen sind zu machen, weil Courths-Mahler in ihren Romanen durchaus auf literarische Trends, weltanschauliche Moden und das politisch-kulturelle Zeitgeschehen reagierte.

In ihrer Pauschalität kaum haltbar sind typische Aussagen, wonach sich die erzählte Welt der Romane auf eine „nicht näher lokalisierbare Kulisse" beschränke, in der sich ein „bewußt unhistorisches Denken"[271] abzeichne, bzw. dass die Romanhandlungen in einer „nebulösen ‚ewigen' Gegenwart" angesiedelt seien, in der ein „historischer Hintergrund nicht ansatzweise"[272] ausgemacht werden könne. Tatschlich lassen sich solche Bezüge zur historischen Gegenwart durchaus feststellen. Sie beschränken sich dabei keineswegs nur auf die von Egon Schwarz zugestandenen „Spiegelungen"[273].

Exemplarisch untersucht werden soll im Folgenden der bereits zuvor zitierte Roman *Ich will*. Es handelt sich um einen in jeder Hinsicht durchschnittlichen Titel Courths-Mahlers. Dies gilt auch für die im Folgenden betrachtete deskriptive Passage und die darin erkennbare Idealisierung der historischen Gegenwart. In Form einer der Handlung vorgeschalteten Exposition wird ein Bild der technisch-ökonomischen Moderne gezeichnet. Aufgrund der harmonisierenden Grundtendenz darf man den Entwurf getrost als naiv bezeichnen. Worauf es ankommt, ist, dass darin ein potentieller Niedergang der Adelsschicht infolge von Modernisierungsdefiziten behandelt wird:

---

271 Nutz, Trivialliteratur. S. 67.

272 Müller-Waldeck, Gunnar: Die „große Realistin". Hedwig Courths-Mahler oder Die Wahrheit der Märchen. In: neue deutsche literatur, 49/535 (2001). S. 140–155. Hier: S. 146; S. 148.

273 Vgl. Schwarz, Egon: Adel und Adelskult im deutschen Roman um die Jahrhundertwende. In: Legitimationskrisen des deutschen Adels 1200–1900. S. 287–307: „Es gilt also festzuhalten, daß bei aller Unwirklichkeit doch vielfältige Realbezüge die Courths-Mahler'sche Fiktion mit den gesellschaftlichen Tatsachen um 1900 verbinden. In dieser indirekten Weise kann man von ‚Spiegelungen' sprechen." (S. 295).

> Kommerzienrat Hochstetten hatte es durchgesetzt, daß die neue Zweigbahn zwischen dem Gute des Barons Letzingen und seinem eigenen Elektrizitätswerke eine Station erhielt. Das war von großem Nutzen für viele, die es anging. Die vielen hundert Arbeiter, die Hochstetten in seinen Fabriken und dem Elektrizitätswerke beschäftigte, wohnten fast ausnahmslos in der nahen Stadt. Sie brauchten nun den Weg nicht mehr zu Fuß zurücklegen, sondern konnten auf billige Arbeiterrückfahrkarten die Bahn benutzen. Auch die zahlreichen umliegenden Güter profitierten davon. Sie konnten die Erzeugnisse der Landwirtschaft bequemer nach der Stadt befördern, deren zweihunderttausend Einwohner willige Abnehmer dafür waren. Hauptsächlich Baron Letzingen war gut dabei weggekommen. Für ihn lag die Station am günstigsten. Die Gutsbesitzer der Umgegend, die fast ausnahmslos altadligen Geschlechtern angehörten, hatten alle Ursache, Hochstetten dankbar zu sein. Er war mit seinen großartigen Unternehmungen so recht ein Segen für die ganze Gegend geworden. Es war ein frischer Zug in die stagnierenden Agrarierverhältnisse gekommen, seit Hochstetten Konservenfabriken im großen Stil angelegt hatte. Man wußte nun, wo man zur Zeit des Überflusses mit Obst und Gemüse gute Preise, auch für Massenlieferungen, erzielen konnte. Hochstetten kaufte alles. Auch Vieh, Geflügel und Wild nicht ausgeschlossen, erwarb er jederzeit, da er Fleischkonserven herstellen ließ. Sein Elektrizitätswerk lieferte nicht nur Kraft und Beleuchtung für seine eigenen Betriebe, sondern auch für die Bahnstation und viele der Güter zu kulanten Preisen [...].[274]

Auffällig ist zunächst, dass eine kulturkritisch aufgeladene Stadt-Land-Dichotomie, ein strukturbildendes Element in der Heimatkunst und, ideologisch forcierter, in der ‚Blut-und-Boden-Literatur', hier, wie überhaupt in den Romanen Courths-Mahlers, kaum zu finden ist, anders als es in Teilen der älteren Forschung unterstellt wurde.[275] Vorbehalte gegenüber der Industriegesellschaft, präsent in andernorts perhorreszierten Manifestationen wie Fabriken, Kraftwerken oder schnell wachsenden Großstädten mit hunderttausenden überwiegend proletarischen Einwohnern, sucht man vergebens. Darin besteht im Übrigen ein Unterschied zu Eugenie Marlitt, die unter Zeitgenossen als „Apostel wider Mammonismus und Materialismus"[276] bekannt war.

Der evidente Fortschrittsoptimismus des Entwurfs bricht sich Bahn in der Beschreibung einer simplifizierten, ihrer Härten weitgehend entkleideten kapitalistischen Ordnung. Die Darstellung des Adels ist eingebettet in die auffällig um Details bemühte Schilderung einer prosperierenden Wirtschaft, die nur Gewinner

274 Courths-Mahler, Ich will. S. 7 f.

275 Vgl. Müller, Ingrid: Untersuchungen zum Bild der Frau in den Romanen von Hedwig Courths-Mahler. Bielefeld 1978. S. 41.

276 Sprengel, Geschichte der deutschsprachigen Literatur 1870–1900. S. 208.

zu kennen scheint. Einzug in die ursprünglich rurale Welt der Romanhandlung hält eine Ordnung, mit der die Verheißungen der technischen Moderne auf greifbare Weise eingelöst werden. Geradezu persuasiv werden Errungenschaften aufgezählt („billige Arbeiterrückfahrkarten", bequeme Bahnfahrten statt beschwerlicher Fußwege usw.). Angeknüpft wird dabei offenkundig an den Erfahrungshorizont und die Wunschvorstellungen einer kleinbürgerlich-proletarischen Leserschaft.

Gezeichnet wird ein idealisiertes Bild der Moderne, das den Adel ausdrücklich nicht ausschließt. Neben einer Partizipation der Unterschichten an modernen Entwicklungen (im Sinne einer materiellen, wohlgemerkt *nicht* politischen Teilhabe) zeigt die erzählte Welt die Absenz existentieller Bedrohungen. Dies schließt hier auch das bei Rezipienten aus den literaten Unterschichten jener Zeit noch angstbesetze Übel einer Hungersnot ein. Denn zumindest auf den zweiten Blick zeigt sich, dass ein solches Schreckensszenario der vordergründigen Erfolgsgeschichte unterlegt ist.

Das entworfene Gesellschaftsmodell weist dem Adel die Rolle des Nahrungslieferanten zu. Dieser droht anfangs auszufallen. Die „um ihre Existenz ringend[en] Edelleute" sind von „stagnierenden Agrarierverhältniss[en]" existentiell bedroht. Als Grund wird die Ineffizienz bei der Bewirtschaftung der Adelsgüter genannt. Gleichzeitig fehlt der Zugang zu Absatzmärkten. Die Figur des Industriellen Hochstetten, Inbegriff der kapitalistischen Moderne, schafft Abhilfe. Er rüstet die Landgüter des Adels technisch auf. Mit den nunmehr elektrifizierten Betrieben übernimmt die Aristokratie dann die ihr im Roman exklusiv zugedachte Rolle, den Nahrungsbedarf der dynamisch wachsenden Großstadt zu sichern. Die erzeugten Nahrungsmittel füllen dabei nicht allein die Mägen der 200.000 Einwohner, sondern auch die Konservendosen, die in den errichteten Fabriken produziert werden. Desaströs wären die Folgen eines Niedergangs der Aristokratie gerade auch dort. Produzierte der Adel keine biologischen Rohstoffe, so die Botschaft, stünden die Bänder still, die Fabrikarbeiter, mithin die Identifikationsgruppe der Leser, verlöre ihre Anstellung, wäre am Ende gar arm und mittellos. Der im Text farbenfroh ausgemalte bescheidene Wohlstand würde wieder in weite Ferne rücken.

Erkennbar wird somit der Versuch, mit beachtlichem erzählerischen Aufwand den Lesern die Unverzichtbarkeit der (bedrohten) Aristokratie vor Augen zu führen. Ohne den Adel, dies wird insinuiert, ist eine funktionierende Gesellschaft kaum vorstellbar, auch und gerade nicht eine moderne. Zweifellos wird eine harmonisierte „heile Welt" gezeichnet. Wie deutlich wird, handelt es sich dabei aber keineswegs um eine mit Märchenzügen ausgestattete Nichtmoderne. Entworfen wird stattdessen ein realitätsnahes Setting, das gezielt auf Wiedererkennung setzt. Sprechen ließe sich dabei durchaus von einer auf Trivialniveau heruntergebrochenen Utopie einer „anderen Moderne" (Rohkrämer), eben weil kein die Moderne in Gänze eskamotierender Alternativentwurf ins Bild gesetzt wird, sondern eine partiell modifizierte Variante, die zugleich einen Einblick gewährt in die ideologischen Prämissen der Romane Courths-Mahlers.

Signifikant sind diesbezüglich gerade die Ausblendungen. Während bedeutende Aspekte der Moderne (technischer Fortschritt, effizienzorientierte Ökonomie) breiten Raum einnehmen, finden soziale, politische und kulturelle Folgeerscheinungen keine annähernd vergleichbare Aufmerksamkeit. Auf dem Land verbindet sich die technische Moderne zwanglos mit den dort herrschenden feudalen Strukturen einer altadligen Gutsbesitzerschicht, die, trotz überwundener Krise, im Kern bleibt, was sie war. Ihre anfängliche Rückschrittlichkeit beruht auf einem Mangel an Effizienz, ist also auf technisch leicht zu behebende Einzelfacetten beschränkt. Das Faktum feudaler Herrschaft bleibt unberührt. Das konservativ-reaktionäre Bild einer idealisierten feudalen Lebenswelt verschmilzt konzeptionell mit dem einer ökonomisch-technischen Moderne. Evoziert wird so schließlich die utopische Vorstellung einer technisch aufgerüsteten, ökonomisch potenten Aristokratie, die als moderner Nährstand im Dienst einer zur Gemeinschaft weiterentwickelten Gesellschaft steht und als solcher unentbehrlich erscheint.

Durchdrungen ist die partielle Modernität der Romanwelten Courths-Mahlers, dies macht das Beispiel deutlich, mit dezidiert konservativen Ordnungsvorstellungen. Die nur anfänglich dynamisch voranschreitende Modernisierung mündet in einen stabilen Zustand. Zwischen den drei monolithischen sozialen Gruppen (Adel, Bürgertum und Proletariat) besteht eine klare und konfliktfreie Aufgabenverteilung. Das entworfene Ideal der Moderne sieht eine lückenlose Integration sozialer Teilgruppen vor. Gesellschaftlicher Wandel, Partikularismus und soziale Mobilität sind nicht vorgesehen, erscheinen vielmehr als potentiell destabilisierende Störfaktoren.

Was vor diesem Hintergrund letztlich erhebliche Skepsis hervorrufen muss, ist das anfänglich beschriebene Liebesideal der ‚Adelsmenschen', bei dem doch erklärtermaßen alle sozialen Grenzen zwischen den Liebenden überschritten werden sollen. Das Adelsmenschenideal besagt, so scheint es zumindest auf den ersten Blick, dass „die ‚aristokratische Gesinnung' […] adlige Herkunft oder Reichtum ersetzen [kann]"[277]. Eingelöst wird das Ideal in dieser Absolutheit tatsächlich jedoch kaum jemals, erscheint bei näherem Hinsehen vielmehr relativiert, abgemildert, teils ganz zurückgenommen. Dies gilt besonders für die quantitativ ins Gewicht fallende Textgruppe, die dem sogenannten ‚Aschenputtel-Schema' folgt. In dem bereits bei

277 Müller, Untersuchungen zum Bild der Frau in den Romanen von Hedwig Courths-Mahler. S. 34.

Eugenie Marlitt ausgereizten Handlungsmodell liegen entscheidende biographische Details zu Beginn im Dunkeln (prototypisch: die Heldin ist, ohne dies zu wissen, ein von armen Leuten aufgezogenes Findelkind aus adliger Familie). Im Rahmen einer Art *Deus-ex-machina*-Konstellation klärt sich am Ende alles auf, etwa durch das plötzliche Auftauchen verschollener Briefe. Das bis zu diesem Punkt der Handlung konfliktträchtige soziale Gefälle zwischen den Liebenden löst sich schlagartig auf. Am Ende bleibt der Adel unter sich. Bei genauerem Hinsehen zeigt sich zudem, dass bürgerliche Tugenden keinesfalls ausreichen, um ‚Adelsmensch' zu werden. Exemplarisch lässt sich dies an der Figur des schwerreichen Kommerzienrats Hochstetten aus dem zuvor zitierten Roman *Ich will* zeigen. Zwar besitzt die Figur alle notwendigen inneren Vorzüge wie Fleiß, Familiensinn, Moral und Gutherzigkeit im Übermaß. Gleichwohl weiß der erfahrene Leser Courths-Mahlers, dass Hochstetten als Adelsmensch ausscheidet, sobald es heißt: „Der kleine unansehnliche Mann war keine elegante Erscheinung, obwohl er immer tadellos gekleidet war."[278]

Was den ‚Adelsmenschen' auszeichnet, ist letztlich eine Verbindung des *Guten* (Bürgertum) mit dem *Schönen* (Adel). Mag diese Feststellung auch trivial anmuten, so sind dabei doch zwei Dinge entscheidend. Von den bürgerlichen Tugenden allein führt kein Weg zum ‚Adelsmenschen'. Statt um *Tugend* und *Leistung* geht es auch bei Courths-Mahler um das *Sein*. Vornehmheit und Anmut, die zentralen Eigenschaften des ‚Adelsmenschen', stehen und bleiben außerhalb des durch persönliche Anstrengungen Erreichbaren. Der ‚Adelsmensch' Courths-Mahlers zeigt deutliche Reminiszenzen an eine Trivialform des Kalokagathie-Ideals. Übersetzt man ‚Kalokagathie' mit Jacob Burckhardt (1818–1897) als „Einheit von Adel, Reichtum und Trefflichkeit"[279], entspricht dies in zugespitzter Form durchaus dem Typus des ‚Adelsmenschen' bei Courths-Mahler. Darin zeigt sich auch eine Nähe zu dem in der zeitgenössischen Trivialliteratur allenthalben anzutreffenden Typus des „kolportierten Idealmenschen"[280], in dem sich „Reste bürgerlich-humanistischer Bildungsideologie"[281] ausmachen lassen.

Davon ausgehend lässt sich das Werk Courths-Mahlers mit dem von Karl May vergleichen. Auch darin finden sich vielfach Adelssemantiken. So trägt ein Vortrag, den der Schriftsteller 1897 nahe Wien hielt, den Titel *Winnetou, der Adelsmensch*. Der exakte Wortlaut der Rede ist nicht überliefert. Eine Paraphrase des Inhalts ist einem zeitgenössischen Pressebericht zu entnehmen:

278 Courths-Mahler, Ich will. S. 19.
279 Burckhardt, Jacob: Griechische Kulturgeschichte. Band IV. 3. Auflage. Berlin 1902. S. 82.
280 Ueding, Gert: Versuch über Kitsch und Kolportage. Frankfurt am Main 1973. S. 116 ff.
281 Ebd. S. 114.

> Er [Winnetou; JdV] war der Sohn eines Häuptlings der Apachen, ein echter Aristokrat; auch die Indianer haben nämlich ihre Aristokratie, und die Häuptlingsfamilien wissen ihre Ahnen auf viele Generationen zurück anzugeben. Dieser Winnetou wurde von Dr. Karl May zuvor in den Anfangsgründen der christlichen Religion unterwiesen. Bald sollte der Lehrer erfahren, wie tief der junge Indianer die christliche Religion erfaßt hatte. Er zeigte sich auch in der Religion und im religiösen Leben als echter Aristokrat, und wiederholt mußte Dr. May aus dem Munde seines Schülers Bemerkungen hören wie: „Mein weißer Bruder ist kein Aristokrat des Glaubens, sonst würde er das Heilige höher halten", oder: „Er ist kein Aristokrat der christlichen Liebe, sonst würde er seinem Gegner nachgegeben haben". So sollen auch wir, fuhr Dr. May fort, nicht mit dem Gewöhnlichen uns begnügen, sondern Aristokraten der christlichen Religion werden.[282]

Winnetou, der „rote Gentleman" (so der Titelzusatz des dreibändigen Erfolgsromans in seiner Erstausgabe von 1893), entspricht prototypisch der kulturkritischen Figur des ‚Edlen Wilden', der hier zur Zieldomäne eines *mapping* von Adelssemantiken wird. Den Ausgangspunkt bildet der Wert ‚Genealogie'. Ein „echter Aristokrat" ist Winnetou, weil er, analog zum europäischen Adel, einer indianischen Adelsfamilie angehört, die auf eine lange Ahnenreihe zurückblicken kann. Eine zunächst punktuelle Übereinstimmung, die im Fortgang stetig ausgeweitet und verdichtet wird, sodass am Ende in Winnetou Modelle des Aristokraten und des kulturkritisch aufgeladenen Idealmenschen verschmelzen.[283]

Ein Bogen ließe sich spannen zwischen dem Vortrag von 1897 und Mays letzter und zugleich bekanntester Rede mit dem gleichklingenden Titel *Empor ins Reich der Edelmenschen* (1912), gehalten wiederum in Wien wenige Tage vor seinem plötzlichen Tod. Generell, so Gert Ueding, herrsche in Mays Texten „das aristokratische Prinzip vor. In seinen Helden verherrlicht er den *veredelten* Bürger als den wahren Protagonisten der Geschichte, dessen Prozeß seiner Intention nach ins Reich der Edelmenschen einmünden soll."[284] ‚Adelsmenschen' und ‚Edelmenschen' bilden Synonyme. Zu ergänzen wären die Begriffe um den des „Herrenmenschen", der, dank „der neuen aristokratischen Herrenmoral" Nietzsches, zu Beginn 20. Jahrhunderts

282 Zitiert nach: Roxin, Claus: „Dr. Karl May, genannt Old Shatterhand". Zum Bild Karl Mays in der Epoche seiner späten Reiseerzählungen. In: Jahrbuch der Karl May Gesellschaft 1974. S. 15–73. Hier: S. 28.

283 Zu den ideologischen Implikationen im Werk Mays bzw. entsprechenden Lesarten seiner Texte vgl. Reuter-Boysen, Christiane: Im Widerstreit: Karl May. In: Handbuch zur ‚Völkischen Bewegung'. S. 699–711.

284 Ueding, Versuch über Kitsch und Kolportage. S. 118 (Hervorhebung im Original).

längst zu einem „Modeschlagwort großer Bildungskreise“[285] geworden war. Dass auch ,Adelsmensch' und ,Herrenmensch' synonym verwenden werden konnten, zeigt sich wiederum bei Courths-Mahler.

4.2.5.6 Zwischen ,Adelsmensch' und ,Herrenmensch' – Aristokratische Männlichkeitsideale in der Trivialliteratur

Die Romane Courths-Mahlers fanden nicht nur bei einem weiblichen Lesepublikum breiten Anklang. Davon zeugt, dass im Ersten Weltkrieg postkartengroße Feldpostausgaben, gedruckt in astronomischen Auflagen, die Frontbibliotheken erreichten und, zum Missfallen der militärisch Verantwortlichen, offenbar auch gelesen wurden.[286] Ein Vorgang, der sich im Zweiten Weltkrieg ganz ähnlich wiederholte.[287] Erhaltene Leserbriefe von Soldaten machen deutlich, dass etwaige Berührungsängste mit der als ästhetisch minderwertig gescholtenen ,Dienstmädchenliteratur' offenbar kaum bestanden.[288] Die Attraktivität der Romane Courths-Mahlers dürfte, neben der Möglichkeit zur Ablenkung vom Kriegsalltag, damit zu erklären sein, dass verschiedene populäre Phänomene des Zeitgeistes in trivialisierter Form aufgegriffen wurden. Dies gilt etwa auch für eine zeitgenössische Kolonial- und Technikbegeisterung, in der wissenschaftlicher Machbarkeitsglaube, nationalistisches Pathos und ein militärisches, teils erotisch aufgeladenes Männlichkeitsideal zusammentrafen.

Grundsätzlich unterschieden werden kann bei Courths-Mahler zwischen weiblichen und männlichen ,Adelsmenschen'. Während ,Anmut' und ,Vornehmheit' die primären Merkmale des weiblichen ,Adelsmenschen' sind, zeichnet sich die maskuline Variante aus durch ihre natürliche Anlage zum ,Herrschen' und ,Führen' sowie durch eine spezifische innere ,Haltung', was sich auf der Textebene darin niederschlägt, dass die Worte ,Adelsmensch', ,Herrenmensch' und ,Vollmensch' regelmäßig synonym verwendet werden, worauf vor allem Eva Ochs in ihrer Untersuchung des Männerideals bei Hedwig Courths-Mahler aufmerksam gemacht hat.[289]

Auf einem kolportagehaften Niveau angesiedelt, fungieren diese Entwürfe offensichtlich als Projektionsflächen für erotische Phantasien weiblicher Leser wie auch als Identifikationsangebote an ein bestimmtes männliches Lesepublikum, das sich

285 Vgl. den Artikel ,Herrenmensch' in: Ladendorf, Historisches Schlagwörterbuch. S. 122.
286 Vgl. Graf, Hedwig Courths-Mahler. S. 97.
287 Ebd. S. 130. Vgl. auch: Adam, Christian: Lesen unter Hitler. Autoren, Bestseller, Leser im Dritten Reich. Frankfurt am Main 2013. S. 199–201.
288 Vgl. zur Leserreaktion: Ochs, ,Herrenmenschen' und ,Vollnaturen'. S. 61–67.
289 Ebd.

für die stark überzeichnete Virilität der ‚Adelsmenschen' einnehmen ließ. Als Beispiel kann der Roman *Das Amulett der Rani* (1918) dienen, der zu den besonders beliebten Texten der Autorin gehörte und im Ersten wie auch im Zweiten Weltkrieg als Feldpostausgabe erschien.[290] Die Handlung ist, wie der Exotismus verheißende Titel ankündigt, teilweise in einem mit märchenhaften Zügen ausgestatteten Indien angesiedelt. Der geheimnisvolle, seine wahre Identität zunächst verschleiernde Protagonist Gert Ruden (eigentlich Gerd *von* Ruden) wird aus der Distanz von den beiden weiblichen Hauptfiguren intensiv in Augenschein genommen. Die Frauen stellen fest: „Und der macht den Eindruck, als sei er zum Herrschen geboren, er hat etwas Stolzes und Imponierendes."[291] In den Romanen Courths-Mahlers lässt sich stets untrüglich vom Äußeren auf das Innere schließen, so auch hier. Die innere Anlage zum ‚Herrscher' spiegelt sich unmittelbar in einem ‚imponierenden' Äußeren, was das bürgerliche Inkognito der Figur leicht durchschaubar macht. Noch bevor die Tarnung des adligen Reisenden aufgedeckt wird, erfolgt die Erhebung zum Adelsmenschen seitens der beiden Protagonistinnen: „Er verdient das Prädikat Adelsmensch [...]."[292] Typisch ist dabei auch die Verbindung mit nationalstereotypen Zuschreibungen. Der Beobachtete besitzt eine „nordische Gestalt", außerdem hat er „unbedingt deutsche Augen"[293]. Die Augen bilden den Ausgangspunkt einer metonymischen Beschreibung deutscher Wesensart, wobei die nationalen Merkmale mit denen der zuvor aktualisierten Adelssemantik(en) verschmelzen:

> „Haben deutsche Augen so etwas Besonderes?" fragte Freda lächelnd. Die Gräfin nickte energisch. „Ganz gewiß. Und diese grauen Augen da drüben sind deutsch. Sie können gütig und versonnen blicken, wie es deutsche Träumer tun, und dann leuchten sie wieder auf und blitzen wie geschliffener Stahl. Dann verraten sie eine zähe Energie und große Tatkraft. Er ist wohl gewöhnt, zielbewußt über eine große Menge von Untergebenen zu blicken und die zu beherrschen; aber am besten beherrscht er sich selbst."[294]

Nicht nur dem konkret beobachteten, auch dem deutschen ‚Herren-' und ‚Adelsmenschen' ganz allgemein ließe sich den Ausführungen zufolge eine natürliche Fähigkeit zum ‚Herrschen' unterstellen. Das Verb ‚herrschen' erfährt überdies eine bedeutsame Spezifizierung bezüglich seiner Transitivität. Denn ‚herrschen' bezieht

290 Vgl. Graf, Hedwig Courths-Mahler. S. 130.
291 Courths-Mahler, Hedwig: Das Amulett der Rani. Leipzig 1918. S. 16.
292 Ebd. S. 39.
293 Ebd. S. 10.
294 Ebd. S. 16 f.

sich nicht allein auf Untergebene, sondern auf das herrschaftsausübende Subjekt selbst. Aktualisiert wird somit der adelssemantische Standardwert ‚Haltung', hier im Sinne einer überlegenen Selbstkontrolle.[295]

Sämtliche der erotisch aufgeladenen Beobachtungen stellen sich erwartungsgemäß als zutreffend heraus. Der observierte ‚Adelsmensch' ist auch der Geburt nach ein Aristokrat, außerdem „ein vielfacher Millionär" und mächtiger Industrieller, der „wie ein Fürst über viele Tausende von Untergebenen gebot und dessen großartige Stahl- und Eisenwerke einen großen Ruf in der ganzen Welt hatten […]"[296]. Die ausführliche Beschreibung seines rheinischen Industrieimperiums verdient besonderes Interesse. Denn sie entfaltet gleichsam eine aristokratische Idealstaatsutopie *in nuce,* die die reaktionären sozialen Ordnungsvorstellungen der Autorin prototypisch zur Anschauung bringt:

> Die Villa lag inmitten des großen Gartens auf einem Hügel. Von diesem Fenster aus übersah man die Kronauwerke in ihrer ganzen Ausdehnung. Und wenn man zur Seite blickte, sah man die leichten Wellen des Rheins im Sonnenlicht blitzen. Jenseits des Wäldchens lagen die zahlreichen langgestreckten Gebäude, mit den breiten, hohen Fenstern, durch die das Tageslicht ungehindert Einlaß hatte. In diesen Gebäuden waren die Werkstätten untergebracht. Sie glichen einander genau und lagen in Reih' und Glied wie aufmarschierte Soldaten. Weit hinter diesen Gebäuden lagen die Hochöfen mit ihren Riesenschloten, die Kesselhäuser, die Maschinenräume und die elektrischen Anlagen. Und über dem allen lag der starke Pulsschlag eifrigen Schaffens. Tausende von Menschen arbeiteten mit bienenhaftem Fleiß auf den Kronauwerken, die eine Stadt oder einen kleinen Staat für sich bildeten. Rechts von den sich längs des Rheinufers hinstreckenden Werkstätten lagen die großen Buerohäuser, die Arbeitssäle für die Ingenieure und dahinter, von Gärten umgeben, die Wohnhäuser der Direktoren und höheren Beamten. Etwas abseits davon lagen im Grünen Reihen kleiner, villenartiger Gebäude, in denen Ingenieure und Beamte mit ihren Familien wohnten. In jedem dieser Häuser waren zwei oder drei Wohnungen. Und weit hinter den Hochöfen an einer aufsteigenden Hügelwand sah man eine große Anzahl kleiner, rotgedeckter Häuser. Das war die Kolonie der Arbeiterwohnungen, die sich jenseits des Hügels fortsetzten. […] Eine Weile ruhten Gerhardts Augen befriedigt auf seinem stolzen Reiche.[297]

---

295 Zum Merkmal der Selbstbeherrschung in den Romanen Courths-Mahlers vgl. Ochs, ‚Herrenmenschen' und ‚Vollnaturen'. S. 18.

296 Courths-Mahler, Das Amulett der Rani. S. 71.

297 Ebd. S. 148 f.

Der Schwerindustriekonzern Gerd von Rudens gleicht einem militärisch durchorganisierten Staatswesen. Die Position der zahllosen Untergebenen in der Rangordnung korreliert direkt mit ihrer Distanz zum Zentrum des Ganzen, dem Beobachterstandpunkt des ‚Adelsmenschen'. Die Merkmale seines ‚Reiches' sind: Hierarchie, Effizienz, Geschlossenheit, aber auch Sicherheit, die alle genießen, die in den Herrschaftsbereich des ‚Adelsmenschen' fallen. Wiederum wird dabei auf antizipierte Wunschvorstellungen des prototypischen Lesermilieus Rücksicht genommen. Denn die gleichermaßen totalitäre wie paternalistische Herrschaft des ‚Adelsmenschen' sorgt nicht nur für klare Ordnungsverhältnisse, sie ist auch deshalb attraktiv, weil sie noch dem Geringsten der Untergebenen die Idylle „kleiner, rotgedeckter Häuser" verspricht.

Vorbilder für den Typus des nahezu allmächtigen Industriemagnaten fand die Autorin besonders unter den von ihr bewunderten ‚Ruhrbaronen'. In dem zitierten Beispiel ist die Rede von einer „Villa" auf einem „Hügel", von welcher der Adelsmensch seinen explizit im Rheinland lokalisierten Herrschaftsbereich überblickt. Zu erkennen ist darin eine Anspielung auf die *Villa Hügel,* den 1873 fertiggestellten palastartigen Familiensitz der durch Heirat nobilitierten Krupp-Dynastie im Süden Essens, exponiert gelegen oberhalb des Baldeneysees.

Deutlich werden bei Courths-Mahler, dies zeigt bereits das zuvor behandelte Beispiel, Bezüge zum zeitgenössisch populären Kolonialroman.[298] Vergleichsmöglichkeiten ergeben sich insbesondere zu Frieda von Bülow (1857–1909), die als Begründerin des deutschen Kolonialromans gilt[299] und vielfach „auf die sattsam bekannten Klischees des trivialen Unterhaltungsromans aristokratischer Couleur, des sog. ‚Adelsromans', zurückgriff"[300].

298 Zum Verhältnis von Kulturkritik und Kolonialismus vgl. zuletzt: Brasch, Anna: Moderne – Regeneration – Erlösung. Der Begriff der ‚Kolonie' und die weltanschauliche Literatur der Jahrhundertwende. Göttingen 2017.

299 Benninghoff-Lühl, Sybille: Deutsche Kolonialromane 1884–1914 in ihrem Entstehungs- und Wirkungszusammenhang. Bremen 1983. S. 148–162. Bechhaus-Gerst, Marianne: Die Kolonialschriftstellerin Frieda von Bülow. In: Frauen in deutschen Kolonien. Hrsg. von Marianne Bechhaus-Gerst und Mechthild Leutner. Berlin 2009. S. 66–69. Abret, Helga: Zwischen Propaganda und Kritik. Die Kolonialromane der Frieda von Bülow. In: Akten des XI. Internationalen Germanistenkongresses Paris 2005. Band 9: Divergente Kulturräume in der Literatur – Kulturkonflikte in der Reiseliteratur. Hrsg. von Jean-Marie Valentin. Bern 2007. S. 367–372.

300 Warmbold, Joachim: Germania in Afrika – Frieda Freiin von Bülow (1857–1909), ‚Schöpferin des deutschen Kolonialromans'. In: Tel Aviver Jahrbuch des Instituts für deutsche Geschichte, 15 (1986). S. 309–336. Hier: S. 326.

Bei Courths-Mahler findet man keine konkreten Bezüge zu programmatischen Aspekten kolonialer Diskurse. Primär geht es um Adaptionen populärer Motive des Exotismus und anderer genretypischer Allusionen, darunter teils auch rassistische Klischees. Die Afrika-Romane Frieda von Bülows dagegen, die Jahre ihres Lebens in Deutsch-Ostafrika verbrachte und dort zeitweise mit dem brutalen Kolonial-Hasardeur Carl Peters (1856–1918) liiert war, weisen klarer auszumachende Parallelen zu aristokratischen Konzepten auf, wie sie etwa der Kolonialtheoretiker Paul Rohrbach (1869–1956) vertrat. Dieser propagierte in seinen zahlreichen Schriften die Idee des „Gentleman-Farmers", plante landwirtschaftliche Betriebe nach dem Vorbild von Rittergütern und sah in den Siedlern eine „Neuelite", die er auf dem Papier mit zahlreichen „Entlehnungen aristokratisch[er] Äußerungsformen" ausstattete.[301]

Die Romane Courths-Mahlers und Frieda von Bülows stimmen vor allem darin überein, dass sie koloniale Räume aufgrund ihrer natürlichen Extreme als Orte männlicher, darüber hinaus gerade auch aristokratischer Bewährung besonders geeignet erscheinen lassen. Dazu ein Beispiel aus Courths-Mahlers Roman *Von welcher Art bist du?* (1922):

> Ernst sah Werner Rottmann in Maltecks gebräuntes Gesicht. „Was der Mensch ist, bestimmt nicht seinen Wert, sondern wie er ist. Sie machen mir übrigens den Eindruck, als sei ihnen ein anderes Los an der Wiege gesungen worden. Man erkennt Herrenmenschen auch im Kleid der Dienstbarkeit." Ein bitteres Lächeln umspielte Maltecks Mund. „Vielleicht steift mir der deutsche Aristokratenstolz, der mir oft sehr lästig war in meinem Kampf ums Dasein, noch den Nacken. In der Heimat war ich ein Junker, stolz auf meinen Freiherrentitel. Leichtsinn und Torheit – und die Schurkerei eines anderen jagten mich über das Weltmeer. Und da wurde ich ... ein Mensch."[302]

Die Ausgangssituation ist typisch. Unschuldig Opfer einer „Schurkerei" geworden, ist der Held gezwungen, ein tropisches Exil aufzusuchen und dort, völlig auf sich allein gestellt, eine neue Existenz aufzubauen. Der Dschungel mit seinen Gefahren bildet dabei, analog zur kriegerischen Auseinandersetzung, einen Schauplatz, auf dem sich ‚die Spreu vom Weizen trennt'. Der Roman bedient sich in den Beschreibungen der Hauptfigur in auffälliger Weise der Diktion eines zeittypischen

301 Kundrus, Birthe: Moderne Imperialisten: das Kaiserreich im Spiegel seiner Kolonien. Köln, Weimar, Wien 2013. S. 73.

302 Courths-Mahler, Hedwig: Von welcher Art bist du? Leipzig 1922. S. 111.

Vulgärdarwinismus, so ist wiederholt die Rede von einem „Kampf ums Dasein", den der adlige Protagonist mit „verbissener Energie"[303] führt.

Busso von Malteck obsiegt schließlich im ‚Daseinskampf'. Belohnt wird er mit der Herrschaft über ein kleines Kolonialreich, bestehend aus mehreren Plantagen, einschließlich indigener Arbeitskräfte. Erst dadurch wird er schließlich, wie es im Text emphatisch heißt, „ein Mensch". Die in Europa verkümmerte Disposition des Adligen zum ‚Herrschen' wird durch die veränderten Umstände der Kolonie neu zur Geltung gebracht, sodass sich am Ende eine Harmonie einstellen kann zwischen innerer Anlage und äußeren Verhältnissen.

Das koloniale Setting stellt die aus der zivilisierten Heimat bekannte gesellschaftliche Ordnung grundlegend infrage. Daher ergibt sich die Möglichkeit, soziale Hierarchien neu zu justieren. Die zivilisationsfernen Bedingungen der Kolonie, so die Prämisse bei Frieda von Bülow, lassen die andernorts längst eingehegten natürlichen Selektionsmechanismen wieder wirksam werden. Aus der sozialen *tabula rasa* geht dann beinahe zwangsläufig eine neue soziale Ordnung hervor, in welcher dem Adel naturgemäß (wieder) die Spitzenposition zufällt. Die adlige Hauptfigur in ihrem bekanntesten Roman *Tropenkoller* erkennt dies ganz deutlich:

> „Die Herrscherherrlichkeit im Lande der Wilden steigt den Knechts- und Bedientenseelen zu Kopfe," dachte er; „das ist's! Sie sind das Herrentum so wenig gewohnt, daß es sie um ihr armseliges bißchen Menschenverstand bringt und eine lächerliche Spielart des Größenwahnsinns zeitigt. Der Subalternbeamtengeist schnappt über, wenn er sich plötzlich als Bana Kubwa sieht. – Die ist etwas ganz anderes als die ungünstigen Einwirkungen des Klimas auf das Nervensystem, die auch die vornehmsten Naturen nicht verschonen."[304]

Der titelgebende Begriff ‚Tropenkoller' ist mehrdeutig. Bezeichnet wird damit nicht zuerst ein pathologischer Zustand infolge klimatischer Extreme, der unterschiedslos jeden treffen kann, sondern er meint nun vor allem ein (notwendiges und willkommenes) sozialdarwinistisches Regulativ, das den Adel, der „das Herrentum" von alters her „gewohnt" ist, klar begünstigt. Der ‚Tropenkoller' sorgt letztlich dafür, dass alle entlarvt und ausgemerzt werden, die sich ‚Herrschaft' nur anmaßen und dem Adel seine ihm von Natur aus zustehende Stellung streitig machen wollen. Die implizite Prämisse ist wiederum, dass der Adel über überlegene Seinsweisen verfügt, die Nichtadligen

303 Ebd. S. 113.

304 Bülow, Frieda von: Tropenkoller. Episode aus dem deutschen Kolonialleben. Vierte Auflage. Berlin 1911 [1895]. S. 64.

per se verschlossen bleiben, eine natürliche, weil angeborene Fähigkeit zur ‚Führung' und ‚Herrschaft'. Typisch für den Aristokratismus-Diskurs ist die Forderung, dass diese Überlegenheit des ‚Aristokraten' sich in einer neu zu schaffenden Hierarchie unmittelbar abzubilden habe. Zwischen dem Wert des einzelnen (aristokratischen) Individuums und seiner Position in der sozialen Hierarchie soll Symmetrie bestehen. Der exterritoriale Ort, an dem dies möglich erscheint, ist die Kolonie. Dieser fungiert in der fiktionalen Literatur der Zeit, auch in der trivialen, als gedankliches Experimentierfeld, in dem alternative soziale Modelle durchgespielt wurden, um vermeintliche Defizite zivilisierter Gesellschaften aufzudecken und zu korrigieren.

4.2.6 ‚Bildungsaristokratismus' zwischen 1890 und 1945

4.2.6.1 Geistesadel – Ein „Oberlehrerideal"?

Der Artikel *Politik der Rangordnung* (1913) des Journalisten Moritz Goldstein (1880–1977), der in der Weimarer Republik Karriere machte und bei der *Vossischen Zeitung* schließlich von Paul Schlesinger (1878–1928) die Position als bedeutendster Gerichtsreporter Deutschlands übernahm, besitzt das Potential zur Auslösung einer Kontroverse, deren Ausbleiben in den *Grenzboten* wohl nur damit zu erklären ist, dass sich tagespolitische Ereignisse im Vorfeld des Weltkrieges in den Vordergrund drängten. Goldstein kritisiert scharfsinnig Radikalisierungen in den zeitgenössischen Bildungsdiskursen, wie sie sich exemplarisch auch in den *Grenzboten* nachvollziehen lassen. Die Rede ist von einem aristokratischen Bildungsadel:

> Als der mittlere Bürger die Lehre von der Gleichheit der Menschen und Menschenrechte annektierte, da meine er natürlich zunächst keineswegs, daß er selber auch nicht mehr wert sei, als das rohe, ungebildete „Volk", sondern im Gegenteil, er wollte damit sagen, daß er ebensoviel gelte wie der Adel, der vermöge seiner Privilegien jahrhundertelang die höhere Klasse Mensch darstellte. Dessen Vorrang bestreitet und bekämpft der Bürger, ja er sucht sich selbst über den Adel zu setzen, oder vielmehr, er sucht eine andere Eigenschaft zum Maßstab der Rangordnung zu machen als Geburt und edle Abkunft, eine Qualität, die ihm, dem mittleren Bürger, auch zugänglich ist, ja die ihn vor allen anderen Schichten auszeichnet. Dieser Talisman ist die Bildung.[305]

---

305 Goldstein, Moritz: Politik der Rangordnung. In: Die Grenzboten, 72/4 (1913). S. 392–402. Hier: S. 393 f.

Goldstein zufolge will der gemeine Bürger eine aristokratische Rangordnung errichten, deren Fundament nicht mehr ‚Geburt', sondern ‚Bildung' sein soll, sodass er selbst sich an die Spitze setzen kann. Goldstein bezeichnet diese Ambitionen provokativ, aber angesichts der Biographien der beteiligten Akteure dieses Diskurses nicht unzutreffend als „Oberlehrerideal"[306].

Exemplarisch untersuchen lässt sich anhand der *Grenzboten* ein weiterer zentraler Binnendiskurs des zeitgenössischen Aristokratismus, gemeint ist ein ‚Bildungsaristokratismus', der sich durchaus in der von Goldstein beschriebenen Weise definieren ließe. Der adelssemantische Standardwert ‚Genealogie' wird durch den alternativen Wert ‚Bildung' substituiert, der dann innerhalb des adaptierten Konzepts Adel dieselbe regulative Funktion besitzen sollte, etwa hinsichtlich der Frage von Exklusion, Zugehörigkeit und Rangordnung. Zahlenmäßig überwogen in diesem Diskurs Beiträge von Gymnasiallehrern und sonstigen Pädagogen im Schuldienst. Eine Gemeinsamkeit besteht darin, dass sich die Akteure fast durchgehend auf einen Bildungsbegriff beriefen, der, seiner neuhumanistischen Tradition nach, ausdrücklich keine formale (Fach-)Bildung meinte, sondern eine universelle Bildung im Zeichen des ‚ganzen Menschen' und dabei traditionell Maß nahm bei einem altehrwürdigen (und kulturkritisch anschlussfähigen) „edlen und einfältigen" Griechentum aus dem Geist Winckelmanns, Schillers und Wilhelm von Humboldts.[307] Im Untersuchungszeitraum schlossen nicht allein der George-Kreis und dessen platonisch inspirierte Pädagogik an einen solchen Bildungsbegriff an, der für elitäre Abgrenzungen taugte und sich im Zuge kulturkritisch-ideologischer Forcierungen zwanglos mit dem Modell eines ‚Geistesadels' verbinden ließ.[308] „Mit dem Wandel in der Universalsemantik", so Bollenbeck hinsichtlich des Wandels der historischen Semantik eines spezifisch deutschen Bildungsbegriffs im frühen 20. Jahrhundert, „verlassen ‚Bildung' und ‚Kultur' das Ensemble emanzipatorischer Leitbegriffe wie ‚Vernunft' und ‚Autonomie', ‚Öffentlichkeit' und ‚Allgemeinwohl', ‚Freiheit' und ‚Fortschritt'. Sie passen sich dem Geistesaristokratismus und neuen Nationalismus an […]"[309].

Ein Blick auf die Beiträge zeigt, dass die Forderung nach einer ‚Bildungsaristokratie' mit Verweisen auf bildungspolitische und institutionelle Missstände verbunden

306 Ebd. S. 393.

307 Vgl. Sünderhauf, Esther Sophia: Griechensehnsucht und Kulturkritik. Die deutsche Rezeption von Winckelmanns Antikenideal 1840–1945. Berlin 2004. Zur Geschichte des Begriffs ‚Bildung' im deutschen Sprachraum allgemein: Bollenbeck, Bildung und Kultur.

308 Vgl. Stiewe, Barbara: Der „Dritte Humanismus": Aspekte deutscher Griechenrezeption vom George-Kreis zum Nationalsozialismus. Berlin, New York 2011.

309 Bollenbeck, Bildung und Kultur. S. 239.

war. Gegenstand der Kritik war die Öffnung des Schulwesens für breite Bevölkerungsschichten, was mit der Absicht geschah, den erhöhten Bedarf des nach Weltgeltung strebenden Deutschen Reichs an Akademikern zu stillen. Konkret richten sich die Angriffe gegen die unter wechselnden politischen Rahmenbedingungen wiederholt vorgebrachten Pläne zur Einrichtung von „Einheitsschulen", ein Begriff, der zum Reizwort avancierte und, mit wechselnden Konjunkturen, bis in die 1920er Jahre die Bildungsdebatten beherrschte, wie sich anhand zahlreicher Streitschriften nachweisen lässt, die eindringlich vor den „Gefahren der Einheitsschule"[310] warnen.

Beispielhaft für einen ins Ideologische hinüberspielenden Bildungsdiskurs sind die Einlassungen des Berliner Gymnasialprofessors und Bildungspolitikers Paul Hildebrandt in *Zum Problem der sogenannten Einheitsschule,* worin dieser seine Sympathie für eine „Bildungs- und Geistesaristokratie" verkündet; diese habe etwas „außerordentlich Bestechendes"[311]. Hildebrandt verteidigt im Namen Humboldts eine als „organische Verbindung" aufgefasste Trias aus „Volks-, Realschule und Gymnasium"[312]. Die Einheitsschule, die damit Schluss machen wolle, sei in Wahrheit nichts anderes als eine nivellierende demokratische „Gleichheitsschule", die dem organischen, mithin ‚aristokratischen' Prinzip des dreigliedrigen Schulwesens somit etwas Widernatürliches entgegensetzt. Ähnlich auch der Beitrag *Geistesaristokratie* von Otto Kaemmel (1843–1917). Der sächsische Gymnasialprofessor war ein zu seiner Zeit bekannter Autor populärer Geschichtsbücher. Auffällig ist, dass der Historiker und Philologe Wert darauf legt, dass sein aristokratischer Bildungsbegriff sich in weitgehender Übereinstimmung mit einem historischen Adels-Begriff befindet. Er doziert: „Die ‚Aristokratie' ist nach der Bezeichnung der Griechen, die diesen Begriff so gut wie fast alle politischen Grundbegriffe geschaffen haben, die Herrschaft der *ἄριστοι,* der ‚Besten'. Aber diese ‚Besten' sind zu verschiedenen Zeiten sehr verschiedene Leute gewesen."[313] Kaemmel will letztlich betonen, dass historisch gesehen immer schon eine Füllungsoffenheit bezüglich der Frage bestanden habe,

310 Müller, Hugo: Die Gefahren der Einheitsschule für unsere nationale Erziehung. Gießen 1907. Ganz ähnlich: Schnell, Heinrich: Einheitsschule. Für, Wider, Jenseits. Eine schulpolitische Zusammenstellung von Ansichten, Versuchen, Erfahrungen. Leipzig 1916. Einen kompakten historischen Überblick über die Einheitsschul-Debatten bieten Herrlitz, Hans-Georg; Hopf, Wulf; Titze, Hartmut: Deutsche Schulgeschichte von 1800 bis zur Gegenwart. Eine Einführung. Weinheim, München 1993. S. 121–144.

311 Hildebrandt, Paul: Zum Problem der sogenannten Einheitsschule. In: Die Grenzboten, 75/3 (1916). S. 310–317. Hier: S. 311.

312 Ebd.

313 Kaemmel, Geistesaristokratie. S. 1.

was als Fundament für eine aristokratische Hierarchie fungieren kann. Deutlich wird, dass es Kaemmel darum ging, ‚Bildung' als fundierendes Merkmal zu installieren.

Vehementer Verfechter eines ‚aristokratischen' Bildungsbegriffs ist ferner der Aachener Gymnasialprofessor Paul Sickel mit einer ganzen Reihe thematisch einschlägiger Artikel. In *Die Stellung des höheren Lehrerstandes im geistigen Leben der Gegenwart und Zukunft* (1917) beklagt er eine Nivellierung des Bildungsstandes durch die Öffnung der Schulen für breitere Bevölkerungsschichten. Sickel berichtet praxisnah von einem frustrierenden Ansehensverlust der „Lehrerpersönlichkeit", wofür nicht zuletzt auch Romane wie Thomas Manns *Buddenbrooks* verantwortlich gemacht werden.[314] Der „heutige Direktor" sei nicht mehr „der ‚Schulmonarch' früherer Zeiten", sondern lediglich der „diplomatische Vermittler zwischen sich entgegenwirkenden Elementen, zwischen Behörde, Lehrerkollegium, Schülern und Elternhaus."[315] Insgesamt beklagt Sickel die Problematiken einer „Massenerziehung"[316] und eines grundsätzlichen Niveauverlustes im Zuge einer Öffnung des Bildungssystems, dessen tiefere Ursachen allerdings vorzugsweise in einem „zunehmenden materialistischen Nützlichkeitswahn"[317] gesucht werden. Aus der unmittelbaren Praxis heraus werden aktuelle Missstände beklagt, worin sich teils berufliche Frustration sowie Kränkungen eines sich in den Aussagen weiterhin mitteilenden idealistischen Bildungs- und Erziehungsethos erkennen lassen. Sickels von Larmoyanz nicht freier Rundumschlag mündet, auch dies ist letztlich typisch für den ‚Bildungsaristokratismus' der Zeit, in einen weit ausgreifenden ideologischen Gegenentwurf, in dem nicht nur sämtliche der zuvor beklagten Missstände behoben erscheinen, sondern ein Anspruch auf die gesellschaftliche Führungsposition im Sinne eines ‚Bildungsadels' artikuliert wird:

> Was mit allem Gesagten verlangt wird, ist also ein erhöhtes Kulturbewußtsein, eine Erweiterung der bisher zu engen Bestrebungen des höheren Lehrerstandes wie überhaupt der akademischen Berufe. Es muß bei ihnen das Gefühl entstehen, zu einer führenden Rolle in der geistigen Bewegung der Zukunft berufen zu sein. Wir bedürfen dringend einer Aristokratie des Geistes als Gegengewicht gegen die Geldaristokratie des Industrialismus wie auch gegen eine allzu demokratische Verflachung unserer Bildung. Diese neue Aristokratie muß sich als Trägerin und Hüterin einer geistigen Kultur wissen, deren Erhaltung

---

314 Sickel, Paul: Die Stellung des höheren Lehrerstandes im geistigen Leben der Gegenwart und Zukunft. In: Die Grenzboten, 76/3 (1917). S. 269–278. Hier: S. 269.

315 Ebd. S. 273.

316 Ebd. S. 271.

317 Ebd. S. 272.

für das Leben des Staates noch wichtiger ist als die bloß technische Zivilisation, die uns Menschen ganz in ihren Bann gezwungen hatte.[318]

An anderer Stelle, in dem Artikel *Aristokratische und demokratische Bildungsbegriffe* (1919), systematisiert Sickel seine Kritik nochmals, indem er sie zu einem dichotomischen Deutungsmuster weiterentwickelt und sich dabei explizit auf Nietzsches Adelssemantik beruft: „[...] aristokratisches Wesen kennzeichnet sich durch das Gefühl des Abstandes von andern, durch das ‚Pathos der Distanz'. Die Wurzel demokratischer Gesinnung liegt dagegen in dem Bewußtsein der Übereinstimmung und der Gemeinsamkeit."[319] In dem starr zwischen ‚aristokratischer' und ‚demokratischer' Bildung differenzierenden Schema lässt sich eine weitere Applikation der kulturkritischen Fundamentaloppositionen erkennen. Eine weitgehend an binäre kulturkritische Deutungsmuster anschließende Argumentation war im Ganzen typisch für den ‚Bildungsaristokratismus'.

4.2.6.2 Bildungsaristokratismus am Beispiel des „Schulmanns" Martin Havenstein (1871–1945)

Martin Havenstein, bis 1932 Lehrer an einem Gymnasium in Berlin-Grunewald, unterschied ebenfalls scharf zwischen einem aristokratischen und einem bürgerlichen Bildungsbegriff. Wiederum war die Einheitsschule das zentrale Feindbild. Durch Reformen im Schulsystem drohe das Ende „aristokratisch-ästhetischer" Bildung zugunsten einer rein „bürgerlich-utilitaristischen"[320]. Es müsse, so schreibt Havenstein 1920, alles getan werden, um „das aristokratische Seins- und Erziehungsideal in den Fluten des demokratischen Sozialismus nicht untergehen zu lassen und die gänzliche Verbürgerlichung, ja Verpöbelung des deutschen Volkes zu verhüten"[321]. Der „Fluch, den die Einheitsschule uns zu bringen droht", führe dazu, dass der „Aristokratismus der Natur, die Rangordnung, die die Knaben und Mädchen aus dem Mutterleibe ins Leben und aus der Kinderstube in die Schule mitbringen", durch die „demokratisch[e] Gleichmacherei"[322] nivelliert werde.

---

318 Ebd. S. 278.

319 Sickel, Paul: Aristokratische und demokratische Bildungsbegriffe. In: Die Grenzboten, 78/2 (1919). S. 276–278. Hier: S. 277.

320 Havenstein, Martin: Vornehmheit und Tüchtigkeit. Dem deutschen Volke zur Einkehr. Berlin 1920. S. 14.

321 Ebd. S. 91.

322 Ebd. S. 119.

Havenstein propagierte in zahlreichen Aufsätzen und Büchern die Synthese seiner beiden „Seins- und Erziehungsideale". Implizit deutlich wird dabei, auf welches seinerzeit kursierende kulturelle Wissen über Adel der Autor zurückgriff. Ausgangspunkt bildete ein adliges ‚Seinsprinzip', aus dem heraus die typischen Gegensätze zwischen ‚Adel' und ‚Bürgertum', ‚Sein' und ‚Leistung', ‚Aristokratie' und ‚Demokratie' sowie zwischen dem „Utilitaristischen" und „Ästhetischen" entwickelt wurden:

> Das aristokratische Ideal stellt die Person über die Sache, das bürgerliche ordnet sie der Sache unter. Beim Bürger kommt es zuletzt auf eine sachliche Leistung an, beim Aristokraten auf ein persönliches Sein; bei jenem lautet die entscheidende, über seinen Wert entscheidende Frage: *was kannst Du?*, bei diesem: *was bist Du?*[323]

Der Name Martin Havenstein lässt sich stellvertretend betrachten für die bisher behandelten sowie eine ganze Anzahl weiterer Beiträge von Studienräten und Pädagogen im Schuldienst, die sich praktisch durchgehend auf einen bürgerlich-humanistischen Bildungsbegriff beriefen. In die Krise geraten, wich der ursprüngliche Bildungsidealismus jeweils einem ideologischen Bildungs- und Geistesaristokratismus. Dass dies häufig mit einer Krise der bürgerlichen Herkunftsbiographie der beteiligten Akteure verbunden war, mag man erahnen, wenn, wie bei Havenstein, die Ausdrücke „Verbürgerlichung" und „Verpöbelung" beinahe synonym verwendet werden.

Was den Fall Havenstein von anderen abhebt, ist letztlich auch der Umstand, dass er geschichtswissenschaftlich genauer beleuchtet wurde. Notker Hammerstein hat die zwischen 1930 und 1944 geführte Korrespondenz Havensteins mit dem Philologen Otto Schumann als „Briefwechsel zweier Schulmänner" ausgewertet, ediert und herausgegeben.[324] Die historische Bedeutung des Briefwechsels liegt vor allem darin, dass exemplarische Einblicke vermittelt werden in die Krisenwahrnehmungen eines bedeutenden Teils des Bildungsbürgertums zwischen den Weltkriegen. Hammerstein weist in diesem Zusammenhang vor allem auf die Virulenz „kulturpessimistisch[er] Vorstellungen und Ängste"[325] hin, die in das Ringen der beiden nach Herkunft, Sozialisation und Ausbildung typischen „Schulmänner" um eine

323 Havenstein, Martin: Thomas Mann. Der Dichter und Schriftsteller. Berlin 1927. S. 196. Fast wortgleich bereits 1913: ders.: Vornehmheit und Tüchtigkeit. Zwei Seins- und Erziehungsideale. In: Preußische Jahrbücher, 148 (1912). S. 193–225. Hier: S. 193.

324 Hammerstein, Notker (Hg.): Deutsche Bildung? Briefwechsel zweier Schulmänner 1930–1944. Frankfurt am Main 1988. S. 11.

325 Ebd. S. 9.

„deutsche Bildung" hineinspielten. Insofern eignet sich das Exempel Marin Havenstein für eine vertiefte Betrachtung des zeitgenössischen ‚Bildungsaristokratismus'. Interesse verdient Havenstein darüber hinaus, weil er sich nicht nur in typischer Weise einer nietzscheanischen Adelssemantik bediente, sondern stärker noch aus dem Œuvre Thomas Manns schöpfte, um einen durchaus praxistauglich gemeinten aristokratischen Bildungsbegriff zu gewinnen.

Der heute vergessene Havenstein gehörte in den „20er Jahren [zu] den fruchtbaren und anerkannten Autoren"[326] seiner Zunft. Als Verfasser zahlreicher Fachaufsätze partizipierte er aktiv an den zeitgenössischen Bildungsdebatten.[327] Außer in fachlichen war er auch in ideologischen Diskursen präsent. Als Kulturkritiker trat Havenstein etwa mit seinem voluminösen Manifest *Nietzsche als Erzieher* (1922) hervor, das nicht nur dem Namen nach an Julius Langbehns Pamphlet anknüpfte. Die sich an ein breites Publikum richtende Überblicksdarstellung *Thomas Mann. Der Dichter und Schriftsteller* (1927) dokumentiert sein unentwegtes Bemühen, den aufgrund seiner „aristokratisch[en] Seins- und Denkweise"[328] hochgeschätzten Schriftsteller in den Rang eines Volkspädagogen zu erheben, der die Deutschen mittels seiner Romane zum ‚Aristokratischen' erziehen sollte. Eine besondere Bedeutung besaß für Havenstein Thomas Manns zweiter Roman, *Königliche Hoheit* (1909). Havenstein nennt es „[s]ehr begreiflich, daß ein Roman wie Th. Manns ‚Königliche Hoheit' in Deutschland so wenig Verständnis gefunden hat." Die Deutschen seien aufgrund ihres beklagenswerten Mangels an aristokratischer Bildung unfähig, „in der sehr ernst gemeinten und tief bedeutsamen Darstellung des aristokratischen Daseins in der ‚Königlichen Hoheit' [...] viel mehr als eine Karikatur"[329] zu sehen.

Die zeitgenössische Literaturkritik nahm den Roman Thomas Manns tatsächlich verhalten auf. Die von einigen Stimmen als seicht kritisierte Handlung ist angesiedelt in einem fiktiven Duodezfürstentum, in dem der zweitgeborene Prinz, Klaus Heinrich, zum Thronfolger aufsteigt. Das wirtschaftlich marode, in feudalen Strukturen verhaftete Staatswesen, in dem Klaus Heinrich mehr repräsentiert als tatsächlich herrscht, wird am Ende auf märchenhafte Weise durch die Liebesheirat mit Imma Spoerlmann, der Tochter eines amerikanischen Milliardärs, vor dem Ruin gerettet. Gelesen wurde der Roman von der Thomas-Mann-Forschung, wo er bis heute weniger Beachtung findet als andere Texte des Autors, lange Zeit überwiegend als

326 Ebd. S. 7.

327 Eine Übersicht über Havensteins Publikationen in Fachorganen findet sich bei Hammerstein, Deutsche Bildung? S. 331.

328 Havenstein, Thomas Mann. S. 201.

329 Ebd. S. 84.

„autobiographisches Märchen“[330], als Literarisierung der Vermählung von Thomas Manns ‚Künstlerexistenz‘ mit dem Vermögen Katia Pringsheims (1883–1980).

In Ferdinand Avenarius’ Zeitschrift *Der Kunstwart* entzündete sich 1910 an der Darstellung des Adels im Roman allerdings ein aufsehenerregender Disput. Ein nicht genannter „deutscher Fürst aus regierendem Hause“[331] (d.i. Prinzessin Feodora von Schleswig-Holstein [1874–1910], Schwägerin Wilhelms II.) griff den Autor scharf an.[332] Die Art, wie der Adel im Roman erscheine, wirke anachronistisch und uninformiert, sei ein Ausdruck „weltfremder Rokokoträume“[333]. Thomas Mann wies die Kritik als Ausdruck einer naiv-naturalistischen Lektüre zurück. Zu finden sei in dem Roman „schlechterdings kein realistisches Sittenbild aus dem Hofleben zu Anfang des zwanzigsten Jahrhunderts, sondern ein lehrhaftes Märchen.“ Der Roman besitze außerdem eine zeitdiagnostische Komponente, er zeige „symbolisch die *Krise des Individualismus,* in der wir stehen, jene geistige Wendung zum Demokratischen [...].“[334]

Der Verweis auf eine „Krise des Individualismus“ war offenbar das entscheidende Stichwort, das Havenstein veranlasste, in die Debatte einzugreifen. In den *Preußischen Jahrbüchern* veröffentliche er 1912 unter dem Titel *Vornehmheit und Tüchtigkeit* einen umfangreichen Essay[335], der, so Heinrich Detering, „ein letztes Wetterleuchten des Streits im *Kunstwart*“[336] bildete und für den Havenstein von Thomas Mann brieflich viel Lob, aber auch deutliche Kritik erfuhr[337].

330 Wysling, Hans: Königliche Hoheit. In: Thomas-Mann-Handbuch. Hrsg. von Helmut Koopmann. 3. Auflage. Frankfurt am Main 2005. S. 385–396. Hier: S. 390. Einen Überblick über die neuere Forschung bietet: Detering, Heinrich: Königliche Hoheit. In: Thomas-Mann-Handbuch. Leben – Werk – Wirkung. Hrsg. von Andreas Blödorn und Friedhelm Marx. Stuttgart 2015. S. 25–32.

331 Der Brief des ‚Fürsten‘ und Thomas Manns Antwort sind enthalten in: Avenarius, Ferdinand: Unsere Fürsten und wir. In: Der Kunstwart, 23/13 (1910). S. 1–13. Ein Resümee zu der Debatte zieht Avenarius in: Die Fürsten und Thomas Mann. In: Der Kunstwert, 23/16 (1910). S. 275–277.

332 Zur Rezeption des Romans vgl.: Mann, Thomas: Königliche Hoheit. Kommentar von Heinrich Detering in Zusammenarbeit mit Stephan Stachorski. Frankfurt am Main 2004. (= GkFA, 4.2). S. 156–227. Zur Kunstwart-Debatte insbesondere: S. 193–196.

333 Avenarius, Unsere Fürsten und wir. S. 2

334 Ebd. S. 6 (Hervorhebung im Original).

335 Havenstein, Vornehmheit und Tüchtigkeit. Zwei Seins- und Erziehungsideale. S. 193–225.

336 Detering, Königliche Hoheit (GkFA, 4.2). S. 197.

337 Vgl. Mann, Thomas: Briefe I, 1889–1913. Ausgewählt und herausgegeben von Thomas Sprecher, Hans R. Vaget und Cornelia Bernini. Frankfurt am Main 2002. (= GkFA, 21). S. 496 f. Thomas Mann verglich den Essay Havensteins mit Friedrich Schillers *Über naive*

In Havensteins Aufsatz heißt es: „Thomas Mann stellt uns darin die beiden von mir abstrakt gekennzeichneten Arten menschlichen Seins in der anschaulichsten Weise konkret dar. […] Die aristokratisch-ästhetische Seinsweise ist vertreten durch die fürstliche Familie."[338] Die Romanfiguren werden auf einer Skala mit den Polen des ‚Aristokratisch-Ästhetischen' und des ‚Bürgerlich-Utilitaristischen' verortet. Das Aristokratische in seiner extremen (und schädlichen) Form ist in der Figur des Großherzogs Albrecht zu erkennen, des abgedankten älteren Bruders Klaus Heinrichs, der an Überdruss und Lebensekel leidet. „Er stellt die Vornehmheit in der denkbar höchsten Steigerung dar. Nichts interessiert ihn mehr, nichts bewegt ihn, sein Gefühl ist beinahe völlig erstorben."[339] Den Gegenpol dazu bildet die Figur des Prinzenerziehers und innerlich getriebenen Leistungsethikers Raoul Überbein. Für Havenstein ein prototypischer Vertreter der „bürgerlich-utilitaristischen Sphäre"[340]. Eine Zuordnung, der Thomas Mann brieflich, mit dem Hinweis, dass durchaus auch diese Figur ein „Aristokrat" sei, entschieden widersprach.[341] Einen idealen Ausgleich zwischen den Extremen bildet aus Havensteins Sicht die Figur der Imma Spoelmann. Sie sei die „Verschwisterung des bürgerlich-utilitaristischen und des aristokratisch-repräsentativen Seins"[342]. Die Figur vereine „den Stolz, die Sicherheit und Grazie einer geborenen Fürstin" mit einer Tendenz zur Sachlichkeit, die darin zum Ausdruck komme, dass sie sich in „durchaus sachlicher, unaristokratischer Weise" beschäftige, indem sie Mathematik betreibe, die, so Havenstein, „sachlichste, unpersönlichste Wissenschaft, die es gibt"[343].

Die „Wendung zum Demokratischen" im Romanende, auf die Thomas Mann im *Kunstwart* verwies und die er Havenstein gegenüber brieflich nochmals konkretisierte („ein Buch mit demokratischer Tendenz"[344]), wurde von Havenstein

---

und sentimentalische Dichtung (1795), wies aber zugleich klar auf die Defizite hin. „Das Leben ist nicht antithetisch; und so wünschenswert es ist, daß der Künstler Geist habe: so viel Geist, daß er der Natur dadurch entfremdet würde, darf er nicht haben." (S. 496).

338 Havenstein, Vornehmheit und Tüchtigkeit. Zwei Seins- und Erziehungsideale. S. 213.

339 Ebd. S. 218.

340 Ebd. S. 217.

341 Mann, Briefe I (GkFA, 21). S. 496: „Dr. Überbein z. B. ist Vertreter des ‚bürgerlich-utilitaristischen' Prinzips in gewisser Hinsicht, aber er ist Aristokrat und zwar nicht nur, weil man gern die Ethik lehrt, die man nicht lebt, sondern seine Ethik der Leistung ist aristokratisch betont, und er geht daran zu Grunde, was man in diesem Buch an einer demokratischen Ethik nicht thut."

342 Havenstein, Vornehmheit und Tüchtigkeit. Zwei Seins- und Erziehungsideale. S. 219.

343 Ebd.

344 Mann, Briefe I (GkFA, 21). S. 497: „Alles in allem kann man sagen, daß ‚K. H.' ein Buch

ausdrücklich nicht geteilt. Zu den weitreichendsten Diagnosen kommt der Pädagoge mit Blick auf den Hauptprotagonisten des Romans, Fürst Klaus Heinrich:

> Der Fürst tut dem Volke den besten Dienst, wenn er sich sehen läßt, Indem er den bürgerlich-utilitaristischen Existenzen seine hohe Art des Daseins zeigt, erhöht er die ihre und läßt einen jeden fühlen, „daß es etwas Höheres gibt als seine Sache und die Sache überhaupt." Von unten her gesehen, ist also die rein repräsentative Existenz durchaus nichts Sinn- und Zweckloses, sondern etwas ungemein Wertvolles und Nötiges. Der Mensch bedarf des Uebermenschen. Wenn er nicht mehr gläubig genug ist, ihn in der Wirklichkeit zu finden, so gebiert er ihn in den Tiefen seiner Seele. So hat Nietzsche, als ihm der Glaube an Wagner zerbrach und er auch in Bismarck das nicht fand, was er wahrhaft verehren konnte, den Uebermenschen hervorgebracht. Er ist ein Erzeugnis desselben Triebes, der in Thomas Manns Roman das Volk zu einem Fürsten gläubig und verehrend aufjubeln lässt.[345]

Von Teilen der älteren Forschung wurde der Vorwurf erhoben, Thomas Manns Roman weise reaktionäre Tendenzen auf, nicht zuletzt aufgrund seiner Situierung im Adelsmilieu.[346] Havenstein demonstriert, wenn auch auf originelle Weise, wie sich Thomas Manns Roman tatsächlich reaktionär lesen lässt. Deutlich wird dabei, dass Havenstein dem Text letztlich Gewalt antut, wenn er ihn in das Prokrustesbett seiner starren Deutungen presst. Die Identifikation der Figur des Prinzen Klaus Heinrich mit dem Typus eines aristokratischen ‚Übermenschen' kann nicht überzeugen. Offensichtliche ironische Brüche sowie die Komplexität der Figuren im Allgemeinen bleiben außer Acht. So stellt Manns Roman Gegenwartsbezüge nicht zuletzt durch anspielungsreiche Details her. Dazu gehört, dass die Hauptfigur von Geburt an den (im Roman brisanterweise als solchen auch offen thematisierten) Makel eines verkürzten linken Arms aufweist. Wie sich dies beispielsweise mit dem unterstellten ‚Übermenschentum' der Figur verträgt, lässt Havenstein offen.

Was die zitierte Passage deutlich macht, ist vor allem Havensteins ausgeprägte Sympathie mit der wilhelminischen Monarchie. Seiner Analyse zufolge käme in der Verehrung des Monarchen ein elementares Grundbedürfnis nach Verehrung eines ‚Höheren' zum Ausdruck, nicht allein seitens der „bürgerlich-utilitaristischen

---

mit demokratischer Tendenz ist, aber mit so viel ironischen Vorbehalten, daß die Tendenz fast *umschlägt*." (Hervorhebung im Original).

345 Havenstein, Vornehmheit und Tüchtigkeit. Zwei Seins- und Erziehungsideale. S. 214.

346 Vgl. beispielhaft: Diersen, Inge: Thomas Mann. Episches Werk, Weltanschauung, Leben. 3. Auflage. Berlin 1985. S. 74 ff. Zur politisch ‚linken' Kritik an dem Roman vgl. Wysling, Königliche Hoheit. S. 394 f.

Existenzen", sondern seitens des „Menschen" im Allgemeinen, weshalb letztlich jede andere Staatsform, gemeint ist damit vor allem die Demokratie, als Alternative ausscheidet. Havensteins Apologie der Monarchie bedient sich im Übrigen einer Entlarvungspsychologie, die offensichtlich an Nietzsche geschult war, den der Autor nach eigenem Bekunden las „wie der Fromme die Bibel"[347].

Die Analyse von *Königliche Hoheit* bildete den Nukleus für Havensteins erfolgreichstes Buch, *Vornehmheit und Tüchtigkeit. Dem deutschen Volke zur Einkehr* (1920), wo die entscheidenden Argumente des Aufsatzes nahezu wortgleich wiederkehren, die daraus gezogenen Schlüsse aber universeller und radikaler ausfallen. Wiederum wird Thomas Manns Roman Ausgangspunkt einer weit ausgreifenden Analyse, diesmal unter anderem für die ,wahren' Gründe der Kriegsniederlage. Die Kriegsgegner England und Frankreich, die Havenstein als sehr viel ,aristokratischer' beurteilt als Deutschland, hätten instinktiv erkannt, dass es den Deutschen an Vornehmheit fehlt. Infame Schmähbezeichnungen der Kriegspropaganda wie „Hunne" oder „Barbar" seien ein Ausdruck dafür.[348]

Havenstein seinerseits ist um die Zuschreibung plumper Vorurteile nicht verlegen, wenn er bemerkt, dass die Franzosen „erst um zehn aufstehen" und die Engländer „den halben Tag Tennis spielen"[349]. Die Deutschen müssten gleichwohl lernen, gerade eine solche ,aristokratische' Lebensart nicht rundweg zu verurteilen. Zum Ausdruck komme darin unter anderem ein spezifisches Körperbewusstsein, das allen aristokratischen Völkern zu eigen sei. Die Griechen und Briten besäßen gleichermaßen eine Affinität zum sportlichen Wettkampf, ähnlich wie die „Ritter des Mittelalters"[350]. Auch die Langschläferei der Franzosen ist für Havenstein ein Merkmal des Aristokratischen, nämlich ein Ausdruck für adligen Müßiggang, ein kultiviertes Nichtstun, das, von außen betrachtet, irrtümlich für Zeitverschwendung gehalten wird:

> Es klingt seltsam, aber es ist wahr: im allgemeinen ist es eine Probe der Vornehmheit, wie lange es jemand erträgt, seine Zeit zu verschwenden, d.h. sie verstreichen zu lassen, ohne etwas darin zu „leisten". Denn der Aristokrat fühlt sich gar nicht verpflichtet, etwas zu leisten, sondern nur zu sein, was er ist, und dieses Sein darzustellen.[351]

---

347 Havenstein, Martin: Nietzsche als Erzieher. Berlin 1922. S. VIII (Vorrede).
348 Havenstein, Vornehmheit und Tüchtigkeit. Dem deutschen Volke zur Einkehr. S. 64.
349 Ebd. S. 61.
350 Ebd. S. 131.
351 Ebd. S. 28 f.

Entscheidend ist für Havenstein, dass durch die bezeichneten Verhaltensweisen das adlige ‚Seinsprinzip' betont wird. Weil der Wert des Adligen wesentlich an seinem überlegenen inneren ‚Sein' hängt, kann er sich die Geringschätzung äußerer materieller Güter leisten. Ihre bedenkenlose Verschwendung ist eine Geste aristokratischer Autonomie, ein performativer Verweis auf das ‚Seinsprinzip'. Die Unfähigkeit der Deutschen zur Muße ist dagegen Ausdruck einer sich einseitig über Leistung definierenden bürgerlichen Kultur, die, wie die Kriegsniederlage gegen die aristokratischen Nachbarn beweist, die unterlegene ist.

Die Situation in Deutschland schätzt Havenstein als fatal ein. Die aus dem Christentum herrührende Verachtung des Leibes setzt sich historisch im Schulwesen fort. Aus monastischen Wurzeln entstanden, sei die Institution „bürgerlichen Charakters, so daß seine [des Schulwesens] Gleichgültigkeit gegen die aristokratischen Werte aus seinem Ursprunge begreiflich ist"[352]. Havenstein plädiert dafür, das schulische Curriculum durch ‚aristokratische' Inhalte großzügig zu erweitern, etwa Turnen zum Hauptfach zu machen. Viel Vorbildhaftes erkennt er diesbezüglich auch in der Pfadfinder- und Wandervogel-Bewegung.

Havensteins Ausführungen sind vor allem in ihren politischen Bewertungen typisch für den ‚Bildungsaristokratismus' der Zeit. Mit der Demokratie der Weimarer Republik kann sich Havenstein nur schwer arrangieren. Wie wenig er der Demokratie zutraut, wie sehr er sie letztlich nur als Übergangsstadium gelten lassen will, wird in seinen Appellen deutlich:

> Durch die Mischung der Stände und die Demokratie hindurch zu einer neuen Aristokratie! Das muß die Losung sein, – einer Aristokratie, zu der der alte Adel das Beste geben mag (darüber kann nur sein eigener Wert entscheiden), in der aber Vornehmheit und Tüchtigkeit inniger vermählt sein werden, als sie in ihm bisher vermählt waren.[353]

Ziel des Schulwesens ist es, so die weit geteilte Ansicht unter den Vertretern einer ‚Bildungsaristokratie', materielle Beschränkungen des Zugangs zu höherer Bildung abzubauen, aber zugleich die vorgeblich naturgegebenen Ungleichheiten in der Schülerschaft zu betonen. Das aristokratisch neu ausgerichtete Bildungswesen sollte dementsprechend auf einen Einklang hinwirken: zwischen der ‚natürlichen Aristokratie' der anlagebedingt Besten und einer sozialen Idealordnung, die diese individuellen Ungleichheiten im Idealfall symmetrisch widerspiegelt.

---

352 Ebd. S. 131.
353 Ebd. S. 91.

Der parallel zu diesen Ausführungen zu lesende Briefwechsel zwischen Havenstein und Schumann zeigt auf eindrückliche Weise die persönliche Seite der nach außen teils mit großer Aggressivität vorgetragenen Invektiven von dezidierten Bildungsbürgern gegen Demokratie und Bürgertum. So bekennt Havenstein gegenüber seinem Briefpartner, den formulierten Ansprüchen an das ‚Aristokratische' selber keineswegs gerecht werden zu können: „Ich bin das leider nicht, wofür man mich manchmal gehalten hat: eine Führernatur."[354] Die prononcierte Antibürgerlichkeit der kulturkritischen Schriften findet ihre Kehrseite in einem quälenden Selbstzweifel. Wird einerseits der Niedergang des Bildungsbürgertums aggressiv herbeigeredet, fühlt sich Havenstein andererseits als unmittelbar Betroffener, als Opfer einer solchen Entwicklung:

> Was wird aus der einst so breiten bürgerlichen Mitte, die jahrhundertelang unsere Kultur getragen hat? [...] Was soll denn aus Leuten werden, wie wir sind, die wir mit unserem ganzen Sein in der überlieferten Kultur wurzeln und leben? Es ist, als befänden wir uns auf einer Insel, die immer kleiner wird und in Gefahr ist, eines Tages ganz von den Wellen verschlungen zu werden.[355]

4.2.6.3 Universität und ‚Geistesadel'

Die zuvor behandelten Positionen stammten von Akteuren im Bildungsdiskurs, die durchgehend aus der unmittelbaren schulischen Praxis kamen oder aber administrative Funktionen in der Bildungspolitik bekleideten, die mit dem Schulbetrieb eng verbunden waren. Neben einer ganzen Reihe von Pädagogen im Schuldienst finden sich in den *Grenzboten* jedoch auch Stimmen ungleich einflussreicherer Figuren des Bildungsdiskurses um 1900 und danach. Dazu gehörte fraglos Friedrich Paulsen (1846–1908), der, von der Berliner Friedrich-Wilhelms-Universität aus wirkend, als einer der einflussreichsten, auch international angesehensten Geisteswissenschaftler in der Phase des Wilhelminismus gelten kann.[356] In den *Grenzboten* stellt er bereits

354 Hammerstein, Deutsche Bildung? S. 21.

355 Ebd. S. 48.

356 Vgl. Drewek, Peter: Friedrich Paulsen. Bildungstheorie und Bildungsgeschichte. In: Pädagogik unter den Linden: von der Gründung der Berliner Universität im Jahre 1810 bis zum Ende des 20. Jahrhunderts. Hrsg. von Klaus-Peter Horn und Heidemarie Kemnitz. Stuttgart 2002. (= Pallas Athene, Band 6). S. 101–124. Außerdem: Kellmann, Klaus: Friedrich Paulsen und das Kaiserreich. Neumünster 2010. Vgl. auch: Weiß, Edgar: Friedrich Paulsen und seine volksmonarchistisch-organizistische Pädagogik im zeitgenössischen Kontext:

1893 die Diagnose, dass die Gesellschaft „aufgelockert und atomisiert" sei. In einer zu schaffenden „neuen Gesellschaft" soll eine Bildungselite den angestammten Platz des Adels einnehmen:

> Die alte ständische Gliederung in Adel, Bürger und Bauern, die aus dem Mittelalter überkommen war, ist in Trümmer gegangen; die Gesellschaft ist aufgelockert und atomisiert, der einzelne gilt als solcher; seine Stellung hängt nicht mehr ab von seiner Geburt, sondern von dem, was er selber hat und kann. Besitz ist das erste, wodurch der bestimmt wird; Vermögen giebt Einfluß. Aber *noblesse oblige*; wie der Adel zur *politesse* und *conduite* verpflichtete, so verpflichtet die neue Gesellschaft ihre Glieder zur Bildung.[357]

Paulsen wirkte als einer der zentralen Akteure in den Bildungsdiskursen seiner Zeit vor allem durch Standardwerke wie *Die deutschen Universitäten und das Universitätsstudium* (1902), einen einflussreichen Beitrag zu den Bildungsdiskursen, der auch in den *Grenzboten* eingehend, teils kontrovers, diskutiert wurde.[358] Der akademische Bildungsweg, so Paulsen, verbinde die Absolventen in einer Art und Weise, dass mit der Entstehung einer „geistig[en] Aristokratie" zukünftig verstärkt zu rechnen sei:

> Die Gesamtheit der akademisch Gebildeten stellt in Deutschland eine Art geistiger Aristokratie dar. Es gehören dazu die Geistlichen und Lehrer, die Richter und Beamten, die Aerzte und Techniker, kurz alle, die durch einen Kursus auf der Hochschule sich Eintritt in einen der gelehrten oder dirigierenden Berufe verschafft haben. Sie bilden in ihrer Gesamtheit eine Art Amtsadel, wie sie denn auch alle an der Staatsregierung und Staatsverwaltung beteiligt sind: wir finden sie in den Bureaus und Gerichtshöfen, in den Konsistorien und Schulkollegien, in der hygienischen und technischen Verwaltung aller Stufen nebeneinander thätig.[359]

Die geistige Aristokratie der Akademiker bilde, unabhängig von der jeweils eingeschlagenen Fachrichtung, eine nahezu „homogene gesellschaftliche Schicht", was jedoch gewisse „Abstufungen in der Vornehmheit der Berufe selbst" nicht

---

Studien zu einer kritischen Wirkungsgeschichte. Berlin, Bern, New York 1999. (= Studien zur Bildungsreform, Band 34).

357 Paulsen, Friedrich: Bildung. In: Die Grenzboten, 52/4 (1893). S. 415–425. Hier: S. 419.

358 Vgl. [o. A.]: Klassendünkel und Sozialpolitik. In: Die Grenzboten, 61/4 (1902). S. 681–692. Hier: S. 688.

359 Paulsen, Friedrich. Die deutschen Universitäten und das Universitätsstudium. Berlin 1902. S. 149.

ausschließe. In jedem Fall bestünde ein Konsens, dass Akademiker sich als Gleichrangige anerkennen, sodass über eine prinzipielle „Satisfaktionsfähigkeit" untereinander kein Zweifel herrschen könne.[360]

Betont wird eine exkludierende und zugleich hierarchiestiftende Funktion des Bildungsbegriffs: „[...] wer keine akademische Bildung hat, dem fehlt etwas, wofür Reichtum und vornehme Geburt nicht vollen Ersatz bieten."[361] Die gleiche konstitutive Funktion, die für den Adel das Merkmal ‚Genealogie' hatte, soll in der „neuen Gesellschaft" der Wert ‚Bildung' besitzen. Formuliert Paulsen seine Vorstellungen anfänglich noch in einem sachlichen Ton, wird er schlussendlich konkreter, indem er nachdrücklich an die „Berufung" der Gebildeten zur geistigen Führerschaft appelliert:

> Und so trägt die Einheit der Universitätsbildung in hohem Masse dazu bei, den akademisch gebildeten Ständen das Gefühl einer Aristokratie des Geistes zu geben, die der Aristokratie der Geburt und des Geldes das Gegengewicht zu halten berufen ist. Niemand ausschliessend, der die Kraft hat, sich in die akademische Welt zu erheben, stellt sie, wie einst den Klerus, zugleich die Einheit und die geistige Führerschaft des Volkes dar.[362]

Ziel der ‚Geistesaristokratie' ist es in letzter Konsequenz, so Paulsen, dem Geburtsadel und vor allem der gegenwärtig ungleich bedrohlicheren Konkurrenz der ‚Geldaristokratie' die Führerschaft im Volk streitig zu machen. Deutlich wird in solchen Ausführungen, dass sich bei prägenden Akteuren der allgemeinen Bildungsdebatten bildungsaristokratische Positionen wiederfinden lassen, die sich inhaltlich, teils auch im Ton, kaum vom Tenor der zuvor behandelten Beiträge aus den mittleren Bildungsdiskursen unterschieden.

Paulsen schuf mit seinem Beitrag ein Standardwerk seiner Zunft. Ein Werk, das dieses Prädikat ebenfalls verdient, ist Karl Jaspers' 1923 erstmals veröffentlichte Studie *Die Idee der Universität,* die 1946 und 1961 jeweils in umgearbeiteter und erweiterter Form neu erschien.[363] Nach dem verlorenen Weltkrieg setzte sich Jaspers

360 Ebd. S. 150.

361 Ebd.

362 Ebd. S. 559.

363 Vgl. die Beiträge in: Eigen, Manfred; Gadamer; Hans-Georg; Habermas, Jürgen; Lepenies, Wolf; Lübbe, Hermann; Meyer-Abich, Klaus Michael: Die Idee der Universität. Versuch einer Standortbestimmung. Berlin, Heidelberg 1988; Korsch, Dietrich; Sieg, Ulrich (Hgg.): Die Idee der Universität heute. München 2005. (= Academia Marburgensis, Band 11).

in der Erstausgabe für eine „Wiederbelebung neuhumanistischer Ideale“[364] ein. Ein Bekenntnis zur humanistischen Tradition findet sich auch in den späteren Auflagen. Aufschlussreich ist diesbezüglich die Emphase in Bezug auf den „Adel“ der Griechen und ihr angebliches Werte- und Rangbewusstsein: „Wer etwa in der Kindheit vom Adel des Griechentums berührt wurde, hat in seiner Seele sein Leben lang ein Schwingen, eine Leichtigkeit, einen Sinn von Rang und die Anschauung geistiger Höhe, die ohne das vielleicht nie hätte entstehen können.“[365]

In Jaspers’ Ausführungen zeigen sich, ganz ähnlich wie in *Die geistige Situation der Zeit,* elitäre, tendenziell antidemokratische Züge. Allen Auflagen gemeinsam ist ein Affekt gegen die ‚Masse‘. Eine Gefahr bestehe vor allem in den demokratischen Gleichheitsforderungen. Die verabsolutierte Forderung der „Masse“ nach „Gleichheit soll für die Instinkte des Durchschnitts auch die Geistigkeit, die Anlage, das Können betreffen“[366]. Unter der Überschrift „Die Verteilung der Begabungen und die Eigenschaften der Masse“ stellt Jaspers fest:

> In aller Gesellschaft gibt es Unterschiede des Ranges, der materiellen Wohlfahrt, gibt es vor allem unvermeidlich den Unterschied von Über- und Untergeordneten. Das Ideal ist, daß die hervorragendsten Menschen auch die Führenden sind, daß die Hierarchie der gesellschaftlichen Ordnung zusammenfällt mit der Hierarchie der persönlichen Rang- und Begabtenunterschiede.[367]

Auch bei Jaspers findet sich, ähnlich wie schon bei Paulsen, die Forderung nach einer gesellschaftlichen Führungsrolle einer Minorität der Gebildeten und Begabten.

Um seine Argumente zu untermauern, beruft sich der Philosoph Jaspers auf empirische Untersuchungen. Eine zentrale Quelle ist für ihn der Soziologe Fritz Maas, der in seiner Studie *Über die Herkunftsbedingungen der geistigen Führer* (1916) rund 4000 Biographien mit Blick auf Herkunft, Ausbildung und soziale Stellung auswertet.[368] Maas will in seiner Untersuchung deutlich machen, dass die „geistigen Führer“ jeweils aus Familien stammen, die in der gesellschaftlichen Hierarchie im

364 Sieg, Ulrich: Humboldts Erbe. Eine Einleitung. In: Die Idee der Universität heute. S. 9–24. Hier: S. 15.

365 Jaspers, Karl: Die Idee der Universität. Berlin 1946. S. 99.

366 Ebd. S. 101.

367 Ebd.

368 Maas, Fritz: Über die Herkunftsbedingungen der geistigen Führer. Ein Beitrag zur Soziologie der Begabung. In: Archiv für Sozialwissenschaften und Sozialpolitik, 41 (1916). S. 144–197.

oberen Feld rangieren. Nahegelegt wird, dass geistige Fähigkeiten, einschließlich sozialer Führungsqualitäten, erblich tradiert werden. Angesichts von Maas' Ergebnissen sei es, so Jaspers, „[m]indestens voreilig" zu glauben, „daß die Menschen der Anlage nach in allen Schichten gleich geboren würden, und der Unterschied nur auf einem Unterschied der Chancen beruhe"[369].

Der Philosoph erwägt, dass, „wenn die biologischen Qualitäten durch die Art und Zuchtwahl und Rasse bestimmt sind", entsprechend auch „anlagemäßige Unterschiede von soziologischen Schichten, die eine alte Herkunft haben, bestehen." In erkennbarer Analogie zum Adel formuliert Jaspers das Konzept der „Kulturfamilie", die ihren Status einer „Übung und Züchtung in Generationen" verdanke. „Früher – nicht heute – waren das protestantische Pfarrhaus, der Adel, das Patriziertum die Herkunft vieler hervorragender Menschen."[370] Die „Kulturfamilie" wird von Jaspers somit als Führungsschicht der Geistesadligen imaginiert, die sich wesentlich aus Teilen des Bildungsbürgertums (speziell dem „protestantischen Pfarrhaus") und solchen des alten Adels zusammensetzt.

Ausgehend vom Begriff der „Kulturfamilie" lassen sich Parallelen ziehen zu Überlegungen, die, gleichwohl in ihrem Gesamttenor radikaler, auch Gottfried Benn verschiedentlich anstellte, nicht zuletzt in seinem Aufsatz *Das deutsche Pfarrhaus. Eine „erbbiologische" Studie* (1934), worin in einem ganz konkret zu verstehenden Sinne „das deutsche Pfarrhaus gleichsam sozialdarwinistisch geadelt wird"[371]. Sich ebenfalls eingehend auf (fragwürdige) statistische Untersuchungen stützend, sah der Arzt und Dichter im protestantischen Pfarrhaus, dem er selber entstammte, ein „erstaunliches Massiv begabter Erbmasse"[372], die der „deutschen Nation Bildung, Kultur und Besitz an Genialität, also die Reiche des Geistigen, erschaffen und hinterlassen haben [...]"[373]. Bei der anstehenden Bildung einer Geistes- bzw. Führungselite sollte dieser Fundus von neuem erschlossen und fruchtbar gemacht werden.[374]

369 Jaspers, Karl: Die Idee der Universität. Berlin 1923. S. 31. Praktisch unverändert in den späteren Auflagen: S. 99 (1946) und S. 134 (1961).

370 Jaspers, Die Idee der Universität (1923). S. 33.

371 Schärf, Christian: Zeiten und Zonen: Geistes- und Zeitgeschichte. In: Benn-Handbuch. Leben-Werk-Wirkung. Hrsg. von Christian M. Hanna und Friederike Reents. Stuttgart 2016. S. 2–20. Hier: S. 4.

372 Benn, Gottfried: Der deutsche Mensch. Erbmasse und Führertum (1933). In: ders.: Essays und Reden. In der Fassung der Erstdrucke. Mit einer Einführung herausgegeben von Bruno Hillebrand. 3. Auflage. Frankfurt am Main 2006. S. 245–252. Hier: S. 247.

373 Ebd. S. 252.

374 Zur Bedeutung des Pfarrhauses aus kulturgeschichtlicher Sicht vgl. Eichel, Christine: Das deutsche Pfarrhaus: Hort des Geistes und der Macht. Köln 2012; Aschenbrenner, Cord:

In *Züchtung* (1933) sowie *Der deutsche Mensch. Erbmasse und Führertum* (1933) – Aufsätze, mit denen Benn sich in die eugenischen Diskurse seiner Zeit einschaltete – wird die Absicht, eine Elite zu züchten, konkretisiert. Ihre Vorbilder fand er außer in den „Landpfarrhäuser[n]" auch im Adel. Die Grundlage dafür, beide Semantiken zusammenzuführen, bildet bei Benn indes nicht allein ein diskurstypischer „Züchtungstopos"[375], verbindendes Element ist vor allem auch das Merkmal ‚Landbindung'. Denn neben Aussagen zur biologischen Züchtung stehen ausdrückliche Forderungen nach einer Revitalisierung des Geistes durch „Rückführung der Nation aus den Großstädten aufs Land"[376]. Schlagworte der ‚Blut-und-Boden'-Ideologie werden mit Anspielungen auf den Adel verknüpft, etwa wenn über eine Revitalisierung der „Reiche des Geistigen" durch „Erziehung zu einem neuen Ackergefühl" nachgedacht wird: „Von guter Rasse sein heißt Heimatgefühl haben."[377]

Im Hintergrund derartiger Überlegungen stehen von Brüchen zwar nicht freie, insgesamt jedoch idealisierende Kindheitserinnerungen des im brandenburgischen Mansfeld (Westprignitz) geborenen Pfarrersohnes. In einer frühen (und glücklicheren) Lebensphase erlebte Benn die dortige „enge Verbindung zwischen dem Pfarrhaus und dem ländlichen Adel, der das Kirchenpatronat innehatte"[378], aus unmittelbarer Nähe.[379] Der Impetus zur Züchtung neuer Eliten erscheint bei Benn autobiographisch eng verbunden mit einer rückblickend verklärten und zugleich kulturkritisch beklagten verlorenen ‚heilen Welt' („Auch das Pfarrhaus verfiel der Nivellierung und Zivilisation."[380]). Die Vorstellungswelt Benns schloss das idealisierte Bild einer harmonischen, beinah symbiotischen Gemeinschaft von Geistesadel und Geburtsadel im ländlichen Raum ein.

Die um 1933 entstandenen Essays, in denen Benns Selbstinszenierung zwischen den Rollen des kühlen Vivisecteurs und eines elegischen Geistesaristokraten wechselt, weisen Spannungen auf, die zusätzlich eine Nähe des Dichters zum ‚aristokratischen Individualismus' deutlich werden lassen. So vergisst Benn auch in Kontexten, in denen es explizit um ‚Züchtung' geht, kaum jemals, auf „autochthone Geniebildung aus

---

Das evangelische Pfarrhaus: 300 Jahre Glaube, Geist und Macht: Eine Familiengeschichte. München 2016.

375 Conze, Adel unter dem Totenkopf. S. 161.

376 Benn, Der deutsche Mensch. S. 251.

377 Ebd. S. 251 f.

378 Hof, Holger: Gottfried Benn. Der Mann ohne Gedächtnis. Stuttgart 2011. S. 63. Vgl. auch: Schärf, Zeiten und Zonen. In: Benn-Handbuch. S. 7.

379 Zum Verhältnis von Werk und Biographie: Martínez, Matías (Hg.): Gottfried Benn – Wechselspiele zwischen Biographie und Werk. Göttingen 2007.

380 Benn, Der deutsche Mensch. S. 251.

nicht vorgezüchteten Kreisen"[381] hinzuweisen, auf große Einzelne also, die sich jeder Kategorisierung entziehen, und dies letztlich auch müssen, um als solche existieren zu können. Einerseits, so Christian Schärf, Benns Positionen resümierend, „ist das Genie aus einer Genealogie züchtungsaffiner Spezialmilieus hervorgegangen, andererseits tritt es gegenüber jeder kulturellen Einordnung sogleich als Außenseiter, als Paria und sozial Verfemter in Erscheinung"[382]. Bei seiner viel zitierten „aristokratisch[en] Form der Emigration"[383] mag letztlich eine Identifikation mit der zeitgenössisch verbreiteten, von Benn durchaus geteilten Semantik des ‚aristokratischen Individuums' eine Rolle gespielt haben, das die Isolation zur Selbstbehauptung benötigt.

Eine inhaltlich weitgehend umgestaltete Neuauflage von Jaspers' *Idee der Universität* erschien 1946. Im Vorwort, symbolisch auf den Mai 1945 datiert, verkündet Jaspers, einen Beitrag zum Wiederaufbau der Universität und der „Wiedererneuerung ihres ursprünglichen Geistes" nach der „moralischen Vernichtung" liefern zu wollen. Die Schrift von 1946 stellt indes ganz deutlich einen Geistesaristokratismus zur Schau, von dem auch Jaspers' praktisch zeitgleich wiedererschienenes Weltanschauungsbuch *Die geistige Situation der Zeit* (1930) durchdrungen war.

Ausführlich beruft sich Jaspers in der Neuauflage auf den amerikanischen Pädagogen Abraham Flexner (1866–1959), einen der einflussreichsten Erziehungswissenschaftler seiner Zeit, der mit seiner Vergleichsstudie *Universities. American, English, German* (1930) ein international rezipiertes Standardwerk vorlegte, das 1932 ins Deutsche übersetzt wurde. Flexner zeigt sich darin als überzeugter Anhänger einer spezifisch deutschen Geistesaristokratie. Der Pädagoge weist nachdrücklich auf die Gefährdungen des Geistesadels durch die Demokratie hin. Die besorgte Frage lautet:

> Wird man ausreichende Maßnahmen finden, um die Mittelmäßigen und die Untauglichen *[mediocre and unfit]* auszuschließen? Es wäre nicht nur für Deutschland, sondern für die ganze übrige Welt ein trauriger Tag, wenn die deutsche soziale und politische Demokratie eines Tages keinen Platz mehr für eine „Geistesaristokratie *[aristocracy of intellect]*" haben würde.[384]

381 Ebd.

382 Schärf, Zeiten und Zonen. In: Benn-Handbuch. S. 4.

383 Wellershoff, Dieter (Hg.): Gottfried Benn. Gesammelte Werke. Band 4: Autobiographische und vermischte Schriften. Wiesbaden 1961. „Damals prägte ich das Wort, das bis 1945 im Oberkommando umlief, ohne daß glücklicherweise noch jemand wußte, von wem es stammte: ‚Die Armee ist die aristokratische Form der Emigration'." (S. 94).

384 Flexner, Abraham: Die Universitäten in Amerika, England, Deutschland. Berlin 1932. [*Universities. American, English, German.* New York 1930]. S. 241.

Jaspers beruft sich in seiner Schrift auf den nicht zuletzt seiner amerikanischen Herkunft wegen unverdächtigen Gewährsmann Flexner, dessen Ausführungen zum Geistesadel er ausführlich zitiert, um im Anschluss seine eigene elitäre Skepsis gegenüber der Demokratie erneut zum Ausdruck zu bringen:

> Geistige Aristokratie ist nicht eine soziologische Aristokratie. Jeder dazu Geborene sollte den Weg zu den Studien finden. Diese Aristokratie ist Freiheit eigenen Ursprungs, begegnet im Erbadel wie beim Arbeiter, bei Reichen und bei Armen überall gleich selten. Sie kann nur eine Minorität sein. [...] Es sind zwei Probleme: erstens das geistesaristokratische Prinzip, das innerhalb der Universität zu Abstufungen führt, zweitens die Duldung und Förderung einer Minorität durch das im Staatswillen wirksame Volk.[385]

Jaspers misstraut auch den „heutigen Massen“[386], denen die Entstehung einer geistesaristokratischen Minorität heimlich ein Dorn im Auge ist. Unterstellt wird eine permanente Bedrohung des Geistesadels durch latent bestehende Ressentiments seitens der ‚Masse‘: „Ein geheimes Bekenntnis ist: ein großer Mann ist ein öffentliches Unglück, – das öffentliche Bekenntnis: wir brauchen Persönlichkeiten.“[387] Die Zukunft der Geistesaristokratie unter den Bedingungen der Demokratie nach 1945 beurteilt der Philosoph im Ergebnis äußerst pessimistisch.

Jaspers' *Die Idee der Universität* erschien ein weiteres Mal 1961 mit einer von Kurt Rossmann beigesteuerten Ergänzung. Der Text verstand sich ausdrücklich als Diskussionsbeitrag zu den aktuellen „Bedingungen und den Möglichkeiten der deutschen Universitätsreform“[388] in den 1960er Jahren. Wiederum sah sich Jaspers als Wegbereiter einer geistigen „Wiedergeburt“.

Die öffentliche Aufmerksamkeit war groß. Auszüge des Buches erschienen beispielsweise im Feuilleton der *Zeit*.[389] Jaspers' Ansehen erreichte in den 1960er Jahren generell einen Höhepunkt, es litt durch seine irritierend pessimistischen Diagnosen in *Wohin treibt die Bundesrepublik?* (1966) zwar Schaden, hatte jedoch insgesamt Bestand. Der Philosoph Richard Wisser hielt 1969 einen im Fernsehen übertragenen Nekrolog. Darin sprach er einen von vielen Zeitgenossen geteilten Konsens aus, als er den Philosophen mit Blick auf die Aufarbeitung des Nationalsozialismus

385 Jaspers, Die Idee der Universität (1946). S. 118.
386 Ebd. S. 119.
387 Ebd.
388 Jaspers, Karl; Rossmann, Kurt: Die Idee der Universität. Für die gegenwärtige Situation entworfen. Berlin, Heidelberg 1961. S. 166.
389 Vgl. die Auszüge in: Die Zeit, 30 (1961).

das „Gewissen Deutschlands" und „Praeceptor Germaniae" nannte, ihn somit umfassend würdigte und den Deutschen gleichzeitig zur Lektüre anempfahl.[390]

Gleichwohl zeigt Jaspers' *Die Idee der Universität* in der Fassung von 1961 nach wie vor evidente Spuren elitär-antidemokratischen Denkens, die teils schon in früheren Auflagen bestanden, teils neu hinzukamen. Apodiktisch heißt es etwa weiterhin: „Das Prinzip der Universität ist geistesaristokratisch"[391]. Das Erscheinungsjahr des Buches liegt weit außerhalb des hier zugrunde gelegten Untersuchungszeitraums. Begründen lässt sich eine Einbeziehung zumindest damit, dass Jaspers in der Neuauflage diskursive Anknüpfungspunkte setzte, die auf die Zeit um 1900 und davor verweisen. So enthält die Neuauflage kommentierte Lektürevorschläge, die bemerkenswerterweise auch Paul de Lagardes *Deutsche Schriften* (1886) aufführen. Die Aufnahme wird mit knappen Worten begründet. Lagardes Text sei zwar „unfrei und extremistisch in der Gesamthaltung", zu finden sei darin aber immerhin eine „Erörterung des Verhältnisses von Staat und Universität" sowie eine „Verbindung geistesaristokratischer Prinzipien mit der nationalen Erziehungsaufgabe der Universität" [392], die Jaspers und Rossmann offenbar noch in den 1960er Jahren für begrenzt anschlussfähig hielten, um aktuelle Universitätsreformen zu diskutieren.

Jaspers' Buch bietet eine allgemeine Übersicht zur Geschichte, Aufgabe und Organisation der Institution ‚Universität'. Wer in den 1960er Jahren ein Studium aufzunehmen gedachte und nach Orientierung suchte, konnte also Jaspers' Text zur Hand nehmen. Ein interessierter Leser sah sich mit Erklärungen zum Thema Geistesadel konfrontiert, die von den Autoren auf nunmehr zwei Unterkapitel („Geistesaristokratie"[393] und „Das geistesaristokratische Prinzip"[394]) ausgedehnt wurden. Darin werden angehenden Akademikern Sentenzen wie die folgende mit auf den Weg gegeben: „Der Unterschied des geistigen Adels vom geistig unfreien ist dieser: der erste denkt Tag und Nacht an seine Sache und verzehrt sich, der zweite verlangt

---

390 Vgl. Wisser, Richard: Nekrolog auf Karl Jaspers, gesprochen am Todestag, dem 26. Februar 1969 im Zweiten Deutschen Fernsehen (ZDF). In: ders.: Karl Jaspers. Philosophie in der Bewährung. Vorträge und Aufsätze. 2. Auflage. Würzburg 1995. S. 303–306: „Man hat bereits im Jahr 1933 über Jaspers das große Wort gesprochen, daß unter den Menschen, die man das Gewissen Deutschlands nennen könnte, Karl Jaspers einer der ganz wenigen, ja vielleicht der einzige sei. Und man hat nach dem Zusammenbruch von 1945, auf der Suche nach Richtpunkten einer deutschen Selbstbesinnung, Karl Jaspers als einen *Praeceptor Germaniae* genannt." (S. 303).

391 Jaspers, Die Idee der Universität (1961). S. 115.

392 Ebd. S. 246.

393 Ebd. S. 115–116.

394 Ebd. S. 146–147.

Trennung von Arbeit und Freizeit."[395] Das Beispiel zeigt, dass Adelssemantiken auch weit nach 1945 noch als Medium für Kulturkritik taugen konnten, nun offensichtlich für Kritik am Wohlstandsniveau und dem gewandelten Freizeitverhalten der Deutschen. An anderer Stelle heißt es: „Dem Adel ist Arbeit mit allen Kräften selbstverständlich, aber eher mit der Gebärde, als ob er nichts täte."[396] Es finden sich Adelssemantiken, die sich bis in die Renaissance zurückführen lassen. Schon Baldassare Castiglione (1478–1529) hatte in seinem *Libro del Cortegiano* (1528) gefordert, dass der *uomo gentile* jede noch so große „angewandte Mühe" äußerlich ungerührt, als „gleichsam absichtslos hervorgebracht erscheinen" lassen müsse, um als ein solcher gelten zu können.[397]

395 Ebd. S. 115.

396 Ebd.

397 Castiglione, Baldassare: Der Hofmann. Lebensart in der Renaissance. Aus dem Italienischen von Albert Wesselski. Mit einem Vorwort von Andreas Beyer. Berlin 2008. [*Libro del Cortegiano,* 1528]. S. 35.

5 Der ‚Neue Adel' Stefan Georges und das Jahr 1933

5.1 Adelssemantik im *Stern des Bundes* (1914) – ‚Neuer Adel' als literarisches Konzept

5.1.1 „Neuen adel den ihr suchet ... " – Der *Stern des Bundes* als ‚poetischer Kodex'

Stefan George starb am 4. Dezember 1933 in Minusio in der Schweiz, umgeben von seinen Jüngern. Dem Kreis und seiner Ideenwelt war ein längeres „Nachleben" beschieden. Die Spuren, denen Ulrich Raulff im Einzelnen nachgegangen ist, führen auf teils verschlungenen Wegen bis weit in die Nachkriegszeit.[1] Dies war 1933 noch nicht absehbar. Für Georges Anhänger bildete der Tod des ‚Meisters' eine Zäsur, an die sich unmittelbar Auseinandersetzungen um das geistige Erbe knüpften. Infolge der umstürzenden politischen Entwicklung in Deutschland war der George-Kreis starken Zentrifugalkräften ausgesetzt, denen er nach dem Verlust seines ‚Zentralgestirns' nicht lange standzuhalten vermochte. Die wohl schärfsten Bruchlinien des Zerfalls verliefen zwischen den Kreismitgliedern jüdischer und nichtjüdischer Herkunft.[2]

Mit dem Tod Georges wurde auch das Scheitern des elitären Selbstdeutungskonzepts des Kreises offensichtlich, bei dem – folgt man dem Wortlaut der Dichtung – Kategorien wie Abstammung und soziale Herkunft eigentlich keine Bedeutung mehr besitzen sollten. Die Rede ist vom Modell des ‚neuen', ‚stammlosen' Adels, das George im *Stern des Bundes* von 1914 wirkungsreich oktroyiert hatte.

Der *Stern des Bundes* umfasst 100 Gedichte in drei Zyklen, von George „Bücher" genannt. In den formal ähnlichen, sämtlich einstrophigen und titellosen Texten äußert sich das lyrische Ich vorzugsweise in Imperativen. Insbesondere das „Dritte Buch" birgt, so Kai Kauffmann, „die Gesetzestafeln des neuen Bundes", darin stellt der „Dichter-Lehrer eine Reihe von Geboten und Verboten für den ‚neuen Adel' auf"[3].

1 Vgl. Raulff, Kreis ohne Meister.

2 Vgl. Mattenklott, Gert; Philipp, Michael; Schoeps, Julius H. (Hgg.): „Verkannte Brüder"? Stefan George und das deutsch-jüdische Bürgertum zwischen Jahrhundertwende und Emigration. Hildesheim 2001.

3 Kauffmann, Kai: Der Stern des Bundes (SW VIII). In: Aurnhammer, Achim; Braungart,

Der Band enthält „eine Reihe einschlägiger kulturkritischer Gedichte mit Georges Vorstellung von einem neuen Geistesadel"[4]. Fasst man den Tenor der Forschung zusammen, so handelt es sich beim *Stern des Bundes* um die in Dichtung transponierte „Verfassung"[5], gewissermaßen den ‚poetischen Kodex' des George-Kreises. Das „Dritte Buch" enthält einige von Georges bekanntesten Gedichten. Dazu zählen *Dies ist reich des Geistes* (das zweite Gedicht), *Wer je die flamme umschritt* (das dritte) und vor allem auch *Neuen adel den ihr suchet* (das vierte Gedicht):

Neuen adel den ihr suchet
Führt nicht her von schild und krone!
Aller stufen halter tragen
Gleich den feilen blick der sinne
Gleich den rohen blick der spähe ..
Stammlos wachsen im gewühle
Seltne sprossen eignen ranges
Und ihr kennt die mitgeburten
An der augen wahrer glut.[6]

Der im *Stern des Bundes* exponierte Begriff ‚Adel' fällt zweifellos in die Reihe jener „Vokabeln", „die George nach und nach ‚besetzte'", die „von der intimen Realität

Wolfgang; Breuer, Stefan; Oelmann, Ute (Hgg.): Stefan George und sein Kreis. Ein Handbuch. Band I. Berlin, Boston 2012. S. 191–203. Hier: S. 194. Wurde in der Forschung das Werk Stefan Georges explizit auf Adelskonzepte hin untersucht, diente *Neuen adel den ihr suchet* jeweils als Ausgangspunkt. Vgl. Stiewe, Barbara: ‚Neuen Adel den ihr suchet ...'. Aristokratismus im George-Kreis. In: Aristokratismus und Moderne. S. 281–297; Andres, Jan: ‚Neuen Adel den ihr suchet / Führt nicht her von schild und krone!' Der Diskurs um den neuen Adel um 1900 und die Geistesaristokratie im George-Kreis. In: Adel in Schlesien. Band 3: Adel in Schlesien und Mitteleuropa. Literatur und Kultur von der Frühen Neuzeit bis zur Gegenwart. Hrsg. von Walter Schmitz in Verbindung mit Jens Stüben und Matthias Weber. München 2013. S. 541–568.

4 Andres, Jan; Braungart, Wolfgang: Kulturkritik im Namen der Schönheit. In: Zeitschrift für Kulturphilosophie, 2 (2007). S. 259–270. Hier: S. 266.

5 Karlauf, Thomas: Stefan George. Die Entdeckung des Charisma. München 2008. S. 389. Einen aktuellen Überblick über die (überschaubare) literaturwissenschaftliche Forschung zum *Stern des Bundes* bietet: Kauffmann, Der Stern des Bundes. In: George-Handbuch. Band 1. S. 199–203.

6 Stefan George: [Neuen adel den ihr suchet]. In: Der Stern des Bundes. Stefan George. Sämtliche Werke in 18 Bänden (SW). Band VIII. Hrsg. von der Stefan George-Stiftung. Bearbeitet von Ute Oelmann. Stuttgart 1993. S. 85.

seines Kreises her neu semantisiert […]"[7] wurden. George selbst hinterließ bekanntlich kein essayistisches Œuvre. Eine entsprechende ‚Neusemantisierung' seitens des ‚Meisters' erfuhr ‚Adel' exklusiv im Medium der Poesie und mittels literaturimmanenter Verfahren. Das daraus hervorgegangene literarische Konzept ‚Neuer Adel' sollte gleichwohl außerhalb der Literatur wirkmächtig werden. Der Zweck der ‚Neusemantisierung' lag insbesondere darin, den Kreis durch die Oktroyierung eines elitären Selbstdeutungsmodells zu konsolidieren, um anschließend die Durchsetzung kulturpolitischer Ziele Georges forcieren zu können.

Vergleiche des *Sterns* mit einem ‚Kodex' finden sich gerade in den panegyrischen Texten der ‚Jünger'.[8] Die Bezeichnung ‚poetischer Kodex' ist gleichwohl ein Oxymoron, ein Ausdruck also, der widersprüchliche, zumindest aber miteinander in Spannung stehende Bedeutungen verbindet. Denn im *Stern des Bundes* kollidiert der nomothetische Gestus des ‚Dichter-Herrschers' mit der Ambiguität poetischer Rede, die zugunsten etwaiger normativer Klarheit und Eindeutigkeit keine prinzipielle Rücknahme erfährt. Semantische Inkonsistenzen in Georges literarischem Adelskonzept offenbarten und verstärkten sich in den kreisinternen Auslegungsversuchen, die vielfach auf eine begriffliche Präzisierung und Vereindeutigung des ‚geheimen' Anspielungsreichtums der Lyrik zielten. Die Spannungen zwischen werkpoetisch intendierter kommunikativer Zwecksetzung und autoritärem Verbindlichkeitsanspruch einerseits sowie der eminenten Poetizität von Georges Texten andererseits wurden zusätzlich verschärft durch die ideologische Grundprämisse des Kreises, dass es allein das Medium der Dichtung sei, in dem sich die zentralen Botschaften der georgeanischen „Geheimlehre"[9] kommunizieren ließen.

Für den ‚Neuen Adel' hatte ein solcher diskursiver Hintergrund zur Folge, dass sich im Zeitraum zwischen dem Erscheinen des *Sterns* und dem Todesjahr Georges eine stabile kreisinterne Semantik von ‚Adel' nicht herausbildete. Mehr noch als die Frage, ob sich dem *Stern des Bundes* überhaupt eine annähernd konsistente Semantik von ‚Adel' entnehmen ließe, verhinderte das komplexe Zusammenspiel

---

7 Raulff, Kreis ohne Meister. S. 118.

8 Vgl. Morwitz, Ernst: Die Dichtung Stefan Georges. Berlin 1934: „Die Gedichte des ‚Stern des Bundes' enthalten Weisheiten und Gesetze (Weistümer) der neuen Welt, des neuen Lebens. […] Der Zusammenhalt der Worte und Verse wird nicht durch eine der Phantasie raumlassende Bilderweckung, vielmehr durch die Wucht eindeutigen Sagens, also die Kraft der Sprache selbst hergestellt, die wie in der Antike nicht Mittel zur Vorstellungsanregung, sondern Endzweck und im Sinn Hölderlins ‚tödlich faktisch', nicht nur ‚tötend faktisch' ist." (S. 127).

9 Osterkamp, Ernst: Poesie der leeren Mitte. Stefan Georges Neues Reich. München 2010: „Geheimlehre im Georgischen Sinn ist, was sich allein poetisch sagen lässt." (S. 124).

von Poesie und Praxis innerhalb des Kreises eine dauerhafte Stabilisierung und Festigung der Neuadelssemantik. Ein Umstand, der Interferenzen zwischen kreisinternen und kreisexternen Adelssemantiken des zeitgenössischen Aristokratismus-Diskurses begünstigte.

5.1.2 Stefan Georges „metaphorische Politik"

„Das edelste ist zart, offenbart sich der menge nur im gleichnis […]"[10], schrieb Friedrich Wolters (1876–1930) in seinem programmatischen *Jahrbuch*-Aufsatz *Richtlinien* und formulierte damit, wie man die ideologischen Konzepte des Kreises einer empfänglichen Öffentlichkeit vermitteln wollte, nämlich nicht begrifflich-diskursiv, sondern vorzugsweise durch ‚Bilder' oder, wie der Konkurrent und weltanschauliche Antipode, Friedrich Gundolf (1880–1931), ebenfalls in den kulturkritischen *Jahrbüchern*[11] und mit demselben Affekt gegen eine vermeintlich inferiore, nämlich begriffliche-rationale Form der Erkenntnis schrieb: als „sinnbild".

> […] die begrifflichen vertreter sind kaum die träger der wirksamen kräfte, denn was begriff geworden, ist schon schale erstarrten oder verdunsteten lebens. Der tiefste trieb wirkt sich nur durch gebild oder tat aus, durch gestalt oder bewegung, nicht durch erkenntnis oder betrachtung. Bild oder tat stehen am ende jedes wegs den die schaffende kraft geht. Nach sinnbildern werden wir also da suchen wo sich die tiefste leidenschaft oder die grösste bewegtheit zeigt.[12]

Die Idee, durch „Gleichnisse" oder „Sinnbilder", letztlich assoziationsreiche Metaphoriken über die literarischen und semiliterarischen Entstehungskontexte (die aus dem Kreis hervorgegangenen ‚Geistbücher') hinaus auf die soziale und politische Umwelt einzuwirken, entspricht weitgehend der Poetik von Stefan George selbst, der mit seiner Lyrik nach außen ‚wirken' wollte, aber dies stets ohne dabei den genuinen Bereich der Dichtung zu verlassen.[13] Es handelt sich bei den dichterisch

10 Wolters, Friedrich: Richtlinien. In: Jahrbuch für die geistige Bewegung, 1 (1910). S. 128–145. Hier: S. 138.

11 Zur Kulturkritik der Jahrbücher vgl. Egyptien, Jürgen: Die ‚Kreise'. In: George-Handbuch. Band 1. S. 365–407.

12 Gundolf, Friedrich: Das Bild Georges. In: Jahrbuch für die geistige Bewegung, 1 (1910). S. 19–48. Hier: S. 19.

13 Vgl. Braungart, Wolfgang: Poetik, Rhetorik, Hermeneutik. In: George-Handbuch. Band

entworfenen anspielungsreichen ‚Bildern' Georges um „Gleichnisse", die stets auf seine prototypische Rolle als Dichter-Herrscher und die Ideologeme des Kreises zurückwiesen bzw. von den Rezipienten entsprechend gedeutet werden sollten.[14]

Der ‚Neue Adel' Georges ist ein literarisches Konzept. Es ist als solches polyvalent, vor allem aber besitzt es nicht die Trennschärfe eines soziopolitischen Begriffs. George zog daraus diskursstrategische Vorteile. In seiner Rolle als Dichter, Prophet und ‚Herrscher' nutzte George das Vorhandensein einer nie restlos aufzuhebenden Unbestimmtheit zwischen Gesagtem und Gemeinten innerhalb der Dichtung. Der Status seiner Texte oszillierte ohne endgültige Festlegung zwischen ästhetischem Ausdruck, politischer Prophetie und kreispolitischem Statement. Poesie diente George nicht nur als Medium der Neusemantisierung, sondern sie bildete auch den Ausgangspunkt für die tentative Expansion der neucodierten Semantiken auf historisch-soziale und politische Zusammenhänge der Zeit. Tentativ deshalb, weil sich George bei seinen ‚politisch' zu deutenden Aussagen eine Rückzugsmöglichkeit in die Sphäre des Uneigentlichen offenhielt, in die Ambiguität dichterisch-prophetischen Sprechens, mittels derer sich Versuche einer von außen herangetragenen Festlegung abweisen und im selben Zug an die Deutungshoheit des Dichters als eines Sehers und Propheten zurückdelegieren ließen. Der Nachteil einer solchen Strategie wurde 1933 offensichtlich. Denn sie machte es notwendig, sich der Prosa politischer und ideologischer Richtungsstreitigkeiten ab einem gewissen Punkt zu entziehen. Für den Dichter bestand die Gefahr, sich allzu weit von der Ebene des Poetisch-Zweideutigen auf die des Politisch-Eindeutigen zu begeben, wo er nicht gefahrlos agieren konnte. Was ihm hier drohte, war, selbst auf den Level einer streitenden Partei herabzusinken und so seine wesentlich auf Charisma beruhende Autorität zu beschädigen.

In den späten 1920er und frühen 1930er Jahren nahmen Richtungsstreitigkeiten und politische Lagerbildungen unter den Jüngern zu, die von George mit wachsender Mühe eingehegt werden mussten. Zur Debatte stand, wie man die politischen Vorgänge aus der Perspektive der kreisinternen Mythologie zu interpretieren hatte.

2. S. 495–550. „Die Abwehr des Wirken-Wollens richtet sich gegen jede Legitimation der Kunst, die nicht aus der Kunst selbst kommt, besonders gegen naturalistische Sozialkritik. Wirken will StG jedoch schon: In der Entwicklung des Werks wird das immer deutlicher." (S. 503).

14 Raulff, Kreis ohne Meister: „Auch wenn das Reden im Gleichnis das Gleichheitszeichen absichtsvoll vermeidet und scheinbar die Differenz zur historischen Sphäre wahrt, weiß der Leser doch, […] wer als heimlicher Herrscher der Welt in den Kulissen wartet." (S. 123).

Die Krisen, die der George-Kreis im Laufe seines Bestehens durchlief[15], zuletzt die finale von 1933, sind wesentlich gekennzeichnet durch die Frage, welchen Grad an Verbindlichkeit man den aus der Literatur Georges heraus formulierten Semantiken zuzuschreiben bereit war.

Praktisch über Jahrzehnte hinweg wurde kreisintern die Prophetie eines ‚geheimen Deutschlands' bzw. eines ‚geistigen Reiches' gepflegt. Georges sakral aufgeladene Lyrik schürte langfristig eine Naherwartungshaltung, die sich in Krisenphasen mehrfach Bahn brach. Zum ersten Mal geschah dies am Ende des Ersten Weltkrieges. Der ersehnte Eintritt des ‚geheimen Deutschlands' und eines ‚neuen Adels' in die Wirklichkeit schien angesichts der deprimierenden Kriegslage in weite Ferne zu rücken. Friedrich Wolters schrieb in einem Feldpostbrief an George vom 14. Oktober 1918 über die bevorstehende Niederlage Deutschlands und das damit unvermeidlich scheinende „eingehen in die anglo-amerikanische welt". Es drohe eine „scheussliche einheit", die „dann im ‚völkerbund' bald vollkommen" werden würde. Wolters zog daraus ernüchternde Schlussfolgerungen für die Zukunft des geistigen Reichs: „das geistige Reich hätte zum Gegner die ganze Welt".[16]

Zuspitzungen dieser Art verdeutlichen, wie bei tonangebenden Jüngern, zu denen Wolters fraglos gehörte, gerade in nationalen Krisenzeiten das Schicksal des ‚offiziellen' Deutschlands mit der Parusie des ‚geheimen' Deutschlands verknüpft wurde, in welchem Maß also das ‚geheime Deutschland' als Telos einer säkularen Heilsgeschichte und politisches Modell *in nuce* taugte, dessen Vollendung Jünger wie Wolters sich ausschließlich auf dem Boden des ‚sichtbaren' Deutschlands vorstellen konnten. Es ging dabei offensichtlich um ein Deutschland, das keine vom ‚geheimen' gelöste Parallelexistenz führte, angesiedelt gleichsam in einer metaphysischen Sphäre[17], sondern um ein Deutschland, das überwuchert zu werden drohte

15 Vgl. Breuer, Stefan: Zeitkritik und Politik. In: George-Handbuch. Band 2. S. 771–828. Hier: S. 817. Breuer sieht drei Situationen, in denen „eine derart bis in die Fundamente reichende Spannung aufbrach". Zum ersten Mal während des Weltkriegs, das zweite Mal in der Weimarer Republik, als Max Kommerell „Akkomodationstendenzen entgegentrat", und zuletzt 1933. „Als 1933 die Spannung ein drittes Mal aufbrach, leitete dies das Ende des George-Kreises ein". (S. 817 f.)

16 Philipp, Michael (Hg.): Stefan George, Friedrich Wolters. Briefwechsel 1904–1930. Amsterdam 1998. S. 145.

17 Vgl. Osterkamp, Poesie der leeren Mitte: „Das aber heißt: Der Titel des Buches bezeichnet nicht einen anderen geschichtlichen Zustand, auf dessen künftiges Eintreten Georges Gedichte einen prophetischen Ausblick geben, sondern das Neue Reich ist bereits Wirklichkeit geworden: in Georges Gedichten. Das Neue Reich wird nicht, es ist schon da; wer

von dem „oberflächenschorf"[18] einer mediokren bürgerlichen Kultur, den es seitens eines ‚Neuen Adels' abzutragen galt.

In seiner Antwort vom 4. November 1918 widerspricht George Wolters' Auslegung mit klaren Worten: „Auch ist der schluss nicht richtig dass nach solchem sieg und solcher niederlage das Geistige Reich die ganze welt zum feind habe. Das Geistige Reich hatte und hat mit und ohne sieg die ganze welt zum feind."[19] George ging es in seiner schroffen Antwort selbstredend nicht darum, die konkreten kulturpolitischen Ambitionen des Kreises zu verabschieden, vielmehr wendet er sich gegen eine Tendenz zur Vereindeutigung kreisinterner Semantiken im Zeichen des Politischen. Wogegen Wolters verstieß, ist das für Georges Wirken als Dichter-Herrscher zentrale Prinzip der semantischen Polyvalenz seiner Konzepte. Edith Landmann, gleichsam „Georges weiblicher Eckermann"[20], überliefert dazu Aussagen Georges, die seinen strategischen Umgang mit dem Zweideutigen unterstreichen: „Alle Wahrheit muss zweideutig sein. Wenn sie nur auf eine Weise verstanden werden kann, ist's bald mit ihr fertig. Wenn sie verschiedene Deutungen zulässt, wirkt sie länger."[21]

Die Krisenzeiten, dies gilt ganz besonders für 1933, zeichnen sich durch Versuche aus, mit Georges Konzepten vom Zweideutigen zum Eindeutigen zu gelangen. Wolters, der exemplarische Vertreter der politisch-expansiven Richtung innerhalb des Kreises, steht für eine solche Position, die tendenziell von der Poesie und ihrer Zweideutigkeit weg und hin zu einer robusteren, eindeutigen Sprache der Politik führte. Dies schließt für den Georgeaner gerade auch die Überführung des literarischen Konzepts ‚neuer Adel' in die Realität ein: So schrieb Wolters 1930 in seiner monumentalen *Blättergeschichte:*

> Die Gestalten der Jugend aber, welche die letzten Sprüche ins bleibende Bild erheben, sind die schönste Gewähr und Hoffnung der neuen Erde. Es sind dieselben, die von Beginn an durch sein Werk geschritten sind: vom jugendlichen Prinzen bis zum Saitenspieler, vom

---

Georges letztes Buch zu lesen beginnt, tritt in es ein. Er lässt das Jahrhundert Goethes und des Bürgertums hinter sich und wechselt hinüber in das Jahrhundert Georges". (S. 83).

18 Wolfskehl, Karl: Die Blätter für die Kunst. Jahrbuch für die geistige Bewegung, 1 (1910). S. 1–18. Hier: S. 14 f.: „Denn was heute unter dem wüsten oberflächenschorf noch halb im traume sich zu regen beginnt, das geheime Deutschland, das einzig lebendige in dieser zeit, das ist hier, nur hier zu wort gekommen."

19 Philipp, Stefan George, Friedrich Wolters. S. 147.

20 Raulff, Kreis ohne Meister. S. 140.

21 Landmann, Edith: Gespräche mit Stefan George. Düsseldorf 1963. S. 198.

> kindlichen Tänzer und Helden bis zum fürstlichen Erben. Aber die Sinnbilder und Statuen sind nun deutsche Menschen von Fleisch und Blut geworden, Kinder unserer Volkes und seines Geistes: der erste Adel aus geistigem Recht. – Die Toten schließen diese Reihe der Schönen und Tapferen im „Neuen Reich".[22]

Georges literarische Figuren und Konzepte sind Wolters zufolge insgesamt prophetische Vorwegnahmen eines „Adels aus geistigem Recht", der bald „Fleisch und Blut" werden soll. Der anvisierte Weg, der von Dichtung zur ‚Politik' führt, scheint ihm zum Zeitpunkt der Niederschrift kurz vor der Vollendung.

Um 1933 verschärften sich die beschriebenen Tendenzen, wobei nun Vereindeutigungs- und Konkretisierungsversuche zunehmend von außen kamen. Die Nationalsozialisten begannen, in der Hoffnung, den Dichter für sich gewinnen zu können, offen Avancen zu machen. Der preußische Kulturminister Bernhard Rust (1883–1945), ab 1934 Reichsminister für Wissenschaft, Erziehung und Volksbildung, bemühte sich um eine offizielle Verbindung Georges zur Preußischen Akademie der Künste, die im Mai 1933 nach dem Ausscheiden prominenter, aber politisch unbotmäßiger Autoren einen öffentlichen Ansehensverlust hinnehmen musste, der durch konforme Schriftsteller wie Hans Grimm, Will Vesper, Hanns Johst und Börries von Münchhausen qualitativ nicht aufgefangen werden konnte.[23] Der Georgeaner Ernst Morwitz (1887–1971) fungierte bei den Kontakten als Mittelsmann. Mit ihm stimmte der Dichter seine Korrespondenz an den Vertreter des preußischen Kultusministeriums ab.[24] In einem Brief vom 10. Mai 1933 teilte George Morwitz den Entwurf zu einer Antwort mit. Darin dominiert ein bezeichnendes Schwanken zwischen Ablehnung und vorsichtigen Zugeständnissen. Das Schreiben hinterlässt insgesamt den Eindruck diplomatischen Lavierens. Es ließe sich spekulieren, ob George damit „möglicherweise um einen Hauch von Konzilianz bemüht" war, gerade auch „um einzelne Freunde wie den jüdischen Kammergerichtsrat Morwitz nicht zu gefährden"[25]. Der „konzilianten" Einlassung folgten jedenfalls unmittelbar eine Rückkehr zu der für George typischen Vermeidungshaltung und ein Ausweichen ins Nebulöse, mit dem er das Insistieren auf eindeutigen Bekenntnissen beantwortete, vor allem in politischen Angelegenheiten. In dem Schreiben hießt

22 Wolters, Friedrich: Stefan George und die Blätter für die Kunst. Deutsche Geistesgeschichte seit 1890. Berlin 1930 [im Folgenden: Wolters, Blättergeschichte]. S. 531.

23 Zu den Hintergründen vgl.: Barbian, Jan-Pieter: Literaturpolitik im NS-Staat: Von der „Gleichschaltung" bis zum Ruin. Frankfurt am Main 2010.

24 Vgl. Karlauf, Stefan George. S. 619 ff.

25 Raulff, Kreis ohne Meister. S. 53.

es: „Die gesetze des geistigen und des politischen sind gewiss sehr verschieden – wo sie sich treffen und wo geist herabsteigt zum allgemeingut das ist ein äusserst verwickelter vorgang."[26] Dieses „verwickelte" Verhältnis zwischen „Geist" und „Politik" war George nicht bereit aufzuklären oder zu entwirren, wohl auch deshalb, weil es sich gar nicht klären ließ, ohne dass er dafür etwas für ihn Unverzichtbares hätte aufgeben müssen. Denn Georges poetische Aussagen, einschließlich derjenigen, die den ‚neuen Adel' betrafen, wurden gerade aus einer Position heraus formuliert, die man weitgehend als einen solchen „verwickelten" Zwischenraum des Zweideutigen und Ambivalenten bezeichnen könnte, der gewissermaßen nach beiden Seiten hin offen bleiben sollte, in Richtung „Politik" und in Richtung „Geist".

Fassen wir zunächst zusammen: George adaptierte im *Stern des Bundes* eine kulturelle Adelssemantik und mit ihr ein spezifisches Spektrum historischer Konnotationen und Assoziationen. Der *Stern des Bundes* und die Art, wie dort das ‚Bild' eines ‚neuen Adels' generiert und für die Zwecke der Kreispolitik instrumentalisiert wurde (und dabei stets mehr sein sollte als nur Metaphorik), ist unterm Strich ein exemplarischer Ausdruck für das, was Ulrich Raulff treffend als Georges „poetisch[e] oder metaphorisch[e] Politik" bezeichnet hat. Der Dichter agierte demzufolge in einem „Reich der politischen Bilder und Ideen", aus ihnen heraus unternahm er „den riskanten Versuch [...], die Wirklichkeit mit Mitteln der Poesie, teilweise auch der Philologie zu unterwandern und zu überwinden"[27].

George unterstrich dabei, „so deutlich das ging, die Nichtidentität seiner Begriffe und ihrer Bedeutungen mit dem Vokabular des politischen Alltags – ‚dies ist Reich des Geistes' – und tat das mit erstaunlichem und nachhaltigem Erfolg"[28]. Eine Strategie, die darauf hinauslief, vordergründig „jede Referenz der Begriffe wie ‚Staat', ‚Bund' oder ‚Reich' auf die politische Realität des Kaiserreichs, später der Weimarer Republik auszuschalten." Diese scheinbare Dispensierung realer Referenzen, gerade auch im Fall von ‚Adel' („Führt nicht her von schild und krone!"), geschah wiederum aus einem strategischen Kalkül. Die Strategie bzw. der „Trick" Georges habe letztlich „darin bestanden, maximalen Einfluss auf die Gegenwart zu gewinnen, indem er zunächst auf Distanz zu ihr ging." Wodurch sich Georges ‚Politik' auszeichne, sei letztlich eine „poetische Kippbildhaftigkeit seiner Begriffe"[29]:

26 Zitiert nach: Karlauf, Stefan George. S. 622.
27 Raulff, Kreis ohne Meister. S. 114.
28 Ebd. S. 184 f.
29 Ebd. S. 185.

> Die Kunst georgeanischer Deutung erweist sich darin, in einer einzigen Beschreibung stets mehr als eine einzige Realität zu evozieren. Die konventionellen Verbindungen zwischen Bezeichnendem und Bezeichnetem werden gelockert, die feste Semantik soweit verflüssigt, dass die Imagination des Lesers beliebig zwischen historischem Prospekt und aktueller Szene hin und her gleiten kann: Die Rede wird gleichsam *schlüpfrig*. So kann im Umriss des klassischen Athen das deutsche Reich des zwanzigsten Jahrhunderts, in der Gestalt des Philosophen-Königs das Bild des Dichter-Herrschers sichtbar werden.[30]

Auf eine solche Weise verstanden, nämlich als „metaphorische Politik", als Diskursstrategie, die eine Übertragung literarischer Konzepte in politisch-ideologische Diskurse vorsah, eignet sich die Dichtung Georges für eine framesemantische Analyse.

In der Dichtung Georges wurde der Frame ADEL aufgegriffen und zum Objekt einer (literarischen) Neusemantisierung. Diese erfolgte überwiegend durch eine konzeptuelle Überlagerung und Verschmelzung mit kontextnahen Semantiken. Der Neusemantisierungprozess, der zur Genese des ‚Neuen Adels' führte, lässt sich als konzeptuelle Verschmelzung, als ein *blending* formal beschreiben. Die Adelssemantik wird im Prozess des *blending* gewissermaßen ‚durchlässig', um so die Integration abweichender bzw. innovativer Bedeutungselemente zu ermöglichen. Semantische Leerstellen des Frames wurden durch ein *mapping* innovativer Füllwerte neu besetzt, das Konzept so mit Bedeutungselementen, die ihrerseits auf kreisinterne Semantiken rekurrierten, angereicht und modifiziert. Die Summe jener Zuschreibungen im *Stern des Bundes,* in denen auf den Frame ADEL Bezug genommen wird, bringt den eigentlichen Innovationsgehalt allerdings nicht vollständig zum Ausdruck. Denn ein Teil der Neusemantisierung erfolgte nicht durch *explizite* Zuschreibungen, sondern zusätzlich durch *implizite* Zuschreibungen, Präsuppositionen und Inferenzen.

Im Zuge oszillierender Zuschreibungs- und Inferenzprozesse emanzipierte sich also der Frame NEUER ADEL als spezifische Variante von ADEL. Er repräsentiert modellhaft die literarische Adelssemantik Georges, die nicht das Ergebnis einer transparenten begrifflichen Neubestimmung darstellt, sondern vielmehr das Produkt wechselseitiger Projektionen *(cross-space mapping),* die zu einer konzeptuellen Verschmelzung *(blending)* führten. Ein Prozess, in den Bedeutungselemente verschiedener metaphorisch evozierter (kreisinterner und -externer) Semantiken eingingen und in dem diese derart konvergierten, dass theoretisch eine neue, emergente Bedeutung (ein *blend*) daraus hervorging. Wie Letztere genau beschaffen ist, lässt sich wohl nur teilweise beantworten. Durchaus anzunehmen ist, dass es zu einem

30 Ebd. S. 123 (Hervorhebung im Original).

erfolgreichen Abschluss des *blending* womöglich gar nicht kam, der *blended space* also ein Feld beschreibt, in dem projizierte und inferierte Füllwerte aus mehreren Frames dauerhaft konfligierten oder bestenfalls eine ephemere Balance erreichten, statt tatsächlich zu einer emergenten Bedeutung zu verschmelzen, die dann eine relative Stabilität aufweisen müsste.

Der Frame NEUER ADEL wurde innerhalb des George-Kreises zum Gegenstand weitergehender Deutungen und Aushandlungen. Bei der Untersuchung der georgeanischen Adelssemantik scheint grundsätzlich ein Vorgehen angezeigt, das analytisch zwischen den Ebenen von Poesie *(literarische Adelssemantik)* und den Bereichen der sozialen Praxis sowie den Aussagen und Deutungen der ,Jünger' *(kreisinterner Adelsdiskurs)* differenziert.

Im Folgenden konzentrieren wir uns in einem ersten Schritt auf die literarische Adelssemantik des *Sterns.* Gemeint sind damit die semantischen Füllwerte, die sich dem Gedichtband entnehmen lassen. Wir können zunächst von zwei Frames ausgehen, die als Projektions- und Inferenzquellen *(input spaces)* fungieren. Gemeint ist eine vorgängige kreisexterne Adelssemantik, der Frame ADEL, der sowohl zur Quelle von Inferenzen als auch zum Ziel von Zuschreibungen wird. Neben den symbolisch zu deutenden Attributen „schild" und „krone" wird das Merkmal ,Stamm' (mithin der adelssemantische Standardwert ,Genealogie') fokussiert (ausschlaggebend ist der hergestellte Gegensatz zur ,Stammlosigkeit' des NEUEN ADELS).

Den zweiten *input space* bildet *Der Stern des Bundes* bzw. die Summe darin enthaltener konkreter Füllwerte, durch die jeweils Leerstellen der adaptierten Adelssemantik gefüllt und modifiziert werden. Ein dritter mentaler Raum schließlich, der *generic space,* bezeichnet modellhaft die gemeinsamen, von inhaltlichen Substitutionen und Umdeutungen betroffenen Leerstellen. Vorwegnehmend lässt sich sagen, dass vor allem jene Leerstelle betroffen ist, deren semantischer Wert die Frage nach dem Zugang bzw. der Zugehörigkeit zum NEUEN ADEL reguliert. Formal gesprochen: jene Leerstelle, die die Extension der Adelssemantik festlegt.

5.1.3 Konzeptuelle Verschmelzung – ,Neuer Adel' als *blend*

Die zuvor beschriebene „metaphorische Politik" (Raulff) Georges trägt durchaus Züge eines produktionsästhetischen Prinzips, von dem ausgehend sich bestimmte Charakteristika eines impliziten Lesers ableiten lassen. Sollten die durch die Dichtung evozierten „Bilder" und „Gleichnisse" ,richtig' verstanden werden, forderte dies eine analoge Rezeptionsweise, die einem *blending* entspricht. Das Konzept ,Neuer Adel' wäre demnach nicht wie ein ,Begriff' aufzufassen, sondern vielmehr als assoziatives ‚Bild', formal betrachtet: wie ein *blend*. Ein impliziter Leser müsste demzufolge den Prozess des *blending* in der Lektüre jeweils aktualisierend nachvollziehen. Er müsste in der Lage sein, im individuellen Akt der Rezeption mehrere Frames als *mental spaces* kognitiv aufzurufen und in einem Prozess des *blending* derart zusammenzuführen, dass der so (zumindest annäherungsweise) entstehende *blend* (darin tatsächlich einem Gleichnis oder Sinnbild verwandt) ein breites assoziatives Deutungsspektrum eröffnet, das sich wiederum auf Elemente kreisinterner Semantiken rückprojizieren lassen sollte, um diese dabei auf innovative Weise neu zu erschließen. Dies bedeutet, dass das erzeugte ‚Bild', der *blend,* auch insofern mehrdeutig ist, als es nicht nur über sich selbst, sprich: den ‚neuen Adel', Auskunft ermöglicht, sondern mittels intendierter Rückprojektion zugleich innovative, mittels der ideologisch abgewerteten Begriffssprache vorgeblich nicht zu erlangende assoziative Einsichten und Erkenntnisse liefern sollte, etwa in die Herrscherrolle Georges und die historischen Aufgaben seines Kreises als eines ‚Neuen Adels'. In der Diktion des Kreises ließe sich diese assoziative Form der Erkenntnisvermittlung als ein Nachvollzug „geheimer" Bedeutungen und Verwandtschaften deklarieren. Entsprechende semantische Ebenen aufzurufen und evozierte Bilder in einem *blending* zu verbinden und den entstandenen *blend* wiederum auf George und seinen Kreis zu beziehen entspräche dann der elitären Lektürepraxis der Eingeweihten.

Das Gedicht *Neuen adel den ihr suchet* bildet den Initiationspunkt eines solchen *blending,* in dem zunächst vor allem die beiden oben genannten *spaces* Berücksichtigung finden sollen. Wir gehen aus von einer syntagmatischen Lektüre des Textes und werden dabei nach und nach auf mögliche Ergänzungen durch weitere Frames bzw. *input spaces* zu sprechen kommen.

In kognitiver Hinsicht ist der Ausdruck „neuer adel" im ersten Vers der entscheidende *trigger* für den Frame Adel. Gesetzt wird damit die inhaltlich erst noch zu füllende Differenz zwischen den Frames Adel und Neuer Adel. Das Attribut ‚neu' weckt leserseitig die Bereitschaft, Teile einer vorgängigen (kognitiv vergegenwärtigten und während der Lektüre implizit ‚mitgedachten') ‚alten' Bedeutung zur Disposition zu stellen. Induziert wird eine kognitive Suchbewegung nach Füllwerten, mit der die Neuheitserwartung eingelöst wird. Dieser kognitive ‚Suchmodus' erstreckt sich über einzelne Gedichte hinaus auf das „Dritte Buch" des *Sterns* insgesamt. Bleiben wir jedoch zunächst beim Adels-Gedicht selbst. Fünf konkrete Füllwerte mit unterschiedlicher Funktion ließen sich bestimmen.

‚schild und krone'
‚stammlos'
‚gewühle'

‚seltne sprossen eignen ranges'
‚augen wahrer glut'

Die Funktion der Füllwerte besteht teils darin, grundsätzlich die Differenz zwischen ‚alt' und ‚neu' zu markieren, mehrheitlich aber konkretisieren die Zuschreibungen das ‚Neue' und somit Spezifische von Georges ‚Adel':

(1) Die erstgenannte Funktion kommt bei der Negation von „krone" und „schild" zum Tragen, Attributen, die *pars pro toto* für eine ‚alte' Bedeutung, formal den Frame Adel stehen, diesen kognitiv aufrufen und zugleich in einem eingeschränkten Maße definieren. Die nachdrückliche Betonung der Nichtidentität mit dem ‚neuen Adel' soll die mit der ‚Suche' beauftragten Adressaten vor Verwechslungen warnen. Dies zielt auf eine Durchbrechung der kognitiven Verknüpfung von Adel mit einer außersprachlichen Referenz, dem empirischen Adel. Die Adelssemantik soll für solche Neubesetzungen disponibel gemacht werden, die durch keine entsprechende Referenz gedeckt sind (und nach einer solchen auch nicht länger verlangen).

In *Neuen adel den ihr suchet* wird die Semantik von Adel in einer zuvor und danach nicht zu findenden Explizität thematisiert, lässt sich doch das Gedicht geradezu als eine Klarstellung lesen, was das Verhältnis von Kontinuität und Innovation betrifft. Der apodiktisch-autoritäre Ton, der in den Gedichten des *Sterns* fast durchgehend angeschlagen wird, steht hier im Dienst des sprachlichen Wandels. Bedingung für den Wandel ist die diskursive Rekurrenz einer sprachlichen Innovation mit dem Ziel der längerfristigen Überwindung kulturell etablierter Bedeutungen und ihrer natürlichen Persistenz.[31] Ein Weg, der verkürzt werden kann durch die Betonung der unbedingten Autorität desjenigen, der die Innovation verkündet. Dies ist hier der Fall.

(2) Hervorstechend ist das Merkmal der ‚Stammlosigkeit' des Neuen Adels. Die dendrologische Metapher des ‚Stammes' steht für den adelssemantischen Standardwert ‚Genealogie', der für Adel Gültigkeit besitzt, aber für den Neuen Adel obsolet sein soll. Die Leerstelle ‚Zugehörigkeit' (regulativ für die begriffliche Extension von Adel) wird dadurch vakant. Neu zu bestimmen ist also die Bandbreite dessen, was sich unter Adel überhaupt subsumieren ließe. Die Verabschiedung des restriktiven Zugangskriteriums ‚Genealogie' bildet zugleich die Grundvoraussetzung für die identifikatorische Aneignung der Adelssemantik durch eine im vorgängigen (d.h. ‚geburtsadligen') Sinne von Adel überwiegend ‚nichtadlige' Personengruppe.

31 Vgl. Busse, Frame-Semantik. S. 604 ff.

(3) Darüber hinaus geht es um die vollständige Bedeutungslosigkeit sozialer und abstammungsmäßiger Herkunftskriterien. Die Gesellschaft (einschließlich des alten Adels) bildet ein nivelliertes und zugleich amorphes „gewühle". Eine Zuschreibung, die in der zeitgenössischen Rezeption für Aufmerksamkeit sorgte. Entnommen wurde dem Gedicht ein Egalitätsgedanke, der über den Kreis der Jünger hinaus dort Anklang fand, wo die bürgerlich-zivile Ordnung auf Ablehnung stieß und eine unterschiedlich ausgeprägte Offenheit für alternative Elitekonzepte herrschte, etwa in Teilen der Jugendbewegung. Alexandra Gerstner bezeichnet das „georgisch[e] Adelsideal" unter Verweis auf *Neuen adel den ihr suchet* als einen von diversen ideologischen Standpunkten aus attraktiven „klassenlosen Adel ‚eigenen Ranges'"[32]. Der Historiker Christopher Dowe bemerkt, das Gedicht habe etwa für die Geisteshaltung der Brüder Stauffenberg, neben den Brüdern Uxkull-Gyllenband die exponiertesten Vertreter des ‚alten' Geburtsadels im George-Kreis, einen geradezu „leitmotivischen Charakter" besessen. Claus und sein älterer Bruder Berthold rezipierten den *Stern des Bundes* vermutlich erstmals als Neupfadfinder. Aus „dem George-Kreis" lernten sie ein alternatives „sozial offenes Eliteverständnis" kennen.[33] Dowe folgert daraus, der George-Kreis sei eine „geistige Elite, für die die soziale Herkunft der jeweiligen Mitglieder gleichgültig war"[34].

Angesichts dieser Befunde gilt es erneut auf den Unterschied zwischen Poesie und Praxis hinzuweisen, der uns im Folgenden noch eingehender beschäftigen wird. Gerstner und Dowe geben einen ideellen Anspruch wieder, der sich eng an der literarischen Adelssemantik des *Sterns* orientiert. Die Realität des Kreises nimmt sich demgegenüber vielfach prosaischer aus. Der dem Adels-Gedicht tatsächlich zu entnehmende Egalitätsgedanke wurde, auch darauf ist von der Forschung hingewiesen worden, in der sozialen Praxis nur sehr bedingt eingelöst. Im Widerspruch zu dem Stammlosigkeits-Diktum spielte die Frage nach der sozialen Herkunft der

32 Gerstner, Neuer Adel. S. 348.

33 Dowe, Christopher: Stauffenberg, Claus von. In: George-Handbuch. Band 3. S. 1671–1677. Hier: S. 1675. Zum Verhältnis zwischen Claus von Stauffenberg und Stefan George vgl. auch: Hoffmann, Peter: Claus Graf Stauffenberg und Stefan George: Der Weg zur Tat. In: Jahrbuch der deutschen Schillergesellschaft, 12 (1968). S. 520–542. Zur „Adeligkeit" bei Stauffenberg vgl.: Raab, Nico: Adeligkeit und Widerstand. Das Beispiel des Katholiken Claus Schenk Graf von Stauffenberg. In: Adeligkeit, Katholizismus, Mythos. Neue Perspektiven auf die Adelsgeschichte der Moderne. Hrsg. von Markus Raasch. Unter Mitarbeit von Julia Lang u.a. München 2014. S. 235–261.

34 Dowe, Christopher: Alter Adel und Neuadelsvorstellungen: die von Stauffenbergs. In: Adel und Nationalsozialismus im deutschen Südwesten. Hrsg. vom Haus der Geschichte Baden-Württemberg. Karlsruhe 2007. S. 83–103. Hier: S. 95.

'Jünger' weiterhin eine maßgebliche Rolle (ohne dass damit gleichwohl die Autorität Georges oder der normative Gehalt seiner literarischen Imperative prinzipiell in Zweifel gezogen worden wäre). „In der Praxis der Kreisauswahl", so Carola Groppe zusammenfassend, „reduzierte sich der hohe Anspruch einer Leib-Seele-Einheit häufig auf eine körperliche Schönheit nach antikem Vorbild; die 'Schönheit der Seele' wurde mit bildungsbürgerlicher oder adliger Herkunft, mit Bildungswissen und Kenntnis der Georgischen Lyrik gleichgesetzt"[35].

Innerhalb des Kreises trafen konkurrierende Adelssemantiken aufeinander. Das literarische Konzept eines 'Neuen Adels', wie es in Georges *Stern des Bundes* mit autoritärem Gestus und dem Anspruch auf unbedingte Verbindlichkeit vermittelt wurde, stand in einem Spannungsverhältnis zu Adelssemantiken, die bei einer normativen Auslegung von Georges 'poetischem Kodex' streng genommen als delegitimiert zu gelten hätten, dies *de facto* aber nicht waren. Nur in einem geringeren Maße ist dabei an die verabschiedete 'alte' Bedeutung von Adel im Sinne von 'Geburtsadel' zu denken. Eine größere Bedeutung besaßen andere, gleichfalls als 'neu' zu apostrophierende Adelssemantiken. In den Auslegungsversuchen der Jünger lassen sich, wie zu zeigen sein wird, Interferenzen mit kreisexternen Adelssemantiken erkennen, die in den Neuadels- und Aristokratismus-Diskursen jener Zeit kursierten oder durch diese maßgeblich beeinflusst waren. Es ließe sich die These formulieren, dass die Bedeutung solcher kreisexterner Neuadelssemantiken in dem Maße wuchs, wie die georgeanische Adelssemantik des *Sterns* sich als für eine Übertragung in die soziale Praxis und die politischen Diskurse nur bedingt tauglich bzw. als ergänzungsbedürftig erwies.

(4) Die 'neuen Adligen' stehen nicht nur jenseits der überkommenen Gesellschaftsordnung, des „gewühles", sie sind darüber hinaus „seltne sprossen eignen ranges". Die neuen Adligen sind solitäre Ausnahmemenschen, die ihren Status nicht einer geburtsmäßigen Teilhabe an einer (ohnehin obsoleten) sozialen Gruppe verdanken, auch nicht einer 'adelnden' Leistung, welcher Art auch immer, sondern sie sind 'adlig' primär, weil sie den Maßstab einer neuen (aristokratischen) Werte- und Rangordnung in sich selber tragen und potentiell aus sich extrahieren. Deutlich wird in diesem Punkt die Nähe zur nietzscheanischen Adelssemantik, insbesondere der Idee eines „werthesetzenden Blicks", der „nach Aussen statt zurück auf sich selber" weist[36]. Zu beobachten ist auch bei George (zunächst) eine Verschiebung von

---

35 Groppe, Carola: Die Macht der Bildung. Das deutsche Bürgertum und der George-Kreis. 1890–1933. Weimar, Wien 1997. (= Bochumer Schriften zur Bildungsforschung, Band 3). S. 449.

36 Nietzsche, Zur Genealogie der Moral (KSA 5). S. 271.

‚Adel' vom Sozialen ins Individuelle.[37] Deutlich wird die diskursive Nähe zu dem, was im vorangehenden Kapitel unter dem Begriff ‚aristokratischer Individualismus' eingehend beschrieben wurde.

Bereits die Rede von einem ‚neuen Adel' dürfte bei Zeitgenossen Nietzsche-Assoziationen geweckt haben. Den auffälligsten intertextuellen Hinweis bildet der in Majuskeln gesetzte Anfangsvers des elften Gedichts des „Dritten Buches": „auf neue tafeln schreibt der neue stand"[38]. Beinahe wörtlich Bezug genommen wird auf eine zentrale Stelle in Nietzsches *Zarathustra,* in der zur Bildung eines „neuen Adels" aufgerufen wird: „Darum, oh meine Brüder, bedarf es eines neuen Adels, der allem Pöbel und allem Gewalt-Herrischen Widersacher ist und auf neue Tafeln neu das Wort schreibt ‚edel'."[39] Dieser intertextuelle Verweis – nicht nur für die ‚Jünger', sondern auch für andere an Nietzsche gebildete Leser jener Zeit fraglos evident – induziert eine spezifische Rezeptionsperspektive, wonach Georges ‚Neuer Adel' das einlöst, was Nietzsche gefordert hatte. Die Texte beider Autoren ließen sich in ein Verhältnis setzen, das dem von Prophetie und Erfüllung entspräche. Wie wir sehen werden, wurde 1933 von bestimmten Diskursakteuren diese Linie, die zunächst von Nietzsche zu George verläuft, um den Namen ‚Hitler' ergänzt.

(5) Zugang zum ‚Neuen Adel' gewährt nicht eine geburtsmäßige Teilhabe, sondern das Vorliegen einer den Aspiranten jeweils endogen zuwachsenden *„eignen"* Qualität. Worin besteht diese Qualität genau? Die Negation des Standardwertes ‚Genealogie' im Frame Adel hinterlässt in dieser Hinsicht eine zu füllende Vakanz, d.h., der kognitive Suchmodus richtet sich auf mögliche Alternativwerte, mit denen die entsprechende Leerstelle gefüllt wird. Ein solcher Wert wird im letzten Vers gesetzt: „augen wahrer glut". Die ‚glühenden Augen' sind das zentrale Erkennungsmerkmal für die im Gedicht adressierten ‚Suchenden'. Symbolisch verwiesen wird auf das aristotelische Konzept der *Kalokagathie,* das in der kreisinternen Pädagogik bekanntlich eine zentrale Rolle spielte.[40] Das ‚glühende Auge' versinnbildlicht die symbiotische Einheit von ‚Geist' und ‚Leib', indem es beide Deutungsoptionen

---

37 Vgl. Campioni, Aristokratie. S. 192–194: „Die Ausnahmemenschen und vereinzelten Glücksfälle sind es, aus denen sich der ‚neue Adel' formieren wird, der sich, ausgehend von den gegebenen Bedingungen, selbst bestimmt und befiehlt." (S. 194).

38 George, Stern des Bundes (GW, VIII). S. 92.

39 Nietzsche, Also sprach Zarathustra (KSA 4). S. 254.

40 Vgl. Groppe, Die Macht der Bildung. S. 412–498. Vgl. auch: Stiewe, „Neuen adel den ihr suchet …". In: Aristokratismus und Moderne. S. 291; Andres, Jan: Soziale Prozesse, Pädagogik, Gegnerschaften. In: George-Handbuch. Band 2. S. 720; S. 737.

gleichberechtigt zulässt: Spiegel des Inneren, des künstlerischen Ingeniums, zu sein wie auch Symbol juveniler körperlicher Schönheit und Anmut.

Eine geistige ‚und' leibliche Eignung ersetzt insofern das genealogische Zugehörigkeitskriterium, den ‚Stamm'. Formal wird der Wert ‚*Genealogie*' durch ‚*Kalokagathie*', das (alt)adlige Herkunftsprinzip der genealogischen Teilhabe durch die endogene Superiorität des (neu)adligen Individuums substituiert. Eine individuelle Superiorität, die von außen festzumachen sein soll an der Harmonie von ‚Leib' und ‚Geist'.

5.1.4 Von der ‚Stammlosigkeit' zur ‚geistigen Genealogie'

Geht man nun über *Neuen adel den ihr suchet* hinaus, wird deutlich, dass eine neue Hierarchie, eine Vergemeinschaftung der adligen Individuen in einem ‚Bund' angestrebt wird. Scheint *Neuen adel den ihr suchet* eindeutig in seiner Absage an die altadlige ‚Genealogie', ist auch dieser Befund spätestens dann zu differenzieren, wenn man das „Dritte Buch" des *Sterns* insgesamt in den Blick nimmt. Der Wert ‚Genealogie' erscheint dann vielmehr als zentraler Gegenstand einer mehrere Gedichte einschließenden Aushandlung und Umdeutung. Augenfällig ist die Vielzahl der Füllwerte, die sich mit dem semantischen Feld ‚Genealogie' in Beziehung setzen lassen, beispielsweise im zweiten Gedicht des „Dritten Buches":

> Dies ist reich des Geistes: abglanz
> Meines reiches • hof und hain.
> Neugestaltet umgeboren
> Wird hier jeder: ort der wiege
> Heimat bleibt ein märchenklang.
> Durch die sendung durch den segen
> Tauscht ihr sippe stand und namen
> Väter mütter sind nicht mehr ..
> Aus der sohnschaft • der erlosten.
> Kür ich meine herrn der welt.[41]

Der Eintritt in den neuen Adel geht einher mit einer inneren Wandlung, bei der der Einzelne die überkommenen Bindungen („sippe stand und namen") hinter sich lässt

41 George, Stern des Bundes (GW, VIII). S. 83.

(und lassen muss). Entwertet wird, wodurch sich Adel neben „schild" und „krone" traditionell nach außen hin zu erkennen gibt: durch den Familiennamen, der im Adel bekanntlich eine besonders ‚dichte' Semantik aufweist, indem er nicht nur die familiäre Herkunft anzeigt, sondern auch das über historische Zeiträume hinweg akkumulierte Prestige der Vorfahren in Erinnerung rufen kann, das sich dann im aktuellen Vertreter, dem letzten Glied der genealogischen Kette, gleichsam *pars pro toto* konkretisiert. Die Abgrenzung von einer solchen Form adliger Legitimation scheint auf den ersten Blick unmissverständlich: „Väter mütter sind nicht mehr .."

Im vorletzten Vers ist die Rede von einer neu zu stiftenden „sohnschaft". Für die Aspiranten des ‚neuen Adels' werden „sippe stand und namen" obsolet, aber nur insoweit darin Kategorien des „gewühles", der verabschiedeten Gesellschaftsordnung also, zu erkennen sind. Das genealogische Konzept wird nicht negiert, sondern infolge eines ‚Tausches', des Eintritts des Einzelnen in den ‚neuen Adel' und das ‚neue Reich', einer Aktualisierung in einem quasi monastischen Sinne unterzogen. Eine Initiation oder „Kür", die zugleich ‚Neugestaltung' und ‚Umgeburt' bedeutet.

Die Hierarchie des ‚neuen Adels' bedient sich ihrerseits einer Semantik des Genealogischen. Was dabei offenkundig dispensiert wird, ist die auf biologischem Wege zu stiftende genealogische Kontinuität. Es handelt sich insofern um eine ‚geistige Genealogie'. Im Hintergrund steht dabei das platonisch fundierte Konzept einer „geistigen Zeugung".[42] Naheliegend erscheint ferner der in Kommentaren der ‚Jünger' zu findende Begriff der ‚Wahlverwandtschaft', durch die Kontinuität im ‚neuen Adel' gestiftet werden soll.[43] Die adligen Ausnahmemenschen, die bislang „in ihrem Umkreis wie Verbannte und Verwaiste lebten"[44], bilden eine neue aristokratische Gemeinschaft, die jedoch ihr eigentliches Vorbild nicht unmittelbar im

---

42 Dörr, Georg: Muttermythos und Herrschaftsmythos: zur Dialektik der Aufklärung um die Jahrhundertwende bei den Kosmikern, Stefan George und in der Frankfurter Schule. Würzburg 2007. „Der Begriff Herrschaftsmythos stellt für George nur eine andere Bezeichnung für die von ihm selbst so benannte ‚geistige Zeugung' dar. Ein sekundärer, nicht materieller Akt, eben die ‚geistige Zeugung' seiner Jünger durch ihn, wird zum primären Schöpfungsakt umgedeutet. Georges Herrschaftsmythos manifestiert sich als ‚geistige' Zeugung in der Überwindung der weiblichen Sphäre, indem er die natürliche Zeugung als bloße Hervorbringung erst von ihm wirklich zu zeugenden (zu schaffenden) ‚Menschenmaterials' sieht." (S. 13).

43 Morwitz, Die Dichtung Stefan Georges. „Beim Überschreiten der Schwelle wird die auf leibliche Abstammung gegründete Zusammengehörigkeit aufgegeben. Die im Stammblut verfangenen Zwänge lösen sich, richtunggebend wird die Verwandtschaft der Wahl [...]". (S. 146).

44 Ebd. S. 146.

historischen Adel finden. Was literarisch umgesetzt wird, bezieht sich vielmehr auf Friedrich Wolters' Konzept von *Herrschaft und Dienst,* das der Georgeaner in dem gleichnamigen Buch von 1909 zugrunde gelegt hatte.

5.1.5 Kreisinterner Adelsdiskurs (1) – Friedrich Wolters' *Herrschaft und Dienst* (1909)

Über die Entstehung von Georges *Stern des Bundes* gibt es bekanntlich nur wenige gesicherte Informationen. Das Gros der Gedichte dürfte in den Jahren 1909 und 1910 entstanden sein.[45] Die Entstehung koinzidiert zeitlich mit dem Erscheinen von *Herrschaft und Dienst,* einem der folgenreichsten programmatischen Texte des Kreises. Wolters' Buch stieß bei Stefan George auf uneingeschränkte Zustimmung, wie sich etwa Edith Landmanns Erinnerungen[46] und nicht zuletzt der (vom Dichter veranlassten und teilweise auch selber verfassten[47]) triumphalen Rezension Karl Wolfskehls in den *Süddeutschen Monatsheften* entnehmen lässt.[48] Der Vorabdruck des ersten Kapitels erschien in der achten Folge der *Blätter für die Kunst* (1908/09), in der sich auch Friedrich Gundolfs Text *Gefolgschaft und Jüngertum* findet.[49] Beide Texte lassen sich stellvertretend betrachten für divergierende ideologische Grundrichtungen, die sich in jener Zeit innerhalb des Kreises schärfer auszuprägen begannen.[50]

45 Vgl. die Anmerkungen von Ute Oelmann zu Entstehung in: George, Der Stern des Bundes (GW, VIII). S. 117–150.

46 Landmann, Gespräche mit Stefan George. George verteidigte Landmann zufolge Wolters' Buch und die darin zu findende „prosaische Umschreibung des Dichterischen". Auch sei der Zweck des Buches von seinen Kritikern bisher nur unzureichend erfasst worden. Der Text habe, so gibt Landmann George wieder, „den Zweck, die allmähliche Eroberung der Gebiete zu zeigen, und zu dem Hauptgedanken des Buches zu kommen, der bis dahin nicht erkannt war: dass Dichten ein Herrschen ist". (S. 45).

47 Vgl. Salin, Edgar: Um Stefan George. Erinnerung und Zeugnis. Zweite, neugestaltete und wesentlich erweiterte Auflage. München, Düsseldorf 1954. „Die Anzeige von *Herrschaft und Dienst* aber, die von Wolfskehl gezeichnet ist, hat er so wenig allein verfasst wie manches Andere, das einzig seinen Namen trägt. Von ihm stammt der Entwurf. Dann hat George Einfügungen vorgenommen und den endgültigen Text Frau Hanna diktiert [...]." (S. 206).

48 Wolfskehl, Karl: [Rez.] Herrschaft und Dienst von Friedrich Wolters (Berlin 1909). In: Süddeutsche Monatshefte, 7/4 (1910). S. 575.

49 Wolters, Friedrich: Herrschaft und Dienst: In: Blätter für die Kunst, Folge 8. S. 133–138; Gundolf, Friedrich: Gefolgschaft und Jüngertum. In: Blätter für die Kunst, Folge 8. S. 106–112.

50 Vgl. Groppe, Die Macht der Bildung. S. 227 ff.; S. 243 ff.; Groppe, Carola: Friedrich Gundolf

Carola Groppe interpretiert sie als „auf gemeinsamen Grundlagen aufbauend[e] Konkurrenzmodelle"[51]. Der Name ‚Friedrich Wolters' steht exemplarisch für den politisch-expansiven Kurs, der dann in den 1920er Jahren im Kreis weiter an Bedeutung gewann, vor allem nachdem Friedrich Gundolf, der mehr auf Hermetik und Exklusivität statt auf Expansion sinnende Antipode, in Ungnade gefallen war.

Herrschaft und Dienst fordert, verglichen mit Gundolfs Text, in einem ungleich strikteren Sinne Unterwerfung unter den Willen des geistigen Herrschers. Der entscheidende Unterschied liegt aber in der Auffassung des Außenverhältnisses. Wolters verleiht dem Kreis den Charakter einer straff organisierten Bewegung, deren expansive Grundausrichtung darauf abzielt, die Gesamtgesellschaft nach dem aristokratischen Prinzip von *Herrschaft und Dienst* umzuformen.

Herrschaft und Dienst hat vermutlich nachhaltig auf Inhalt und Konzeption des *Sterns* gewirkt. Evident ist jedenfalls, dass der *Stern des Bundes* „immer wieder Rückbezüge auf den ‚semantischen Raum' von Herrschaft und Dienst"[52] herstellt. Zwischen den Texten Wolters' und dem dichterischen Werk Georges existierte gleichsam ein Nexus wechselseitiger Bezugnahmen. Wolters schöpfte aus dem Bildervorrat von Georges Dichtung. George wiederum, dem es in den Jahren nach der Jahrhundertwende um eine politische Neuausrichtung des Kreises ging, griff seinerseits Deutungen Wolters' auf und gab ihnen in dem Gedichtband einen verbindlichen, kodifizierten Charakter. Was der *Stern* konkret übernahm, ist die bereits in *Herrschaft und Dienst* vollzogene Verschmelzung der bis dahin im Kreis kursierenden Gemeinschaftsvorstellungen mit einer dezidiert aristokratischen Semantik. Wolters vereinte beides zu einem „ständisch[en] Konzept"[53], das dann in den *Stern des Bundes* als verbindliches Gemeinschaftsmodell Eingang fand.

Wolters ging es, betrachtet man *Herrschaft und Dienst* im Kontext des Aristokratismus-Diskurses der Zeit, wiederum um die Überwindung dessen, was im vorangegangenen Kapitel unter dem Begriff ‚aristokratischer Individualismus' beschrieben

---

und Friedrich Wolters. Konkurrierende Weltanschauungsmodelle im Kontext von Kreisentwicklung und Außenwirkung des George-Kreises. In: Braungart, Wolfgang; Oelmann, Ute; Böschenstein, Bernhard (Hgg.): Stefan George: Werk und Wirkung seit dem ‚Siebenten Ring'. Tübingen 2001. S. 265–282.

51 Groppe, Weltanschauungsmodelle. S. 265.

52 Schneider, Wolfgang Christian: Staat und Kreis, Dienst und Glaube. Friedrich Wolters und Robert Boehringer in ihren Vorstellungen von Gesellschaft. In: Das Ideal des schönen Lebens und die Wirklichkeit der Weimarer Republik. Vorstellungen von Staat und Gemeinschaft im George-Kreis. Hrsg. von Roman Köster, Werner Plumpe, Bertram Schefold und Korinna Schönhärl. Berlin 2009. S. 97–122. Hier: S. 112. Anmerkung 52.

53 Andres, Der Diskurs um den neuen Adel um 1900. S. 559.

wurde. Zentral ist auch für Wolters die Frage der (erneuten) Vergemeinschaftung solitärer und weitgehend als ‚isoliert' vorgestellter ‚aristokratischer' Ausnahmemenschen. Ein Punkt, in dem sich Wolters immer wieder auch von Nietzsche und dessen vorgeblich an seiner Vereinzelung leidendem ‚Übermenschen' abgrenzt. Nietzsche wird nicht namentlich genannt, ist aber unzweifelhaft gemeint, wenn Wolters in *Herrschaft und Dienst* von einem „meister" spricht, der lediglich die „erfüllung einer herrschaftslosen zeit und nicht der träger einer neuen Herrschaft war"[54]. Nietzsche tat zwar den ersten notwendigen Schritt, indem er „den ersehnten übermenschen" schuf, dieser blieb jedoch „in seinen eisigen himmeln bild und gestaltlos [...]"[55]. Wolters erkennt in Stefan George den Überwinder Nietzsches: „Aber die brache vieler herzen ist aufgebrochen und erwartet nun die saat von Herrschaft und Dienst. Denn der mensch ist keine brücke zum übermenschen, sondern selbst das gefäss alles übermenschlichen."[56] Eine bedeutende Leistung Georges sieht Wolters auch späterhin gerade darin, dass der Dichter „die alte deutsche Wunde der Vereinzelung" ebenso schließen konnte wie „die neue der Überlieferungslosigkeit und fratzenhaften Gleichheit"[57]. George gelang also, woran Nietzsche scheiterte, die Vergemeinschaftung der isolierten Übermenschen zu einem ‚Neuen Adel':

> Nietzsche hatte in seiner unfruchtbaren Vereinsamung und dem Übermaß seines Erkennerwillens die beiden Grundgefahren des deutschen Menschen bis zur Selbstaufhebung offenbar gemacht. Sein Opfer gab dem Dichter den Weg zur Gemeinschaft und Gestaltung frei, die der Lehrer des Übermenschen und der Seelenforscher vergeblich ersehnen mußte [...].[58]

Ziehen wir eine Zwischenbilanz: Den Ausgangspunkt bildete die Annahme eines *blending* zwischen zwei *mental spaces*, einerseits dem Frame Adel, andererseits einem Frame, der die Summe literarischer Zuschreibungen repräsentiert, die sich dem *Stern des Bundes* entnehmen lassen. Angesichts des bisher Ausgeführten müsste die anfangs skizzierte Modellannahme um zwei weitere Frames bzw. *input spaces* ergänzt werden.

(1) Der Frame Neuer Adel erfuhr in der kreisinternen Auseinandersetzung eine weitergehende, sekundäre Bearbeitung. Sprechen ließe sich von einem *kreisinternen*

54 Wolters, Friedrich: Herrschaft und Dienst. Berlin 1923. S. 55.
55 Ebd.
56 Ebd. S. 56.
57 Wolters, Blättergeschichte. S. 551.
58 Ebd.

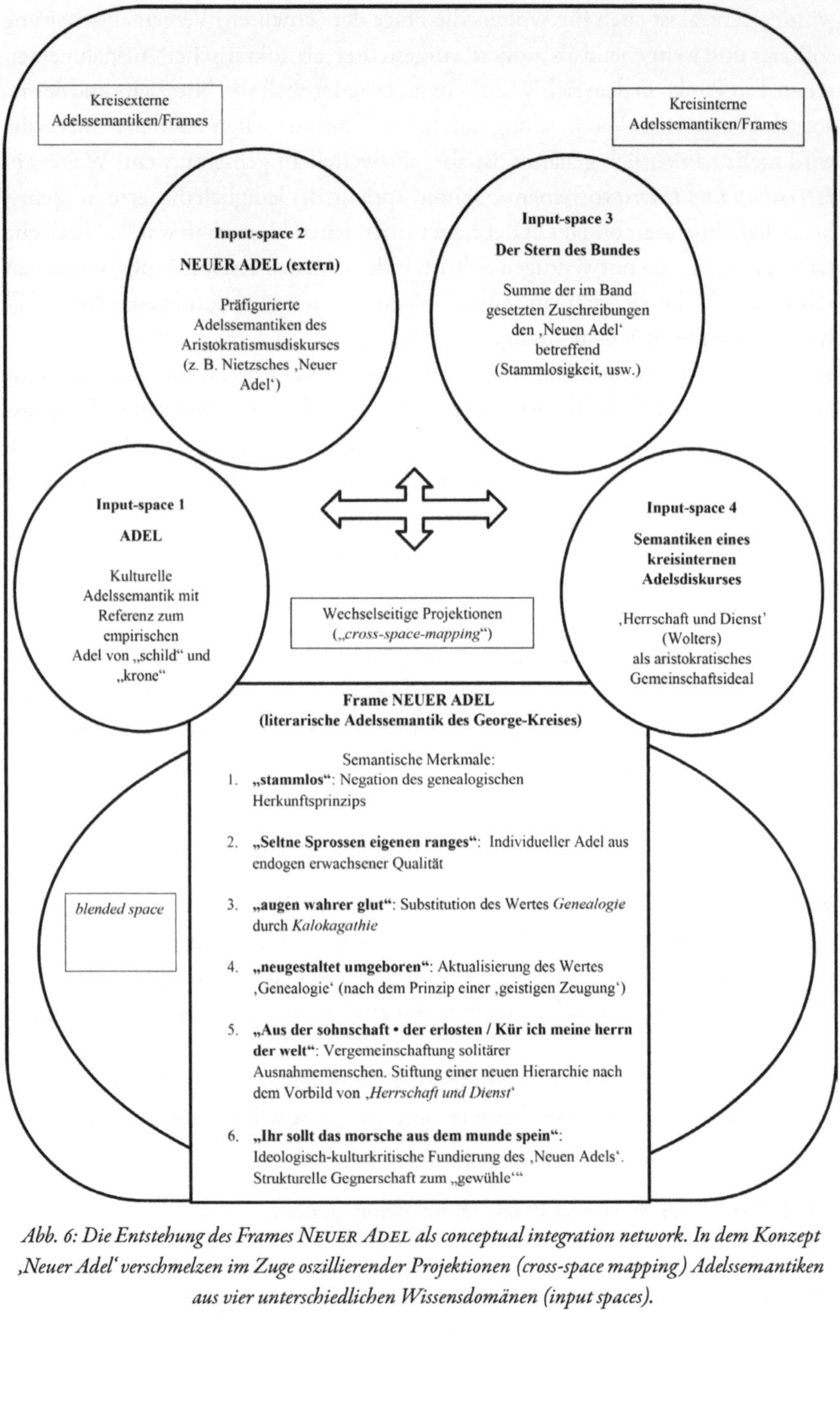

Abb. 6: Die Entstehung des Frames Neuer Adel *als conceptual integration network. In dem Konzept ‚Neuer Adel' verschmelzen im Zuge oszillierender Projektionen (cross-space mapping) Adelssemantiken aus vier unterschiedlichen Wissensdomänen (input spaces).*

Adelsdiskurs, bei dem die literarische Adelssemantik Georges eingehend verhandelt, teils intrinsischen Motiven der einzelnen Kreis-Mitglieder folgend umgedeutet, teils entsprechend den Erfordernissen der pädagogischen Praxis ausgelegt wurde. Was Eingang in die Praxis fand, erscheint nicht selten als eine angepasste, vereindeutigte und insofern in ihrem ursprünglichen Anspielungsreichtum reduzierte Adelssemantik. Ein entsprechender kreisinterner Adelsdiskurs (*input space* 3) entstand aber nicht erst nachträglich aus der Rezeption des *Sterns,* sondern er existierte bereits zuvor. Diskursiv präfigurierte *kreisinterne Neuadelssemantiken* gingen in den *Stern des Bundes* und den darin formulierten ‚neuen Adel' ein. Ein zentrales Zeugnis wurde genannt. Es ist Wolters' *Herrschaft und Dienst,* worin Adelssemantiken aufgegriffen und den internen Bedingungen des Kreises entsprechend neusemantisiert wurden, bevor George sie seinerseits aufgriff und in seine Dichtung einfließen ließ.

(2) Darüber hinaus zu berücksichtigen sind die interdiskursiven Verknüpfungen zu einem zeitgenössischen Aristokratismus, dessen Spuren sich anhand intertextueller Verweise im *Stern des Bundes* nachweisen lassen. Bereits auf der Ebene der literarischen Adelssemantik Georges ergeben sich Interferenzen zu diskursiv präfigurierten Adelssemantiken, die in das *blending* eingingen und somit als weiterer Frame zu berücksichtigen wären. Ein solcher Frame (*input space* 4) repräsentiert dann insgesamt *kreisexterne Neuadelssemantiken* (darunter etwa den ‚Neuen Adel' Nietzsches). Übertragen in die formalisierte Darstellung eines *conceptual integration network* ergäbe sich schließlich folgendes Schema eines erweiterten *blending:*

5.1.6 Kreisinterner Adelsdiskurs (2) – Georges ‚Neuer Adel' und seine Auslegung

Nachdem zuvor Aspekte der literarischen Adelssemantik in den Blick genommen wurden, lässt sich in einem zweiten Schritt das spannungsreiche Verhältnis zwischen Poesie und Praxis näher beleuchten. Die Gedichte des *Sterns* wurden, nach anfänglicher Zurückhaltung, von Kreismitgliedern eingehend kommentiert, was die Auslegungsbedürftigkeit wie auch den Stellenwert für die Selbstdeutung des Kreises sowie die pädagogische Praxis unterstreicht.[59] Der Frame Neuer Adel erfährt auf dieser Ebene eine weitergehende, sekundäre Bearbeitung.

Wo sich die Realität mit der Poesie nicht in Einklang bringen ließ, wurde verstärkt auf kreisexterne Semantiken ausgewichen, um die entsprechenden Leerstellen

59 Vgl. Kauffmann, Der Stern des Bundes. In: George-Handbuch. S. 197–199.

eines Konzepts Neuer Adel zu füllen. Ein pragmatischer Umgang mit der literarischen Adelssemantik des *Sterns* beinhaltete, dass selektiv und den Ansprüchen der Praxis folgend nicht selten auch auf eigentlich verabschiedete, durch Georges Lyrik streng genommen nicht zu legitimierende Merkmale zurückgegriffen wurde. Auffallend ist, dass dies weniger über eine Rückwendung zum Frame Adel geschah, sondern im erhöhten Maße Elemente kreisexterner Adelssemantiken inferiert wurden. Entscheidend war ferner, dass Georges Status und der seiner Literatur dabei weiterhin als sakrosankt behandelt wurden, sodass formal die Autorität des Dichters und die Verbindlichkeit der von ihm oktroyierten literarischen Adelssemantik unangetastet blieben. Teils noch für die lange nach dem Tod des Dichters verfasste Memorialliteratur der Georgeaner besteht der stillschweigende Konsens fort, die Widersprüche zwischen Poetik und Praxis nicht explizit zu thematisieren, zumindest nicht so, dass der Anschein der Insubordination dem längst verstorbenen ‚Meister' gegenüber entstehen könnte.

Ein aufschlussreiches Beispiel dafür ist Edgar Salins (1892–1974) Erinnerungsbuch *Um Stefan George,* das aus zwei Gründen besondere Aufmerksamkeit verdient, zum einen weil es sich um eine bedeutende Quelle für die frühe kreisinterne Rezeption des *Sterns* und des Konzepts Neuer Adel handelt, zum anderen ist Salins Text die einzige Quelle, die glaubhaft über die Reaktion auf die Adelssemantik des *Sterns* vonseiten eines bedeutenden adligen Kreismitgliedes berichtet, nämlich des Morwitz-Zöglings Woldemar Graf von Uxkull-Gyllenband (1898–1939):

> *Neuen adel den ihr suchet/ Führt nicht her von schild und krone* heißt es im „Stern". Für Dogmatiker, die nicht das Gedicht, geschweige das Werk zu Ende lasen oder, wenn sie es doch taten, nur das ihnen Passende daraus entnahmen, lag in diesen Worten eine Verdammung des alten Adels beschlossen. So kam einst Woldemar Uxkull in heller Verzweiflung in die Zähringerstraße[60]: seine Freunde hatten ihm diese Verse vorgehalten und seine unentrinnbare Verwerfung daraus erschlossen. Es war nicht gerade ein Zeichen innerer Weges-Gewißheit, wenn der Bruder des Grafen Bernhard Uxkull, dessen Andenken eines

60 Zur zeitlichen Einordnung: Edgar Salin wohnte in Heidelberg von 1912 bis 1914 in der auch von Gundolf und George frequentierten Pension Bezner, später in der Zähringerstraße 33. Salin verkehrte mit den Gundolf-Schülern Wolfgang Heyer und Norbert von Hellingrath. Hellingrath vollendete zwischen November 1913 und Juli 1914 unter Mitwirkung von Salin und Heyer den vierten Band der von ihm herausgegebenen Hölderlin-Ausgabe, woran George regen Anteil nahm. Vgl.: Pieger, Bruno: Norbert von Hellingrath. In: George-Handbuch. Band 3. S. 1419–1424; Debon, Günther: Heidelberg – Heimliche Hauptstadt des geistigen Deutschlands? In: Heidelberger Jahrbücher, 41 (1997). S. 329–334.

> der bedeutendsten späten Gedichte Georges gewidmet ist, so leicht seine Fassung verlor. Nicht minder leicht war er zu trösten. Die Deutung, daß keiner durch seine Abstammung, jeder nur durch sein Wesen gelte und also die Herkunft weder die Erwählung noch die Verwerfung begründe, hat ihn schnell beruhigt. Aber der Zwischenfall gab doch den Anlaß, beim nächsten Zusammensein an den Meister die Frage zu richten, ob „der augen wahre glut" immer die Gewähr der rechten Wahl gebe. George erwiderte: Für mich: ja. Aber könnt Ihr wahr und unwahr unterscheiden?[61]

Glaubt man den Erinnerungen Salins, sorgte das Gedicht bei dem jungen Grafen von Uxkull, zum Zeitpunkt der geschilderten Vorgänge 16 Jahre alt, für heftige Irritationen. Die Interpretation, wonach das Gedicht eine „Verdammung des alten Adels" ausspricht, wurde aus den Reihen der älteren Kreismitglieder kategorisch zurückgewiesen. Das Merkmal der „augen wahrer glut" beziehe sich allein auf das „Wesen" und dessen individuellen Wert und gelte ganz und gar unabhängig von der sozialen oder familiären Herkunft des Einzelnen, dem „Stamm". Die Richtigstellung durch die Kreismitglieder erfolgte also mit Rekurs auf die Imperative in Georges Gedichten, mithin der literarischen Adelssemantik des *Sterns*.

Die Mitglieder des Kreises waren sich aber offenbar der Auslegung von Georges Adelskonzept nicht so sicher, wie sie sich Uxkull gegenüber gaben. Der in dieser Frage höchstpersönlich konsultierte George lieferte teils sibyllinische Antworten, die, wie man annehmen darf, zur Klärung wenig beigetragen haben dürften. Die Anfrage mündete dann aber offenbar doch in einen längeren Austausch mit dem Dichter, bei dem es um die Frage ging, wie sich der ‚Neue Adel' konkret zusammensetzen werde bzw. wie das ebenso zentrale wie vieldeutige Merkmal der *augen wahrer glut* zu verstehen sei. George äußerte Salin zufolge: „Mit wacher Witterung sei es wohl immer möglich, die Glut der Augen wahr zu nehmen und ihr Verlöschen. Aber es könne auch dichterisch beschwingte Menschen geben, denen nicht nur das Feuer der Augen, sondern jeder sichtbare Adel fehle."[62] Neben den *augen* ist bei George von anderen, „sichtbaren" Adelsmerkmalen die Rede, die ins Gewicht fallen und durch die der Wert der *augen* als Alleinstellungsmerkmal relativiert erscheint. Die in Rede stehende Person, der angeblich „jeder sichtbare Adel fehle", war der Germanist und Nietzsche-Biograph Ernst Bertram (1884–1957), der, so gibt Salin George wieder, „in jeder Weise unansehnlich daher kam, der noch dazu aus einem protestantischen Pfarrhaus stammte". Georges abwertende Hervorhebung von Herkunft

61 Salin, Um Stefan George. S. 243.
62 Ebd. S. 244.

und Konfession weckte bei den Jüngern erneut Skepsis bezüglich des Stammlosigkeits-Postulats. „Die negative Erwähnung der protestantischen Herkunft liess den Besucher fragen, ob also doch die Abstammung oder die Konfession von Bedeutung sei. ‚Intra muros nein!', erwiderte der Meister." „[E]xtra muros" gelte es dagegen, „bei Handlungen, die auf zeitliche Wirkung abstellen, eine gewisse Vorsicht walten zu lassen"[63]. Differenziert wird klar zwischen kreisinternen und kreisexternen Verhältnissen, wobei auf letztere Rücksicht zu nehmen sei. Erkennbar wird eine grundsätzliche Relativierung, bei der die Egalität des Neuen Adels auch intern nicht normativ gefordert wird, sondern vielmehr als projektiertes Ziel erscheint.

Wie sehr Edgar Salin, der an anderer Stelle die selektive Rezeption des Gedichts und daraus abzuleitende Fehldeutungen beklagt, im Fortgang selber bei dem Versuch scheitert, zwischen literarischer Adelssemantik und sozialer Realität des Kreises zu vermitteln, wird im Folgenden deutlich und ist zugleich aufschlussreich für die Deutungspraxis schon zu Lebzeiten Georges:

> In dem sichtbaren Erlahmen und Versagen der regierenden Schichten aller Völker vernahm er [Stefan George; JdV] ein Signal der Wendezeit, – er wußte, daß wie beim Ausgang der Antike, so auch heute wieder die Träger neuer Ordnung wie die Träger neuen Heiles „stammlos im Gewühle" wachsen. Aber auch er erfuhr, daß den prophetischen Ton zu hören, nicht jedem Stamm und nicht jeder Schicht in gleicher Weise gegeben ist, und so stammten viele der „Stammlosen" um ihn aus altem Blut- oder Geistesadel, – nicht erwählt und nicht verworfen ob ihrer Herkunft, adlig nicht durch ihre Ahnen, sondern durch ihr Wesen und durch seine Kür. In diesem Sinne vereinen sich die Verse des *Sterns* mit der Zusammensetzung des Bundes [...].[64]

Salin behauptet zwar, es bestehe Einklang zwischen der literarischen Adelssemantik des *Sterns* und der Realität des „Bundes", er scheitert aber an der argumentativen Begründung. Anfangs behauptet er, George selbst habe seine im *Stern des Bundes* oktroyierte Stammlosigkeits-Forderung revidieren müssen. Sehr wohl gebe es einen signifikanten Unterschied zwischen den einzelnen „Stämmen" und „Schichten". Das entscheidende Kriterium, *augen wahrer glut,* sei gesellschaftlich höchst ungleich verteilt, was der Dichter schließlich habe einsehen müssen. Als Beleg führt Salin die (faktisch zutreffende) soziale Zusammensetzung des Kreises aus Mitgliedern des alten „Blut- und Geistesadel[s]" an. Noch Jahrzehnte nach dem Tod Georges

---

63Ebd.
64Ebd. S. 245.

schreckt Salin jedoch vor der Konsequenz zurück, den Widerspruch zwischen sozialer Realität des Kreises und Georges literarischer Adelssemantik als solchen klar zu benennen. So, als sei zuvor nicht das Gegenteil behauptet worden, wird abschließend die unumschränkte Gültigkeit von Georges Stammlosigkeits-Diktum noch einmal bestätigt, die Nichtigkeit von „Stamm", „Herkunft" und „Ahnen" für den ‚Neuen Adel' erneut unterstrichen. In der Darstellung Salins entsteht so gleichsam unter der Hand das paradoxe Bild eines aus „altem Blut- und Geistesadel" stammenden Adels der „Stammlosen". Augenscheinlich liegt eine Interferenz divergierender, inhaltlich unvereinbarer kreisinterner und -externer Adelssemantiken vor, die sich zu einem konsistenten Konzept Neuer Adel nicht verbinden lassen. Es bleibt lediglich bei der Behauptung.

Um den Widerspruch zwischen Poesie und Praxis zu kaschieren und am Ende den Einklang zwischen literarischer Adelssemantik des *Sterns* und der Realität des Kreises feststellen zu können, tat Salin etwas, was schon zu Lebzeiten Georges gängige Praxis war: Er griff auf alternative Adelssemantiken zurück. Ausgewichen wird auf einen ‚Neuen Adel', der die Unterscheidung zwischen „Blutadel" und „Geistesadel" kennt und beide Arten einschließt. In diesem ‚neuen Adel' bildet „Geist" ein gleichwertiges Substitut für „Blut". Offenkundig ist jedoch, dass ein solcher ‚Adel' gemäß einer normativen Auslegung von Georges *Stern des Bundes* als klarer Verstoß zu werten wäre. Und einer solchen Auslegung fühlt sich Salin erklärtermaßen verpflichtet. Zuvor bemerkt er, dass „das ganze dritte Buch des *Sterns* [...] nicht wörtlich genug genommen werden [kann]."[65]

Das Beispiel macht zweierlei deutlich. Zum einen, dass die vom Autor eigens eingeführte alternative Semantik eines „Geistesadels" ihm punktuell verlässlicher erschien als die des *Sterns.* Zum Zweiten ermöglichte der Rückgriff auf die kreisexterne Semantik (also die Rede von einem „Blut-" und „Geistesadel"), zumindest *prima facie* den Anschein von Kohärenz zu wahren zwischen Georges Poesie und der sozialen Zusammensetzung des Kreises. Was angestrebt wird, ist eine Art Minimalkonsens. Dieser besteht darin, zumindest weiterhin plakativ auf das integrative Konzept eines Neuen Adels Bezug nehmen zu können, wobei die Frage offen bleibt, wie dieses Konzept konkret zu füllen ist. Im Folgenden werden Konsequenzen beleuchtet, die sich aus einer entsprechenden Praxis im Umgang mit Georges ‚neuem Adel' zu Lebzeiten des Dichters ergaben.

65Ebd. S. 239.

5.1.7 Kreisinterner Adelsdiskurs (3) – Vom ‚aristokratischen Individualismus‘ zur aristokratischen Gemeinschaft

5.1.7.1 Ludwig II. und *Algabal* – Die Emanzipation von den Adelssemantiken des Frühwerks

Bislang wurde kaum auf frühere kreisinterne Adelssemantiken in Georges Werk eingegangen. Bereits vor dem *Stern des Bundes* finden sich in Georges Œuvre Poetisierungen von ‚Adel‘ und ‚Aristokratie‘, in denen die Potentiale der Adelssemantik für elitäre Selbstidentifikationen ausgelotet wurden. Eine hohes Maß an Kontinuität im Werk Georges besitzen die in ritterlich-monastische Bilder transponierten Gemeinschaftsideale, die sich auch in der späteren Dichtung bis hin zum *Neuen Reich* nachweisen lassen, vor allem aber mit der kreisinternen Rezeption von Wolters' *Herrschaft und Dienst* eine neue Qualität erreichten.[66]

Deutlich zeigt sich indes eine Distanz zwischen dem Neuen Adel des *Sterns* und der literarischen Adelssemantik des *Algabal*-Zyklus von 1892, des bedeutendsten Frühwerks Georges, das bekanntlich noch weitgehend in der Tradition des französischen Symbolismus und der europäischen Dekadenzdichtung stand. Die den Gedichten des *Algabal* vorangehende, in Versalien gesetzte epigrammartige „Aufschrift“ enthält die einleitende Beschwörung einer „komplex[en] Konstellation königlicher Geister“[67]. Die titelgebende Herrscherfigur ‚Algabal‘, das historische Vorbild ist der bereits bei antiken Autoren seiner Exzesse wegen verrufene römische Herrscher Elagabal bzw. Heliogabal, wird darin zum „Bruder“ des bayrischen ‚Märchenkönigs‘ Ludwig II. erklärt:

AUFSCHRIFT
DEM GEDÄCHTNIS LUDWIGS DES ZWEITEN
ALS MEINE JUGEND MEIN LEBEN HOB IN SOLCH EIN LICHT
KAM SIE ERSTAUNEND DEINEM NAH UND LIEBTE DICH.
NUN RUFT EIN HEIL DIR ÜBERS GRAB HINAUS ALGABAL
DEIN JÜNGERER BRUDER O VERHÖHNTER DULDERKÖNIG[68]

66 Vgl. Andres, Jan: Mittelalter als Modell? Gedanken zu Stefan George. In: Modell Mittelalter. Hrsg. von Victoria von Flemming. Köln 2010. S. 145–167.

67 Jacob, Joachim: Hymnen Pilgerfahrten Algabal (SW II). In: George-Handbuch. Band 1. S. 107–121. Hier: S. 109.

68 George, Stefan: Hymnen Pilgerfahren Algabal (SW II). Stuttgart 1987. S. 56.

Die an den Beginn des Bandes gestellte „Aufschrift" induziert ein für Georges „metaphorische Politik" typisches *blending.* Aufgeworfen wird eine Doppelperspektive, in der zwei vermeintliche historische Dekadenz- und Niedergangsphasen konvergieren, die spätrömisch-antike und die spätbürgerlich-moderne, vertreten jeweils durch zwei exponierte Vertreter ihrer Zeit. Das lyrische Ich, assoziativ identifizierbar mit Stefan George selbst, schreibt sich gleichsam in die Herrschergenealogie ein, ist somit ebenfalls „Bruder" und Projektionsfigur dekadenter Adelssemantiken.

Als Inbegriff spätrömischer Dekadenz wurde Heliogabal im französischen Symbolismus und der *décadence* zur bedeutenden literarischen Figur. Dies gilt in vergleichbarer Weise auch für den Wittelsbacher Ludwig (exemplarisch sei auf Paul Verlaines berühmtes Sonett *À Louis II de Bavière* verwiesen, das im Todesjahr des Königs in der *Revue wagnérienne* erschien). George schloss in seiner Dichtung auf vielschichtige Weise an die Rezeption beider Herrscherfiguren an, wie zuletzt Christophe Fricker und Annette Rink nachweisen konnten.[69] Dass George den römischen Kaiser aus der zeitgenössischen Dekadenzliteratur kannte, darauf weist allerdings schon Ernst Morwitz hin. Dem Georgeaner zufolge war dem Dichter die Figur des Elagabal zuallererst in Joris-Karl Huysmans' epochalem Dekadenzroman *Gegen den Strich* (Orig.: *À rebours*) aufgefallen.[70]

Wie sich die „Aufschrift" des *Algabal* kreisintern deuten ließ, lässt exemplarisch ein Kommentar Wolters' erkennen. Georges Beziehung zu seinen ‚Brüdern' Algabal und Ludwig betreffend, heißt es in der *Blättergeschichte:* „Der Erneuerer des Bildes herrscherlichen Menschentums wurde zugleich Bewahrer des Bildes versinkenden Menschentums."[71] George als Erneuerer des „herrscherlichen" Menschen,

69 Rink, Annette: Alagabal – Elagabal. Herrschertum beim frühen George. In: Weimarer Beiträge, 48 (2002). S. 548–567; Fricker, Christophe: Ludwig II. in Stefan Georges „Algabal". In: Weimarer Beiträge, 52 (2006). S. 441–448. Vgl. auch das Kapitel ‚Ludwig II. von Bayern in der Literatur der europäischen Dekadenz' (S. 3–17) in: Poche, Walter: Degeneration/Regeneration. Beiträge zur Literatur- und Kulturgeschichte zwischen Dekadenz und Moderne. Würzburg 2000.

70 Morwitz, Ernst: Kommentar zu dem Werk Stefan Georges. 2. Auflage. München, Düsseldorf 1969. „Es ist möglich, dass er zuerst auf Algabal durch J.K. Huysmans Roman ‚A Rebours' aufmerksam gemacht worden war, in dem der Autor auch vom Leben Algabals spricht. Dieser Roman, der bereits 1884 erschienen war, hatte in Frankreich als betonte Abkehr vom Naturalismus grosse Berühmtheit erlangt, Barbey und Zola hatten Kritiken über ihn geschrieben, und es war auch bekannt, dass die Hauptperson des Buches, des Esseintes, Züge des Königs Ludwig II. von Bayern trug, dem Stefan Georges Aufschrift gilt, ohne dass der Dichter ihn persönlich gekannt hat." (S. 44).

71 Wolters, Blättergeschichte. S. 40.

der sich dann zum ‚Neuen Adel' zusammenschließt, nimmt demzufolge Maß bei einem „Menschentum", das in den ‚Aristokraten' Algabal und Ludwig noch präsent erscheint, denen Georges brüderliches ‚Mitleid' gilt:

> In der Zeit, wo alles Große – auch auf den Thronen – herabgedrückt und alles Kleine ohne Recht und Sinn übersteigert wurde, litt George wie keiner an der Not des Untergangs aller hohen Menschenbilder und am Verlust jeder adliger Menschenart, für deren Bildung und Erfüllung alle bestehenden Einrichtungen der bürgerlichen Gesellschaft weder Raum noch Nahrung boten.[72]

Algabal und Ludwig bilden Personifikationen einer untergehenden Kultur. Eine Deutung, aus der sich Anschlussmöglichkeiten für kulturkritische Lesarten ergaben. In der Forschung wurde auf diese Möglichkeit hingewiesen. Bei dem poetischen Setting des *Algabal*-Zyklus fänden sich, so bereits Manfred Durzak, „symbolhaft[e] Ersetzungen der technischen, industriellen und demokratischen Zivilisation durch eine mythologiehungrige aristokratisierende Überkultur, die auch vor dem Künstlichen, Krankhaften und Perversen nicht halt macht"[73].

Durzak deutet die ästhetisierende „Überkultur" des *Algabal* negativ. In ihr gilt der Primat eines rein ästhetischen Weltbezugs, der Amoralität und Gewalt im Dienst des Schönen legitimiert. In der zeitgenössischen Deutung des *Algabal* seitens der Kreismitglieder finden sich allerdings keineswegs derart verklärende Bezugnahmen auf eine letztlich pervertierte „Überkultur", das Gegenteil ist der Fall. Algabal und Ludwig personifizieren das ‚Schöne Leben'. In ihnen allein erscheint eine untergehende Hochkultur noch gegenwärtig. Im *Algabal* wird das Bild einer positiven, wenn auch elegischen Aristokratie aus dem Geist der Kulturkritik entworfen. Entsprechende kulturkritische Deutungen finden sich exemplarisch etwa bei Woldemar von Uxkull, seiner Ausbildung nach Althistoriker. Er schrieb 1933:

> Wenn etwa 1892 der „Algabal" einigen Freunden übergeben wurde, so ist in diesem Buche das Bild des einsamen Herrschers gestaltet, sein Wille, aber auch das Schicksal, das ihn umfängt, die dem Untergang geweihte Zeit, in der er herrscht und die als Sinnbild der eigenen wieder begriffen wurde. Der junge Sonnenpriester aus Emesa, von den Legionen zur größten Macht erhoben, Kaiser und Gott des Weltreichs zugleich, Inbegriff vermessenster

72Ebd. S. 546

73Durzak, Manfred: Die Algabal-Dichtung und die Kunsttheorie des frühen Stefan George. Berlin 1963. S. 51.

despotischer Geste und dennoch verhaftet im eigenen Gesetz, dem er untersteht, wurde einer Welt vorgehalten, in der sich nur „schranzen auf den thronen brüsten mit wechslermienen und unedlem klirren". Wenn den Gedichten die Aufschrift an den Bayernkönig Ludwig II. vorangeht, so deshalb, weil in dieser Gestalt ein letzter Erbe königlicher Geste in der rechnenden und mechanisierten Bürgerwelt zum Wahnsinn verurteilt war.[74]

Was Algabal und Ludwig zu „Brüdern" macht, ist ihre Herrschaft über ein ästhetisches Gegenreich, das angesichts der Übermacht „der rechnenden und mechanisierten Bürgerwelt" dem Untergang geweiht ist. Algabal und Ludwig sind dieser Deutung nach isolierte, an der Gegenwart leidende Märtyrerfiguren. Die poetische Zurschaustellung ihres ‚Leidens' an der Moderne vermittelt eine kulturkritische Anklage an die Zeitgenossen. Mit dem Niedergang jener Solitäre drohen die letzten Reste von Poesie aus der Welt zu verschwinden. Der kreisinternen Fama zufolge weisen die literarischen Figuren (zumindest phasenweise) Gemeinsamkeiten mit George selber auf. So kommentiert Morwitz: „Sonderheit und Sonderung verbinden den Dichter mit Algabal. Denn auch dem Dichter ist es bislang nicht gelungen, unter den Lebenden ein Herz zu finden, das in der ihm zugeteilten Welt zu atmen und zu lieben wüßte."[75] Entscheidend ist, dass George letztlich die Überwindung jener aristokratischen Isolation gelang, an der seine ‚Brüder' zerbrachen. In Morwitz' Darstellung, die Werk und Leben parallelisiert, steht George zum Zeitpunkt des Erscheinens von *Algabal* genau dort, wo auch seine literarische Figur steht: Er

74 Uxkull-Gyllenband, Woldemar Graf von: Das revolutionäre Ethos bei Stefan George. Tübingen 1933. S. 12. Vgl. auch Wolters' ‚Blättergeschichte': „Es gab damals in Europa keinen Adel, kein Herrschertum mehr als in den wenigen, welche es mit fast übermenschlicher Kraft gegen die verpöbelnde Welt, ja gegen ihr eigenes alterndes Blut noch in Haltung und Anspruch vertraten, wie etwa Ludwig II. von Bayern und Elisabeth von Österreich. Sie hielten das Bild des entschwindenden fürstlichen Menschen auf dem Throne für ihre Person noch aufrecht, das schon dem Untergang bestimmte Erbkönigtum christlicher Zeit fand in ihnen noch die letzte Verkörperung einer stolzen Hoheit und Unnahbarkeit. Ludwig II. suchte in seinen einsamen Schloßbauten – fast so einsam und zeitfremd wie im Unterreich des Alagabal – vergeblich noch den letzten Prunkraum, das Palatium Majestatis zu schaffen, um überhaupt leben zu können. Für solche Naturen, die in einer schon ganz gewandelten Welt, das letzte Erbe noch einsam, schön aber widerhallos behaupten, war Wahnsinn oder Dolchstoß das letzte Geschick. Aber ihr Schimmer blieb dennoch unverloren: Die erlöschenden Gestirne stürzten in die aufgehenden und ohne die Spätkaiser der Antike wären schwerlich die Funken von Rom und Byzanz in die Franken gefahren und hätten die Glut unserer Kaisergeschlechter entzündet. So steht heute vor der Dichtung Algabal die Aufschrift: Dem Gedächtnis Ludwigs II." (S. 40).

75 Morwitz, Die Dichtung Stefan Georges. S. 35.

ist ein Isolierter und Suchender. Der Ausgang aus der Aporie des aristokratischen Individualismus gelingt ihm jedoch. Literarisches Zeugnis davon ist der *Stern des Bundes,* in dem die Notwendigkeit (und der Wille) zur Vergemeinschaftung der einzelnen adligen Menschen zum Ausdruck kommt.

5.1.7.2 Die öffentliche Wahrnehmung Georges – Vom „salbentrunknen prinzen" zum ‚aristokratischen Herrscher'

Als eine Übertragung ästhetizistischer Motive und Haltungen in das Soziale ließe sich das Rollenmodell des aristokratischen Dandys interpretieren.[76] George inszenierte sich bekanntlich zur Zeit der Entstehung des *Algabal* als ein solcher, samt typischen Insignien und exzentrischen Accessoires, etwa einem auffälligen viereckigen Monokel.[77] In den ersten Jahren nach der Jahrhundertwende, in denen er seinen Kreis neu auszurichten begann, legte George diesen Habitus jedoch demonstrativ ab.[78] Das Eröffnungsgedicht von Georges *Zeitgedichte*-Zyklus aus dem *Siebenten Ring* markiert diese werk- und autobiographische Wende.[79] Das erste Gedicht des berühmten *Zeitgedichte*-Zyklus lässt sich als eine Anknüpfung an den und gleichzeitige Distanzierung vom *Algabal* und der mit ihm verhandelten kulturkritischen Adelssemantik im Zeichen von Ästhetizismus, Dekadenz und aristokratischem Individualismus erkennen. Das Ich des Textes spricht von einer Verkennung seitens einer Öffentlichkeit, die im Dichter weiterhin nur einen weltabgewandten Ästheten und „salbentrunknen prinzen" sehen will:

> Ihr meiner zeit genossen kanntet schon
> Bemasset schon und schaltet mich – ihr fehltet.
> Als ihr in lärm und wüster gier des lebens
> Mit plumpem tritt und rohem finger ranntet:
> Da galt ich für den salbentrunknen prinzen
> Der sanft geschaukelt seine takte zählte
> In schlanker anmut oder kühler würde.

---

76 Vgl. Erbe, Günter: Aristokratismus und Dandytum im 19. und 20. Jahrhundert. In: Der Dandy. Ein kulturhistorisches Phänomen im 19. und 20. Jahrhundert. Hrsg. von Joachim H. Knoll, Anna-Dorothea Ludwig und Julius H. Schoeps. Berlin, Boston 2013. S. 11–28.

77 Vgl. Oelmann, Ute: Stefan George: Vom Dandy zum Meister. In: Der Dandy. S. 195–204.

78 George stilisierte sich in auffälliger Weise als Dandy. Besonders auffällig war Georges viereckiges Monokel. Vgl. dazu: Karlauf, Stefan George. S. 13.

79 Vgl. Andres, Soziale Prozesse, Pädagogik, Gegnerschaften. In: George-Handbuch. S. 733.

In blasser erdenferner festlichkeit.[80]

Die in der ersten Strophe des Gedichts aufgezählten Attribute des „salbentrunknen prinzen" und Dandys (prototypisch: Anmut gepaart mit ostentativer Distanz und emotionaler Kühle) erscheinen nunmehr als Elemente einer Fremdwahrnehmung, die nicht mehr der eigenen entspricht. Was verabschiedet wird, ist die Idee des von Gegenwartsekel begleiteten Rückzugs in eine „erdenferne festlichkeit". Eine Bewegung, die George im ersten Teil des *Algabal*-Zyklus, *Im Unterreich,* literarisch eindrucksvoll gestaltet hatte. Vorgeführt wird darin die Emigration des Einzelnen aus einer dem ästhetischen Lebensentwurf feindlich gesinnten Gegenwart in künstliche Paradiese. Dies entspricht dem Topos der Dekadenzdichtung, der in Huysmans' *À rebours* von der Figur des Aristokraten Jean Floressas Des Esseintes prototypisch und (mit subtilen Anspielungen auf das Leben Ludwigs II.) stilprägend vollzogen wurde. Ein Weg, der nicht allein als Ausdruck von *ennui* oder dekadenter Idiosynkrasie zu verstehen ist, sondern, entsprechend der allegorischen Deutungsmöglichkeit der Dekadenznarrative, auch als ein Rettungsversuch der vorzugsweise durch Aristokraten und letzte Erben personifizierten sublimen Hochkultur vor den Gefährdungen einer kulturfeindlichen Außenwelt.

Den Grund, warum Ludwig II. letztlich nicht in die Reihe der historischen Persönlichkeiten Aufnahme fand, die den ‚Pantheon' des Kreises bildeten, sieht Christophe Fricker in der zunehmend ins Volkstümliche hinüberspielenden Popularität des Wittelsbachers nach seinem Tod, einer Entwicklung, die sich mit dem elitären Anspruch des Kreises angeblich nicht länger vertrug.[81] Der Grund dürfte indes eher darin gelegen haben, dass von jenem Modell des dekadenten Künstler-Herrschers keine positiven Impulse für eine Veränderung der kulturellen Verhältnisse ausgingen. George ging es nicht länger um einen aristokratischen Rückzug in „erdenferne festlichkeiten", sondern um eine durchaus interventionistische Neuausrichtung seines Kreises im Sinne eines ‚neuen Adels', wie ihn der *Stern des Bundes* fordert. Die Zielvorstellung war nunmehr eine konkrete kulturpolitische Einflussnahme und eine Pädagogik in ihrem Zeichen. Letztlich waren ‚neue Adlige' gefragt, die nicht

80 George, Stefan: Der Siebente Ring. (SW VI/VII). Stuttgart 1986. S. 6.

81 Fricker, Ludwig II. in Stefan Georges „Algabal". „Seine zu große Beliebtheit war vielleicht der Grund für sein Verschwinden aus der Literatur über George. George und sein Kreis haben sich, trotz aller Wirkung, die der Dichter, seine Dichtung und Bücher seiner Freunde mit den Jahren entfaltet haben, nie derjenigen Gesellschaft annähern wollen, die inzwischen den ‚Märchenkönig' zu einer ihrer Ikonen gemacht hatte." (S. 447).

ihre Rettung in einer Art *splendid isolation* suchten, sondern sich in einer aristokratischen Gemeinschaft von ‚Herrschaft und Dienst' versammeln ließen.

Die Verbindung Georges mit dem in der Dichtung der Jahrhundertwende manifesten Ästhetizismus und Aristokratismus wirkte indes sehr lange nach und bestimmte die öffentliche Wahrnehmung des Dichters bis weit in das 20. Jahrhundert hinein.[82] George hat sich bekanntermaßen in öffentliche Debatten um seine Person nicht persönlich eingeschaltet, wohl aber indirekt auf sie einzuwirken versucht. Einen beredten Ausdruck dafür bildet wiederum Friedrich Wolters' *Blättergeschichte* (1930), die wie kein anderes Erzeugnis als „Produkt einer autoritativen Selbsthistorisierung" und „zentral[es] Medium der Außenwirkung des Kreises"[83] gelten kann. Von George lange nachdrücklich gefordert, überwachte und lenkte er die Entstehung des Buches bis in die Details hinein. Es ist fraglos als Gunstbeweis zu werten, dass George Friedrich Wolters mit der Aufgabe betraute, die offizielle Geschichte des Kreises niederzuschreiben. Tatsächlich liest sich die *Blättergeschichte* streckenweise wie eine ins Monumentale gesteigerte Neufassung von *Herrschaft und Dienst.*

Wolters übt in der *Blättergeschichte* ausdrücklich Kritik an denen, die in ihren „Aufsätzen über George und seine Dichtung nach den höchsten Gleichnissen aus den staatlichen und religiösen Bereichen griffen"[84]. Tatsächlich war es Wolters selbst, der mit *Herrschaft und Dienst* dieses Verfahren wesentlich begründet hatte. Die biographische Darstellung der *Blättergeschichte* folgt dem Narrativ einer stufenweisen Entfaltung der innerlich angelegten aristokratischen Herrscherrolle. Bereits der erste Satz des Buches weckt Assoziationen zum Adel: „Stefan George entstammt einem deutschen Geschlecht."[85] Treffend bemerkt Jürgen Egyptien

82 Beispielhaft: Martens, Kurt: Die deutsche Literatur unserer Zeit. In Charakteristiken und Proben. 11. Auflage. Berlin 1928. In einer Beschreibung, die Kritik und Würdigung enthält, versammelt Martens nahezu sämtliche gängigen Stereotype zu George. Betont wird die Herkunft aus der französischen Lyrik. George sei ein dem „Wesen des Deutschtums durchaus fremder Geist". Die Dichtungen sind „[d]urchgrübelte Erlebnisse eines Sonderlings", die sich an „Liebhaber einer vornehm abseitigen Literatur" wenden, die „aber im Volke – auch der idealen Volksgemeinschaft, wie George sie sich wünscht und vorstellt – niemals Widerhall finden wird" (S. 252). Eine Einschätzung, die durch den *Stern des Bundes* für Martens keine prinzipielle Korrektur erfährt.

83 Schlüter, Bastian: Friedrich Wolters. In: George-Handbuch. Band 3. S. 1774–1779. Hier: S. 1777.

84 Wolters, Blättergeschichte. S. 154

85 Ebd. S. 7.

dazu: „So beginnen genalogische Darstellungen adliger Familien."[86] Selbstredend ging es Wolters nicht darum, George faktisch eine adlige Abstammung anzudichten. Eröffnet wird jedoch ein entsprechender Assoziationsraum und ein Spiel mit ‚geheimen' Verwandtschaften, durchaus im Sinne jener ‚Bruderschaft', die George in der ‚Aufschrift' des *Algabal*-Zyklus zwischen sich, dem spätrömischen Herrscher und Ludwig II. konstruiert hatte.

George „fügte sich leicht in die adlige Welt"[87], heißt es zu Beginn der *Blättergeschichte*. Der *genius loci* aristokratischer Herrschaftssitze zieht den Dichter von Jugend auf magisch an: „Auf einsamen Wanderungen am Schlosse Bellevue fand er Erhörung für seine quälenden Wünsche".[88] Auch mit den Königsschlössern Ludwigs II. verband ihn eine „eine dunkle Neigung […]"[89]. Gleiches gilt für die Orte (vergangener) preußischer Größe: „Am liebsten war ihnen Potsdam, wo noch der Geist und das bitterstolze Gedächtnis des großen Königs den Park von Sanssouci belebte."[90] Bei Georges Reise nach Spanien (1888), wo der Dichter den Escorial besuchte und ihm das „Dunkel-Ersehnte eines herrscherlichen Lebens im Traum einer früheren Wirklichkeit" erschien, „[…] rief die harte, fast unerbittliche Strenge der Landschaft mit den finsterstolzen Königsschlössern gewaltige Bilder einer königlichen Einsamkeit und unnahbaren Größe in ihm wach"[91]. Wolters nutzt in der *Blättergeschichte,* wie schon in *Herrschaft und Dienst,* Metaphern und „höchste Gleichnisse", um das Bild eines ‚geheimen' Aristokraten zu entwerfen. Die Art und Weise, wie ein zeitgenössischer Leser George zu imaginieren habe, wird dabei durch eingestreute Lektüreanweisungen vermittelt:

> Wenn wir daher am Schluß unserer Blättergeschichte noch kurz versuchen, ein Bild der Person dessen zu zeichnen, der all dies schuf und weckte, und Größeres schaffen und wecken wird, so fassen wir die Unterschiedenheit seines in Werk und Reich verdichteten Tuns am ehesten mit dem Namen Dichter und Herrscher, die Verbundenheit aller seiner Kräfte am ehesten mit dem Namen Meister.[92]

86 Egyptien, Die ‚Kreise'. In: George-Handbuch. S. 400.
87 Wolters, Blättergeschichte. S. 18.
88 Ebd. S. 25.
89 Ebd. S. 30.
90 Ebd. S. 23.
91 Ebd. S. 22.
92 Ebd. S. 539.

Wiederum geht es darum, ein „Sinnbild" (Gundolf) zu generieren. Der Frame Adel wird von Wolters als *input space* instrumentalisiert. Das zu evozierende „Bild" Georges ist das Resultat eines *blending,* eine assoziative Synthese aus „Eigenschaften zweier fast polar entgegengesetzter Menschenarten"[93], wie es an anderer Stelle ausdrücklich heißt. Die „Menschenarten", die Gegenstand der Projektion werden, sind die prototypischen Figuren des ‚Aristokraten' und des Priester-Propheten. Während der „religiöse Bereich", eine sakrale Semantik also, als ein *input space* dient, um George als einen *vates* und Propheten zu imaginieren, bildet der Frame Adel die entscheidende Projektionsquelle für „höchste Gleichnisse" aus dem säkularen Feld, den „staatlichen Bereichen", die dazu dienen sollen, George als aristokratischen Herrscher über einen ‚neuen Adel' ins Bild zu setzen.

Was dabei zugleich einer Korrektur unterzogen werden soll, ist das hartnäckige Vorurteil, George sei nichts weiter als ein weltentrückter Ästhet und *L'art-pour-l'art*-Dichter. Eine „seltsame Verkennung" liege in der noch immer weit verbreiteten Ansicht, „daß George sich nur um ästhetische nicht um staatliche Dinge kümmere"[94]. George sei vielmehr „zutiefst ein staatlicher Mensch [...], der irdische Herrschaft will und formt und zugleich mit dem ersten Wachwerden seiner dichterischen Kräfte den Keim seines Reiches zu bilden begann"[95]. Eine besonders hartnäckige Fehldeutung betreffe gerade das ‚Aristokratische' seiner Person und Dichtung: „Denn die zweite gebräuchlichste Ablehnung Georges bezog sich auf die unnahbare Vornehmheit, auf die verächtlich abwehrende Gebärde und das aristokratische Gefühl, die aus seinen Dichtungen sprächen, eine Aristokratie freilich, die zur Herrschaft unfähig sei, weil sie nicht den Willen zur Herrschaft habe."[96]

Zurückgewiesen wird der durch Topoi der Dekadenzdichtung vermittelte assoziative Nexus von Aristokratie, Überkultur, Weltferne, Indolenz und Lebensschwäche. Ein Ziel der *Blättergeschichte* lag auch darin, zu zeigen, dass, entgegen einer landläufigen Meinung des breiten Publikums, Georges ‚Neuer Adel' sehr wohl die Fähigkeit wie auch den Willen zum ‚Herrschen' besaß. Wiederum geht es Wolters um die Abgrenzung von einem ‚aristokratischen Individualismus', der sich vornehmlich im Ästhetizismus der Jahrhundertwende findet und nicht zuletzt in der Tradition Nietzsches steht. Wolters verwendet den Ausdruck in der *Blättergeschichte* wörtlich, wenn er abwertend von einer „Periode des aristokratischen Individualismus,

93 Ebd. S. 538 f.
94 Ebd. S. 545.
95 Ebd.
96 Ebd. S. 178.

der Neuromantik, ja schon des Neumystizismus in der Literatur"[97] spricht. George distanziert sich nach Wolters' Darstellung von dieser Art „aristokratischen Individualismus", die in die unfruchtbare Isolation des ‚Adligen' mündet, letztlich vor allem durch die Gründung eines Kreises und eines tatsächlich herrschaftsfähigen ‚Neuen Adels'. Die bürgerliche Gesellschaft und eine in ihrem Geiste ernüchterte Moderne müssen, so die aus entsprechenden Diagnosen abzuleitende Forderung, durch diesen ‚Neuen Adel' aktiv überwunden werden. Dass für eine solche Erneuerung die in der Gegenwart vorzufindenden kläglichen Reste des historischen Adels nicht taugen, daran lässt auch die *Blättergeschichte* keinen Zweifel. Georges Adels-Gedicht aus dem *Stern des Bundes* paraphrasierend heißt es bei Wolters dazu in aller Klarheit: „Jeder, selbst die Träger der alten Wappen wissen heute: es gibt keinen Adel von Schild und Krone mehr, und die Berufenen und tauglichen Söhne der Wahl wachsen stammlos aus dem Volke empor, nur erkennbar wie von jeher die Götterkinder am Leuchten des Leibes, am Glanz ihrer Augen, am Traum auf ihren Stirnen."[98]

Laut Wolfgang Braungart realisieren sich in Georges Poetik im Wesentlichen zwei religiös grundierte dichterische Rollenmuster. Das ist zum einen das des ‚Dichter-Priesters', zum anderen das des ‚Dichter-Propheten'.[99] Bereits in diesem Zusammenhang ließe sich von einer konzeptuellen Integration verschiedener, überwiegend metaphorisch evozierter Semantiken sprechen. Braungart kommt zu dem Schluss, dass George in seiner Funktion als unumschränkter Meister im Kreis seiner Jünger, vor allem aber auch durch die Rolle als Begründer und Mittler des Maximin-Kultes, ein Bild von sich schuf, in welchem er als eine „Postfiguration Jesu" erscheinen wollte. Appliziert wird im George-Kreis damit die laut Braungart grundlegende, in jedem Fall aber „semantisch differenzierteste [...] Selbstauslegungsfigur der ästhetischen Moderne"[100]. Dem Stellenwert des Sakralen in Georges Werk und der sozialen Praxis des Kreises wie auch der Evidenz eines an religiösen Praktiken und Haltungen orientierten Verhältnisses zur Kunst soll an dieser Stelle nicht widersprochen werden. Daneben gibt es aber, wie Braungart selbst deutlich macht, weitere „Rollen- und Selbstdeutungsmuster", die Georges „Selbstcharismatisierung" dienten. Gegenüber dem sakralen Dichter-Priester-Prophet-Modell wurden diese Formen allerdings bislang eher nachrangig behandelt. Das zuvor beschriebene Beispiel zeigt

97 Ebd. S. 174 f.

98 Ebd. S. 404.

99 Braungart, Poetik, Rhetorik, Hermeneutik. In: George-Handbuch. S. 516.

100 Ebd. S. 517; zur Genese einer Kunstreligion und ihres Stellenwertes in der Moderne vgl.: Auerochs, Bernd: Die Entstehung der Kunstreligion. Göttingen 2006.

deutlich, dass den beiden sakralen Rollenmustern, die Braungart anführt, ein drittes gleichrangig an die Seite gestellt werden muss, nämlich ein säkulares, das des ‚Aristokraten'. Die angesprochenen Bilder und Semantiken, die der Frame Adel als Projektionsquelle und Inferenzbasis erschließt, sind von entscheidender Bedeutung für die gedanklichen Entwürfe zu einem geistigen Reich und einem „geheimen Deutschland", das nicht nur einen „neuen Adel", sondern mit der Person Georges auch ein „heimlich[es] Kaisertum"[101] kennt.

5.1.8 Kreisinterner Adelsdiskurs (4) – ‚Neuer Adel' zwischen ‚geistiger Zeugung' und ‚Züchtung'

Das Prinzip der ‚geistigen Genealogie' bzw. der ‚geistigen Zeugung', dies wurde zuvor ausgeführt, bedeutet eine Sublimierung des Leiblich-Geschlechtlichen, eine signifikante Umdeutung des adelssemantischen Standardwerts ‚Genealogie' sowie einer durch biologische Zeugungen zu sichernden Kontinuität. Gerade das Verhältnis und die Gewichtung zwischen den Elementen ‚Leib' und ‚Geist' – beiden ist ja im maßgeblichen Prinzip der ‚Kalokagathie' Rechnung zu tragen – blieben in der Dichtung Georges im Ganzen betrachtet unscharf und sorgten für divergierende Deutungen innerhalb des Kreises.[102] Für die Frage nach der Kohärenz des Frames Neuer Adel im kreisinternen Diskurs ist dieser Aspekt von kaum zu unterschätzender Bedeutung. Tatsächlich lassen sich darin die Inkonsistenzen in der Adelssemantik Georges so deutlich festmachen wie in keinem anderen Merkmal.

Auf den ersten Blick regelrecht konterkariert und prinzipiell infrage gestellt erscheint das Konzept einer „geistigen Zeugung", der geistig, und nicht geschlechtlich, begründeten Genealogie des ‚Neuen Adels' also, vor allem im Lichte des fünften Gedichts des „Dritten Buches", also jenem Text, der unmittelbar auf *Neuen adel den ihr suchet* folgt:

Mit den frauen fremder ordnung
Sollt ihr nicht den leib beflecken
Harret! lasset pfau bei affe!

101 Wolters, Blättergeschichte. S. 527.

102 Vgl. Andres, Soziale Prozesse, Pädagogik, Gegnerschaften. In: George-Handbuch. S. 720: „Allerdings kam es bei der Ausfüllung dieses Zentralgedankens [der Kalokagathie; JdV] zu durchaus widerstreitenden Auffassungen, vor allem zwischen den ohnehin um die Gunst [Stefan Georges] kämpfenden Jüngern Gundolf und Wolters."

Dort am see wirkt die Wellede
Weckt den mädchen tote kunde:
Weibes eigenstes geheimnis.
Nach den urbestimmten bräuchen
Eint sie euch den reifen schoossen
Euren samen wert zu tragen.[103]

In frappierender Deutlichkeit scheint von biologischen Vorgängen die Rede, von einer geschlechtlichen Zeugung des ‚neuen Adels' mit Frauen, die mit besonderem Bedacht zu wählen sind. In dem Gedicht, das eine teils erhebliche Ansprüche an das Vorwissen der Leser stellende Bildersprache entfaltet,[104] klingt der misogyne Topos von der Bedrohung des Männerbundes durch die Liebe zur Frau, letztlich die Konkurrenz zwischen Männerbund und Ehebund, an.[105] Zu denken wäre, zumindest mit Blick auf die ersten Verse, auch an eine Art Zölibat. Gleichwohl werden geschlechtliche Beziehungen zu Frauen nicht prinzipiell untersagt, sondern eben nur zu solchen von „fremder ordnung". Handelte es sich statt um „fremde" Frauen, so die naheliegende Schlussfolgerung, um solche der „eigenen" Ordnung, will sagen: solche, die es „wert" sind, den „samen […] zu tragen", steht einer leiblichen Zeugung durchaus nichts im Wege, sie scheint vielmehr sogar erwünscht.

Was sich beinahe aufdrängt, ist eine Deutung, der zufolge es in dem Gedicht um eine Warnung vor Mesalliancen geht. Ermahnungen, die an den eigentlich „stammlosen" ‚Neuen Adel' ergehen und die Wahrung dessen betreffen, was nun kaum anders denn als ein ‚neuer Stamm' zu deuten wäre, der jedoch nicht ‚geistig' fundiert erscheint, sondern sich strukturell gesehen kaum von dem alten „Stamm" des Geburtsadels unterscheidet, welcher im direkt vorangehenden Gedicht *Neuer adel den ihr suchet* durch die Festlegung von ‚Stammlosigkeit' negiert wurde. Es ginge dann um eine genealogische Kontinuität eben nicht nur geistiger, sondern dezidiert biologischer Art, gestiftet durch ordnungsgemäße Zeugungen, die, erfolgen sie außer der Reihe, eine unmittelbare Gefährdung für den ‚neuen Adel' darstellen.

Fraglich ist also, wie das Verhältnis zwischen ‚geistiger' Genealogie und ‚leiblicher' Zeugung im *Stern des Bundes* zu bestimmen ist. *Mit den frauen fremder ordnung*

103 George, Stern des Bundes (GW VIII). S. 86.

104 Vgl. dazu den Kommentar von Ute Oelmann in: George, Stern des Bundes (GW VIII). S. 144.

105 Zum ‚Weiblichen' im *Stern des Bundes:* Stamm, Ulrike: Zwischen Abgrenzung und Auflösung. Georges Auseinandersetzung mit dem Weiblichen im ‚Stern des Bundes'. In: George-Jahrbuch, 3 (2000/2001). S. 1–21.

ist das signifikanteste, aber nicht das einzige Gedicht, dass im „Dritten Buch" das Prinzip der ‚geistigen Zeugung' fragwürdig erscheinen lässt. Eine Aufwertung ‚leiblicher' Vorgänge findet sich etwa auch in *Ein wissen gleich für alle heisst betrug*[106] sowie *Die weltzeit die wir kennen schuf den geist,* in dem es heißt: „Der immer mann ist: ehrt das weib im stoffe .. / Er ist kein mindres heiligtum. Das weib / Gebiert das tier • der mann schafft mann und weib / Verrucht und gut ist es aus eurer rippe."[107]

Wie das Verhältnis zwischen ‚leiblicher' und ‚geistiger' Zeugung bestimmt wurde, lässt sich durch den Blick in die Zeugnisse des kreisinternen Adelsdiskurses erhellen. Exemplifizieren ließe sich die Diskussion anhand von zwei zu Georges Lebzeiten entstandenen Kreisbüchern. Zum einen Friedrich Gundolfs Monographie *George* von 1920. Zum Zweiten Ernst Morwitz' Kommentar *Die Dichtung Stefan Georges.* Beide Bücher tragen die von Melchior Lechter (1865–1937) entworfene Swastika, also das offizielle Siegel des Kreises, das die Autorisation durch George und die Aufnahme in den Kanon der offiziellen Kreisliteratur markiert. Morwitz' Buch, vordatiert auf das Jahr 1934, ist zugleich das letzte, das dieses offizielle Signet erhielt.

Ernst Morwitz, zumindest zeitweise der *„nächste Liebste"*[108], galt als erfolgreicher ‚Pädagoge' des Kreises mit einer Neigung zu Adelssprösslingen. Karlauf vermutet gar, dass der Entstehung von *Neuen adel den ihr suchet* eine persönliche Konfrontation zwischen George und Morwitz vorausging.[109] Das Gedicht sei eine nachträgliche Kodifikation einer mündlichen Weisung Georges bezüglich der Rolle des Adels im Kreis. Ausgangspunkt war angeblich die Begegnung Morwitz' mit den Grafen von Uxkull-Gyllenband Ende 1906 in Berlin. Unter Morwitz' Leitung durchliefen die Brüder eine mustergültige Erziehung im Sinne der Kreis-Pädagogik.[110] Offenbar war George nicht allein aufgrund des kindlichen Alters der Novizen skeptisch. Karlauf nimmt an, dass George zu jener Zeit befürchtete, Morwitz' Schwäche für adlige ‚Jünger' könne über den Einzelfall hinaus die Auswahlkriterien des Kreises beeinflussen. George habe nach persönlichen Gesprächen mit Morwitz „seine Skepsis in Bezug auf die Rolle des Adels beim Aufbau seines Staates"[111] in Form des Gedichts *Neuen adel den ihr suchet* mitgeteilt.

106 George, Stern des Bundes (GW VIII). S. 95.

107 Ebd. S. 96.

108 George, Stefan: Das Neue Reich (GW IX). Stuttgart 2001. S. 16.

109 Vgl. Karlauf, Stefan George. S. 378.

110 Zu Ernst Morwitz' Erziehungsarbeit im Dienste des Kreises vgl. Groppe, Die Macht der Bildung. S. 412–497.

111 Karlauf, Stefan George. S. 378

Morwitz' späterem Kommentar lässt sich entnehmen, dass für ihn der adlige Hintergrund der Brüder mehr als eine Nebensächlichkeit war. Morwitz stellt es rückblickend so dar, dass er zumindest teilweise in der Annahme gehandelt habe, auch bei George sei einst eine gewisse „Neigung" für den Adel vorhanden gewesen. Er berichtet zunächst anekdotisch davon, dass aus Georges Sicht nichts mehr vom Geburtsadel zu erwarten sei.[112] Eine solche Einstellung habe der Dichter jedoch nicht immer gehabt. In einem Ton, der sich als ein später Rechtfertigungsversuch für die persönliche Bevorzugung adliger Jünger liest, verweist Morwitz auf einen Brief Georges an Hugo von Hofmannsthal.[113] Morwitz stützt sich auf den berühmten Bekenntnisbrief Georges an den sechs Jahre jüngeren Dichter, mit dem das problematische Verhältnis zwischen beiden im Frühjahr 1892 eskalierte, um einen „Beweis" für Georges früheres „erwartungsvolles" Verhältnis zum Adel zu liefern.[114] Eine solche Erwartungshaltung dem Adel gegenüber lässt aus dem besagten Brief allerdings kaum entnehmen. Eher noch spricht die gewundene Argumentation, mit der sich Morwitz gegenüber dem Vorwurf zu exkulpieren versucht, er habe eine besondere Schwäche für adlige Sprösslinge, für einen inneren Konflikt des ‚Pädagogen', in dem Adel und Neuer Adel die konkurrierenden Pole bildeten.

Dass der ‚Pädagoge' Morwitz dem *Stern des Bundes* tatsächlich praktische Anweisungen entnahm und dies zu Auseinandersetzungen führte, darauf deuten auch andere Quellen hin. Ludwig Thormaehlen (1889–1956) berichtet in seinen *Erinnerungen an Stefan George,* dass Morwitz nach dem Ersten Weltkrieg „nicht mehr

112 Morwitz, Kommentar zu dem Werk Stefan Georges. „Der Dichter glaubte übrigens, dass die Reste des alten Blutadels in der französischen Revolution ihr Ende gefunden hätten und dass aller heutiger Adel, soweit er als alt bezeichnet werden könne, in Wahrheit Dienstadel sei." (S. 382).

113 Morwitz, Kommentar zu dem Werk Stefan Georges: „Der Dichter, der selbst in seiner Jugend Erwartungen für den Adel gehegt hatte, wie zum Beispiel sein Brief an Hugo von Hofmannsthal vom 9. Januar 1892 beweist, sagt im vierten Gedicht [*Neuen adel den ihr suchet;* JdV] dass aus den Tatsachen eines Adligseins auf Grund von Wappenschilden und Adelskronen eine besondere Befähigung zum neuen Leben nicht entnommen werden kann." (S. 382).

114 Boehringer, Robert (Hg.): Briefwechsel zwischen George und Hofmannsthal. Zweite ergänzte Auflage. München, Düsseldorf 1953. Die Stelle, auf die Morwitz anspielt und die Georges Neigung zum Adel „beweisen" sollte, ist sehr wahrscheinlich die Folgende: „Schon lange im leben sehnte ich mich nach jenem wesen von einer verachtenden durchdringenden und überfeinen verstandeskraft die alles verzeiht begreift würdigt […] und sonderbar dies wesen sollte trotzdem etwas von einem nebelüberzug haben unter einem zwang des gewissen romantischen aufputzes von adel und ehre stehen von dem es sich nicht ganz lösen kann […]." (S. 12).

ganz der gleiche wie vor vier Jahren war". Die Rede ist von „überraschend[en], nicht ganz verständlichen Überlegungen", die Morwitz hinsichtlich der Auswahl möglicher neuer Jünger innerhalb des Kreises geäußert haben soll:

> Nun überlegte er [Ernst Morwitz; JdV], ob nicht eine solche Betreuung auch weniger Geistigen, weniger durch Abkunft und lange Familientraditionen vorgeformten Jugendlichen zustatten kommen würde. Er erörterte ganz offen, ob nicht das Gesetz und der Zwang der Stände übersprungen und durchbrochen werden könnte, so daß unmittelbar aus einer volkhaften, bäuerlichen oder städtischen Substanz kommende, mit Intelligenz und Willen ausgestattete jugendliche Kräfte zu einer höheren Form von Geistigkeit geführt werden könnten.[115]

Trifft es zu, was Karlauf vermutet, dass nämlich Morwitz durch George direkt ermahnt werden musste, adlige ‚Jünger' nicht zu bevorzugen, berichtet Thormaehlen nunmehr von Äußerungen, die auf einen zeitweisen Sinneswandel hindeuten könnten. Morwitz' Plan zur Berücksichtigung minder privilegierter Aspiranten ließe sich jedenfalls mit einer wortgetreuen Auslegung von *Neuen adel den ihr suchet* rechtfertigen. Es scheint gerade so, als ob Morwitz, wenigstens phasenweise, bereit war, die Suche auch im „gewühle" aufzunehmen und mit dem Egalitätsgedanken des *Sterns* ernst zu machen. George verhielt sich, wie Thormaehlen zu berichten weiß, den Vorschlägen Morwitz' gegenüber allerdings „ausgesprochen skeptisch und erklärte, er jedenfalls könne das nicht, das verstoße gegen die Gesetze geistiger Stufen, von denen sich keine überspringen lasse. Er könne mit jugendlichen Menschen nichts anfangen, wenn sie nicht wenigstens einigermaßen geistig vorgeformt seien"[116]. Das Beispiel zeigt einmal mehr, wie wenig George selbst seine Dichtung als Kodex zu verstehen gewillt war. Wiederum dürfte es dem ‚Meister' um das Gleichgewicht zwischen Poesie und Praxis gegangen sein, wobei nunmehr die Gefahr einer Vereinseitigung der literarischen Semantik bestand, die mit den politischen Zielen des Kreises in Konflikt zu geraten drohte.

Dies vorweggenommen, darf unterm Strich vermutet werden, dass Morwitz' Kommentar von 1933/34 eine wahrscheinlich jahrelange, wenn nicht gar Jahrzehnte überdauernde intensive Auseinandersetzung mit Georges *Stern des Bundes* und dessen Adelssemantik vorausging. Morwitz kommentiert das Gedicht *Neuen adel den ihr suchet* weitgehend dem Wortlaut entsprechend, macht allerdings bezeichnende

115 Thormaehlen, Ludwig: Erinnerungen an Stefan George. Hamburg 1962. S. 198.
116 Ebd. S. 198.

Einschränkungen, die daraufhindeuten, dass er nach wie vor gewisse Präfenzen dem ‚alten' Geburtsadel gegenüber hegte:

> Im neuen Reich gelten die Einordnungen der heutigen Gesellschaft nicht mehr. Der neue Adel ersteht nicht notwendig aus Sprossen einer im Lauf der Zeiten emporgehobenen, jetzt nicht einmal mehr durch Blut geeinten Adelskaste, die dem anerzogenen Aufrechterhalten gewisser Formeln im Denken und Tun selbst geistige Entfaltung opfert, sondern Auge und Wuchs zeichnen die wahren Erben, die Geweihten der neuen Welt aus, die in ihrem bisherigen Umkreis wie Verbannte und Verwaiste lebten.[117]

Auffällig ist die Bemerkung, wonach der ‚neue Adel' „nicht notwendig" aus der alten „Adelskaste" entstünde. Die Möglichkeit einer Kontinuität zwischen Adel und Neuer Adel erscheint somit nicht völlig ausgeschlossen. Die Herkunft aus ‚altem Adel' wird, gerade auch gegenüber dem Wortlaut von Georges Adels-Gedicht, somit unzweifelhaft aufgewertet. Mit der Bemerkung, geburtsadlige Herkunft sei keine ‚Notwendigkeit' für die Zugehörigkeit zum ‚neuen Adel', lässt Morwitz geradezu den Eindruck entstehen, es handle sich um eine Ausnahmen gegenüber tolerant gehandhabte Regel.

Friedrich Gundolf, dessen einflussreiches Kreisbuch *George* ebenfalls Züge eines Werkkommentars besitzt, entspricht im Unterschied zu dem ‚Praktiker' Morwitz eher dem Typus des intellektuellen ‚Theoretikers', der der von Wolters propagierten aggressiven Expansion des Kreises skeptisch gegenüberstand. „In der *Formierung einer neuen Bildungselite*", so Groppe, „lag für Gundolf der Sinn der ‚geistigen Bewegung', nicht in deren Ausdehnung auf die Gesamtgesellschaft"[118]. Gundolfs Deutungen des ‚neuen Adels' sind erkennbar den adelssemantischen Standardwerten ‚Kalokagathie' und ‚geistige Zeugung' verpflichtet. Fragen der pragmatischen Umsetzung und sich daraus ergebende Probleme der Deutung treten demgegenüber zurück. Bezug nehmend auf *Neuen adel den ihr suchet* schreibt Gundolf:

> Die verjährten Bindungen und Freiheiten gelten nicht mehr im neuen Bund, nicht mehr die Ränge einer feudalen Gesellschaft, deren Gott schon längst gestorben ist: Adel aus Rittertat und Königsrecht hat keinen Sinn mehr, wo es keine Ritter und Könige mehr gibt. In der Gleichheit aller Stände kann allein die Natur und der Geist wieder *ursprüngliche,*

117 Morwitz, Die Dichtung Stefan Georges. S. 146.
118 Groppe, Die Macht der Bildung. S. 273 (Hervorhebung im Original).

> übergesellschaftliche Ränge schaffen, erkennbar den Verwandten am gleichen heiligen Feuer. Diese Ränge allerdings sind außer Willkür und nicht überschreitbar.[119]

Es geht Gundolf um die Erneuerung einer aristokratischen Hierarchie auf der Grundlage eines Seinsprinzips. Die „Gleichheit aller Stände" bedeutet eine Nivellierung, die im Ergebnis zu jenem „gewühle" führt, von dem in *Neuen adel den ihr suchet* die Rede ist. Grundlage für die neue Hierarchie bilden die *augen wahrer glut,* darauf weist Gundolfs Formulierung vom „heiligen Feuer" hin. Grundlage ist nicht der soziale Status oder die genealogische Abstammung, sondern die endogene Qualität der adligen Ausnahmemenschen. Die neue Hierarchie ist zugleich absolut, sie ist „außer Willkür und nicht überschreitbar", was bedeutet: Sie ist jedem historischen Wandel entzogen. Gundolfs Ausführungen sind Ausdruck für eine Sehnsucht nach einer nicht relativierbaren Rang- und Werteordnung. Eine solche nicht zu hintergehende, absolute Hierarchie kann nur durch „Natur und Geist" begründet werden, also durch die Verbindung jener Elemente, die in der Rede von den *augen wahrer glut* symbolisch verdichtet zum Eignungskriterium des ‚Neuen Adels' erhoben werden. Es ist daher durchaus entscheidend, dass Gundolf von „Natur *und* Geist" und nicht etwa von „Natur *oder* Geist" schreibt. Insgesamt ist Gundolfs Deutung in hohem Maße der literarischen Adelssemantik des *Sterns* verpflichtet.

Ernst Morwitz' Ausführungen weisen zunächst in dieselbe Richtung:

> In dem Sich-Zusammenfinden der in solchem Zeichen Geeinten liegt der Anfang zu einer Gesellschafts-Schichtung, die wirksam wird, wenn die Maßstäbe der früheren Einordnung, wie das Beharren des Adels im Überkommenen und das Streben der Masse nach gleichmachenden Rechten, ungültig geworden und im Gang der Geschichte sichtbar überholt sind.[120]

Die Hierarchie des neuen Adels gründet für Morwitz auf einem Prinzip der „Verwandtschaft der Wahl", das an die Stelle der adligen „Blutverwandtschaft", mithin der genealogischen Ordnung, tritt, sodass auch hier nunmehr von einer ‚geistigen Genealogie' die Rede sein kann: „Die im Stammblut verfangenen Zwänge lösen sich, richtunggebend wird die Verwandtschaft der Wahl, die auf einer im tiefsten wurzelnden Gemeinsamkeit des Empfindens und Denkens beruht."[121]

---

119 Gundolf, Friedrich: George. Dritte, erweiterte Auflage. Berlin 1930. S. 261 (Hervorhebung im Original).

120 Morwitz, Die Dichtung Stefan Georges. S. 147.

121 Ebd. S. 146.

Besondere Aufmerksamkeit verdient nun, dass beide Autoren gleichsam herausgefordert scheinen durch das Gedicht *Mit den frauen fremder ordnung*, in dem, wie anfangs gezeigt, von einer vermeintlich biologischen Zeugung die Rede ist. Bezug nehmend auf die darin entfalteten biologischen ‚Zeugungsregeln' scheint Gundolf bemüht, die Idee einer ‚geistigen Zeugung' gegen den buchstäblichen Sinn der Verse aufrechterhalten zu wollen:

> [D]er neue Adel bewahrt und vermehrt sich kraft der ihm innewohnenden Zucht. Diese ist keine Sitte einer Gesellschaftskaste, sondern ein Urgebot des Geistes, der nur im Gleichen, nicht im Niedrigen zeugen kann. Wie der Geist nur begreift, was ihm gleicht, so erkennt er auch nur, was von ihm empfangen kann, ohne ihn zu beflecken.[122]

Unzweifelhaft geht es für Gundolf mit Blick auf *Mit den frauen fremder ordnung* um die „Bewahrung" und „Vermehrung" des ‚neuen Adels'. In seinen Ausführungen zeigt sich jedoch deutlich eine Verlegenheit angesichts der Explizität, mit der bei George von dezidiert leiblichen Vorgängen die Rede ist. Eine überraschende, völlig andere Deutung des Gedichts findet sich dagegen in dem Kommentar von Ernst Morwitz:

> Die Frauen der neuen Welt werden zum Beruf des Weibes erzogen, der für sie das Gebären von geistig und leiblich geraden Kindern zur obersten Aufgabe macht. Dem entspricht die Pflicht des Mannes, nur in einen der neuen Lebenshaltung würdigen Schoß zu zeugen – der Gedanke der Erkenntnis-Legende kehrt hier wieder:
> *Mit den frauen fremder ordnung*
> *Sollt ihr nicht den leib beflecken*
> *Harret! lasset Pfau bei affe!*[123]

Die zuvor vertretene ‚geistige' Deutung, die Zusammensetzung des ‚neuen Adels' im Sinne einer ‚Wahlverwandtschaft', scheint mit Blick auf *Mit den frauen fremder ordnung* weitestgehend aufgegeben. Betrachtet man Morwitz' Einlassungen zu diesem einzelnen Gedicht im Kontext seines Kommentars zum „Dritten Buch", so fällt auf, dass es ihm kaum gelingt, den Text in eine konsistente Gesamtdeutung zu integrieren. Vielmehr erscheint die zitierte Deutung weitgehend isoliert neben den sonstigen Ausführungen, die mit der Idee einer ‚geistigen Zeugung' weitgehend

122 Gundolf, George. S. 261.
123 Morwitz, Die Dichtung Stefan Georges. S. 147.

konform gehen. Ganz deutlich wird dies, wenn wenige Absätze zuvor durchgehend von der „Wahlverwandtschaft" und „Ankindung" als dem auch aus historischer Sicht bewährten Mittel zur Bildung von Eliten die Rede ist. Eine solche Wahlverwandtschaft sei jedenfalls dem „unberechenbaren Ausgang leiblicher Fortpflanzung"[124] unbedingt vorzuziehen, heißt es dort noch. In scharfem Kontrast dazu ist dann jedoch von einer Sicherung der Exklusivität und Kontinuität und einer dezidiert biologisch zu verstehenden Auslese die Rede. Auffällig auch, dass Morwitz sogar die „geistige" Komponente auf die Ebene der ‚materiellen Zeugung' verlegt, allein dort scheint sich nun für ihn die Hervorbringung von „geistig und leiblich geradem" Nachwuchs, mithin die Kontinuität des ‚neuen Adels', zu entscheiden.

Morwitz' Deutung ist fraglos vor dem historischen Hintergrund des Erscheinungsjahres 1933/34 zu sehen. Eine innere Nähe zum Nationalsozialismus ist dem Georgeaner mit jüdischer Herkunft indes kaum zu unterstellen. Gleichwohl zeigen sich, neben einer schon an der Sprache ablesbaren Radikalisierung, quasi reflexhaft Einflüsse kreisexterner Adelssemantiken jener Zeit, d.h. Ideen von einem durch biologische Züchtungsanstrengungen zu generierenden Neuadel. Setzt man schließlich einen dem Kreis nicht nahestehenden ideellen zeitgenössischen Leser voraus, so dürfte sich aus derartigen Deutungen leicht auf eine weitgehende Konformität der georgeanischen Adelssemantik mit nationalsozialistischen Ideologemen und dem rassetheoretischen „Züchtungstopos"[125] schließen lassen.

Bleibt die Frage, wie das Verhältnis von ‚geistiger' und ‚leiblicher' Zeugung generell zu bestimmen ist. Die Frage lässt sich dahingehend präzisieren, ob und wie sich aus den Füllwerten des „Dritten Buchs" eine kohärente Deutung hinsichtlich der ‚Zeugung' und der Kontinuität des ‚Neuen Adels' herstellen ließe. Diese ließe sich wohl nur dann erkennen, wenn man mit Georg Dörr das Verhältnis von „leiblicher" und „geistige Zeugung" insgesamt als ein Modell in zwei Stufen verstünde: Die ‚leibliche Zeugung' ist die primäre, auf die eine zweite (und bedeutsamere) ‚geistige' Zeugung folgt.[126] Mit Blick auf die Gedichte des „Dritten Buches" scheint eine solche Deutung alles andere als abwegig. Im fünfzehnten Gedicht des „Dritten Buches" heißt es etwa: „Das weib / Gebiert das tier • der mann schafft mann und weib / Verrucht und gut ist es aus eurer rippe."[127] Der rein biologische Geburtsakt liegt also bei der Frau, die ungleich höher zu bewertende „geistige Zeugung" erfolgt dagegen allein von Mann zu Mann bzw. zwischen ‚Jünger' und ‚Meister'. Gleichwohl sind

124 Ebd. S. 146.
125 Conze, Adel unter dem Totenkopf. S. 161.
126 Dörr, Muttermythos und Herrschaftsmythos. S. 13.
127 George, Der Stern des Bundes (SW VIII). S. 96.

die leiblichen Vorgänge nicht vollends abzuwerten: „Nur der Wahn / Meint dass er die durchspringt: geburt und leib."[128] Die geistige Zeugung entspricht demzufolge einem „sekundäre[en], nicht materiell[en] Akt", der von George zur Hauptsache aufgewertet wird: „[D]ie ‚geistige Zeugung' seiner Jünger durch ihn wird zum primären Schöpfungsakt umgedeutet." Georges „Herrschaftsmythos manifestiert sich als ‚geistige' Zeugung in der Überwindung der weiblichen Sphäre, indem er die natürliche Zeugung als bloße Hervorbringung erst von ihm wirklich zu zeugenden (zu schaffenden) ‚Menschenmaterials' sieht"[129].

Nimmt man eine solche Form der doppelten Zeugung an, die der ‚natürlichen' die ‚geistige' folgen lässt, so ergäbe sich tatsächlich eine von Gundolf und Morwitz nicht realisierte alternative Deutungsmöglichkeit, die das Modell dann offensichtlich auch für eugenische bzw. rassebiologische Deutungen anschlussfähig erscheinen ließ. Nämlich in dem Sinne, dass der geistigen Zeugung eine biologische Vorauswahl gewissermaßen vorangeht. In der ersten Stufe würde dann, wie es bei Morwitz heißt, das „Gebären von geistig und leiblich geraden Kindern" sichergestellt und somit die Auftretenswahrscheinlichkeit der „augen wahrer glut", zumindest aber der dabei mitgemeinten ‚leiblichen' Komponente, gesteigert. Die Voraussetzung für die Zugehörigkeit zum Adel, der Standardwert ‚Kalokagathie', ist damit jedoch nur teilweise erfüllt. Vollständig erfüllt ist sie erst, wenn der ‚leiblich' ausgezeichnete Aspirant eine nichtgeschlechtliche ‚geistige' Zeugung bzw. „Umgeburt" durchläuft. Mag dies auf den ersten Blick konstruiert erscheinen, so ließe sich dem entgegenhalten, dass es nicht bei spekulativen Erwägungen blieb. Aus der Gedankenwelt des Kreises heraus wurde ein solches Modell durchaus realisiert, wie im Folgenden näher zu zeigen sein wird.

5.1.9 ‚Neuer Adel' im zeitgenössischen ‚Rasse'-Diskurs – Kurt Hildebrandts *Norm*-Bücher

Der Nervenarzt und Philosoph Kurt Hildebrandt (1881–1966), ein Georgeaner aus der Gruppe der ‚Niederschönhausener' um Friedrich Wolters und seit 1933 Mitglied der NSDAP, wurde 1934 ohne Habilitation zum Professor für Philosophie an der Universität Kiel berufen, die unter den neuen Machthabern das Profil einer NS-Vorzeigeeinrichtung besaß.[130] Hildebrandt, der 1921 in Marburg bei Paul Natorp

128 Ebd. S. 95.

129 Dörr, Muttermythos und Herrschaftsmythos. S. 13.

130 Zur Rolle Hildebrandts im George-Kreis: Breuer, Stefan: Ästhetischer Fundamentalismus und Eugenik bei Kurt Hildebrandt. In: Wissenschaftler im George-Kreis. Hrsg. von

mit einer Arbeit über Nietzsche promoviert hatte, partizipierte am rassetheoretischen Diskurs vor allem mit seinen 1920 erschienenen „Norm-Büchern" *(Norm und Entartung des Menschen* sowie *Norm und Verfall des Staates).* Der Name Hildebrandt steht für einen Ideentransfer zwischen dem George-Kreis und den zeitgenössischen rassenhygienischen Diskursen.[131] Während die Schwerpunkte seiner philosophisch-philologischen Arbeiten darin bestanden, „Platon als Gründer eines ‚geistigen Reiches' im Sinne der von Wolters in *Herrschaft und Dienst* entwickelten Bestimmungen zu etablieren", geht ist in seinen ‚naturwissenschaftlichen' Rassetheorien um, so Stefan Breuer, eine „Reformulierung des von Platon und Nietzsche übernommenen Züchtungskonzepts in den Kategorien der modernen Eugenik"[132]. Dies betreffe neben der „Übernahme der Ahnenreihe des George-Kreises (Platon-Hölderlin-Nietzsche)" gerade auch die Methode der Identifizierung unterschiedlicher „Rassen" auf dem Wege einer quasi intuitiv geleiteten ‚Schau', als deren konkretes Vorbild sich die kreisintern gepflegte Gestalt-Theorie ausmachen ließe.[133] Rainer Kolk sieht in Hildebrandts Arbeiten gar den Versuch einer Stilisierung Platons „zum Kronzeugen rassenhygienischer Programmatik"[134]. Hildebrandt grenzt sich an entscheidenden Punkten, etwa in seinen Einlassungen zum Thema „Rassenmischung", vom diesbezüglichen Purismus des nordischen ‚Rassearistokratismus' eines Hans F.K. Günther ab.[135] Stefan Breuer macht gleichwohl darauf aufmerksam, „wie viel Günther [...] den beiden Normbüchern Hildebrandts verdankt", und sieht in Günther insgesamt einen „gelehrig[en] Schüler Hildebrandts"[136].

Wie im Folgenden zu zeigen sein wird, sind Hildebrandts *Norm*-Bücher nicht nur Wolters' *Herrschaft und Dienst* in hohem Maße verpflichtet (*Norm und Verfall des*

Bernhard Böschenstein, Jürgen Egyptien, Bertram Schefold und Wolfgang Graf Vitzhum. Berlin 2005. S. 291–310.

131 Vgl. Weiss, Sheila Faith: Die Rassenhygienische Bewegung in Deutschland 1904–1933. In: Der Wert des Menschen. Hrsg. von Christian Pross und Götz Aly. Berlin 1989. S. 153–199. Sowie Kühl, Stefan: Die Internationale der Rassisten. Aufstieg und Niedergang der internationalen Bewegung für Eugenik und Rassenhygiene im 20. Jahrhundert. Frankfurt am Main, New York 1997.

132 Breuer, Stefan: Hildebrandt, Kurt. In: George-Handbuch. Band 3. S. 1430–1433. Hier: S. 1431. Vgl. auch das Kapitel ‚Hildebrandts Lied' in Raulff, Kreis ohne Meister, S. 120–139.

133 Breuer, Hildebrandt. In: George-Handbuch. S. 1431.

134 Kolk, Rainer: Literarische Gruppenbildung: Am Beispiel des George-Kreises 1890–1945. Tübingen 1998. S. 467.

135 Zum Verhältnis von Hildebrandt und ‚Nordischer Bewegung' vgl. Breuer, Ästhetischer Fundamentalismus und Eugenik bei Kurt Hildebrandt. S. 297 ff.

136 Breuer, Stefan: Politische Rezeption. In: George-Handbuch. Band 2. S. 1176–1225. Hier: S. 1196.

Staates trägt die Widmung: „Dem Freunde Friedrich Wolters. Dem Verfasser von ‚Herrschaft und Dienst'"), Hildebrandts Ausführungen lassen sich ebenso als eine auf Kohärenz und Vereindeutigung abzielende Adaption der literarischen Adelssemantik des George-Kreises, insbesondere des *Sterns des Bundes,* verstehen. Was Hildebrandt vorlegt, ist eine Synthese der Prinzipien von ‚geistiger' und ‚leiblicher' Zeugung. Hildebrandt, so ließe sich sagen, überführt das Prinzip der ‚Kalokagathie' in einen rassetheoretischen Gesamtentwurf.

In dem Kapitel „Hoherzüchtung und Rassenhygiene" in *Norm und Entartung des Menschen* heißt es unter dem Abschnitt „Auslese":

> Das wirksamste Mittel für Höherzüchtung und Rassenhygiene ist die Auslese. [...]. Auch innerhalb der Menschheit haben solche Auslesevorgänge stattgefunden zur Bildung von Adelskasten. Dazu gehört, daß diese adligen Rassenlinien, da ja kein auslesender Züchter über ihnen steht, selbst das wählende Prinzip, die adlige Norm in sich tragen.[137]

Hildebrandt analogisiert in seinen Ausführungen die Prinzipien der eugenischen Menschenzüchtung mit angeblichen „Auslesevorgängen" im historischen Adel. Die Kriterien der standestypischen „Auslese", die im Rahmen der interfamiliären Heiratspolitik Anwendung fanden, werden von ihm enggeführt mit der Kategorie „Rasse", sodass, wenn bei Hildebrandt von ‚Adel' die Rede ist, nunmehr „rassische" Auslesekriterien im Vordergrund stehen. Betont wird ferner der endogene Charakter des „wählend[en] Prinzips". Es geht um die Vorstellung, dass die Standesvertreter „die adlige Norm" stets in sich tragen und nicht von außen erhalten. Wie wir sahen, findet sich diese Vorstellung nicht allein bei Nietzsche. Auch in Georges *Stern des Bundes* lässt sich der Gedanke eines solchen endogenen Wertemaßstabs für den ‚Neuen Adel' ausmachen, wenn es dort heißt, dieser bestehe aus „sprossen eignen ranges". Zieht Hildebrandt also vornehmlich den historischen Adel für Analogiebildungen die ‚Rasse' betreffend heran, so sind diese Vorstellungen von ‚Adel' bereits weitgehend präfiguriert durch die Aristokratismus-Diskurse der Zeit. Maßgeblich war dabei nicht allein Nietzsche, sondern wohl ebenso Stefan George und dessen *Stern des Bundes.*

Für Hildebrandt sind die von ihm als solche bezeichneten historischen „Adelskasten" ein Vorbild für die „selektorische Auslese", wie sie sonst nur in der Tierzucht zu finden sei, bei der „das edle Keimplasma vermehrt, das schlechte ausgemerzt"

137 Hildebrandt, Kurt: Norm und Entartung des Menschen. Dresden 1920. S. 256.

und in der alles dem Zweck der Zuchtwahl unterworfen wird.[138] Bestrebungen innerhalb der rassenhygienischen Bewegung, die faktisch auf eine „Weiterzüchtung der vorhandenen Adelsrasse" zielen, meint Hildebrandt gleichwohl schon aus pragmatischen Gründen eine Absage erteilen zu müssen: „Wenn wir von einer (relativen) Höherzüchtung durch Auslese sprechen, so kann sie nur darin bestehen, daß innerhalb des Volkes der Adel sich stark (eventuell auch unehelich), das übrige Volk sich schwächer fortpflanzt. An eine radikale Auslese ist also beim Menschen nicht zu denken."[139]

Für den Adel (dies gilt für einen projektierten Adel der ‚Rasse' wie für den alten Geburtsadel) ist entscheidend, dass dessen Fortbestand unmittelbar abhängig ist vom Funktionieren spezifischer sozialer Mechanismen der Auslese. Gerade die wichtigsten Voraussetzungen, zuvorderst eine strenge gesellschaftliche Hierarchie, seien bedroht durch die moderne Zivilisation mit ihren vermeintlich nivellierenden Tendenzen:

> Die moderne Zivilisation, die Sucht nach Gleichheit, die zerstörende Nivellierung alles Gestalteten ist dem Prinzip der Auslese feindlich. Sie reißt nach Möglichkeit die Schranken nieder. Dabei denke ich natürlich nicht an das ererbte Adelsprädikat, die sechzehn Ahnen, sondern an die edlen Rasselinien, den leibhaften Wert, den angeborenen Adel überhaupt.[140]

Hildebrandt stellt mit einer solchen ‚Einschaltung für Esel' im Stil Nietzsches noch einmal klar, dass es ihm nicht um das Schicksal des historischen Adels geht, sondern dass vielmehr die „edlen Rassenlinien" gemeint sind, wenn bei ihm von ‚Adel' die Rede ist. Ein ‚Adel' also, der zuerst und vor allem durch seine erbbiologisch hochwertige Substanz zu definieren sei. Die Begriffsverwendung weist dabei allerdings durchaus eine Unschärfe auf, sodass im Weiteren die Referenz des Begriffs zwischen einer aktualisierten Bedeutung im Sinne von ‚Rasse-Adel' und inferierten Bedeutungsanteilen vorgängiger Adelssemantiken (auch im Sinne des Geburtsadels) wechseln kann. Mit Raulff ließe sich darin zugleich eine weitere Applikation jener „metaphorischen Politik" Georges und seines Kreises erkennen, für die eine „Verflüssigung" aufgegriffener Semantiken typisch war.[141]

Hildebrandt hält eine Ausweitung der Mechanismen einer „selektorischen Auslese" auf die Gesamtbevölkerung, wie sie beim Menschen zuvor nur in den

138 Ebd. S. 256.
139 Ebd. S. 257.
140 Ebd.
141 Raulff, Kreis ohne Meister. S. 123.

engen Grenzen der „Adelskasten" in vorbildlicher Weise praktiziert worden seien, für nicht realisierbar. Zumindest nicht unter den gegenwärtigen gesellschaftlichen und politischen Rahmenbedingungen. Es könne stattdessen zunächst nur um ein Zurückdrängen hemmender Faktoren gehen. Womit man sich letztlich abzufinden habe, trägt dagegen die Züge eines Kompromisses: „Im ganzen liegt es im Wesen der modernen Zivilisation, die Ausmerze, zumal aber die selektorische, zu unterdrücken. Die Rassehygiene an sich wird daran nicht allzu viel korrigieren können."[142]

Schuld am Niedergang ist nicht die bei Hildebrandt in der Tradition der deutschen Kulturkritik positiv besetzte „Kultur", sondern wiederum die Zivilisation und ihre Epiphänomene. Die Zivilisation „scheint die Rasse zu erniedrigen, ihre edlen Kräfte zu verbrauchen"[143]. Die „selektive Auslese" strenger Art habe derzeit „den schwersten Stand gegen die Ideale des demokratischen Fortschritts"[144]. Was eigentlich notwendig sei – eine solche Schlussfolgerung wird einmal mehr, wenn auch nicht offen ausgesprochen, so doch klar insinuiert –, ist eine rigorose Abkehr von ‚falschen' ethischen Rücksichtnahmen, die bislang einer konsequenten „Ausmerze" der minderwertigen Gesellschaftsmitglieder im Wege stünden.

Hildebrandt entwirft ein streng hierarchisches Gesellschaftsmodell. Die eigentliche Blaupause dieses Modells bildet der Kreis Georges und vor allem die regulative Idee des utopischen „Schönen Lebens". Hildebrandt schreibt: „Der Staat hat nur Sinn als Träger des Schönen Lebens, und das ist nur möglich unter wertvollen Persönlichkeiten, nicht unter Maschinenteilchen."[145] Ganz im Sinne Nietzsches sieht Hildebrandt die Existenzberechtigung der unteren Stände dieser neuen Hierarchie bereits damit erfüllt, dass sie die Grundlagen jenes „Schönen Lebens" ermöglichen, das eine dünne Oberschicht nicht nur führt, sondern als Ideal ganz unmittelbar verkörpert bzw. „verleiblicht":

> Viele sind berufen, aber wenige sind auserwählt. Diese wenigen, schlechthin Zulänglichen, die aus der oberen Klasse durch Fähigkeit, nicht durch Familie ausgesondert werden, sind

---

142 Hildebrandt, Norm und Entartung des Menschen. S. 264.

143 Ebd. S. 268. In einer Fußnote zu diesem Satz führt Hildebrandt seine Gedanken weiter aus und bettet sie ein in eine nationalistische Perspektive, wobei er sich der kulturkritischen Antithese ‚Kultur vs. Zivilisation' bedient: „Wenn unsere Feinde uns angeblich um der Idee dieser modernen Zivilisation willen vernichten wollen und Deutschland als deren Feind betrachten, so wäre das nicht der schlimmste Vorwurf – vielleicht ahnen sie in Deutschland die Kraft, eine neue *Kultur* zu gebären, die mehr ist als die moderne *Zivilisation*." (S. 293; Hervorhebungen im Original)

144 Ebd. S. 260.

145 Hildebrandt, Kurt: Norm und Verfall des Staates. Dresden 1920. S. 141.

> der wahre Adel, der Kreis, der durch seine Lebensführung und Haltung die Idee des Staates, die produktive Kraft, das Schöne Leben verleiblicht, die geistigen Fürsten der einzelnen Regionen und endlich die schöpferischen Menschen. Sie drücken das staatliche Ethos aus, sie suchen und formen die Gesetze, und darum enthalten sie wohl die Moral in sich, können aber nie an der Moral gemessen werden.[146]

Stefan Breuer betont, dass es sich bei den Entwürfen Hildebrandts nur scheinbar um einen „Neoaristokratismus" handle, „wie er etwa von Nietzsche gepflegt wurde"[147]. Breuer wendet ein, Hildebrandt gehe es wesentlich darum, eine „neue (Misch-)Rasse zu züchten", nicht jedoch „innerhalb derselben einen Geburts- oder Geblütsadel, der seine erworbenen bzw. angezüchteten Eigenschaften weitervererbte"[148]. Stefan Breuer bezieht sich gerade auch auf solche Aussagen Hildebrandts wie die, wonach die oberen Klassen „durch Fähigkeit, nicht durch Familie ausgesondert werden", und stellt dazu fest: „Deutlicher läßt sich die Distanz zu allem Neoaristokratismus nicht formulieren."[149] Für Breuer spricht also eine Selektion anhand individueller „Fähigkeiten" (statt genealogischer Weitergabe) gegen die Zuordnung zum „Neoaristokratismus". Dagegen ließe sich zunächst einwenden, dass eben nicht nur Nietzsche, sondern auch (oder vielmehr: gerade) die Adelssemantik Georges als maßgeblich zu betrachten wäre. Für Georges Adel gilt nun aber gerade das Merkmal der ‚Stammlosigkeit'.

Ganz klar erscheint indes der Unterschied von Hildebrandts Modell zu einem Aristokratismus, wie ihn etwa Richard Coudenhove-Kalergi vertrat. In dessen Essay *Adel* (1922) heißt es:

> Nur den edelsten Männern wird die Verbindung mit den edelsten Frauen freistehen und umgekehrt – die Minderwertigen werden sich mit den Minderwertigen zufriedengeben müssen [...] So wird der neue Zuchtadel der Zukunft nicht hervorgehen aus den künstlichen Normen menschlicher Kastenbildung, sondern aus den göttlichen Gesetzen erotischer Eugenik.[150]

Eine solche Fortpflanzung von „edelsten Männern" mit „edelsten Frauen" im Sinne einer „erotisch[en] Eugenik" scheint schon deshalb keine Option zu sein, weil sich

146 Ebd. S. 144.
147 Breuer, Ästhetischer Fundamentalismus und Eugenik bei Kurt Hildebrandt. S. 300.
148 Ebd.
149 Ebd. S. 300 (Anm. 35).
150 Coudenhove-Kalergi, Richard Nikolaus: Adel. Leipzig 1922. S. 43 f.

der „wahre Adel“ Hildebrandts offenkundig ausschließlich aus Männern zusammensetzen soll. In Hildebrandts „wahrem Adel“ herrscht das Prinzip einer ‚geistigen Zeugung‘. Dieser ‚geistigen Zeugung‘ muss jedoch notwendig eine Selektion nach körperlichen bzw. „rassischen“ Gesichtspunkten vorausgehen. Hildebrandts Modell verknüpft Elemente eines Aristokratismus der ‚Rasse‘ mit einem Aristokratismus des ‚Geistes‘. Vorauszusetzen sind letztlich zwei Stufen der ‚Zeugung‘, eine biologische und eine platonisch-geistige. Die ‚Rasse‘ bildet die notwendige materiell-biologische Grundlage, aus der sich dann der ‚wahre Adel‘ im Sinne einer ‚geistigen Zeugung‘ rekrutiert, an dessen biologischer Hervorbringung er aber nicht unmittelbar beteiligt ist:

> Die Rasse, die Norm als Anlage ist nur die notwendige materielle Grundlage der Norm als Erfüllung. Der Mensch, wie er in den höchsten Personen einer edlen Rasse gegeben ist, ist nur erst das Gefäß, in dem sich die Norm erfüllen kann. […] Die Erfüllung der Norm, diese schöpferische Aufgabe, ist damit nur vorbereitet. Nur im wirklichen Leben geschieht diese Erfüllung, und auch dies weist uns auf das Leben der Gemeinschaft.[151]

Der Unterschied zum ‚alten‘ Adel ist aus Hildebrandts Sicht ganz deutlich. Die Ausleseprozesse geschehen nicht mehr, wie bei den „adligen Kasten“ früherer Zeiten, auf der höchsten Ebene der sozialen Hierarchie. Der „Ausfall in der Kinderzahl“ auf der Ebene des „wahren Adels“ müsse vielmehr „durch eine breite Mittelschicht leicht ersetzt werden“ können. Die Aufgaben der Züchtung der (leiblich) Besten werden in Hildebrandts Modell an eine Klasse delegiert, die in *Norm und Entartung* als „Mittelschicht“ bezeichnet wird. In dieser müssten dem Mediziner zufolge „eine große Menge tüchtiger Rassenlinien verharren, weder den Schäden noch den Vorteilen höchster Zivilisation ausgesetzt“[152]. Diese Schicht dient gewissermaßen als Reservoir, in dem strengste Auslese und „Ausmerze“ herrscht und aus dem sich die vom Fortpflanzungsprozess der Gesamtgesellschaft entkoppelte aristokratische Oberschicht nach den Prinzipien einer ‚geistigen Zeugung‘ rekrutiert. Von der Warte dieses Modells aus kann dann auch eine Kritik an den „adligen Rasselinien“ früherer Zeiten erfolgen. Was Hildebrandt kritisiert, ist deren angebliche Präferenz rein „sexueller“, will sagen: radikal am Züchtungsgedanken ausgerichteter Selektion, welche die sublimen „erotischen Bedürfniss[e]“, die für eine wahre Bildung notwendig seien, außer Acht lässt:

151 Hildebrandt, Norm und Entartung des Menschen. S. 270.
152 Ebd. S. 260.

> Gerade in Zeiten hervorragender und edler Zuchtwahl haben Adelsgeschlechter ihre Kinder gepaart, ohne nach den erotischen Bedürfnissen zu fragen. Es ist eine unbewiesene Annahme, daß das erotische Gefühl unmittelbar zur Güte der Nachkommenschaft von Bedeutung sei. Zur Fortpflanzung gehört auch das Streben, die Kinder bis zur Artnorm zu führen, Aufzucht und Unterricht.[153]

Im Sinne des Platon-Exegeten Hildebrandt ist das „Erotische" ein Synonym für das „Geistige": „Nur das Erotische ist dem Geistigen verwandt, ja diesem, wenn es schöpferisch ist, identisch."[154] Auf der höchsten Ebene der von ihm formulierten Aristokratie herrscht das Ideal der Knabenliebe, der ‚Kalokagathie' und der „geistigen Zeugung", gleichwohl fußt das Modell auf einer als notwendig erachteten biologischen Vorauswahl der ‚Besten'.

Besagt Georges Prinzip der ‚geistigen Zeugung', dass „die vom ‚weib' bereitgestellte menschliche ‚Materie' erst durch männliche ‚geistige' Zeugung geschaffen und zum Leben erweckt"[155] wird, so ließe sich in Hildebrandts Modell eine erschreckende, aber konsequente Adaption der literarischen Adelssemantik des *Sterns* erkennen. „Das weib gebiert das tier • der mann schafft mann und weib"[156], heißt es im „Dritten Buch". Auf verstörende Weise harmonisiert Hildebrandts Modell die Inkonsistenzen der literarischen Adelssemantik des *Sterns,* indem darin die ‚geistige Auslese' und die ‚leibliche Auslese' in ein hierarchisches soziales Modell integriert werden, das schlussendlich dem Ideal der ‚Kalokagathie' im Sinne von leiblicher und geistiger Idealität verpflichtet bleiben soll.

5.2 Georges ‚Neuer Adel' im Nationalsozialismus

5.2.1 ‚Prophetie und Erfüllung' – Hitler als der „Träger eines neuen Adels"

Stefan George stand zu Beginn der 1930er Jahre vor der Herausforderung, auf die wachsende Politisierung und weltanschauliche Inhomogenität seiner unmittelbaren Umgebung reagieren zu müssen. Die Fälle des Missbrauchs der georgeanischen

153 Ebd. S. 73.
154 Ebd. S. 74.
155 Dörr, Muttermythos und Herrschaftsmythos. S. 13.
156 George, Der Stern des Bundes (SW VIII). S. 96.

Ideen und Konzepte, innerhalb und außerhalb des Kreises, nahmen in dieser Phase dramatisch zu.[157] Diese gilt insbesondere für den ‚Neuen Adel'.

Wie man vonseiten der neuen Machthaber das Verhältnis zu George (zumindest anfänglich) am liebsten sehen wollte, bringt der Zeitungsartikel *George der Künder – Hitler der Führer* von Peter Hagen auf den Punkt, der am Tag nach Georges Tod in Joseph Goebbels' Berliner NSDAP-Kampfblatt *Der Angriff* (gemeinsam mit dem Wortlaut von Goebbels' Beileidstelegramm an die Schwester Georges) abgedruckt wurde. In Hagens Artikel heißt es unter anderem:

> Nietzsche war der Warner, George vollendet dessen Mahnung und wurde Seher, Künder und Deuter. Hitler wurde der Führer, wurde der Träger eines neuen Adels, von dem George sang:
>
> *„Neuen Adel, den ihr suchet*
> *Führt nicht her von Schild und Krone …*
> . . . . .
> *Stammlos wachsen im Gewühle*
> *Seltne Sprossen eignen Ranges,*
> *Und ihr kennt die Mitgeburten*
> *An der Augen wahrer Glut"*
>
> Die Kreise um George selbst, die ihn zu deuten versuchten, tappten im Dunkeln. Sie verstanden ihren Dichter nicht. Er selbst hat es oft genug ausgesprochen, daß man nicht vom Wort geprägt werden kann, sondern aus den Nöten, Drängen und Geschehnissen der Zeit selbst. Und der Führer, die die „Verlaufenen heimgeißeln" sollte, wurde in keiner literarischen Teegesellschaft, sondern in den Gräbern des Krieges geformt und geprägt. Stefan George ist tot. Sein Werk lebendiger denn je. In Deutschland lebt sein Geist.[158]

Hinter dem Pseudonym ‚Peter Hagen' verbirgt sich der Schriftsteller Willi Krause (1907–1945), der 1934 von Goebbels zum ‚Reichsfilmdramaturgen' ernannt wurde. Hagen/Krause vereinnahmt Georges Adels-Gedicht für den Nationalsozialismus. Die Art und Weise dieser Vereinnahmung ist durchaus exemplarisch. George wurde eine „Brückenfunktion zugeschrieben in einer Ahnenreihe der völkischen

157 Zur Georges Rolle im Nationalsozialismus vgl.: Petrow, Michael: Der Dichter als Führer? Zur Wirkung Stefan Georges im ‚Dritten Reich'. Marburg 1995.

158 Hagen, Peter: George der Künder – Hitler der Führer. In: Der Angriff, 05.12.1933. S. 2.

Wiedergeburt, die intellektuelle, künstlerische und politische Momente verschmelzen will"[159]. Gezeichnet wird eine aufsteigende Linie, die von Nietzsche über George zu Hitler führt. Eine solche Konstruktion ist freilich nicht völlig neu, sondern dockt an kreisinterne Denkfiguren an. Bereits im *Stern des Bundes* wurden, wie gezeigt, Nietzsche und George im Hinblick auf ihre Forderung nach einem ‚neuen Adel' in ein Verhältnis von Prophetie und Erfüllung gesetzt. Der Autor erweitert diese Linie, indem er sie mit Adolf Hitler enden lässt.

Der Artikel fand breiten Widerhall, etwa auch in der von Heinrich von Gleichen-Rußwurm (1882–1959) herausgegebenen Wochenzeitung *Der Ring,* bekanntlich das Zentralorgan der neurechten ‚Ring-Bewegung'. In dem ganzseitigen Leitartikel *Konzentration* schreibt ein nicht genannter Autor:

> Ein großer Dichter ist in diesen Tagen von uns gegangen: Stefan George. Wie wir im „Angriff", wohl aus der Feder eines Mannes, der sich schon früh zu dem Kreis um Stefan George zählte, lesen: „Es schloß sich der Mund, der den Umbruch der Zeit prophezeite und eine neue sittliche Ordnung predigte. Daß Stefan George der erste Seher, Künder und Deuter dieser gewaltigen Zeitenwende wurde, hebt ihn schon heute über die nationalen Grenzen zur Weltgeltung empor. Nietzsche war der Warner, George vollendet dessen Mahnung und wurde Seher, Künder und Deuter. Hitler wurde Führer, wurde der Träger eines neuen Adels."
>
> Alle aristokratische Ordnung ist eine Frage der Haltung und der Form. Auch Preußen war Form und Haltung, war aristokratische Ordnung des Lebens nach der Leistung, war „In-Form-Sein" für eine Aufgabe in der Tradition einer Grenzwacht deutscher, faustischer Kultur [...]. Nicht nur im Innern, vor allem auch nach außen, haben wir die aristokratische Tugend der Selbstverantwortlichkeit nötiger denn je. Wir erleben die Konzentration der Führung, die das Vertrauen des Führers zur verantwortlichen Mitarbeit an dem Werk beruft, das auch ein weiteres Jahrhundert Kampf bleiben wird.[160]

---

159 Kolk, Literarische Gruppenbildung. S. 499.

160 [o. A.]: Konzentration. In: Der Ring, 6/2 (1933). S. 779. Der zitierte Abschnitt aus dem *Ring* findet sich als Zitat vollständig auch in dem DAAD-Organ *Hochschule und Ausland* in einem Beitrag des Staatswissenschaftlers und Mitarbeiters der kulturpolitischen Abteilung des Auswärtigen Amtes Kurt Goepel: Zeitschriftenschau: Politische Zeitschriften – Zeitschriften für Ostpolitik. In: Hochschule und Ausland. Monatsschrift für Kulturpolitik und zwischenstaatliche geistige Zusammenarbeit, 12/2 (1934). S. 58–67. Hier: S. 62. Die Passage dient Goepel als Beispiel, um den Stil und das weltanschauliche Profil der Wochenschrift *Der Ring* einem an Deutschland interessierten akademischen Auslandspublikum näherzubringen.

Anhand der beiden Artikel – auf der einen Seite populistisches NS-Massenblatt, auf der anderen das Organ der elitären Jungkonservativen – lässt sich ein Bogen zwischen Positionen der extremen Rechten zu Beginn der 1930er Jahre spannen. Auffällig sind dabei die Unterschiede in der Bewertung des Dichters und seines Kreises. Im *Angriff* wird der George-Kreis mit einem für die Zeitung typischen Affekt als „literarisch[e] Teegesellschaft" abqualifiziert. Ziel ist die Isolierung des Dichters von seinem Kreis. Die Würdigung gilt allein ihm, nicht seinen Jüngern, die ihn missverstanden hätten. Der ungenannte Autor des *Ring*-Artikels erklärt dagegen Peter Hagen selbst zu einem Georgeaner, wodurch der Eindruck entsteht, jener schreibe aus intimer Kennerschaft. Anders als im *Angriff* werden im *Ring* George und sein Kreis nicht auseinanderdividiert. George *und* seinem Kreis wird eine Nähe zu den neuen Machthabern attestiert. Zugleich instrumentalisiert auch der *Ring* Georges Adelssemantik für den eigenen Aristokratismus, in diesem Fall einen mit Spengler'schen Denkfiguren („faustische Kultur") durchsetzten nationalistisch-elitären um Kernbegriffe wie ‚Preußen', ‚Ordnung', ‚Haltung' und ‚Form'. Bei Hagen/Krause findet sich dagegen ein populistischer Antiintellektualismus, verbunden mit einer Aufwertung von ‚Blut' und ‚Rasse'. Suggeriert wird, dass Georges ‚Neuer Adel' gerade kein Adel des Geistes sei, zu dem ihn die „Teegesellschaft" der bürgerlich-verweichlichten ‚Jünger' machen wollte, sondern ein Adel von „Blut" und „Rasse":

> George erweckte in einer Epoche sogenannter Geistigkeit den Sinn für die urgewaltigen, lebensspendenden Kräfte des Blutes. Er zertrümmerte das goldene Kalb des Intellekts, um das die Schemen, die Schatten jener Wesen ihren Tanz aufführten, die sich noch Menschen nannten, aber alle Kräfte und Grenzen von Blut und Rasse leugneten.[161]

Im Aristokratismus-Diskurs lässt sich in jener Zeit eine zunehmende Polarität zwischen ‚Rassen-' und ‚Geistesadel' ausmachen.[162] In Peter Hagens Artikel wird dies exemplarisch deutlich, wenn darin die Merkmale „Rasse" und „Blut" gegen den Wert „Geistigkeit" ausgespielt werden. Das für Georges Adelssemantik zentrale Prinzip der ‚Kalokagathie', das unscharfe Nebeneinander ‚materieller' und ‚geistiger' Eignungskriterien also, bot dabei Anschlussmöglichkeiten für Vereinseitigungen in beide Richtungen.

161 Hagen, George der Künder – Hitler der Führer. S. 1.
162 Zum ‚Rassenadel' vgl. Gerstner, Neuer Adel. S. 110–196.

5.2.2 Aristokratismus um 1933 – Zur Polarität von ‚Geist' und ‚Rasse'

Beispiele für die wachsende Polarität zwischen den Kategorien ‚Geist' und ‚Rasse' im Aristokratismus-Diskurs der frühen 1930er Jahre finden sich etwa in Richard Walther Darrés (1895–1953) programmatischem Werk *Neuadel aus Blut und Boden*, das 1930 erstmals erschien und bis 1945 zahlreiche Auflagen erlebte. Darré ist ein exponierter Vertreter des in die nationalsozialistische Ideologie einmündenden ‚Rassenaristokratismus'. Er beruft sich in seinen Angriffen auf den Geistesadel auf Friedrich Nietzsche. Dem Philosophen wird eine entscheidende Autorität bei dem Kampf gegen einen „Adel des Geistes" zugeschrieben:

> Auch solche Vorschläge tauchen heute wieder auf, welche – (z.B. Bruno Goetz, Neuer Adel, Darmstadt, 1930) – die Erblichkeit des Blutes leugnen und von einem *„Adel des Geistes"* sprechen. Derartigen Forderungen hat eigentlich Fr. Nietzsche schon einmal eine deutliche Absage erteilt [...]: „Es gibt nur Geburtsadel, nur Geblütsadel. (Ich rede hier nicht vom Wörtchen ‚von' und dem Gothaischen Kalender: Einschaltung für Esel.) Wo von ‚Aristokraten des Geistes' geredet wird, da fehlt es zumeist nicht an Gründen, etwas zu verheimlichen; es ist bekanntermaßen ein Leibwort unter ehrgeizigen Juden. Geist allein nämlich adelt nicht; vielmehr bedarf es erst etwas, das den Geist adelt. – Wessen bedarf es dazu? Des Geblüts."[163]

An anderer Stelle, dabei auch mit Kritik an Vertretern der sogenannten „rassischen Seelenkunde", wendet sich Darré dagegen, wie „gedankenlos und denkunrichtig heute von manchen Seiten die Begriffe Idealismus und Materialismus in allen Fragen, welche die Rassenkunde angehen, gehandhabt" würden. Darré geht es um eine vorgeblich wissenschaftlichen Kriterien standhaltende, von ihm als „materialistisch" bezeichnete Lehre. Die Rede ist von „stofflichen Vererbungsgesetze[n]"[164], bei denen die Existenz geistiger und „seelischer" Eigenschaften zwar nicht völlig ausgeschlossen werden könne, diese aber aufgrund ihrer empirischen Unzugänglichkeit als Gegenstand einer (vermeintlich) naturwissenschaftlichen Rassetheorie keine wesentliche Rolle spielen dürften. Insgesamt wird Idee eines von den „Erbgesetzen" unabhängigen Geistesadels verabschiedet[165]:

---

163 Darré, Neuadel aus Blut und Boden. S. 14.
164 Ebd. S. 139.
165 Ebd.

> Solange jedenfalls die Vereinigung der beiden elterlichen Erbmassen [...] notwendig ist, um einem Kinde das Leben zu schenken, solange werden selbst die ausschließlich auf das „Geistige" oder „Seelische" Eingeschworenen nicht umhin können zuzugeben, daß das, was ein Mensch ist, an stoffliche Gesetze gebunden ist. [...] Wer dies aber nicht zugeben will, der sei dann wenigstens auf seinem Standpunkt folgerichtig und lehne auch die Vererbungsgesetze für das Menschengeschlecht grundsätzlich ab, wie es jetzt ehrlicherweise Bruno Goetz [...] getan hat.[166]

Darrés Polemik gegen einen „Adel des Geistes" richtet sich wiederholt ausdrücklich gegen den Schriftsteller Bruno Goetz (1885–1954), der bei Darré stellvertretend für die gesamte Richtung des Geistesadels an den Pranger gestellt wird. Goetz hatte seine Ideen in einem Weltanschauungsbuch mit dem Titel *Neuer Adel* (1929) entfaltet. Goetz, der nach dem Studium ein unstetes Leben als Schriftsteller und Übersetzer führte und zeitweise der Aussteigerkommune am Fuße des Monte Verità bei Ascona angehörte, bezog sich in seinen Ausführungen zum ‚Neuen Adel' seinerseits auf Nietzsche, daneben aber auch auf George und das Gedicht *Neuen adel den ihr suchet:*

> Der geistige Urahn dieser Bewegung ist Friedrich Nietzsche. In seinen Schriften, die so viele von den Zeitläufen inzwischen bestätigte unheimlich prophetische Worte enthalten, stößt man immer wieder auf Gedanken, die um die Notwendigkeit der Stiftung eines Neuen Adels kreisen, auf dessen Schultern die Verantwortung für eine Neugestaltung der Weltordnung läge, – jenes Adels, von dem es bei Stefan George im „Stern des Bundes" heißt:
>
> „Neuer Adel, den ihr suchet,
> stammt nicht her von Schild und Krone.
> ....
> ....
> Stammlos wachsen im Gewühle
> seltne Sprossen eignen Ranges,
> und Ihr kennt die Mitgeburten
> an der Augen wahrem Glanz."[167]

Der Eindruck entsteht, als zitiere Goetz das Adels-Gedicht Georges mehr oder weniger aus der Erinnerung, von Georges Konventionen der Kleinschreibung und

166 Ebd. S. 140.
167 Goetz, Bruno: Neuer Adel. Darmstadt 1930. S. 6.

Interpunktion wird jedenfalls ebenso abgewichen wie vom originalen Wortlaut. Typisch ist allerdings auch bei Goetz die Konstruktion einer Verwandtschaft zwischen Nietzsche und George, ihre Erhebung zu ‚Urahnen' des ‚Neuen Adels'.

Richard Walther Darré erwähnt in *Neuadel aus Blut und Boden* Stefan George mit keinem Wort. Angesichts der Nachdrücklichkeit, mit der er Goetz und seine Ideen von einem ‚Neuen Adel' in die Tradition Stefan Georges stellt, ist allerdings davon auszugehen, dass Darré in seinen Angriffen den ungleich berühmteren Dichter und seinen Kreis zumindest mitgemeint haben dürfte. Goetz' Vorstellungen von einem ‚neuen Adel' weisen jedenfalls eine geradezu frappierende Ähnlichkeit mit Georges Adelssemantik aus dem *Stern des Bundes* auf. So definiert Goetz seinen ‚Neuen Adel' als einen „Bund von Persönlichkeiten", für den die Regeln des Geburtsadels nicht mehr gelten sollen. Es sind gerade Stellen wie die folgende, die sich wie Paraphrasen des Adels-Gedichts von Stefan George lesen:

> Der Neue Adel des kommenden Reiches ist [...] ein Stand, der [...] weder aus herrschenden Familien und Geschlechtern besteht, noch sich durch Vererbung ergänzt, sondern einen Bund von Persönlichkeiten darstellt, die alle diejenigen rücksichtslos von sich fern halten, die wesentlich unadelig sind, mögen sie auch die Abkömmlinge von Fürsten und Königen früherer Zeiten, von erlauchtesten Genien und ehrwürdigsten Familien sein.[168]

5.2.3 Vom ‚Adel' Georges zum ‚Adel' Hitlers? – Der Streit unter den ‚Jüngern'

Eine bedrohliche Qualität erreichte die Debatte für die NS-Gegner aus dem Kreis Georges bereits in den letzten Lebensmonaten Georges, als das Deutungsschema ‚George der Künder – Hitler der Führer' von mehreren Kreis-Mitgliedern öffentlich aufgegriffen wurde. Das Konzept ‚Neuer Adel' in der Prägung, die ihm George verlieh, spielte dabei eine zentrale Rolle. Zugleich trat die Adelssemantik Georges in ein neues, letztes Stadium der historischen Aushandlung und Umdeutung ein. Beobachten lässt sich eine diskursive Engführung von Georges Modell des ‚Neuen Adels' mit in die nationalsozialistische Ideologie einmündenden Vorstellungen von einem Adel der ‚Rasse'. Das Eingreifen der Georgeaner in den Streit um Georges vermeintliche ‚Ahnherrschaft' zum Nationalsozialismus und die Rolle des ‚Neuen

168 Ebd. S. 148.

Adels' in diesem Kontext lassen sich exemplarisch an drei Reden aus dem Jahr 1933 nachvollziehen.

Zum einen ist dies Ernst Bertrams Rede *Möglichkeiten deutscher Klassik,* die an der Universität Bonn gehalten wurde.[169] Zum Zweiten die in Tübingen gehaltene Rede *Das revolutionäre Ethos bei Stefan George* von Woldemar von Uxkull-Gyllenband. Die beiden Vorträge fanden am 12. Juli 1933 zu Ehren des 65. Geburtstags von Stefan George statt und wurden wenig später publiziert. In beiden Texten wird George zum *poeta vates,* gar zum „Mitheraufführer"[170] von Hitlers Reich erhoben. Die Redner traten mit dem Anspruch auf, sie sprächen quasi für den sich in Schweigen hüllenden Dichter. So erklärte Woldemar von Uxkull, er ergreife das Wort, damit „endlich einmal ausgesprochen wird, wovor man sich jahrelang scheute"[171]. Ernst Kantorowicz (1895–1963) nimmt in seiner, der dritten hier berücksichtigen, Rede mit dem Titel *Das Geheime Deutschland,* gehalten am 14. November 1933 an der Goethe-Universität zu Frankfurt am Main, eine scharfe Gegenposition ein.[172] Kantorowiczs Rede lässt sich als Rettungsversuch Georges und seines Werkes verstehen, zum einen vor der Vereinnahmung durch die Nationalsozialisten, zum anderen vor den NS-Sympathisanten aus den eigenen Reihen.

Allen Reden gemeinsam ist, dass man sich in ihnen positiv auf den wesentlich im *Stern des Bundes* formulierten ‚Neuen Adel' berief, der mit dem alten Adel von ‚schild' und ‚krone' nichts gemein haben sollte. Der Umstand, dass insbesondere Georges Gedicht *Neuen adel den ihr suchet* der jeweiligen Position entsprechend unterschiedlich ausgelegt wurde, lässt die Tatsache unberührt, dass für alle Redner offenbar keine Veranlassung bestand, die innovative Verwendung des Begriffs ‚Adel' ganz grundsätzlich zu rechtfertigen. ‚Adel' und ‚Aristokratismus' hatten sich tatsächlich längst als „politisch-soziale Schlüsselbegriffe im George-Kreis"[173] etabliert und die Emanzipation von einer ursprünglichen, engen, allein auf die historische Gruppe ‚Adel' referierenden Bedeutung war offenbar auch außerhalb des Kreises so weit fortgeschritten, dass man diesen Umstand einer akademischen Öffentlichkeit nicht erst umständlich erklärt musste.

169 Uxkull-Gyllenband, Das revolutionäre Ethos bei Stefan George.

170 Bertram, Ernst: Möglichkeiten deutscher Klassik. Rede zu Georges letztem Geburtstag, Juli 1933, in der Universität Bonn. In: ders.: Deutsche Gestalten. Fest- und Gedenkreden. Leipzig 1934. S. 246–279. Hier: S. 246.

171 Uxkull-Gyllenband, Das revolutionäre Ethos bei Stefan George. S. 3.

172 Kantorowicz, Das Geheime Deutschland.

173 Stiewe, „Neuen adel den ihr suchet ...". In. Aristokratismus und Moderne. S. 281.

5.2.3.1 Woldemar von Uxkull: *Das revolutionäre Ethos bei Stefan George* (1933)

Die Rede von Uxkull-Gyllenband zeichnet sich durch eine pathetische Rhetorik aus, die selbst für die Verhältnisse der Georgeaner hypertrophe Züge annahm. Auf knappem Raum rezitiert Uxkull mehrere Gedichte Georges, teilweise in voller Länge. Unmissverständlich wird Georges *Neues Reich* dabei mit dem Reich Hitlers gleichgesetzt. Die Rede gipfelt in einem enthusiasmierenden Aufruf an die Zuhörer:

> Kommilitionen! Viele von Ihnen werden berufen sein, im neuen deutschen Staat zu führen. Wenn sie wirklich gewillt sind, ein neues Lebens- und Staatsgesetz zu bejahen, so sollten die wenigen Bruchstücke des heutigen Abends Ihnen gezeigt haben, wie in Werk und Leben Stefan Georges der ungeheure Umbruch beschlossen liegt […].[174]

Uxkull bekräftigt die Deutung des *Sterns des Bundes* als eines ‚poetischen Kodex'. Dem Redner zufolge handelt es sich bei dem Band um ein „heiliges Buch, in welchem das ewige Gesetz von Gott, Welt und Mensch wie in Erz gemeißelt für den anbrechenden Aeon, die neue Ewe, aufgestellt ist"[175]. Nachdem er George in dieser Weise mit umfassender Autorität als Deuter und Seher ausgestattet hat, kommt Uxkull schließlich auf den ‚Neuen Adel' zu sprechen. „Mit derselben unheimlichen Sicherheit, die aus dem letzten Wissen um die Urwerte der Welt kommt, ist das Gesetz für die Ungeborenen im letzten Teil des Buches [das „Dritte Buch" des *Sterns;* JdV] aufgestellt. Dort wird auch das Bild des neuen adligen Menschen gefordert"[176].

Im Anschluss wird *Neuen adel den ihr suchet* vollständig rezitiert. Uxkull macht dabei den ‚Neuen Adel' zum Synonym des ‚Neuen Menschen'. Das in der ersten Hälfte des 20. Jahrhunderts weit verbreitete, insbesondere auch in den *Jahrbüchern* des Kreises verhandelte Konzept des ‚Neuen Menschen' wurde im Nationalsozialismus rasseideologisch gefüllt. Uxkull verknüpft, daran anschließend, nicht nur den ‚Neuen Menschen' und den ‚Neuen Adel' ganz allgemein, er insinuiert im gleichen Zuge eine Übereinstimmung der Adelssemantik Georges mit der nationalsozialistischen Rassenideologie und der darin zu erkennenden Variante des ‚Neuen Menschen'.[177] Der

174 Uxkull-Gyllenband, Das revolutionäre Ethos bei Stefan George. S. 23.

175 Ebd. S. 20.

176 Ebd. S. 21.

177 Thamer, Der „neue Mensch" als nationalsozialistisches Erziehungsprojekt. S. 83. Thamer führt weiter aus: „Für die Nationalsozialisten war der Neue Mensch, bei aller mentalen Nähe, die sich aus den Krisen und Endzeiterwartungen ergab, vor allem der rassenideologisch definierte Mensch und das bedeutete im Unterschied etwa zu den Vorstellungen der

Vortrag endet kurz darauf mit einem weiteren umfangreichen George-Gedicht, der 30 Verse umfassenden letzten Strophe von *Der dichter in zeiten den wirren* aus dem *Neuen Reich,* die praktisch zeitgleich auch der in Bonn sprechende Bertram aufgriff. Es wird in eine direkte Beziehung zum Adelsgedicht Georges wie auch zur politischen Situation hergestellt, wenn darin von der Mission eines „jungen geschlechts" die Rede ist, aus dem derjenige hervorgehen wird, der ein neues Reich „pflanzt".

5.2.3.2 Ernst Bertram: *Möglichkeiten deutscher Klassik* (1933)

In Ernst Bertrams zeitlich parallel gehaltener Bonner Rede wird der innerhalb des George-Kreises gepflegte Topos des deutschen Philhellenismus von einer geistig-seelischen Verwandtschaft zwischen Deutschenland und Hellas aufgegriffen und völkisch gedeutet, mit George als Gewährsmann. Mit dem entsprechenden Zeitkolorit spricht Bertram von einem „uralt[en] arisch[en], gemeinsam[en] Bluterbe der Nordvölker".[178] Die Antike gilt dem Germanisten dabei, so Michael Petrow, als „Chiffre für eine unverdorbene Zeit organischer Ganzheit; daß diese Ganzheit auch den Gedanken rassischer Reinheit einschließt, daran läßt er keinen Zweifel"[179]. Bertram erteilt, hierin zugleich Georges Adelssemantik aufgreifend, eine Absage an die Idee eines „Geistesadels", wie ihn die im Laufe der Rede immer wieder attackierten „Humanisten" angeblich pflegten, denen jedes Bewusstsein für das abgehe, was Bertram die „Rangordnung des Geblüts" nennt. Er beruft sich dabei auf Nietzsche, den er als „Georges Lehrer" bezeichnet: „Wir sahen auch den wohlmeinenden Humanisten achselzuckend über Nietzsches, des Humanisten, Mahnwort: ,Geist allein adelt nicht; vielmehr bedarf es etwas, das den Geist adelt: des Geblüts'."[180]

Bertram zitiert eine vielfach instrumentalisierte Passage aus Nietzsches *ex post* erschienenem ,Hauptwerk' *Der Wille zur Macht*[181]. Für Bertram ist George alles andere als ein Fürsprecher eines Geistesadels in der Art, wie ihn Nietzsche angeblich verurteilt hatte. Die kommende junge Generation müsse sich von neuem auf eine Verwandtschaft zwischen Deutschen und Hellenen besinnen, so Bertram. Das Weltkriegsgedicht *Der dichter in zeiten der wirren* aufgreifend, sieht Bertram Georges historische Leistung darin, dass er den

Jugendbewegung vor allem Inklusion und Exklusion, d.h. auch Züchtung und Gewalt." (S. 82).

178 Bertram, Möglichkeiten deutscher Klassik. S. 256.

179 Petrow, Der Dichter als Führer? S. 56.

180 Bertram, Möglichkeiten deutscher Klassik. S. 256.

181 Friedrich Nietzsche: Nachgelassene Fragmente 1882–1884 (KSA 10). München 2007. S. 678.

dorischen Begriff Platons von der βασιλικὴ φυλή, der „königlichen Jugend" eines Volkes wieder lebendig gemacht [hat], der verloren war. Und er hat zugleich diesem Bild einer Adelsjugend die deutschen Züge geliehen neben den immer geliebten der dorischen der griechischen Frühe: die staufischen Züge des bamberger königlichen Reiters, die romantischen des hölderlinisch-jean-paulischen Jünglings; und die stählernen der jungen Führer im Ersten Weltkrieg.[182]

Aus dem Bewusstsein dieser durchaus biologischen, keinesfalls etwa ‚nur' geistigen Verwandtschaft erwächst ein Anspruch der Deutschen darauf, einen ‚Neuen Adel' zu bilden. Gerade das habe George betonen wollen und sei dafür „verspottet" worden. Klar sei überdies, dass George nicht zu den Vertretern eines Geistesadels zu zählen sei, die blind gegenüber der Bedeutung der Rasse, insbesondere dem Schicksal des „schwer gefährdet[en] Nordblut[es]"[183] seien. Bertram gibt sich in derartigen Aussagen als Vertreter eines auch ‚rassisch-völkisch' fundierten Neuadels zu erkennen. Das Konzept ‚Adel' verbindet er mit der Idee (vermeintlich) naturgegebener Ungleichheit bzw. einer naturgegebenen Superiorität weniger. Dies erlaubt es Bertram schließlich auch, von einer „Rückkehr unseres Volkes zur alten Bestimmung, Adel der Völker zu sein"[184], zu sprechen.

5.2.3.3 Ernst Kantorowicz: *Das Geheime Deutschland* (1933)

In seiner inhaltlich ungemein dichten Frankfurter Rede, gehalten im November 1933, nahm Kantorowicz teilweise Gedanken auf, die er zuvor bereits an anderer Stelle entfaltet hatte. Die Bekanntheit des Redners über Fachkreise hinaus verdankte sich der 1927 erschienenen Biographie Friedrichs II., die den mittelalterlichen Herrscher in den Rang einer historischen Allegorie des „Geheimen Deutschlands" erhob.[185] Das Buch hatte auch kreisintern eine große Bedeutung. Zum Zeitpunkt seines Erscheinens war der Friedrich- und Stauferkult die „vielleicht [...] wichtigste historische Mythe"[186] des Kreises. Methodisch folgt Kantorowiczs Werk der Produktionsästhetik der ‚Geistbücher' des George-Kreises, die in der „Kunst[,] Bilder zu evozieren"[187],

182 Bertram, Möglichkeiten deutscher Klassik. S. 276 f.

183 Ebd. S. 263 f.

184 Petrow, Der Dichter als Führer? S. 56.

185 Vgl. Kraus, Hans-Christof: Das geheime Deutschland. Zur Geschichte einer Idee. In: Historische Zeitschrift, 291 (2010). S. 385–417.

186 Raulff, Kreis ohne Meister. S. 116.

187 Gudian, Janus: Ernst Kantorowicz. Der „ganze Mensch" und die Geschichtsschreibung. Frankfurt am Main 2014. S. 74.

bestand. Entworfen wurden „Bilder" historischer Persönlichkeiten, in denen stets die Umrisse Georges erkennbar blieben. Kantorowiczs Buch ist ein Musterbeispiel dieser „metaphorischen Politik" (Raulff). Kognitionstheoretisch bildet in der Stauferbiographie das historische Setting des Hochmittelalters einen ‚mentalen Raum' erster Ordnung. Ein ‚mentaler Raum' zweiter Ordnung ist die nicht explizit, wohl aber implizit stets mitgedeutete und mitverhandelte historische Gegenwart des Lesers. Hinzu kommt, als dritter, vermittelnder *mental space,* ein abstrakter Frame, der die Ideologeme des Kreises repräsentiert und durch Inferenzen eine Dynamisierung beider Ebenen ermöglicht.[188] Das Zusammenspiel dieser unterschiedlichen Ebenen der Projektion zeigt sich beispielhaft in der Schilderung des berühmten Hofs Friedrichs in Sizilien[189]:

> Etwas wie die Ausbreitung einer neuen Lehre ging von dem Hofkreise aus und dies wäre überhaupt eines der Kennzeichen: das Hereinbrechen eines jungen Geistes in eine Auflösungs- und Spätzeit, eines Lebendigen, das ganz von selbst alles Lebendige anzog. Geistig Überaltertes hatte in diesem Staate nirgends mehr Platz, ja die ganze kaiserliche Umgebung war nicht nur dem Geist, sondern auch dem tatsächlichen Alter nach unvergleichlich jung und vollblütig und lebendig.[190]

In der vordergründigen Schilderung der mittelalterlichen Szene erscheint zugleich die historische Gegenwart als erlösungsbedürftig. Mit dem Begriff der Präfiguration ist das zur Anschauung gebrachte Prinzip nur ungenau beschrieben. Passender erscheint der Begriff des *cross-space mapping.* Erkennbar wird eine schwebende Kopräsenz verschiedener, sich überlagernder ‚mentaler Räume', die leserseitig einem *blending* unterzogen werden sollten.

Gegen eine solche Art von Historiographie formierte sich vonseiten der akademischen Geschichtsschreibung Ende der 1920er Jahre erstmals massiver Widerstand. Der prominente Mediävist Albert Brackmann (1871–1952) bezeichnete das methodische Vorgehen Kantorowiczs als eine *„imagination créatrice".* Diese sei – wie im George-Kreis insgesamt – „auch bei ihm [Kantorowicz; JdV] stärker gewesen als

188 Vgl. Fauconnier; Turner, The Way we Think. „The organizing frames in two spaces are analogous when there is a more abstract frame that applies to both of them. In that case, Analogy connects the organizing frames of the two spaces." (S. 106).

189 Vgl. Gudian, Ernst Kantorowicz. S. 61.

190 Kantorowicz, Ernst: Kaiser Friedrich der Zweite. Hauptband. Mit einem biographischen Nachwort von Eckhart Grünewald. Stuttgart 2010. S. 239.

der reale Wirklichkeitssinn"[191]. Brackmann, Generaldirektor der preußischen Staatsarchive und nach 1933 „Integrationsfigur der deutschen Geschichtswissenschaft im Nationalsozialismus"[192], wurde zum schärfsten Kontrahenten des Georgeaners in der sogenannten ‚Mythenschau-Kontroverse', die überwiegend an prominenter Stelle, nämlich in der von Brackmann mit herausgegebenen *Historischen Zeitschrift* ausgetragen wurde. Die Angriffe galten nicht nur Kantorowicz, sondern der heterodoxen Geschichtsschreibung der Georgeaner insgesamt.[193] Der Erfolg des Staufer-Buches lag Brackmann zufolge wesentlich in der „fesselnden Form der Darstellung". Erreicht werde dies „durch [...] die sich steigernde Verwandlung von Realitäten in Symbole und von Symbolen in Realitäten [...]"[194]. Brackmann belehrt Kantorowicz schließlich darüber, dass „ein ganz beträchtlicher Unterschied" bestehe „zwischen dem bildmäßigen Vergleich und der realen Wirklichkeit, zwischen Wort und Tat"[195].

Kantorowicz reagierte auf die scharfe Kritik 1930 mit einer Rede auf dem Historikertag in Halle. Sich ostentativ als akademischen Außenseiter einführend und durch seinen Habitus den weltgewandten Dichter suggerierend, setzte Kantorowicz zu einer umfassenden Apologie an. Die Rede mit dem Titel *Grenzen, Möglichkeiten und Aufgaben der Darstellung mittelalterlicher Geschichte*[196] gilt als „eine historiographische Grundsatzerklärung des George-Kreises"[197]. Kantorowicz fordert darin, an den Geist der *Jahrbücher für die geistige Bewegung* aus der Vorkriegszeit

191 Brackmann, Albert: Kaiser Friedrich II. in mythischer Schau. In: Historische Zeitschrift, 140 (1929). S. 534–549. Hier: S. 548.

192 Haar, Ingo: Historiker im Nationalsozialismus. Deutsche Geschichtswissenschaft und der „Volkskampf" im Osten. 2. durchgesehene und verbesserte Auflage. Göttingen 2002. (= Kritische Studien zur Geschichtswissenschaft, Band 143). S. 106.

193 Die Hintergründe sowie die öffentliche Rezeption der Auseinandersetzung zwischen Brackmann und Kantorowicz, insbesondere auch die apologetische Rede von Kantorowicz auf dem Historikertag 1930 in Halle, finden sich in: Grünewald, Eckart: Ernst Kantorowicz und Stefan George. Beiträge zur Biographie des Historikers bis zum Jahre 1938 und zu seinem Jugendwerk ‚Kaiser Friedrich der Zweite'. Wiesbaden 1982. (= Frankfurter Historische Abhandlungen, Band 25).

194 Brackmann, Albert: Nachwort. Anmerkungen zur Kantorowicz' Erwiderung. In: Historische Zeitschrift, 141 (1930). S. 427–478. Hier: S. 475.

195 Brackmann, Kaiser Friedrich II. in mythischer Schau. S. 547.

196 Kantorowicz, Ernst: Grenzen, Möglichkeiten und Aufgaben der Darstellung mittelalterlicher Geschichte. Hrsg. von Eckhart Grünewald. In: Grünewald, Eckart: Sanctus amor patriae dat animum – Ernst Kantorowicz auf dem Historikertag zu Halle a.d. Saale im Jahr 1930. In: Deutsches Archiv zur Erforschung des Mittelalters, 50 (1994). S. 89–126.

197 Grünewald, Eckart: Ernst Kantorowicz. In: George-Handbuch. Band 3. S. 1471–1477. Hier: S. 1472.

anknüpfend, eine Wissenschaft im Zeichen des neuen, „ganzen Menschen". Dies schließt die Idee einer Kongenialität, einer Verschmelzung von Dichter und Historiker ein. Die Historiographie verbinde eine „tiefe Wesensverwandtschaft mit der historischen Belletristik": „[F]reies Künstlertum und freies Gelehrtentum schreiten heute schon deutlich sichtbar Hand in Hand, wie man ja auch schon allenthalben historische Forschung und historische Belletristik trotz ihrer Feindschaft mit Recht als Wechselbegriffe versteht".[198]

Kantorowicz entwarf in seiner viel beachteten Rede schließlich das Konzept einer gleichsam ‚poetischen Geschichtsschreibung', das der akademischen Wissenschaft den Rang streitig machen sollte, zumindest aber in der Lage sein sollte, ‚tiefere' Einsichten zu vermitteln als jene. In der Rede auf dem Historikertag entwickelte Kantorowicz zugleich das erkennbar an der Weltanschauung Georges und seines Kreises geschulte Grundverständnis der eigenen Rolle, die darin bestand, gleichermaßen Wissenschaftler wie Dichter zu sein.

Zum Zeitpunkt der Frankfurter Rede war der Name Kanotorowicz einer intellektuellen Öffentlichkeit also weithin bekannt, was dem Redner besondere Aufmerksamkeit sicherte. Sprachlich changiert seine Rede von 1933 zwischen dem sachlichen Ton des Historikers und einem dichterischen Pathos, wie man es von den ‚Geistbüchern' der Georgeaner her kennt. Kantorowicz gibt sich als seriöser Historiker zu erkennen, wenn er den Ursprung des Begriffs ‚geheimes Deutschland' nicht etwa in mythischen Tiefen sucht, sondern ihn auf Julius Langbehn und Paul de Lagarde zurückführt, ihn also in der Tradition der deutschen Kulturkritik verortet:

> Manchen von Ihnen wird unbekannt sein, dass dieser Begriff „das geheime Deutschland" schon seine Geschichte hat. Von Lagarde geprägt, hat Langbehn, der „Rembrandt-Deutsche" den Begriff übernommen und ihn in dem Sinn angewandt, dass er von Rembrandt, Beethoven, Goethe „als den wahren Kaisern des geheimen Deutschland" sprach. Dann griff Karl Wolfskehl im ersten Jahrbuch für die geistige Bewegung das Wort vom „geheimen Deutschland" auf und gab ihm einen etwas anderen Sinn.[199]

In den Modus des prophetischen Dichters wechselt Kantorowicz, wenn er, wie im George-Kreis typisch, statt auf Diskursivität auf die suggestive Kraft paradoxer

198 Vgl. Kantorowicz, Grenzen, Möglichkeiten und Aufgaben der Darstellung mittelalterlicher Geschichte. S. 121.
199 Kantorowicz, Das Geheime Deutschland. S. 78.

Metaphern, ‚Gleichnisse' und ‚Sinnbilder' setzt, um den behandelten Gegenständen Dignität zu verleihen.

Die Rede von 1933 stand ganz im Zeichen einer Auseinandersetzung, die das Verhältnis des George-Kreises zu den neuen Machthabern betraf. „Den ganzen Sommer" des Jahres 1933, so Thomas Karlauf, hatte sich Ernst Kantorowicz mit der Frage gequält, „ob das Reich, das da heraufgezogen war und das die Rasse zum entscheidenden Kriterium der Zugehörigkeit erklärt hatte, das Reich Georges sein konnte"[200]. Kantorowicz ging es darum, Georges ‚Reich' und dessen ‚Neuen Adel' vor der nationalsozialistischen Vereinnahmung zu schützen. Entscheidend war dabei tatsächlich die Frage nach dem „Kriterium der Zugehörigkeit". Der Historiker wehrte sich mit Nachdruck gegen eine Identifizierung von Georges ‚Neuem Adel' mit einem Adel der ‚Rasse'. Fest stand für ihn, dass das „Deutschtum des ‚Geheimen Deutschland' […] nicht national definiert [ist], nicht völkisch, nicht biologisch"[201]. Um Georges Adel zu verteidigen, bringt Kantorowicz die bekannten Merkmale der georgeanischen Adelssemantik in Stellung: die ‚Stammlosigkeit' des ‚Neuen Adels' sowie die Prinzipien von ‚Kalokagathie', ‚geistiger Zeugung', die die Kontinuität des ‚Neuen Adels' sicherstellen. Das „Reich" Georges sei, wie der Historiker einleitend erklärt,

> ein Reich zugleich von dieser und nicht von dieser Welt .. ein Reich zugleich da und nicht da .. ein Reich zugleich der Toten und der Lebenden, das sich wandelt und dennoch ewig ist und unsterblich – gelenkt von seinen Kaisern und einem Adel, welcher sich nicht aus Zeugungsregeln, sondern durch die Zeugung geheimster Mächte erneuert und somit dem Wirken der Faten noch Raum lässt:
>
> *Stammlos wachsen im gewühle*
> *Seltne sprossen eignen ranges*
>
> Lassen Sie mich von diesen Kaisern und von diesem Adel jetzt sprechen.[202]

200 Karlauf, Stefan George. S. 625.

201 Raulff, Ulrich: Apollo unter den Deutschen. Ernst Kantorowicz und das ‚Geheime Deutschland'. In: „Verkannte Brüder"? S. 179–198. Hier: S. 182. Vgl. auch: ders.: Ernst Kantorowicz – Die zwei Werke des Historikers. In: Nationalsozialismus in den Kulturwissenschaften. Band 2: Leitbegriffe – Deutungsmuster – Paradigmenkämpfe. Erfahrungen und Transformationen im Exil. Hrsg. von Hartmut Lehmann und Otto Gerhard Oexle. Göttingen 2004. S. 451–470.

202 Kantorowicz, Das Geheime Deutschland. S. 81.

Deutlich wird, dass Kantorowicz den Schwerpunkt seiner Argumentation schon zu Beginn der Rede auf die „Zeugungsregeln" legt. Von „Zeugungsregeln" im biologischen Sinne gelte es die nichtgeschlechtliche ‚geheime Zeugung' des ‚neuen Adels' abzugrenzen:

> Denn die Bewohner des „geheimen Deutschland" sind Vornehme, geben sich keinem Zugriff unlauterer Hände preis und überhören den Anruf eines Geschlechts, das
>
> *nicht höhen kennt, die seelen-höhen sind.*
>
> [...] Und von dieser Welt ein Etwas zu ahnen, geschweige zu fassen, ist keine Sache materialistischer Prädestination, sondern neben der selbstverständlichen Helle einzig und ausschliesslich Sache der Ehrfurcht und Sache der Liebe! Das will sagen: Liebe zu der im ‚geheimen Deutschland' verkörperten Dreiheit, die da heisst: Schönheit Adel Grösse![203]

Die Zugehörigkeit zum ‚Neuen Adel' des ‚geheimen Deutschlands' ist eine Sache des platonischen Eros. Mit Nachdruck erfolgt die Absage an einen Adel aus „materialistischer Prädestination", in dem es auf das Erfüllen biologischer „Zeugungsregeln" ankomme. Eine solche Abgrenzung richtet sich nicht mehr gegen den ‚alten Adel', wie dies noch in Georges *Neuen adel den ihr suchet* der Fall war, sondern gegen eine konkurrierende kreisexterne Adelssemantik, einen Adel der ‚Rasse' zumal, wie ihn die Nationalsozialisten vertraten und in dessen Nähe Uxkull und Bertram Georges Adelskonzept in ihren Reden gerückt hatten.

Auch bei Kantorowicz ist durchaus die Rede von ‚Blut' und ‚Zeugung', doch ist entscheidend, dass diese ‚Zeugung' nicht Ergebnis eines biologischen Aktes ist, sondern Resultat einer sublimen, ungeschlechtlichen Liebe. Diese ist wirksam auch in der ‚Verwandtschaft' zwischen Hellas und Deutschland. In Kantorowiczs Ausführungen dazu, die als eine direkte Antwort auf Bertrams Aussagen zur ‚rassischen' Verwandtschaft von ‚Germanen' und ‚Hellenen' gelesen werden können, wird eine „Blutsverwandtschaft" beider Völker durchaus nicht bestritten. Wohl existiert eine solche, nur ist sie „geheim", was bedeutet, dass auch sie zur Erneuerung einer ‚geistigen Zeugung' bedarf:

> Freilich gibt es eine geheime Blutsverwandtschaft zwischen Hellas und Deutschland .. aber sie muss erst gezeugt werden! Denn das Verhältnis ist nicht das von Sohn zu Vater,

203 Ebd.

> sondern von Schüler zu Meister, deren Pulse im Gleichtakt schlagen nur durch gemeinsame Liebe zu gemeinsamem Götterbild und Urbild des Menschen .. oder als Gleichnis: die Verwandtschaft, ja Anverwandlung des Blutes gebiert sich nur aus Liebe und Ehrfurcht gegen Götter und Genien [...] Nur wenn der Jüngling in Ehrfurcht und Liebe sich vor dem Götterbild neigt, nicht wenn der Infantile eine natürliche Sohnschaft nachweist, ertönt die Antwort: *O Sohn!*[204]

Kantorowicz bewegt sich auch hier weitgehend innerhalb der literarischen Adelssemantik Georges. Während bei einem biologischen Adel, gleich ob von ‚Geblüt' oder von ‚Rasse', der Kontinuitätsgedanke in der hereditären Beziehung zwischen „Vater und Sohn" seinen vielleicht unmittelbarsten Ausdruck findet, wird dieser Gedanke bei George (und Kantorowicz) auf das Verhältnis zwischen „Meister und Schüler" übertragen und auf diesem Wege der Verschiebung zu einer „geistigen Liebe" geläutert, die eine „geheime", dadurch gleichwohl nicht weniger substantielle „Blutsverwandtschaft" stiftet. Die Begriffe „Blut" und „Blutsverwandtschaft" sollen, verbunden mit dem Epitheton „geistig", in einer gleichsam metaphysischen Weise in Geltung bleiben, keineswegs ‚nur' metaphorisch verstanden werden. Diese „Zeugung", nimmt man sie wörtlich, trägt Züge eines magischen Vorgangs, einer Art von Transsubstantiation, die „geheim" ist wie das ‚geheime Deutschland' selbst. Auch dieses ist einerseits entrückt in eine überhistorische, zeitlose Sphäre, andererseits „tödlich-faktisch und seiend"[205].

Kantorowiczs Rede folgt auch insofern dem Prinzip der „metaphorischen Politik" Georges, als er gleichsam im Modus der „mystischen Rede" verharrt, in der der „logische Widerspruch von Affirmation und Negation"[206] konsequent unaufgelöst bleibt. Die Ähnlichkeiten zu Georges diskursiver Strategie sind evident, der Unterschied ist jedoch, dass dieser als Medium die Dichtung wählte, in der letztlich auch Widersprüchliches nebeneinander bestehen bleiben konnte, ohne sich dem Vorwurf der argumentativen und semantischen Inkonsistenz im vollen Umfang aussetzen zu müssen. Kantorowicz argumentiert dagegen im Rahmen einer nichtfiktionalen Textgattung. In seiner Rede versuchte Kantorowicz, die Rolle von Dichter und Historiker gleichermaßen auszufüllen. Er folgt dem Ideal einer Verschmelzung von Wissenschaft und Dichtung, das er 1930 in seiner Rede auf dem Historikertag in Halle verteidigt hatte. Die Einlösung des Anspruchs des Georgeaners, die genuin

204 Ebd. S. 89.
205 Ebd. S. 80.
206 Raulff, Apollo unter den Deutschen. S. 182.

literarischen Semantiken Georges im Rahmen eines politisch-ideologischen Diskurses zu verteidigen und zugleich deren schwebende Polyvalenz zu bewahren, schlägt jedoch fehl. Eine Profanation von Georges Konzepten durch nationalsozialistische Vereinnahmungen soll abgewehrt werden durch die Transposition in höhere Sphären, wo sie dem unmittelbaren Zugang entzogen sein sollen. Dies führt aber zu dem Ergebnis, dass praktisch jede streitbare Auslegung des ‚Neue Adels' ins Leere läuft. Kantorowiczs Ziel ist es offensichtlich, „den Mythos des ‚Geheimen Deutschland' vor unsauberen Händen zu retten, er entrichtet dafür den Preis der Irrealisierung"[207].

5.2.3.4 Von „adliger Anmut" – Der ‚Bamberger Reiter' als Vorbild

Kantorowiczs Ausführungen stehen einem ‚rassischen' Aristokratismus-Diskurs jener Zeit teilweise näher, als es zunächst den Anschein erwecken mag. Wiederum zeigt sich darin die Volatilität und Ambiguität der Semantik des ‚Neuen Adels', dessen Bedeutung und Deutungsmöglichkeiten in enger Relation standen zu den zeitgenössischen (kreisinternen und -externen) Adelsdiskursen und den sich darin abzeichnenden historisch-semantischen Veränderungen. Die Beantwortung der Frage nach der Zugehörigkeit oder Nichtzugehörigkeit zum ‚Neuen Adel', dem Kernanliegen der Rede, hängt letztlich maßgeblich auch von ästhetischen Kriterien ab. Als Zugangskriterium für den ‚Neuen Adel' gilt wiederum das Merkmal der ‚Kalokagathie': „[...] so wird das ‚geheime Deutschland', in welchem neben den Helden auch die Dichter und Weisen thronen, die jungen Deutschen zum Kult von Adel Schönheit Grösse erziehen und sie dann vielleicht als neue Kalokagathoi entlassen, auf dass sie in Staat und Volk wirken".[208]

In dem ‚Neuen Adel' manifestiert sich das Merkmal der ‚Geistigkeit' körperlich, in ‚Grazie' und ‚Anmut'. Bewohner des ‚geheimen Deutschlands' sind stets „durch Anmut geadelt"[209]. Auch an Kantorowiczs Ausführungen ließe sich indes die Frage richten, ob diese „Anmut" das *Ergebnis* einer geheimen ‚geistigen Zeugung' sein soll, oder nicht vielmehr die *Voraussetzung* dafür. Fragen, die wiederum zurückverweisen auf den kreisinternen Adelsdiskurs und den bekannten Hiat zwischen platonisierender Kreis-Pädagogik und tatsächlicher Rekrutierungspraxis. Zum Muster adliger Anmut und damit zum Vorbild der „Kalokagathoi" erklärt

207 Ebd. S. 180.
208 Kantorowicz, Das Geheime Deutschland. S. 92.
209 Ebd. S. 90.

Kantorowicz schließlich das Standbild des ‚Bamberger Reiters', das schon Bertram in seiner Rede idealisiert hatte:

> Immer galten die grössten Genien als ‚undeutsch', weil sie einem billigen Einheitsschlag, den man jeweils ‚deutsch' hiess, gewiss nicht entsprachen.. und dies bis in die Körperbildung und Geste hinein. Denn so vergessen ist dem 20. Jahrhundert die wahrhaft königliche Haltung, dass der die echtesten Gestalten der Nation beschwörende Dichter den staufisch-fränkischen Königstyp des ‚Bamberger Reiters' ansprechen konnte als den ‚Fremdesten', dessen Wiederkunft er freilich verhiess: *Du Fremdester brichst noch als echter spross/ Zur guten kehr aus deines volkes flanke.*[210]

Der ‚Bamberger Reiter', in der ersten Hälfte des 13. Jahrhunderts von einem unbekannten Künstler geschaffen, war bereits in Kantorowiczs Friedrich-Biographie das Objekt nationalistischer Überhöhung im Sinne des George-Kreises. Der Historiker bezeichnet den Reiter darin als „römisch-antik[en] Deutsch[en]" schlechthin, als einen „mittelmeerische[n] Germanentyp". Die bloße Existenz des Standbildes ist ihm Beleg dafür, „daß jener schöne und ritterlich adlige Menschentyp damals in Deutschland gelebt haben muß"[211]. Die Einstufung als „Königstyp" und „adliger Menschentyp" beruht letztlich auf ästhetischen Urteilen und spiegelt den auch in der Kreis-Pädagogik erkennbaren Primat des Äußeren in der ‚Adelssuche', der Orientierung an „Körperbildung und Geste". Dabei wurde tendenziell von der ‚anmutigen' Erscheinung auf eine komplementäre seelisch-geistige Disposition geschlossen, und nicht umgekehrt. „Immer ist Anmut einem inneren Adel verbunden"[212], heißt es bei Kantorowicz kategorisch. Gerade die Charakterisierung des Reiters als „adlige[r] Menschentyp" zeigt, wie nahe Kantorowicz seinen zeitgenössischen Gegnern kam. Der ‚Bamberger Reiter' avancierte in der Zwischenkriegszeit insgesamt zum Objekt „nationalistischer Schwärmerei und hypertropher Großmachtfantasien", ferner zum „Sinnbild des deutschen Herrschers nordischer Rasse"[213]. Urteile dieser Art beruhten ihrerseits auf einer nur vorgeblich wissenschaftlichen, in Wahrheit

---

210 Ebd. S. 86 f. (Hervorhebung im Original).

211 Kantorowicz, Kaiser Friedrich der Zweite. S. 68.

212 Kantorowicz, Das Geheime Deutschland. S. 90.

213 Ronge, Tobias: Das Bild des Herrschers in Malerei und Grafik des Nationalsozialismus. Eine Untersuchung zur Ikonografie von Führer- und Funktionärsbildern im Dritten Reich. Münster 2010. S. 135. Vgl. auch: Ullrich, Wolfgang: Der Bamberger Reiter und Uta von Naumburg. In: Deutsche Erinnerungsorte I. Hrsg. von Etienne François und Hagen Schulze. München 2001. S. 322–334.

Kleine
Rassenkunde
des deutschen Volkes

Von Dr. Hans F. K. Günther

Abb. 7: Titelblatt von Günther, Hans F. K.: Kleine Rassenkunde des deutschen Volkes. 15. Auflage. München 1933.

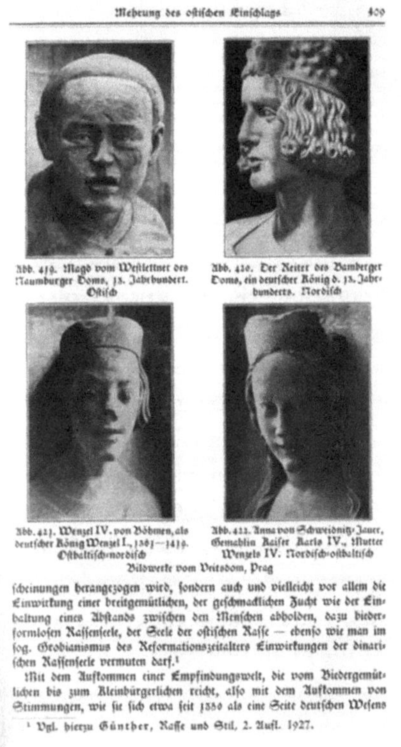
Mehrung des ostischen Einschlags 409

Abb. 419. Magd vom Westlettner des Naumburger Doms, 13. Jahrhundert. Ostisch

Abb. 420. Der Reiter des Bamberger Doms, ein deutscher König d. 13. Jahrhunderts. Nordisch

Abb. 421. Wenzel IV. von Böhmen, als deutscher König Wenzel I., 1361—1419. Ostbaltisch-nordisch

Abb. 422. Anna von Schweidnitz-Jauer, Gemahlin Kaiser Karls IV., Mutter Wenzels IV. Nordisch-ostbaltisch

Bildwerke vom Veitsdom, Prag

scheinungen herangezogen wird, sondern auch und vielleicht vor allem die Einwirkung einer breitgemütlichen, der geschmacklichen Zucht wie der Einhaltung eines Abstands zwischen den Menschen abholden, dazu biederformlosen Rassenseele, der Seele der ostischen Rasse — ebenso wie man im sog. Grobianismus des Reformationszeitalters Einwirkungen der dinarischen Rassenseele vermuten darf.[1]

Mit dem Aufkommen einer Empfindungswelt, die vom Biedergemütlichen bis zum Kleinbürgerlichen reicht, also mit dem Aufkommen von Stimmungen, wie sie sich etwa seit 1850 als eine Seite deutschen Wesens

[1] Vgl. hierzu Günther, Rasse und Stil, 2. Aufl. 1927.

Abb. 8: Das Bild oben rechts zeigt das Haupt des ,Bamberger Reiters'. Die Bildunterschrift lautet: „Der Reiter des Bamberger Doms, ein deutscher König d. 13. Jahrhunderts. Nordisch". Aus: Günther, Hans F. K.: Rassenkunde des deutschen Volkes. 17. Auflage. München 1933. S. 409.

überwiegend intuitiv-ästhetisch geleiteten Beurteilung des ,adligen' Phänotyps, der zum Leitbild auch des zu bildenden ,neuen Adels' werden sollte. Einen Ausdruck ihrer jeweiligen Idealvorstellungen erkannten auch ,Rassetheoretiker' vom Schlage eines Hans F.K. Günther in dem Standbild. Günthers weit verbreitete *Rassenkunde des deutschen Volkes* machte den ,Bamberger Reiter' zum Prototyp des ,nordischen' Menschen. Eine stilisierte Darstellung ziert den Umschlag der handlicheren *Kleinen Rassenkunde,* die aus demselben Jahr wie Kantorowiczs Rede stammt.

5.2.3.5 Die Aporien des ‚Neuen Adels' – Ernst Kantorowicz: *Was ist Adel?*

Ein bedeutender Prätext von Kantorowiczs Rede war offenbar das knapp 30 Seiten umfassende Typoskript *Was ist Adel?*[214] In diesem Text aus dem Nachlass, als Rede konzipiert, aber nie veröffentlicht, reflektiert Kantorowicz Adelskonzepte auf der Grundlage der im George-Kreis kursierenden Semantiken. Lediglich anhand des verwendeten Papiers und der handschriftlichen Notizen lassen sich gewisse Aussagen über die Datierung machen, wahrscheinlich entstand der Text um 1930.[215] Spekulieren ließe sich darüber, ob es sich um eine Vorarbeit zu der ersten Antrittsvorlesung des Historikers *(Adelsproblem im späteren Mittelalter)* handelt, die nicht im Wortlaut überliefert ist.

Deutlich gemacht werden kann anhand dieses Textes, dass Kantorowicz den von George in den Kreis eingeführten Begriff ‚Neuer Adel' ernster nahm und vor allem intensiver im Hinblick auf seine historische Dimension hin prüfte, als jedes andere Mitglied des George-Kreises zuvor. Barbara Stiewe stellt zwar zutreffend fest, dass „die Georgianer selbst kein Programm oder Manifest des Aristokratischen vorgelegt haben […]"[216], dies gilt jedoch nur dann, wenn man tatsächlich veröffentlichte Texte berücksichtigt. Kantorowiczs Typoskript *Was ist Adel?* wurde nie veröffentlicht und entfaltete damit auch keine diskursive Wirkung, allerdings finden sich darin Ideen, die unmittelbar in die Rede von 1933 eingeflossen sein dürften. Darüber hinaus ist der Text von erhöhtem Interesse, weil er nicht nur den Versuch einer theoretischen Durchdringung diverser Adelskonzepte auf der Grundlage der Weltanschauung des George-Kreises darstellt, sondern auch in einer zuvor und danach nicht formulierten Deutlichkeit die Aporien von Georges ‚Neuem Adel' offenlegt. Die Frage ‚Was ist Adel?' hat für Kantorowicz eine doppelte Perspektive. In der Gegenwart des frühen 20. Jahrhunderts ist aus seiner Sicht der Geburtsadel bedeutungslos geworden. Von ihm sei nichts mehr zu erwarten:

> Adel als Stand aber setzt ein Höher und Tiefer, setzt eine gestufte Ordnung voraus. Seit dem Zerbrechen des letzten Abscheins dieser Ordnung, seit dem grossen Sturz des Dynastien Europas, der Entwertung sowohl der Legitimität wie des Geblütsadels, seit der Befestigung

214 Kantorowicz, Ernst: Was ist Adel? Typoskript. Ernst Kantorowicz Collection. Leo Baeck Institute, New York. AR 72/6. Box 2/9. Als Teil der „Ernst Kantorowicz Collection 1908–1982" verfügbar über die Website „Internet Archive", unter: http://www.archive.org/stream/ernstkantorowicz00reel02#page/n146/mode/1up [letzter Zugriff: 25.01.2017].

215 Vgl. Raulff: Kreis ohne Meister, S. 166.

216 Stiewe, „Neuen adel den ihr suchet …". In: Aristokratismus und Moderne. S. 281.

> eine Gesellschaft, deren Denken vornehmlich auf die Rechte des Individuums oder nutzbringender Zweckverbände eingestellt ist, kurz: seit es keinen Stand mehr gibt, der für sich den Anspruch erheben könnte, *der* Adel zu sein .. seither wird die Frage: Was ist Adel? notgedrungen fast nur noch auf das Einzelwesen bezogen. Denn von dem Geblüt als einer der urtümlichen ständischen Bindungen ist die Adelsfrage fast ganz abgelöst worden, und auch wenn heute neben dem Ruf nach dem Führer vielfach das Verlangen nach Erneuerung eines Adels laut wird, so ist damit nicht der von Geschlecht zu Geschlecht sich fortführende Adel des Geblüts, sondern ein sogenannter Geistesadel des Einzelnen gemeint.[217]

Die „Adelsfrage" ist also scheinbar zugunsten des „Geistesadels" entschieden. Auffällig zurückhaltend und allgemein äußert sich Kantorowicz gleichwohl zum zeitgenössischen „Verlangen nach Erneuerung eines Adels". Dies mag zunächst überraschen, scheint doch ein solches „Verlangen" gerade unter den Georgeanern besonders deutlich vernehmbar. Grund für die Distanz ist eine deutliche Reserve dem „sogenannten" Geistesadel gegenüber. Kantorowicz zufolge kann der ‚Adel' Georges nicht dem Modell des Geburtsadels, allerdings auch nicht dem des Geistesadels zugeordnet werden, sofern darunter primär ein „Geistesadel des Einzelnen" verstanden werde, wie dies aktuell der Fall sei. Kantorowicz fragt also nach einer alternativen dritten Form, die zwischen dem alten Geburts- und dem individuellen Geistesadel angesiedelt werden müsste. Weder ist völlige „Entstofflichung" des Geblüts für ihn der richtige Weg noch die völlige Trennung des „Geistes" von der „Geblütsbasis", was zu einer Isolierung des aristokratischen Individuums führt, einen Adelsstand somit obsolet machen würde. Gerade einen solchen „Stand" hält Kantorowicz, auch im Hinblick auf die Bildung eines neuen Adels, letztlich für unentbehrlich. Eine überraschende Wendung nimmt Kantorowiczs historisch weitgreifende Untersuchung zur Dialektik von Geburts- und Geistesadel schließlich, wenn er den entscheidenden Weg zu Überwindung der Polarität erst in Baldassare Castigliones *Libro del Cortegiano* zu finden glaubt:

> Es ist gewiss, dass Castiglione mit dem Versuch, das Wesen des wahren Nobile nicht mit den Begriffen Geblüt und Geist, sondern im *Bilde* zu fassen und den Nobile selbst als Vorbild, als Fürstenerzieher zu begreifen, wie kein andrer der Zeitgenossen einer Lösung des Adelsproblems nahekam, die fast auch für das Heute verbindlich sein könnte.[218]

---

217 Kantorowicz, Was ist Adel? S. 1 f.
218 Ebd. S. 28 (Hervorhebung im Original).

Den Gegensatz von ‚Geist' und ‚Geblüt' lässt Castiglione dem Historiker zufolge hinter sich, indem er die Fähigkeit des Einzelnen, „Bild" zu werden, hervorhebt, was vor allem die Möglichkeit, ein ‚Vorbild' zu werden, einschließt. Erkennbar wird somit in der von Kantorowicz nachgezeichneten historischen Entwicklung der Adelsformen eine Art ‚pädagogische Wende', die einen Ausweg aufzeigt, der offenkundig auf den George-Kreis und seine Pädagogik verweist. Bei Castiglione findet Kantorowicz den entscheidenden historischen Fingerzeig für die Überwindung des ‚aristokratischen Individualismus', eines „Geistesadels des Einzelnen". Die Lösung besteht darin, „Bild" zu werden und andere diesem „Bild" entsprechend zu erziehen, was wiederum nur als organisierter Stand denkbar sei. Einem ‚aristokratischen Individualismus' im Sinne eines „Geistesadels des Einzelnen" kann Kantorowicz vor diesem Hintergrund eine Absage erteilen:

> Adel ist nicht nur etwas Innerliches, das nur dem Einzelnen angehörte, sondern Adel ist ein Stand und muss als solcher in Erscheinung treten, ist Vorbild, ist Bild überhaupt .. ja, man kann die Möglichkeit Bild zu werden geradezu als die Probe auf echten Adel bezeichnen und so die Ahnenprobe gleichsam ersetzen. Eine andre Antwort ist heute, da ein Stand mangelt, in dem sich Adel darstellen und auswirken könnte, auf die Frage: Was ist Adel? nicht zu geben und ein andres Kriterium für den Adel des Menschen als sein Bild, das fortzeugt, gibt es heute nicht, bis nicht das Drunter und Drüber sich in ein Höher und Tiefer neuer menschlicher Ränge und Stände geordnet hat.[219]

Gerade der abschließende Satz macht deutlich, dass das letzte Wort in Sachen ‚Adel' noch nicht gesprochen zu sein scheint. Vorläufig, jedenfalls bis sich eine neue Hierarchie konsolidiert hat, kann ein ‚Adel' nur fortbestehen, indem er sich als Bild „fortzeugt". Entscheidend zu sein scheint hier, dass er überhaupt Kontinuität stiftet, als „Stand", nicht allein als isoliertes Individuum sichtbar wird.

5.2.3.6 Kulturkritischer Pessimismus – Der Niedergang des ‚Adels' als „Sieg des Intellekts"?

Der Grund, weshalb Kantorowicz den Text nicht veröffentlicht hat, ist unbekannt. Jedoch geben bestimmte Ausführungen des Historikers zu Spekulationen Anlass. Die Analyse förderte möglicherweise Widersprüchlichkeiten zutage, die den Autor von einer Publikation haben absehen lassen. Kantorowicz sieht für den historischen

219 Ebd. S. 28 f.

Adel keine Zukunft, dies macht der Text schon zu Beginn klar. Der Niedergang des Adels wird jedoch nicht mit den Ereignissen von 1789 oder 1918 verbunden. Entscheidend ist vielmehr das Verblassen vormoderner Ideen und Vorstellungen, von denen, wie der Autor deutlich macht, die Existenz des Adels wesentlich abhängt. Es handelt sich um Ideen, die mit der aufgeklärten Moderne inkompatibel erscheinen. „Denn Adel bezeichnet zunächst *nur* einen Stand und zwar immer und ausschliesslich *den* Stand, der sich als ein Besonderes weiss und von andern niederen Ständen als ein Besonderes geglaubt wird."[220]

Bemerkenswert ist, dass Kantorowicz die Existenz von ‚Adel' letztlich an eine historisch wandelbare Episteme knüpft. In der Moderne ist der Adel „entwertet", weil der notwendige „Glaube" an den Adel nicht länger aufzubringen sei:

> Denn nicht nur der Geblütsadel selbst, auch die Idee des Geblütsadels ist entwertet, und sofern diese ursprünglich auf einem Glauben an ganz bestimmte, dem Geblüt inhärente, fast magische Kräfte und Fähigkeiten beruhte, bezeichnet der heutige Zustand – gleichgültig wodurch herbeigeführt – tatsächlich den Sieg des Intellekts über den irrationalen Glauben an jene geheimen Kräfte ..[221]

Der Adel ist als ein Stand zu denken, der sich selbst „als ein Besonderes weiss und von andern niederen Ständen als ein Besonderes geglaubt wird". Sein Ende ist absehbar, sobald die „Idee", d.h.: der Glaube an die „dem Geblüt inhärente[n], fast magische[n] Kräfte und Fähigkeiten", im Zuge einer modernen ‚Entzauberung' als rational unhaltbar durchschaut wird. Der Niedergang des Geburtsadels ist damit nicht an konkreten politik- oder sozialgeschichtlichen Prozessen festzumachen. Dieser sei vielmehr, wie Kantorowicz unterstreicht, letztlich, ganz „gleichgültig wodurch herbeigeführt", als „Sieg des Intellekts über den irrationalen Glauben an jene geheimen Kräfte" zu bewerten.[222] Kantorowicz entwickelt somit Gedanken, die letztlich die epistemischen Voraussetzungen von ‚Adel' betreffen und die in ähnlicher Form erst wieder in der modernen Adelsforschung anzutreffen sind.[223]

---

220 Ebd. S. 1 (Hervorhebung im Original).

221 Ebd. S. 2.

222 Ebd.

223 Vgl. dazu: Conze, Adel in der Gegenwart: „Der Adel braucht die Anerkennung als Adel, er braucht den Glauben an die Existenz von Adel – im Adel selbst wie bei den Nicht-Adligen. Ohne diese Anerkennung wären die Konstruktion und die Konservation einer adligen Identität in einer modernen Gesellschaft kaum möglich" (S. 629). Ähnlich auch: Oexle, Aspekte der Geschichte des Adels im Mittelalter und in der Frühen Neuzeit: „Adel beruht

Kantorowiczs scharfsinnige Diagnose über den Niedergang des Adels ist frappierend, denn er geht freilich nicht weiter darauf ein, dass mit jenem ‚rationalen Intellekt' *nolens volens* auch der gefährlichste Gegner des ‚geheimen Deutschlands' und eines ihn tragenden ‚Neuen Adels' klar beim Namen genannt ist. Auch der ‚Neue Adel' erneuert sich ja, wie Kantorowicz es in seiner Frankfurter Rede von 1933 ausdrückt, ausschließlich „durch die Zeugung geheimster Mächte"[224]. Die von ihm in jener Rede emphatisch beschworenen „geheimen Mächte" und „geheimen Blutsverwandtschaften" entziehen sich kaum weniger einem rationalen Zugriff, wie es die „fast magische[n] Kräfte und Fähigkeiten" tun, von denen Kantorowicz mit Blick auf den bedeutungslos gewordenen Geburtsadel spricht. Ein Befund, der zu der grundsätzlichen Frage zurückführen müsste, wie sich ein ‚Neuer Adel' legitimieren ließe, wenn bereits zuvor der ‚alte Adel' als ein irrationales Konzept durchschaut wurde. Deutlich wird, dass es auch einen ‚Neuen Adel' nur dann geben kann, wenn mit ihm zugleich die Verhältnisse wieder in Kraft gesetzt werden, unter denen dann von neuem an die „inhärent[en], fast magisch[en] Kräfte" und Fähigkeiten des Adels „geglaubt" werden kann. Der ‚Neue Adel' hat, dies machen Kantorowiczs Ausführungen deutlich, letztlich die Verwirklichung der kreisinternen Utopie vom ‚Schönen Leben' und ihres irrational-ästhetischen Weltbezugs zur Bedingung.

auf Überzeugung des adligen Menschen – und der ‚Adel' zuschreibenden Überzeugung der ‚anderen' – von der biologischen Begründung hervorragender – nicht nur physischer, sondern auch psychischer, charakterlicher, moralischer und geistiger – Eigenschaften, auf der Überzeugung also von der Begründung und Vermittlung solcher Eigenschaften durch Vererbung, Herkunft, Abstammung, Geburt, Geblüt. Adel beruht gewissermaßen auf der Überzeugung von der Vererbung einmal erworbener Eigenschaften." (S. 21).

224 Kantorowicz, Das Geheime Deutschland. S. 81.

6 Schluss

Wird die Geschichte des Geburtsadels im 19. und 20. Jahrhundert thematisiert, geschieht dies typischerweise in den Kategorien von Abstieg und Niedergang. Ein sozialer und politischer Bedeutungsschwund des Adels ist unzweifelhaft, zugleich nahm – dies bestätigen die Ergebnisse der vorliegenden Studie – im Zeitraum zwischen Jahrhundertwende und Nationalsozialismus die Kommunikation über ‚Adel' signifikant zu. Die Anziehungskraft, die das semantische Feld ‚Adel und Aristokratie' als Ganzes historisch zu entfalten vermochte, wurde durch den faktischen Bedeutungsverlust der sozialen Gruppe keineswegs gemindert. Adelssemantiken wurden auf vielfältige Weise adaptiert und instrumentalisiert. Im Detail nachvollziehen lässt sich nunmehr, dass dies primär in den und aus den kulturkritischen Diskursen zwischen Jahrhundertwende und Nationalsozialismus heraus geschah. Die normative, vielfach ins Ideologische ausgreifende Kulturkritik der ersten Jahrhunderthälfte verweist in ihrer Breite und Virulenz symptomatisch auf eine umfassende Krise der zivilisatorischen Moderne. In der hier diskurslinguistisch rekonstruierten kulturkritischen Adelssemantik lässt sich somit zugleich ein weit verbreitetes und historisch bedeutsames Artikulationsmuster der Anti- bzw. Gegenmoderne des frühen 20. Jahrhunderts erkennen, zu deren Erforschung und vertieftem Verständnis die vorliegende Arbeit insofern einen Beitrag leistet.

Die jüngere Forschung hat sich unter dem Begriff „Aristokratismus" der Erweiterungen des Begriffsfeldes „Adel und Aristokratie" erstmals systematisch angenommen. Das hier durchgeführte Untersuchungsprogramm knüpft an einen aktuellen Forschungsprozess an, der vor wenigen Jahren von Historikern und Literaturwissenschaftlern gemeinsam angestoßen wurde. Es galt dabei zunächst die Grenzen des Bekannten zu erweitern und historisches Adelswissen sowohl in seiner Breite als auch in seinen diskursiven „Verästelungen" in den Blick zu nehmen. Im Zuge einer kulturwissenschaftlich-interdisziplinären Perspektiverweiterung wurden dabei zugleich Grenzen und Defizite der von der Sozialgeschichte etablierten Terminologie erkennbar. Beispielhaft dafür ist die von der sozialgeschichtlichen Adelsforschung geprägte Interpretation des Geburtsadels, der im Kontext historischer Fremddeutungen primär zur ‚Projektionsfläche' wurde. Solchen Fremddeutungen Ungenauigkeiten nachzuweisen hieß dann oftmals, deren ‚Wahrheitsgehalt' an der historischen Realität der sozialen Gruppe Adel zu messen bzw. an einem spezifischen Expertenwissen, das sich rekonstruierend auf jene Gruppe bezieht. Dem lässt sich die für den vorliegenden Ansatz maßgebliche Beobachtung entgegenhalten, dass der empirische Geburtsadel in den untersuchten Texten und diskursiven

Aushandlungsprozessen vielfach gar nicht die entscheidende Referenz bildete. Angemessener erscheint es demgegenüber, von einem kulturell konstruierten Adel zu sprechen, einem kulturellen Konzept mithin, basierend auf einem Wissensbegriff, der angereichert ist durch kulturell breiter zirkulierendes Adelswissen, vermittelt gerade auch über zeitgenössisch viel diskutierte ästhetisch-fiktionale und philosophisch-essayistische Textkorpora. Das permanent im Wandel begriffene, gerade zu den Rändern hin teils unscharfe, dadurch jedoch ideologisch erhöht anschlussfähige kulturelle Konzept ‚Adel' fungierte – wie eingehend gezeigt werden konnte – weniger als Projektionsfläche denn als Projektionsquelle. Es bildete eine Quelldomäne für diverse Aristokratismen, die selektiv auf zunächst kontextferne Ideologeme projiziert wurden, um diese zu füllen, sie aufzuwerten oder sie in anderer Weise zu dimensionieren. Ein solches kulturelles Konzept ‚Adel' sowie dessen spezifischer Gebrauch als Quelldomäne für Projektionen konnte bei den hier untersuchten kulturkritischen Denkern und Autoren von Julius Langbehn bis Stefan George praktisch durchgehend nachgewiesen werden.

Das Erkenntnisinteresse der Adelsforschung hat sich von einem mittels sozialhistorischer Begriffe zu definierenden Geburtsadel hin zu einer kulturellen Semantik von Adel verschoben. Der exponierte Begriff ‚Semantik' blieb jedoch klärungsbedürftig, war jedenfalls mit Merkmalskatalogen, wie sie die Forschung etwa mit dem Terminus ‚Adeligkeit' vorgelegt hat, nicht zufriedenstellend zur Deckung zu bringen. Was bislang fehlte, war eine theoretisch fundierte Beschreibungs- und Analysemethode für kulturelle Semantiken, die über eine rein heuristische Modellbildung hinausweist. Es handelt sich um ein Desiderat, das nicht nur die Adelsforschung betrifft. Der Begriff „Semantik" hat in den Geistes- und Sozialwissenschaften zweifellos Konjunktur, er begegnet aber zumeist „in schwächer terminologisierter Form"[1]. ‚Semantik' meint in solchen Fällen vielfach kaum mehr als einen „höherstufig generalisierten, relativ situationsabhängigen Sinn" (Niklas Luhmann). Will man dem Begriff tatsächlich gerecht werden und Prozesse semantischen Wandels historisch rekonstruieren, zeigt sich die Angewiesenheit auf eine geeignete wissenschaftliche Beschreibungssprache, von deren Entwicklung letztlich (interdisziplinäre) Forschungsansätze insgesamt profitieren können, ganz besonders aber solche, die den Erkenntniszielen der Historischen Semantik verpflichtet sind. Die Rückbindung an einen genuin linguistischen Semantikbegriff ermöglicht dabei zugleich mehr als die Schärfung und Fundierung bisher vortheoretisch verwendeter Termini. Der eigentliche Gewinn – dies zu zeigen war ein wesentliches Anliegen der Studie

1 Ziem, Alexander: [Art.] Semantik. In: DiskursNetz. S. 353.

– besteht darin, das beachtliche Erkenntnispotential jüngerer Semantiktheorien für historische und literaturwissenschaftliche Analysen überhaupt erst zu erschließen. Zu den avanciertesten Theorieangeboten zählt die Frame-Semantik. Diese hat sich in den letzten Jahren zu einer sprachwissenschaftlich orientierten Wissensanalyse weiterentwickelt, die kognitionswissenschaftliche und diskursanalytische Ansätze konsequent verbindet. Die mit dem interdisziplinären Forschungsgebiet ‚Aristokratismus' entwickelten Perspektiven konnten mittels der Frame-Semantik aus einer nunmehr theoretisch abgesicherten und methodisch geleiteten Position heraus vertieft und ergänzt werden.

Eine Herausforderung bestand zunächst darin, die zentralen Begriffe ‚Adel/Aristokratie', ‚Kulturkritik', ‚Kultur' und ‚Wissen' framesemantisch zu operationalisieren. Theoretisch-methodische Überlegungen nahmen in der vorliegenden Studie daher notwendigerweise einen breiten Raum ein. Theoriegeschichtlich eng mit dem kognitionspsychologischen Schema-Begriff verwandt, handelt es sich bei einem Frame um ein linguistisches Format zur Analyse von Wissen in seinen Komponenten und Strukturen. Prämisse war zum einen, dass beim Gebrauch von Sprache komplex vernetztes Hintergrundwissen in Form von Frames kognitiv aktualisiert wird. Zum anderen, dass semantischer Wandel letztlich als ein Frame-Wandel, mithin als ein Wandel des sogenannten verstehensrelevanten Hintergrundwissens, beschreibbar ist.

Die normative Kulturkritik um 1900 wurde als primärer ‚Hintergrund', als zentraler diskursiver Kontext und Medium eines solchen Wandels ausgemacht. Bei dem Wort ‚Kulturkritik' denkt man unwillkürlich an stereotype Niedergangsdiagnosen und Pathologiebefunde. Tatsächlich lässt sich Kulturkritik kaum inhaltlich, sondern – mit einem Ausdruck Georg Bollenbecks – als „Reflexionsmodus" definieren, mit anderen Worten: als ein primär formal zu bestimmendes kognitives Schema, das Fremdsemantiken, wie eben ‚Adel' und ‚Aristokratie', in einen normativen Deutungshorizont integriert. Was dabei stattfindet, lässt sich nunmehr als ein Reframing von Adel durch den übergeordneten Frame Kulturkritik konkret beschreiben. Das Ergebnis ist eine kulturkritische Adelssemantik, in der deskriptive Merkmale von Adel nach Maßgabe des ‚Meta-Frames' Kulturkritik ideologisch aufgeladen, resemantisiert und Teil einer forcierten Wertesprache werden, die, das ist wichtig, selber noch kein elaboriertes Adelskonzept darstellt, wohl aber zur Ermöglichungsgrundlage für diverse programmatische Neuadelskonzepte werden konnte.

Die Vorteile des framesemantischen Ansatzes gegenüber der verdienstvollen Begriffsgeschichte in der Tradition Reinhart Kosellecks und Joachim Ritters lassen sich an dieser Stelle resümierend zusammenfassen. Zwei Punkte sind besonders hervorzuheben. Als kritikwürdig erscheint im Licht der vorliegenden Ergebnisse die Präferenz der Begriffsgeschichte für wenige Texte, welche die Spitze der politisch-historischen Begriffsbildung repräsentieren. Ein framesemantisches Untersuchungsprogramm, wie es hier durchgeführt wurde, setzt demgegenüber grundsätzlich breiter an: Es baut auf die enge Verbindung qualitativer Einzeltextuntersuchungen mit quantitativ-empirischen Verfahren, also Korpusanalysen. Ausgehend von den Ergebnissen einer Korpusanalyse von mehr als einem Dutzend Kulturzeitschriften des Untersuchungszeitraums, die im Rahmen des Marburger Forschungsprojekts *Aristokratismus* durchgeführt wurde, konnten insgesamt wichtige Binnendiskurse in Breite und Tiefe gleichermaßen rekonstuiert werden, namentlich ein ‚Bildungsaristokratismus' sowie ein als solcher erstmals eingehend beschriebener ‚aristokratischer Individualismus'. Einen wichtigen Indikator in den Untersuchungen bildeten Kookkurrenzen, also das quantifizierbare gemeinsame Auftreten einschlägiger Wörter unterschiedlicher Ursprungssemantiken in einem gemeinsamen kulturkritischen Kontext, womit empirisch die These erhärtet werden konnte, dass es innerhalb der Kulturkritik zu dichten und innovativ wirkenden Austauschbeziehungen zwischen Adels- und diversen ideologischen Semantiken kam. Verstärkt in den Blick gerieten dadurch zugleich die zuvor zwar oftmals *en passant* erwähnten, bisher aber kaum je einer näheren Betrachtung für würdig befundenen Texte und Textcluster unterhalb des sogenannten ‚Höhenkamms'. Dazu zählen letztlich auch die trivialen Adelsromane Hedwig Courths-Mahlers, die über Dekaden hinweg ein Millionenpublikum erreichten und zugleich, wie ebenfalls erstmals gezeigt werden konnte, über texttypische Aristokratismen, etwa den Begriff des „Adelsmenschen", permanent Fühlung zu kulturkritisch-ideologischen Diskursen der Zeit hielten.

Weiterhin erfährt die Rolle ästhetisch-fiktionaler Literatur gegenüber der herkömmlichen Begriffsgeschichte eine klare Aufwertung, wodurch sich die Frame-Semantik für die Literaturwissenschaft als Methode in besonderer Weise empfiehlt. Frame-Semantik kann transparent machen, dass und vor allem auch wie fiktional-ästhetische Texte an der Aufnahme, Zirkulation und Innovation von Wissen partizipieren. Hochgradig interdiskursiv im Sinne Jürgen Links ist Literatur bekanntlich schon deshalb, weil sie in großem Umfang diskursübegreifende und -integrierende Modelle ins Spiel bringt, konkret gemeint sind genuin literarische Elemente wie Metaphern, Metonymien und Symbole. Gerade hier kann die Frame-Semantik anknüpfen und ihre Vorteile ausspielen, insbesondere weil sie theoretisch eng angebunden ist an die kognitionswissenschaftliche Metapherntheorie in der Tradition George Lakoffs und Mark Johnsons, die Metaphern als *cogntive tools* interpretieren. Metaphern werden verstanden als kognitive ‚Werkzeuge', die es erlauben, Bilder zu generieren, in denen unterschiedliche Semantiken projizierend zusammengeführt und überlagert werden, was potentiell bis hin zu einer konzeptuellen Verschmelzung, einem *blending* (Turner/Fauconnier), geht. Zeigen ließ sich auf diesem Weg etwa, dass und wie eine traditionell mit ‚Adel' assoziierte Blutmetaphorik historisch mit einer solchen in Beziehung gesetzt wurde, wie sie in völkischen Diskursen der Zeit virulent war. Punktuelle Überschneidungen und Analogien bildeten die Ausgangslage für weitergehende inhaltliche Engführungen, die bis hin zu konzeptuellen Verschmelzungen führten, was unter anderem am Beispiel der Gattung des völkischen Romans und der darin entfalteten Metaphern nachgewiesen werden konnte.

Ein zentrales Anwendungsbeispiel der Methode bot das Werk Stefan Georges, an dem sich die Übernahme, Identifikation und Modellierung mit und von Adelssemantiken über einen Zeitraum von rund 40 Jahren exemplarisch untersuchen ließ. Wichtige Eckdaten liefern die Erscheinungsdaten der Werke Georges, wobei der *Stern des Bundes* (1913) heraussticht, weil er als ‚Gesetzestext' eines ‚Neuen Adels' gelesen wurde und dabei sein hohes Identifikationspotential für zeitgenössische Leser weit über den George-Kreis hinaus entfaltete. Georges ‚Neuer Adel', der im Medium der Poesie und mittels literaturimmanenter Verfahren entworfen wurde, ist das Produkt einer konzeptuellen Verschmelzung primär literarisch evozierter Semantiken. Innerhalb der Lyrik Georges wurden semantische Anschlussstellen des Frames durch eine Zuschreibung innovativer Füllwerte aus den kontextnahen Semantiken des Kreises angereichert und modifiziert. Das daraus hervorgegangene genuin literarische Konzept ‚Neuer Adel' sollte zugleich außerhalb der Literatur wirkmächtig werden. Der Zweck lag darin, den Kreis durch die Oktroyierung eines elitären Selbstdeutungsmodells zu konsolidieren. Zugleich besaß dieses Konzept von ‚Adel' nicht die Trennschärfe eines soziopolitischen Begriffs. Poesie diente George nicht nur als Medium der Neusemantisierung, sondern sie bildete auch den Ausgangspunkt für das, was Ulrich Raulff die „metaphorische Politik" Georges nennt, nämlich ein Verfahren, mittels literarischer Konzepte auf die Wirklichkeit einzuwirken, und zwar durch eine tentative Expansion der neucodierten (Adels-)Semantiken auf kulturelle, soziale und politische Zusammenhänge der Zeit. Tentativ deshalb, weil zwar ein eminent politisches Vokabular um solche Begriffe wie ‚Reich' und ‚Adel' aufgerufen wurde, die von vielen Georgeanern erwarteten klaren Referenzen zur historischen Realität seitens des ‚Meisters' aber letztendlich nicht hergestellt wurden. Die ‚Jünger' wollten sich auf Dauer mit dieser Unverbindlichkeit nicht zufriedengeben. Tatsächlich hat die notorische Abwehr jeder klaren Referentialisierung durch Stefan George die Versuche Dritter zu einer gewaltsamen Aneignung mit dem Ziel der Konkretisierung eher motiviert. Das endgültige Scheitern der ‚metaphorischen Politik' Georges und der kulturpolitischen Ambitionen des Kreises wurde jedenfalls im Moment einer Instrumentalisierung seitens der Nationalsozialisten evident, die den ‚Neuen Adel' Georges nun ganz konkret und unzweideutig zu einem ‚Neuen Adel' Hitlers erklärten.

7 Bibliographie

[o. A.]: [Rez.] Adel verpflichtet. In: Politisch-anthropologische Monatsschrift für praktische Politik. Für politische Bildung und Erziehung auf biologischer Grundlage, 19 (1920). S. 186.

[o. A.]: [Rez.] Johannes, Martin Otto: Adel verpflichtet! In: Literarisches Zentralblatt für Deutschland, 5 (1922). S. 74.

[o. A.]: Klassendünkel und Sozialpolitik. In: Die Grenzboten, 61/4 (1902). S. 681–692.

[o. A.]: Konzentration. In: Der Ring, 6/2 (1933). S. 779.

Abret, Helga: Zwischen Propaganda und Kritik. Die Kolonialromane der Frieda von Bülow. In: Akten des XI. Internationalen Germanistenkongresses Paris 2005. Band 9: Divergente Kulturräume in der Literatur – Kulturkonflikte in der Reiseliteratur. Hrsg. von Jean-Marie Valentin. Bern 2007. S. 367–372.

Ackermann, Josef: Heinrich Himmler als Ideologe: Nach Tagebüchern, stenographischen Notizen, Briefen und Reden. Göttingen 1970.

Adam, Christian: Lesen unter Hitler. Autoren, Bestseller, Leser im Dritten Reich. Frankfurt am Main 2013.

Adler, Georg: Friedrich Nietzsche, der Social-Philosoph der Aristokratie. In: Nord und Süd, 56 (1891). S. 224–240.

Adorno, Theodor W.: Kulturkritik und Gesellschaft. In: ders.: Gesellschaftstheorie und Kulturkritik. Frankfurt am Main 1975.

Adorno, Theodor W.; Horkheimer, Max: Dialektik der Aufklärung. Philosophische Fragmente. Frankfurt am Main 1988.

Agard, Olivier; Beßlich, Barbara (Hgg.): Kulturkritik zwischen Deutschland und Frankreich (1890–1933). Frankfurt am Main 2016.

Alexiadou, Artemis: Kognitive Linguistik. In: Handbuch Kognitionswissenschaften. Hrsg. von Achim Stephan und Sven Walter. Stuttgart, Weimar 2013. S. 63–66.

Andres, Jan: Mittelalter als Modell? Gedanken zu Stefan George. In: Modell Mittelalter. Hrsg. von Victoria von Flemming. Köln 2010. S. 145–167.

Andres, Jan: ‚Neuen adel den ihr suchet / Führt nicht her von schild und krone!'. Der Diskurs um den neuen Adel um 1900 und die Geistesaristokratie im George-Kreis. In: Adel in Schlesien. Band 3: Adel in Schlesien und Mitteleuropa. Literatur und Kultur von der Frühen Neuzeit bis zur Gegenwart. Hrsg. von Walter Schmitz in Verbindung mit Jens Stüben und Matthias Weber. München 2013. S. 541–568.

Andres, Jan: Soziale Prozesse, Pädagogik, Gegnerschaften. In: George-Handbuch. Band 2. S. 713–750.

Andres, Jan; Braungart, Wolfgang: Kulturkritik im Namen der Schönheit. In: Zeitschrift für Kulturphilosophie, 2 (2007). S. 259–270.

Arasteh-Roodsary, Sona: Eduard von Keyserling: Das Narrativ der ‚Schlossgeschichte' als Kulturkritik. In: Aristokratismus und Kulturkritik zwischen Wilhelminismus und Nationalsozialismus. Hrsg. von Eckart Conze, Jan de Vries, Jochen Strobel, Daniel Thiel. Münster 2020.

Aschenbrenner, Cord: Das evangelische Pfarrhaus: 300 Jahre Glaube, Geist und Macht: Eine Familiengeschichte. München 2016.

Aschheim, Steven E.: Nietzsche und die Deutschen. Karriere eines Kults. Stuttgart, Weimar 2000.

Aschheim, Steven E: Thinking the Nietzsche Legacy Today. A Historian's Perspective. In: ders. (Hg.): Times of Crisis: Essays on European Culture, Germans, and Jews. Madison 2001. S. 13–23.

Asholt, Wolfgang; Fähnders, Walter (Hgg.): Arbeit und Müßiggang. Dokumente und Analysen. Frankfurt am Main 1991.

Assheuer, Thomas: In der Nacht der Götterferne. In: Die Zeit, 1/2016 (30. Dezember 2015).

Auerochs, Bernd: Die Entstehung der Kunstreligion. Göttingen 2006.

Aurnhammer, Achim; Braungart, Wolfgang; Breuer, Stefan; Oelmann, Ute (Hgg.): Stefan George und sein Kreis. Ein Handbuch. Drei Bände. Berlin, Boston 2012 [zitiert als: George-Handbuch].

Avé, Lia: Das Leben der Hedwig Courths-Mahler. München 1990.

Avenarius, Ferdinand: Unsere Fürsten und wir. In: Der Kunstwart, 23/13 (1910). S. 1–13.

Avenarius, Ferdinand: Die Fürsten und Thomas Mann. In: Der Kunstwert, 23/16 (1910). S. 275–277.

Avenarius, Ferdinand: Der Rembrandtdeutsche als Kunstwart-Mitarbeiter. In: Der Kunstwart 25/2 (1911). S. 156.

Barbian, Jan-Pieter: Literaturpolitik im NS-Staat: Von der „Gleichschaltung" bis zum Ruin. Frankfurt am Main 2010.

Barsalou, Lawrence: Frames, Concepts and Conceptual Fields. In: Frames, Fields and Contrasts. New Essays in Semantic and Lexical Organization. Hrsg. von Adrienne Lehrer und Eva Feder Kittay. Hillsdale, New Jersey 1992.

Bartels, Adolf: Das Recht der Persönlichkeit. In: Die Grenzboten, 55/1 (1896). S. 359–369.

Bartels, Adolf: Die Jüngsten. Die deutsche Dichtung der Gegenwart. Leipzig 1921.

Baudelaire, Charles: Der Dandy. In: Der Dandy. Texte und Bilder aus dem 19. Jahrhundert. Herausgegeben und eingeleitet von Hans-Joachim Schickedanz. Dortmund 1980. S. 105–108.

Baudelaire, Charles: Der Maler des modernen Lebens [1863]. In: Charles Baudelaire. Sämtliche Werke/Briefe in acht Bänden. Band 5: Aufsätze zur Literatur und Kunst 1857–1860. Hrsg. von Friedhelm Kemp und Claude Pichois in Zusammenarbeit mit Wolfgang Drost. München, Wien 1989. S. 213–255.

Baudelaire, Charles: Le peintre de la vie moderne [1863]. Edition critique de Silvia Acierno et Julio Baquero Cruz. Paris 2010. S. 46.

Bechhaus-Gerst, Marianne: Die Kolonialschriftstellerin Frieda von Bülow. In: Frauen in deutschen Kolonien. Hrsg. von Marianne Bechhaus-Gerst und Mechthild Leutner. Berlin 2009. S. 66–69.

Becker, Hjördis: Kulturkritik. In: Handbuch Kulturphilosophie. Hrsg. von Ralf Konersmann. Stuttgart, Weimar 2012. S. 46–53.

Behrendt, Bernd: Zwischen Paradox und Paralogismus. Weltanschauliche Grundzüge einer Kulturkritik in den neunziger Jahren des 19. Jahrhunderts am Beispiel August Julius Langbehn. Frankfurt am Main 1984.

Behrendt, Bernd: August Julius Langbehn, der ‚Rembrandtdeutsche'. In: Handbuch zur ‚Völkischen Bewegung'. S. 94–113.

Benn, Gottfried: Der deutsche Mensch. Erbmasse und Führertum (1933). In: ders.: Essays und Reden. In der Fassung der Erstdrucke. Mit einer Einführung herausgegeben von Bruno Hillebrand. 3. Auflage. Frankfurt am Main 2006. S. 245–252.

Benninghoff-Lühl, Sybille: Deutsche Kolonialromane 1884–1914 in ihrem Entstehungs- und Wirkungszusammenhang. Bremen 1983.

Bergs, Alexander; Schneck, Peter: Kognitive Poetik. In: Handbuch Kognitionswissenschaften. Hrsg. von Achim Stephan und Sven Walter. Stuttgart, Weimar 2013. S. 518–522.

Bernhardt, Rüdiger: Henrik Ibsen und die Deutschen. Berlin 1989.

Bertram, Ernst: Möglichkeiten deutscher Klassik. Rede zu Georges letztem Geburtstag, Juli 1933, in der Universität Bonn. In: ders.: Deutsche Gestalten. Fest- und Gedenkreden. Leipzig 1934. S. 246–279.

Beßlich, Barbara: Wege in den ‚Kulturkrieg'. Zivilisationskritik in Deutschland 1890–1914. Darmstadt 2000.

Beßlich, Barbara: Faszination des Verfalls. Thomas Mann und Oswald Spengler. Berlin 2002.

Beutin, Heidi; Beutin, Wolfgang: Rinnsteinkunst? Zur Kontroverse um die literarische Moderne während der Kaiserzeit in Deutschland und Österreich. Frankfurt am Main 2004.

Beyme, Klaus von: Zeitkritik: Von der Kulturkritik zur Politikkritik im Werk von Karl Jaspers. In: Karl Jaspers – Philosophie und Politik. Hrsg. von Reiner Wiehl und Dominic Kaegi. Heidelberg 1999. S. 81–96.

Bierwirth, Maik: Detlev von Liliencron und das Verlags- und Urheberrecht von 1901. In: Turns und Trends der Literaturwissenschaft. Literatur, Kultur und Wissenschaft zwischen Nachmärz und Jahrhundertwende im Blickfeld aktueller Theoriebildung. Hrsg. von Christian Meierhofer und Eric Scheufler. Zürich 2011. S. 129–146.

Blumenberg, Hans: Quellen, Ströme, Eisberge. Hrsg. von Ulrich von Bülow und Dorit Krusche. Berlin 2012.

Bodenheimer, Nina: Heinrich Heine und der Saint-Simonismus (1830–1835). Stuttgart, Weimar 2014.

Boehringer, Robert (Hg.): Briefwechsel zwischen George und Hofmannsthal. Zweite ergänzte Auflage. München, Düsseldorf 1953.

Bollenbeck, Georg: Bildung und Kultur. Glanz und Elend eines deutschen Deutungsmusters. Frankfurt am Main, Leipzig 1994.

Bollenbeck, Georg: Goethe als kulturkritische Projektion bei Chamberlain, Simmel und Gundolf. In: Goethe in Gesellschaft. Zur Geschichte einer literarischen Vereinigung vom Kaiserreich bis zum geteilten Deutschland. Hrsg. von Jochen Golz und Justus H. Ulbricht. Köln, Weimar, Wien 2005. S. 13–32.

Bollenbeck, Georg: Kulturkritik: ein unterschätzter Reflexionsmodus der Moderne. In: Philosophie und Zeitgeist im Nationalsozialismus. Hrsg. von Marion Hein und Goran Gretić. Würzburg 2006. S. 87–100.

Bollenbeck, Georg: Geschichte der Kulturkritik. Von Rousseau bis Günther Anders. München 2007.

Bollenbeck, Georg: Kulturkritik – ein Reflexionsmodus der Moderne. In: Zeitschrift für Kulturphilosophie, 1/2 (2007). S. 201–209.

Bonter, Urzula: Der Populärroman in der Nachfolge von E. Marlitt. Wilhelmine Heimburg, Valeska Gräfin Bethusy-Huc, Eufemia von Adlersfeld-Ballestrem. Würzburg 2005.

Bösch, Karl: Vom Adel. Leipzig, Hartenstein. 1920 [und spätere Auflagen].

Bosch, Manfred: Rasse und Religion sind eins! Artur Dinters ‚Sünde wider das Blut' oder Autopsie eines furchtbaren Beststellers. In: Die Ortenau, 71 (1991), S. 596–621.

Bourdieu, Pierre: Die Regeln der Kunst. Genese und Struktur des literarischen Feldes. Frankfurt am Main 1999.

Brackmann, Albert: Kaiser Friedrich II. in mythischer Schau. In: Historische Zeitschrift, 140 (1929). S. 534–549.

Brackmann, Albert: Nachwort. Anmerkungen zur Kantorowicz' Erwiderung. In: Historische Zeitschrift, 141 (1930). S. 427–478.

Brandes, Georg: Friedrich Nietzsche. Eine Abhandlung über aristokratischen Individualismus. (1888). In: ders.: Nietzsche. Hrsg. von Klaus Bohnen. Berlin 2004. S. 25–102.

Brandt, Hartwig: Adel und Konstitutionalismus. Stationen eines Konflikts. In: Adel und Bürgertum in Deutschland 1770–1848. Hrsg. von Elisabeth Fehrenbach. München 1994. S. 69–82.

Brasch, Anna: Moderne – Regeneration – Erlösung. Der Begriff der ‚Kolonie' und die weltanschauliche Literatur der Jahrhundertwende. Göttingen 2017.

Braun, Christina von: ‚Blutschande'. From the Incest Taboo to the Nuremberg Racial Laws. In: Encountering the Other(s). Studies in Literature, History and Culture. Hrsg. von Gisela Brinker-Gabler. Albany 1995. S. 127–148.

Braun, Christina von; Wulf, Christoph: Mythen des Blutes. Frankfurt am Main 2007.

Braungart, Wolfgang: Poetik, Rhetorik, Hermeneutik. In: George-Handbuch. Band 2. S. 495–550.

Breuer, Stefan: Anatomie der Konservativen Revolution. Darmstadt 1993.
Breuer, Stefan: Ästhetischer Fundamentalismus. Stefan George und der deutsche Antimodernismus. Darmstadt 1995.
Breuer, Stefan: Ordnungen der Ungleichheit. Die deutsche Rechte im Widerstreit ihrer Idee 1871–1945. Darmstadt 2001.
Breuer, Stefan: Ästhetischer Fundamentalismus und Eugenik bei Kurt Hildebrandt. In: Wissenschaftler im George-Kreis. Hrsg. von Bernhard Böschenstein, Jürgen Egyptien, Bertram Schefold und Wolfgang Graf Vitzhum. Berlin 2005. S. 291–310.
Breuer, Stefan: Konservatismus oder Existentialismus? Anmerkungen zu Rembrandt als Erzieher. In: „Nichts als die Schönheit". Ästhetischer Konservatismus um 1900. Hrsg. von Jan Andres, Wolfgang Braungart und Kai Kauffmann. Frankfurt am Main 2007. S. 127–145.
Breuer, Stefan: Die radikale Rechte in Deutschland 1871–1945. Eine politische Ideengeschichte. Stuttgart 2010.
Breuer, Stefan: Hildebrandt, Kurt. In: George-Handbuch. Band 3. S. 1430–1433.
Breuer, Stefan: Politische Rezeption. In: George-Handbuch. Band 2. S. 1176–1225.
Breuer, Stefan: Zeitkritik und Politik. In: George-Handbuch. Band 2. S. 771–828.
Brinker-Gabler, Gisela: Weiblichkeit und Moderne. In: Naturalismus, Fin de siècle, Expressionismus 1890–1918. Hrsg. von York-Gothart Mix. München 2000. (= Hansers Sozialgeschichte der deutschen Literatur, Band 7). S. 243–256.
Brömsel, Sven: Pathos der Distanz. In: Nietzsche-Handbuch. Leben – Werk – Wirkung. Hrsg. von Henning Ottmann. Stuttgart, Weimar 2000. S. 299.
Brône, Geert; Vandaele, Jeroen (Hgg.): Cognitive Poetics. Goals, Gains and Gaps. Berlin, New York 2009.
Bruch, Rüdiger vom: Kaiser und Bürger: Wilhelminismus als Ausdruck kulturellen Umbruchs um 1900. In: Bürgertum, Adel und Monarchie. Wandel der Lebensformen im Zeitalter des bürgerlichen Nationalismus. Middle Classes, Aristocracy and Monarchy. Patterns of Change an Adpation in the Age of Modern Nationalism. Hrsg. von Adolf M. Birke und Lothar Kettenacker. München, London, New York, Oxford 1989. S. 119–146.
Bruch, Rüdiger vom: Bürgerlichkeit, Staat und Kultur im Kaiserreich. Hrsg. von Hans-Christoph Liess. Stuttgart 2005.
Bruch, Rüdiger vom: Wilhelminismus – Zum Wandel von Milieu und politischer Kultur. In: Handbuch zur ‚Völkischen Bewegung'. S. 3–21.
Bühner, Björn: Kulturkritik und Nachkriegszeit. Zur Funktionalisierung bildungsbürgerlicher Semantik in den politisch-kulturellen Zeitschriften 1945–1949. Heidelberg 2014.
Bülow, Frieda von: Tropenkoller. Episode aus dem deutschen Kolonialleben. Vierte Auflage. Berlin 1911 [1895].
Burckhardt, Jacob: Griechische Kulturgeschichte. Band IV. 3. Auflage. Berlin 1902.

Bussche, Raimund von dem: Konservatismus in der Weimarer Republik: die Politisierung des Unpolitischen. Heidelberg 1998.

Busse, Dietrich: Begriffsgeschichte oder Diskursgeschichte? Zu theoretischen Grundlagen und Methodenfragen einer historisch-semantischen Epistemologie. In: Herausforderungen der Begriffsgeschichte. Hrsg. von Carsten Dutt. Heidelberg 2003. S. 17–38.

Busse, Dietrich: Semantik. Paderborn 2009.

Busse, Dietrich: Frame-Semantik. Ein Kompendium. Berlin, Boston 2012.

Busse, Dietrich; Teubert, Wolfgang: Ist Diskurs ein sprachwissenschaftliches Objekt? Zur Methodenfrage der historischen Semantik. In: dies.: Begriffsgeschichte und Diskursgeschichte. Methodenfragen und Forschungsergebnisse der historischen Semantik. Opladen 1994. S. 10–28.

Busse, Dietrich; Teubert, Wolfgang: Linguistische Diskursanalyse: neue Perspektiven. Wiesbaden 2013.

Bußmann, Hadumod (Hg.): Lexikon der Sprachwissenschaft. 4. Auflage. Stuttgart 2008.

Campioni, Guiliano: Aristokratie. In: Nietzsche-Handbuch. Leben – Werk – Wirkung. Hrsg. von Henning Ottmann. Stuttgart, Weimar 2000. S. 192–194.

Carstensen, Thorsten: Auffrischung für Leib und Seele. Der lebensreformerische Diskurs im ‚Kunstwart'. In: Carstensen, Thorsten; Schmid, Marcel (Hgg.): Die Literatur der Lebensreform: Kulturkritik und Aufbruchstimmung um 1900. Bielefeld 2016. S. 119–136.

Castiglione, Baldassare: Der Hofmann. Lebensart in der Renaissance. Aus dem Italienischen von Albert Wesselski. Mit einem Vorwort von Andreas Beyer. Berlin 2008.

Conrad, Horst: Die Kette. Eine Standesvereinigung des Adels auf dem Wiener Kongreß. Münster 1979.

Conze, Eckart: Von deutschem Adel. Die Grafen von Bernstorff im 20. Jahrhundert. Stuttgart, München 2000.

Conze, Eckart: Adel und Adeligkeit im Widerstand des 20. Juli 1944. In: Adel und Bürgertum in Deutschland, Entwicklungslinien und Wendepunkte im 20. Jahrhundert. Hrsg. von Heinz Reif. Berlin 2001. S. 269–295.

Conze, Eckart: Adel unter dem Totenkopf. Die Idee eines Neuadels in den Gesellschaftsvorstellungen der SS. In: Adel und Moderne. Deutschland im europäischen Vergleich im 19. und 20. Jahrhundert. Hrsg. von Eckart Conze und Monika Wienfort. Köln 2004. S. 151–176.

Conze Eckart: Adel in der Gegenwart: Vorurteile und Selbstverständnis. In: Adel in Hessen. Herrschaft, Selbstverständnis und Lebensführung vom 15. bis ins 20. Jahrhundert. Hrsg. von Eckart Conze, Alexander Jendorff und Heide Wunder. Marburg 2010. S. 625–631. (= Veröffentlichungen der Historischen Kommission für Hessen, Band 70).

Conze, Eckart (Hg.): Kleines Lexikon des Adels. Titel, Throne, Traditionen. 2., durchgesehene Auflage. München 2012 [zitiert als: Kleines Lexikon des Adels].

Conze, Eckart: [Art.] Blut. In: Kleines Lexikon des Adels. S. 55.

Conze, Eckart: [Art.] Genealogie. In: Kleines Lexikon des Adels. S. 99.
Conze, Eckart: [Art.] Neuadel. In: Kleines Lexikon des Adels. S. 183–186.
Conze, Eckart; Strobel, Jochen; de Vries, Jan, Thiel, Daniel (Hgg.): Aristokratismus und Kulturkritik zwischen Wilhelminismus und Nationalsozialismus. Münster 2020
Conze, Eckart: Rittergüter – Erbhöfe – Hegehöfe. Neuadelsvorstellungen des Nationalsozialismus und Widerstands. In: Aristokratismus und Moderne. S. 319–338.
Conze, Eckart; Meteling, Wencke; Schuster, Jörg; Strobel, Jochen (Hgg.): Aristokratismus und Moderne. Adel als politisches und kulturelles Konzept 1890–1945. Köln, Weimar, Wien 2013. (= Adelswelten, Band 1) [zitiert als: Aristokratismus und Moderne].
Conze, Eckart; Meteling, Wencke; Schuster, Jörg; Strobel, Jochen: Aristokratismus und Moderne 1890–1945. In: Aristokratismus und Moderne. S. 9–29.
Conze, Eckart; Wienfort, Monika (Hgg.): Adel und Moderne. Deutschland im europäischen Vergleich im 19. und 20. Jahrhundert. Köln 2004.
Conze, Werner: [Art.] Adel, Aristokratie. In: Geschichtliche Grundbegriffe. Band 1. Hrsg. von Otto Brunner, Werner Conze, Reinhart Koselleck. Stuttgart 1972. S. 1–48
Coudenhove-Kalergi, Richard Nikolaus: Die Zukunftsmöglichkeit des Neo-Aristokratischen Prinzips. In: Das Ziel. Jahrbücher für geistige Politik, 4 (1920), S. 15–21.
Coudenhove-Kalergi, Richard Nikolaus: Adel. Leipzig 1922.
Coudenhove-Kalergi, Richard Nikolaus: Krise der Weltanschauung. Wien 1923.
Coudenhove-Kalergi, Richard Nikolaus: Los vom Materialismus. Wien 1931.
Courths-Mahler, Hedwig: Das Halsband. Werdau 1914.
Courths-Mahler, Hedwig: Ich will. Werdau 1916.
Courths-Mahler, Hedwig: Das Amulett der Rani. Leipzig 1918.
Courths-Mahler, Hedwig: Von welcher Art bist du? Leipzig 1922.
Darré, Richard Walther: Neuadel aus Blut und Boden. München 1934.
Debatin, Bernhard: Die Rationalität der Metapher. Eine sprachphilosophische und kommunikationstheoretische Untersuchung. Berlin, New York 1995.
Debatin, Bernhard: Die Rationalität metaphorischer Argumente. In: Metaphern und Gesellschaft: Die Bedeutung der Orientierung durch Metaphern. Hrsg. von Matthias Junge. Wiesbaden 2011. S. 185–204.
Debon, Günther: Heidelberg – Heimliche Hauptstadt des geistigen Deutschlands? In: Heidelberger Jahrbücher, 41 (1997). S. 329–334.
Decker, Jan-Oliver: Das Internet. Dimensionen mediensemiotischer Analyse. In: Medien und Kommunikation. Eine interdisziplinäre Einführung. Hrsg. von Hans Krah und Michael Titzmann. Dritte, stark erweiterte Auflage. Passau 2013. S. 381–410.
Demant, Ebbo: Hans Zehrer als politischer Publizist. Von Schleicher zu Springer. Mainz 1971.
Detering, Heinrich: Königliche Hoheit. In: Thomas-Mann-Handbuch. Leben – Werk – Wirkung. Hrsg. von Andreas Blödorn und Friedhelm Marx. Stuttgart 2015. S. 25–32.

Diedrichs, Eugen: Vom Adel deutscher Seele. In: Die Tat, 8/2 (1916/17). S. 641–642.

Diersen, Inge: Thomas Mann. Episches Werk, Weltanschauung, Leben. 3. Auflage. Berlin 1985.

Dietzel, Thomas; Hügel, Hans Otto: Deutsche literarische Zeitschriften 1880–1945. Ein Repertorium. Band I: A travers les Vosges–Deutsch nordisches Jahrbuch. München, London, Paris, New York 1988.

Dilcher, Gerhard: Der alteuropäische Adel – ein verfassungsgeschichtlicher Typus? In: Europäischer Adel 1750–1950. Hrsg. von Hans-Ulrich Wehler. Göttingen 1990. S. 57–87.

Dinter, Artur: Die Sünde wider das Blut. Leipzig, Hartenstein im Erzgebirge 1921.

Dohm, Hedwig: Sibilla Dalmar. Roman aus dem Ende unseres Jahrhunderts. 2. Auflage. Berlin 1897.

Dohm, Hedwig: Christa Ruland. Berlin 1902.

Dohnke, Kay: Völkische Literatur und Heimatliteratur 1870–1918. In: Handbuch zur ‚Völkischen Bewegung'. S. 651–684.

Donati, Paolo: Rahmenanalyse politischer Diskurse. In: Keller, Reinhart; Hirseland, Andreas; Schneider, Werner; Viehöver, Willy (Hgg.): Handbuch sozialwissenschaftliche Diskursanalyse. Band 1: Theorien und Methoden. Wiesbaden 2011. S. 159–162.

Dörr, Georg: Muttermythos und Herrschaftsmythos: zur Dialektik der Aufklärung um die Jahrhundertwende bei den Kosmikern, Stefan George und in der Frankfurter Schule. Würzburg 2007.

Dowe, Christopher: Alter Adel und Neuadelsvorstellungen: die von Stauffenbergs. In: Adel und Nationalsozialismus im deutschen Südwesten. Hrsg. vom Haus der Geschichte Baden-Württemberg. Karlsruhe 2007. S. 83–103

Dowe, Christopher: Stauffenberg, Claus von. In: George-Handbuch. Band 3. S. 1671–1677.

Drewek, Peter: Friedrich Paulsen. Bildungstheorie und Bildungsgeschichte. In: Pädagogik unter den Linden: von der Gründung der Berliner Universität im Jahre 1810 bis zum Ende des 20. Jahrhunderts. Hrsg. von Klaus-Peter Horn und Heidemarie Kemnitz. Stuttgart 2002. (= Pallas Athene, Band 6). S. 101–124.

Drewer, Petra: Die kognitive Metapher als Werkzeug des Denkens: zur Rolle der Analogie bei Gewinnung und Vermittlung wissenschaftlicher Erkenntnisse. Tübingen 2003.

Drewes, Kai: Jüdischer Adel. Nobilitierungen von Juden im 19. Jahrhundert. Frankfurt am Main 2013.

Durzak, Manfred: Die Algabal-Dichtung und die Kunsttheorie des frühen Stefan George. Berlin 1963.

Eder, Thomas: Kognitive Literaturwissenschaft. In: Handbuch Literatur und Philosophie. Hrsg. von Hans Feger. Stuttgart 2012. S. 311–332.

Egyptien, Jürgen: Die ‚Kreise'. In: George-Handbuch. Band 1. S. 365–407.

Eichel, Christine: Das deutsche Pfarrhaus: Hort des Geistes und der Macht. Köln 2012.

Eigen, Manfred; Gadamer; Hans-Georg; Habermas, Jürgen; Lepenies, Wolf; Lübbe, Hermann; Meyer-Abich, Klaus Michael: Die Idee der Universität. Versuch einer Standortbestimmung. Berlin, Heidelberg 1988.

Engel, Uwe; Simonson, Julia: Strukturelle Differenzierung, Statusinkonsistenz und Integration: Mehrebenenmodelle für Paneldaten. In: Sozialstruktur und Gesellschaftsanalyse. Sozialwissenschaftliche Forschung zwischen Daten, Methoden und Begriffen. Hrsg. von Gerd Nollmann. Wiesbaden 2007. S. 72–97.

Erbe, Günter: Aristokratismus und Dandytum im 19. und 20. Jahrhundert. In: Der Dandy. Ein kulturhistorisches Phänomen im 19. und 20. Jahrhundert. Hrsg. von Joachim H. Knoll, Anna-Dorothea Ludwig und Julius H. Schoeps. Berlin, Boston 2013. S. 11–28.

Erbe, Günter: Der moderne Dandy. Köln, Weimar, Wien 2017.

Ernst, Paul: Die Zucht. In: ders.: Grundlagen der neuen Gesellschaft. München 1930. S. 425–430.

Fähnders, Walter: Avantgarde und Moderne 1890–1933. Stuttgart 1998.

Fallenstein, Robert; Hennig, Christian: Rezeption skandinavischer Literatur in Deutschland 1870–1940. Neumünster 1977.

Fauconnier, Gilles: Mental Spaces. Aspects of meaning construction in Natural Language. Cambridge, New York 1994.

Fauconnier, Gilles; Turner, Mark: The Way we Think. Conceptual Blending and the Mind's Hidden Complexities. New York 2002.

Felder, Ekkehard (Hg.): Semantische Kämpfe. Macht und Sprache in den Wissenschaften. Berlin, New York 2006.

Felder, Ekkehard: Semantischer Kampf. Wie Sprache eint und trennt. In: Ruperto Carola 1/2014, Themenheft ‚Krieg & Frieden'. S. 108–115.

Felken, Detlef: Oswald Spengler. Konservativer Denker zwischen Kaiserreich und Diktatur. München 1988.

Feng, Xiaohu: Konzeptuelle Metaphern und Textkohärenz. Tübingen 2003.

Fleischhauer, Otto: Koriolan. In: Die Grenzboten, 70/1 (1911). S. 1–10.

Flexner, Abraham: Die Universitäten in Amerika, England, Deutschland. Berlin 1932.

Fraas, Claudia: Gebrauchswandel und Bedeutungsvarianz in Textnetzen. Die Konzepte ‚Identität' und ‚Deutsche' im Diskurs zur deutschen Einheit. Tübingen 1996.

Fraas, Claudia: Usuelle Wortverbindungen als sprachliche Manifestationen von Bedeutungswissen. Theoretische Begründung, methodischer Ansatz und empirische Befunde. In: Lexikon und Text. Hrsg. von Henrik Nikula und Robert Drescher. Berlin 2001. S. 41–46.

Frank, Gustav; Podewski, Madleen; Scherer, Stefan: Kultur – Zeit – Schrift. Literatur- und Kul-turzeitschriften als ‚kleine Archive'. In: Internationales Archiv für Sozialgeschichte der deutschen Literatur, 34/2 (2010). S. 1–45.

Franke, Norman P: „Divina Commedia teutsch"? Ernst H. Kantorowicz: der Historiker als Politiker. In: Historische Zeitschrift, 291 (2010). S. 297–330.

Freudenfeld, Burghard (Hg.): Untergang oder Übergang. Erster Internationaler Kulturkritikerkongress in München 1958. München 1959.

Freytag, Gustav: Soll und Haben. Mit einem Nachwort von Hans Mayer. München 1978.

Fricker, Christophe: Ludwig II. in Stefan Georges „Algabal". In: Weimarer Beiträge, 52 (2006). S. 441–448.

Frie, Ewald: Adel und bürgerliche Werte. In: Bürgerliche Werte um 1800. Entwurf – Vermittlung – Rezeption. Hrsg. von Hans-Werner Dahn und Dieter Hein. Köln, Weimar, Wien 2005. S. 393–415.

Friedrich, Hans-Edwin: Essay und Essayismus. In: Nationalsozialismus und Exil 1933–1945. Hrsg. von Wilhelm Haefs. München, Wien 2009. (= Hansers Sozialgeschichte der deutschen Literatur, Band 9). S. 446–473.

Friese, Wilhelm (Hg.): Ibsen auf der deutschen Bühne. Texte zur Rezeption. Tübingen 1976.

Fritz, Gerd: Einführung in die historische Semantik. Tübingen 2005.

Fritz, Gerd: Historische Semantik. 2. Auflage. Stuttgart 2006.

Fröschle, Ulrich: „Dichter als Führer" und „Ingenieure der menschlichen Seele". Zur literarischen Verhandlung von Führung in der Zwischenkriegszeit. In: Politische Kultur und Medienwirklichkeiten in den 1920er Jahren. Hrsg. von Ute Daniel, Inge Marszolek, Wolfram Pyta, Thomas Welskopp. München 2010. S. 205–231.

Fröschle, Ulrich: Geborene Führer? Zur Natur- und Kulturgeschichte ‚charismatischer Führung' im 19. Jahrhundert. Magie der Geschichten. Weltverkehr, Literatur und Anthropologie in der zweiten Hälfte des 19. Jahrhunderts. Hrsg. von Michael Neumann, Kerstin Stüssel. Konstanz 2011. S. 485–508.

Fröschle, Ulrich: „Ich bin der erste Diener meines Staates". ‚Adel', ‚Selbstherrlichkeit' und ‚Aristokratismus' im nationalrevolutionären Diskurs der Zwischenkriegszeit. In: Aristokratismus und Moderne. S. 319–338.

Fuchs, Max: Mensch und Kultur: Zu den anthropologischen Grundlagen von Kulturarbeit und Kulturpolitik. Wiesbaden 1999.

Funck, Markus; Malinowski, Stephan: Geschichte von Oben. Autobiographien als Quelle einer Sozial- und Kulturgeschichte des deutschen Adels in Kaiserreich und Weimarer Republik. In: Historische Anthropologie 7, 1999. S. 236–270.

Füssel, Stephan: Das Autor-Verleger-Verhältnis in der Kaiserzeit. In: Naturalismus, Fin de siècle, Expressionismus 1890–1918. Hrsg. von York-Gothart Mix. München 2000. (= Hansers Sozialgeschichte der deutschen Literatur, Band 7). S. 137–154.

Gamper, Michael: Der große Mann: Geschichte eines politischen Phantasmas. Göttingen 2016.

Gangl, Manfred: Karl Jaspers und Georg Lukács. Rechte und linke Kulturkritik in der Weimarer Republik. In: Karl Jaspers. Denken zwischen Wissenschaft, Politik und Philosophie. Hrsg. von Dietrich Harth. Stuttgart 1989. S. 87–110.

George, David E.R.: Henrik Ibsen in Deutschland: Rezeption und Revision. Göttingen 1968.

George, Stefan: Sämtliche Werke in 18 Bänden (SW). Hrsg. von der Stefan George-Stiftung. Bearbeitet von Ute Oelmann. Stuttgart 1982 ff.

Gerhard, Ute; Link, Jürgen; Parr, Rolf: [Art.] Interdiskurs, reintegrierender. In: Metzler Lexikon Literatur- und Kulturtheorie. Hrsg. von Ansgar Nünning. Dritte, aktualisierte und erweiterte Auflage. Stuttgart, Weimar 2004. S. 293–294.

Gerhardt, Volker: Pathos und Distanz. Studien zur Philosophie Friedrich Nietzsches. Stuttgart 1988.

Gerhardt, Volker: [Art.] Pathos der Distanz. In: Historisches Wörterbuch der Philosophie, Band 7. Hrsg. von Joachim Ritter, Karlfried Gründer und Gottfried Gabriel. Basel 1989. S. 199–201.

Gerstner, Alexandra: Aristokratie und moderne Elite. Geistesaristokratische Neuadelskonzepte zwischen 1910 und 1934 am Beispiel von Kurt Hiller und Edgar J. Jung. In: Aristokratismus und Moderne. S. 92–105.

Gerstner, Alexandra: Neuer Adel. Aristokratische Elitekonzepte zwischen Jahrhundertwende und Nationalsozialismus. Darmstadt 2008.

Gerstner, Alexandra; Hufenreuter, Gregor; Puschner, Uwe: Völkischer Protestantismus. Die Deutschkirche und der Bund für deutsche Kirche. In: Das evangelische Intellektuellenmilieu in Deutschland, seine Presse und seine Netzwerke (1871–1963). Hrsg. von Michel Grunewald und Uwe Puschner in Zusammenarbeit mit Hans Manfred Bock. Bern 2008. S. 409–436.

Gerstner, Alexandra; Könczöl, Barbara; Nentwig, Janina (Hgg.): Der Neue Mensch. Utopien, Leitbilder und Reformkonzepte zwischen den Weltkriegen. Frankfurt am Main 2006.

Goepel, Kurt: Zeitschriftenschau: Politische Zeitschriften – Zeitschriften für Ostpolitik. In: Hochschule und Ausland. Monatsschrift für Kulturpolitik und zwischenstaatliche geistige Zusammenarbeit, 12/2 (1934). S. 58–67.

Goetz, Bruno: Neuer Adel. Darmstadt 1930.

Goldstein, Moritz: Politik der Rangordnung. In: Die Grenzboten, 72/4 (1913). S. 392–402.

Graf, Andreas: Hedwig Courths-Mahler. München 2000.

Groppe, Carola: Die Macht der Bildung. Das deutsche Bürgertum und der George-Kreis. 1890–1933. Weimar, Wien 1997. (= Bochumer Schriften zur Bildungsforschung, Band 3).

Groppe, Carola: Friedrich Gundolf und Friedrich Wolters. Konkurrierende Weltanschauungsmodelle im Kontext von Kreisentwicklung und Außenwirkung des George-Kreises. In: Braungart, Wolfgang; Oelmann, Ute; Böschenstein, Bernhard (Hgg.): Stefan George: Werk und Wirkung seit dem ‚Siebenten Ring'. Tübingen 2001.

Großheim, Michael: Politischer Existentialismus: Subjektivität zwischen Entfremdung und Engagement. Tübingen 2002.

Großheim, Michael: Von der Maigret-Kultur zur Sherlock Holmes-Kultur. Oder: Der phänomenologische Situationsbegriff als Grundlage einer Kulturkritik. In: Phänomenologie und Kulturkritik: Über die Grenzen der Quantifizierung. Hrsg. von Michael Großheim und Steffan Kluck. Freiburg 2010. S. 52–84.

Großmann, Stefan: Ibsen-Dämmerung. In: Der Friede, 2/50 (1919). S. 573–575. Zuerst in: Almanach auf das Jahr 1919. Hrsg. von Fritz Gurlitt. Berlin 1919. S. 59–66.

Grottewitz, Curt: Der Kultus der Persönlichkeit. In: Freie Bühne, 2 (1891). S. 233–236.

Grünewald, Eckart: Ernst Kantorowicz und Stefan George. Beiträge zur Biographie des Historikers bis zum Jahre 1938 und zu seinem Jugendwerk ‚Kaiser Friedrich der Zweite'. Wiesbaden 1982. (= Frankfurter Historische Abhandlungen, Band 25).

Grünewald, Eckart: Ernst Kantorowicz. In: George-Handbuch. Band 3. S. 1471–1477.

Grunewald, Michel; Puschner, Uwe (Hgg.): Krisenwahrnehmungen in Deutschland um 1900. Zeitschriften als Foren der Umbruchszeit im Wilhelminischen Reich. Bern 2010.

Gudian, Janus: Ernst Kantorowicz. Der „ganze Mensch" und die Geschichtsschreibung. Frankfurt am Main 2014.

Gundolf, Friedrich: Gefolgschaft und Jüngertum. In: Blätter für die Kunst, Folge 8. S. 106–112.

Gundolf, Friedrich: Das Bild Georges. In: Jahrbuch für die geistige Bewegung, 1 (1910). S. 19–48.

Gundolf, Friedrich: George. Dritte, erweiterte Auflage. Berlin 1930.

Günther, Hans F.K.: Der nordische Gedanke unter den Deutschen. München 1927.

Günther, Hans F.K.: Kleine Rassenkunde des deutschen Volkes. 15. Auflage. München 1933.

Günther, Hans F.K.: Rassenkunde des deutschen Volkes. 17. Auflage. München 1933.

Gür-Şeker, Derya: Zur Verwendung von Korpora in der Diskurslinguistik. In: Diskursforschung. Ein interdisziplinäres Handbuch. Band 1: Theorien, Methodologien und Kontroversen. Hrsg. von Johannes Angermüller, Martin Nonhoff, Eva Herschinger u.a. Bielefeld 2014. S. 583–603.

Haar, Ingo: Historiker im Nationalsozialismus. Deutsche Geschichtswissenschaft und der „Volkskampf" im Osten. 2. durchgesehene und verbesserte Auflage. Göttingen 2002. (= Kritische Studien zur Geschichtswissenschaft, Band 143).

Haefs, Wilhelm (Hg.): Nationalsozialismus und Exil 1933–1945. München 2009. (= Hansers Sozialgeschichte der deutschen Literatur, Band 9).

Hagen, Peter: George der Künder – Hitler der Führer. In: Der Angriff, 05.12.1933.

Hahn, Robert: Der Erfinder als Erlöser – Führerfiguren im völkischen Zukunftsroman. In: Utopie, Antiutopie und Science Fiction im deutschsprachigen Roman des 20. Jahrhunderts. Hrsg. von Hans Esselborn. Würzburg 2003. S. 29–47.

Hammacher, Emil: Hauptfragen der modernen Kultur. Leipzig, Berlin 1914.

Hammersen, Nicolai: Politisches Denken im deutschen Widerstand. Ein Beitrag zur Wirkungsgeschichte neokonservativer Ideologien 1914–1944. Berlin 1993.

Hammerstein, Notker (Hg.): Deutsche Bildung? Briefwechsel zweier Schulmänner 1930–1944. Frankfurt am Main 1988.

Hans, Wilhelm: Schicksal und Wille. Ein Versuch über Henrik Ibsens Weltanschauung. München 1906.

Hartung, Günter: Völkische Ideologie. In: Handbuch zur ‚Völkischen Bewegung'. S. 22–44.

Hasenclever, Walter (Hg.): Dichter und Verleger. Briefe von Wilhelm Friedrich und Detlev von Liliencron. Mit einer Einleitung, Faksimiles und mehreren unveröffentlichten Photographien. München, Berlin 1914.

Havenstein, Martin: Vornehmheit und Tüchtigkeit. Zwei Seins- und Erziehungsideale. In: Preußische Jahrbücher, 148 (1912). S. 193–225.

Havenstein, Martin: Vornehmheit und Tüchtigkeit. Dem deutschen Volke zur Einkehr. Berlin 1920.

Havenstein, Martin: Nietzsche als Erzieher. Berlin 1922.

Havenstein, Martin: Thomas Mann. Der Dichter und Schriftsteller. Berlin 1927.

Hecken, Thomas: Gegenkultur und Avantgarde 1950–1970. Situationisten, Beatniks, 68er. Tübingen 2006.

Hecker, Hans: Die Tat und ihr Osteuropa-Bild 1909–1939. Köln 1974.

Hegel, Georg Wilhelm Friedrich: Das älteste Systemprogramm des deutschen Idealismus. In: ders.: Werke in 20 Bänden. Band 1: Frühe Schriften. Hrsg. von Eva Moldenhauer und Karl M. Michel. Frankfurt am Main 1986. S. 234–236.

Heimendahl, Hans-Dieter: Kritik und Verklärung. Studien zur Lebensphilosophie Thomas Manns in ‚Betrachtungen eines Unpolitischen', ‚Der Zauberberg', ‚Goethe und Tolstoi' und ‚Joseph und seine Brüder'. Würzburg 1998.

Heinßen, Johannes: Historismus und Kulturkritik: Studien zur deutschen Geschichtskultur im späten 19. Jahrhundert. Göttingen 2003.

Heinßen, Johannes: Kulturkritik zwischen Historismus und Moderne. Julius Langbehns ‚Rembrandt als Erzieher'. In: Antisemitische Geschichtsbilder. Hrsg. von Werner Bergmann und Ulrich Sieg. Essen 2009. S. 121–138. (= Antisemitismus: Geschichte und Strukturen, Band 5).

Hendricks, Vincent; Verstergaard, Mads: Verlorene Wirklichkeit? An der Schwelle zur postfaktischen Demokratie. In: Aus Politik und Zeitgeschichte (APuZ), 13 (2017). S. 4–10.

Hepp, Corona: Avantgarde. Moderne Kunst, Kulturkritik und Reformbewegungen nach der Jahrhundertwende. München 1987.

Herman, Arthur: Propheten des Niedergangs. Der Endzeitmythos im westlichen Denken. Berlin 1998.

Hermanns, Fritz: Sprachgeschichte als Mentalitätsgeschichte. Überlegungen zu Sinn und Form und Gegenstand historischer Semantik. In: Sprachgeschichte des Neuhochdeutschen. Gegenstände, Methoden, Theorien. Hrsg. von Andreas Gardt, Klaus J. Mattheier, Oskar Reichmann. Tübingen 1995. S. 69–101.

Hermanns, Fritz: Der Sitz der Sprache im Leben: Beiträge zu einer kulturanalytischen Linguistik. Hrsg. von Heidrun Kämpfer, Angelika Linke, Martin Wengeler. Berlin, Boston 2012. S. 5–36.

Herminghouse, Patricia: Schloß oder Fabrik? Zur Problematik der Adelsdarstellung im Roman das Nachmärz. In: Legitimationskrisen des deutschen Adels 1200–1900. Hrsg. von Peter Uwe Hohendahl und Paul Michael Lützeler. Stuttgart 1979. S. 245–261. (= Literaturwissenschaft und Sozialwissenschaften, Band 11).

Herrlitz, Hans-Georg; Hopf, Wulf; Titze, Hartmut: Deutsche Schulgeschichte von 1800 bis zur Gegenwart. Eine Einführung. Weinheim, München 1993.

Hesse, Hans: Politik und ihr Gegenpol. In: Deutsche Rundschau, 59/4 (1933). S. 193–197.

Hildebrandt, Kurt: Norm und Entartung des Menschen. Dresden 1920.

Hildebrandt, Kurt: Norm und Verfall des Staates. Dresden 1920.

Hildebrandt, Paul: Zum Problem der sogenannten Einheitsschule. In: Die Grenzboten, 75/3 (1916). S. 310–317.

Hof, Holger: Gottfried Benn. Der Mann ohne Gedächtnis. Stuttgart 2011.

Hofmann, Michael; Kanning, Julian: Georg Büchner. Epoche – Werk – Wirkung. München 2013.

Hofmann, Wilhelm; Renner, Judith; Teich, Katja (Hgg.): Narrative Formen der Politik. Wiesbaden 2014.

Hoffmann, Peter: Claus Graf Stauffenberg und Stefan George: Der Weg zur Tat. In: Jahrbuch der deutschen Schillergesellschaft, 12 (1968). S. 520–542.

Hohendahl, Peter Uwe; Lützeler, Paul Michael (Hgg.): Legitimationskrisen des deutschen Adels 1200–1900. Stuttgart 1979. (= Literaturwissenschaft und Sozialwissenschaften, Band 11).

Holz, Arno: Sozialaristokraten. Hrsg. von Theo Meyer. Stuttgart 1980 [1896].

Honold, Alexander: Natur/Geschichte. In: Ernst Jünger-Handbuch. Leben – Werk – Wirkung. Hrsg. von Matthias Schöning. Stuttgart 2014. S. 339–342.

Hübinger, Gangolf: Die Tat und der Tat-Kreis. Politische Entwürfe und intellektuelle Konstellationen. In: Das konservative Intellektuellenmilieu in Deutschland, seine Presse und seine Netzwerke. Hrsg. von Michael Grunewald und Uwe Puschner. Bern 2003. S. 407–426

Hundt, Markus: Das Ringen um den Geldbegriff, Begriffswandel und Metaphernkonstanz in historischen und zeitgenössischen Geldtheorien. In: Felder, Ekkehard (Hg.): Semantische Kämpfe. Macht und Sprache in den Wissenschaften. Berlin, New York 2006. S. 313–352.

Ibsen, Henrik: Rosmersholm. Aus dem Norwegischen übertragen von Hans Egon Gerlach. Mit einem Nachwort von Aldo Keel. Stuttgart 1990 [1886].

Jacob, Joachim: Hymnen Pilgerfahrten Algabal (SW II). In: George-Handbuch. Band 1. S. 107–121.

Jannidis, Fotis: Das Individuum und sein Jahrhundert: Eine Komponenten- und Funktionsanalyse des Begriffs ‚Bildung' am Beispiel von Goethes ‚Dichtung und Wahrheit'. Tübingen 1996. (= Studien zur Sozialgeschichte der deutschen Literatur, Band 56).

Jannidis, Fotis: ‚Individuum est ineffabile' Zur Veränderung der Individualitätssemantik im 18. Jahrhundert und ihrer Auswirkung auf die Figurenkonzeption im Roman. In: Aufklärung, 9,2 (1996), S. 77–110.

Jaspers, Karl: Die Idee der Universität. Berlin 1923 [und spätere Auflagen].

Jaspers, Karl: Die geistige Situation der Zeit. 8. Abdruck der 1932 bearbeiteten 5. Auflage. Berlin, New York 1979. (= Sammlung Göschen, Band 1000).

Jaspers, Karl: Über meine Philosophie. In: ders.: Rechenschaft und Ausblick. Reden und Aufsätze. München 1958. S. 392–430.

Jaspers, Karl; Rossmann, Kurt: Die Idee der Universität. Für die gegenwärtige Situation entworfen. Berlin, Heidelberg 1961.

Johannes, Martin Otto: Adel verpflichtet! Leipzig 1930.

Jonsson, Stefan: Crowds and democracy. The idea and image of the masses from revolution to fascism. New York 2013.

Jung, Edgar Julius: Adel oder Elite? In: Europäische Revue, 9 (1933). S. 533–535.

Jung, Edgar Julius: Sinndeutung der deutschen Revolution. Oldenburg 1933.

Jung, Theo: Zeichen des Verfalls. Semantische Studien zur Entstehung der Kulturkritik im 18. und frühen 19. Jahrhundert. Göttingen 2012. (= Historische Semantik, Band 18).

Jung, Theo: Eine ‚Klage so alt wie die Geschichte'? Dimensionen des Wandels im Diskurs der modernen Kulturkritik. In: Agard, Olivier; Beßlich, Barbara (Hgg.): Kulturkritik zwischen Deutschland und Frankreich (1890–1933). Frankfurt am Main 2016.

Junge, Matthias (Hg.): Metaphern in Wissenskulturen. Wiesbaden 2010.

Kaemmel, Otto: Geistesaristokratie. In: Die Grenzboten, 57/2 (1898). S. 1–8.

Kamphausen, Georg: Die Erfindung Amerikas in der Kulturkritik der Generation von 1890. Weilerswist 2002.

Kantorowicz, Ernst: Grenzen, Möglichkeiten und Aufgaben der Darstellung mittelalterlicher Geschichte. Hrsg. von Eckhart Grünewald. In: Grünewald, Eckart: Sanctus amor patriae dat animum – Ernst Kantorowicz auf dem Historikertag zu Halle a.d. Saale im Jahr 1930. In: Deutsches Archiv zur Erforschung des Mittelalters, 50 (1994). S. 89–126.

Kantorowicz, Ernst: Das Geheime Deutschland. Vorlesung, gehalten bei Wiederaufnahme der Lehrtätigkeit am 14. November 1933. Hrsg. von Eckhart Grünewald. In: Ernst Kantorowicz. Erträge einer Doppeltagung (Princeton/Frankfurt). Hrsg. von Robert L. Benson und Johannes Fried. Stuttgart 1997. S. 77–93.

Kantorowicz, Ernst: [Was ist Adel?]. Typoskript. In: Ernst Kantorowicz Collection. Leo Baeck Institute, New York. AR 72/6. Box 2/9, unter: http://www.archive.org/stream/ernstkantorowicz00reel02#page/n146/mode/1up [letzter Zugriff: 25.01.2017].

Kantorowicz, Ernst: Die Souveränität des Dichters. In: ders.: Götter in Uniform. Studien zur Entwicklung des abendländischen Königtums. Hrsg. von Eckhart Grünewald und Ulrich Raulff. Stuttgart 1998. S. 329–348.

Kantorowicz, Ernst: Kaiser Friedrich der Zweite. Hauptband. Mit einem biographischen Nachwort von Eckhart Grünewald. Stuttgart 2010.

Kapherr, Egon von: Im Netz der Kreuzspinne. 10.–12. Auflage. Weimar 1933.

Karlauf, Thomas: Stefan George. Die Entdeckung des Charisma. München 2008.

Kauffmann, Kai: Der Stern des Bundes (SW VIII). In: George-Handbuch. Band 1. S. 191–203.

Kellmann, Klaus: Friedrich Paulsen und das Kaiserreich. Neumünster 2010.

Keyes, Ralph: The Post-Truth Era: Dishonesty and Deception in Contemporary Life. New York 2004.

Klopfleisch, Reinhard: Freiheit und Herrschaft bei Claude-Henri de Saint-Simon. Eine wissenschaftsgeschichtliche Studie über die Entwicklung des sozialen Freiheitsbegriffs von Rousseau über Saint-Simon zu Marx. Bern 1982.

Knoblauch, Clemens: Neoevolutionistische Kulturkritik – eine Skizze. In: Semantik der Kulturkritik. Zeitschrift für Literaturwissenschaft und Linguistik (LiLi), 41/161 (2011). S. 13–40.

Knust, Christine; Groß, Dominik (Hgg.): Blut: die Kraft des ganz besonderen Saftes in Medizin, Literatur, Geschichte und Kultur. Kassel 2010.

Koch, Lars: Angst in der verwalteten Welt. Emotive Kulturkritik bei Jünger, Gehlen und Adorno. In: Semantik der Kulturkritik. Zeitschrift für Literaturwissenschaft und Linguistik (LiLi), 41/161 (2011). S. 41–58.

Kohl, Karl-Heinz: Das Bild vom guten Wilden und die Erfahrung der Zivilisation. Berlin 1981.

Kohl, Katrin: Poetologische Metaphern: Formen und Funktionen in der deutschen Literatur. Berlin 2007.

Kolk, Rainer: Literarische Gruppenbildung: Am Beispiel des George-Kreises 1890–1945. Tübingen 1998.

Konersmann, Ralf (Hg.): Kulturkritik. Reflexionen in der veränderten Welt. Leipzig 2001.

Konersmann, Ralf: Das kulturkritische Paradox. In: ders. (Hg.): Kulturkritik. Reflexionen in der veränderten Welt. Leipzig 2001. S. 9–37.

Konersmann, Ralf: Kulturkritik. Frankfurt am Main 2008.

Konersmann, Ralf: Kulturphilosophie zur Einführung. 2. Auflage. Hamburg 2010.

Konersmann, Ralf: Kulturkritik und Wiederherstellungserwartung. In: Semantik der Kulturkritik. Zeitschrift für Literaturwissenschaft und Linguistik (LiLi), 41/161 (2011).

König, Helmut: Zivilisation und Leidenschaften. Die Masse im bürgerlichen Zeitalter. Reinbek bei Hamburg 1992.

Korsch, Dietrich; Sieg, Ulrich (Hgg.): Die Idee der Universität heute. München 2005. (= Academia Marburgensis, Band 11).

Koschorke, Albrecht: Wahrheit und Erfindung. Grundzüge einer allgemeinen Erzähltheorie. Frankfurt am Main 2012.

Koselleck, Reinhart: Zur historisch-politischen Semantik asymmetrischer Gegenbegriffe. In: ders.: Vergangene Zukunft. Zur Semantik geschichtlicher Zeiten. Frankfurt am Main 1979.

Krah, Hans; Titzmann, Michael (Hgg.): Medien und Kommunikation. Eine interdisziplinäre Einführung. Dritte, stark erweiterte Auflage. Passau 2013.

Kraus, Hans-Christof: Das geheime Deutschland. Zur Geschichte einer Idee. In: Historische Zeitschrift, 291 (2010). S. 385–417.

Krieg, Walter: Unser Weg hinauf. Hedwig Courths-Mahler und ihre Töchter als literarisches Phänomen. Wien 1954.

Krobb, Florian (Hg.): 150 Jahre Soll und Haben. Studien zu Gustav Freytags kontroversem Roman. Würzburg 2005.

Krummel, Richard Frank: Nietzsche und der deutsche Geist. Ausbreitung und Wirkung des Nietzscheschen Werkes im deutschen Sprachraum bis zum Ende des Zweiten Weltkrieges. Ein Schrifttumsverzeichnis der Jahre 1867–1945. 3 Bände. Berlin, New York 1974 ff.

Küenzlen, Gottfried: Der Neue Mensch. Frankfurt am Main 1997.

Kühl, Stefan: Die Internationale der Rassisten. Aufstieg und Niedergang der internationalen Bewegung für Eugenik und Rassenhygiene im 20. Jahrhundert. Frankfurt am Main, New York 1997.

Kuhn, Thomas S.: Die Struktur wissenschaftlicher Revolutionen. Frankfurt am Main 1967.

Kundrus, Birthe: Moderne Imperialisten: das Kaiserreich im Spiegel seiner Kolonien. Köln, Weimar, Wien 2013.

Kurwinkel, Tobias: Apollinisches Außenseitertum: Konfigurationen von Thomas Manns ‚Grundmotiv' in Erzähltexten und Filmadaptionen des Frühwerks. Würzburg 2011.

Ladendorf, Otto: Historisches Schlagwörterbuch. Straßburg, Berlin 1906.

Lakoff, George; Johnson, Mark: Leben in Metaphern: Konstruktion und Gebrauch von Sprachbildern. 7. Auflage. Heidelberg 2011.

Lämmert, Eberhard: Der Dichterfürst. Metamorphosen einer Metapher in Deutschland. In: Vom Künstlerstaat. Ästhetische und politische Utopien. Hrsg. von Ulrich Raulff. München, Wien 2006. S. 144–185.

Landmann, Edith: Gespräche mit Stefan George. Düsseldorf 1963.

Landwehr, Achim: Historische Diskursanalyse. 2. Auflage. Frankfurt am Main, New York 2009.

Langbehn, Julius: Rembrandt als Erzieher. Illustrierte Volksausgabe. Hrsg. von Hans Kellermann. Weimar 1922 [1890].

Laurien, Ingrid: Politisch-kulturelle Zeitschriften in den Westzonen 1945–1949. Ein Beitrag zur politischen Kultur der Nachkriegszeit. Frankfurt am Main 1991.

Lehmann, Robert: Ra.Fi. Rassenfibel. Mit 52 Bildern. 2. Auflage. Berlin 1934.

Lichtblau, Klaus: Kulturkrise und Soziologie um die Jahrhundertwende: zur Genealogie der Kultursoziologie in Deutschland. Frankfurt am Main 1996.

Lichtblau, Klaus: ‚Alles Vergängliche ist nur ein Gleichnis'. Zur Eigenart des Ästhetischen im kultursoziologischen Diskurs der Jahrhundertwende. In: Kultur und Kulturwissenschaften um 1900. Band II: Idealismus und Positivismus. Hrsg. von Gangolf Hübringer, Rüdiger vom Bruch und Friedrich Wilhelm Graf. Stuttgart 1997. S. 86–121.

Liebert, Wolf-Andreas: Interaktion und Kognition. Die Herausbildung metaphorischer Denkmodelle in Gesprächen zwischen Wissenschaftlern und Wissenschaftsjournalisten. In: Metaphern, Medien, Wissenschaft. Zur Vermittlung der AIDS-Forschung in Presse und Rundfunk. Hrsg. von Bernd Ulrich Biere und Wolf-Andreas Liebert. Opladen 1997. S. 180–209.

Liebert, Wolfgang: Wissenskonstruktion als poetisches Verfahren. Wie Organisationen mit Metaphern Produkte und Identitäten erfinden. In: Sinnformeln. Linguistische und soziologische Analysen von Leitbildern, Metaphern und anderen kollektiven Orientierungsmustern. Hrsg. von Susan Geideck und Wolf-Andreas Liebert. Berlin, New York 2003.

Liliencron, Detlev von: Ein Briefwechsel, mitgeteilt von Detlev von Liliencron. In: Die Feder, 8/155 (1905). S. 1352–1353.

Link, Jürgen; Wülfing, Wolf (Hgg.): Bewegung und Stillstand in Metaphern und Mythen. Fallstudien zum Verhältnis von elementarem Wissen und Literatur im 19. Jahrhundert. Stuttgart 1984. (= Sprache und Geschichte, Band 9).

Linse, Ulrich: Völkisch-rassische Siedlungen der Lebensreform. In: Handbuch zur ‚Völkischen Bewegung'. S. 397–410.

Linse, Ulrich: Libertäre und theosophische Strömungen. In: Handbuch Fin de siècle. Hrsg. von Sabine Haupt und Stefan Bodo Würffel. Stuttgart 2008. S. 218–237.

Losurdo, Domenico: Nietzsche. Der aristokratische Rebell. Intellektuelle Biographie und kritische Bilanz. 2 Bände. Berlin 2009.

Lothar, Rudolph: Henrik Ibsen. Dritte Auflage. Leipzig, Berlin, Wien 1902.

Lotman, Jurij: Die Struktur literarischer Texte. München 1971.

Lotman, Jurij: ‚On the semiosphere'. In: Sign Systems, 33/1 (2005). S. 215–239.

Lotman, Jurij: Die Innenwelt des Denkens. Eine semiotische Theorie der Kultur. Herausgegeben und mit einem Nachwort von Susi K. Frank, Cornelia Ruhe und Alexander Schmitz. Berlin 2010.

Löwenberg, Dieter: Willibald Hentschel (1858–1947). Seine Pläne zur Menschenzüchtung, sein Biologismus und Antisemitismus. Mainz 1978.

Löwith, Karl: [Rez.] Die geistige Situation der Zeit. In: ders.: Sämtliche Schriften. Hrsg. von Klaus Stichweh. Band 8. Stuttgart 1984. S. 19–31.

Lübbe, Hermann: Historisch-politische Exaltationen. Spengler wiedergelesen. In: Spengler heute. Hrsg. von Christian Ludz. München 1980. S. 1–25.

Luhmann, Niklas: Individuum, Individualität, Individualismus. In: ders.: Gesellschaftsstruktur und Semantik. Band 3. Frankfurt am Main 1993. S. 149–258.

Lukács, Georg: Von Nietzsche bis Hitler oder Der Irrationalismus in der deutschen Politik. Frankfurt am Main 1966.

Lukes, Steven: Types of Individualism. In: Dictionary of the History of Ideas. Studies of Selected Pivotal Ideas. Hrsg. von Philip P. Wiener. Band 2. New York 1973, S. 594–604.

Lukes, Steven: Individualism. With a new introduction by the author. Colchester 2006.

Maas, Fritz: Über die Herkunftsbedingungen der geistigen Führer. Ein Beitrag zur Soziologie der Begabung. In: Archiv für Sozialwissenschaften und Sozialpolitik, 41 (1916). S. 144–197.

Malinowski, Stephan: Vom blauen Blut zum reinen Blut. Antisemitische Adelskritik und adliger Antisemitismus 1871–1944. In: Jahrbuch für Antisemitismusforschung, 12 (2003). S. 147–169.

Malinowski, Stephan: Vom König zum Führer. Deutscher Adel und Nationalsozialismus. Frankfurt am Main 2004.

Mandler, Jean Matter: Stories, Scripts, and Scenes: Aspects of Schema Theory. Hillsdale, New Jersey, London 1984.

Mann, Otto: Der Dandy. Ein Kulturproblem der Moderne. Vom Verfasser überarbeitete Neuauflage. Gerabronn 1962 [1925].

Mann, Thomas: Briefe I, 1889 – 1913. Ausgewählt und herausgegeben von Thomas Sprecher, Hans R. Vaget und Cornelia Bernini. Frankfurt am Main 2002. (= Große kommentierte Frankfurter Ausgabe [GkFA], Band 21).

Mann, Thomas: Königliche Hoheit. Kommentar von Heinrich Detering in Zusammenarbeit mit Stephan Stachorski. Frankfurt am Main 2004. (= GkFA, 4.2).

Mann, Thomas: Betrachtungen eines Unpolitischen. Herausgegeben und textkritisch durchgesehen von Hermann Kurzke. 2. Auflage. Frankfurt am Main 2013. (= GkFA, 13.1/2).

Marburg, Silke; Kuenheim, Sophia von (Hgg.): Projektionsflächen von Adel. Historische Zeit-schrift (HZ). Beihefte; Neue Folge 69. Berlin, Boston 2016.

Markowitz, Alfred: Die Weltanschauung Henrik Ibsens. Leipzig 1913.

Martens, Kurt: Die deutsche Literatur unserer Zeit. In Charakteristiken und Proben. 11. Auflage. Berlin 1928.

Martínez, Matías (Hg.): Gottfried Benn – Wechselspiele zwischen Biographie und Werk. Göttingen 2007.

Mattenklott, Gert: Bilderdienst. Ästhetische Opposition bei Beardsley und George. Frankfurt am Main 1985.

Mattenklott, Gert; Philipp, Michael; Schoeps, Julius H. (Hgg.): „Verkannte Brüder"? Stefan George und das deutsch-jüdische Bürgertum zwischen Jahrhundertwende und Emigration. Hildesheim 2001.

Matzerath, Joseph: Adelsprobe an der Moderne: sächsischer Adel 1763 bis 1866. Entkonkretisierung einer traditionellen Sozialformation. Stuttgart 2006.

Mauthner, Fritz: Wörterbuch der Philosophie. Band 2. Leipzig 1923.

Mendelssohn, Peter de: Von deutscher Repräsentanz. München 1972.

Merlio, Gilbert: Kulturkritik um 1900. In: Krisenwahrnehmungen in Deutschland um 1900. Zeitschriften als Foren der Umbruchszeit im Wilhelminischen Reich. Hrsg. von Michel Grunewald und Uwe Puschner. Bern 2010. S. 25–52.

Merlio, Gilbert; Raulet, Gérard (Hgg.): Linke und rechte Kulturkritik. Interdiskursivität als Krisenbewußtsein. Frankfurt am Main 2005.

Meszlény, Richard: Prometheus und Zarathustra. In: Die Grenzboten, 71/4 (1912). S. 297–312.

Meszlény, Richard: Chamberlains Goethe. In: Die Grenzboten, 72/1 (1913). S. 441–448.

Meyer, Eugen: Stirb und Werde! Staatsvergottung, Übermenschentum und deutsche Staatsidee. In: Deutsche Rundschau, 50/200 (1924). S. 77–88.

Meyer, Hans: Die Funktion der Analogie im Werk Oswald Spenglers: Grundlegung zu einem System der Identität. Freiburg 1976.

Meyer, Theo: Nachwort. In: Holz, Arno: Sozialaristokraten. Hrsg. von Theo Meyer. Stuttgart 1980 [1896]. S. 148–197.

Meyers Großes Konversations-Lexikon. Band 9. Leipzig 1907.

Meyers Großes Konversations-Lexikon, Band 18. Leipzig 1909.

Minsky, Marvin: Eine Rahmenstruktur für die Wissensrepräsentation. In: Kognitionswissenschaft. Grundlagen, Probleme, Perspektiven. Hrsg. von Dieter Münch. Frankfurt am Main 2000. S. 92–133.

Misch, Robert: Der Adelsmensch. Satirischer Eheroman. Stuttgart 1900.(= Engelhorn's Romanbibliothek. Siebzehnter Jahrgang, Band 7).

Mix, York-Gothart (Hg.): Naturalismus, Fin de siècle, Expressionismus 1890–1918. München 2000. (= Hansers Sozialgeschichte der deutschen Literatur, Band 7).

Morwitz, Ernst: Die Dichtung Stefan Georges. Berlin 1934.

Morwitz, Ernst: Kommentar zu dem Werk Stefan Georges. 2. Auflage. München, Düsseldorf 1969.

Müller, Ernst; Schmieder, Falko: Begriffsgeschichte und historische Semantik. Ein kritisches Kompendium. Berlin 2016.

Müller, Hugo: Die Gefahren der Einheitsschule für unsere nationale Erziehung. Gießen 1907.

Müller, Ingrid: Untersuchungen zum Bild der Frau in den Romanen von Hedwig Courths-Mahler. Bielefeld 1978.

Müller-Funk, Wolfgang: Kulturtheorie. Tübingen 2006.

Müller-Funk, Wolfgang: Die Kultur und ihre Narrative. Eine Einführung. 2. Auflage. Wien, New York 2008.

Müller-Funk, Wolfgang: Codes und Narrative. Überlegungen zur Poetik der funktionalen Differenzierung. In: Texte zur Literaturtheorie der Gegenwart. Hrsg. von Dorothee Kimmich, Rolf G. Renner und Bernd Stiegler. Stuttgart 2008. S. 545–558.

Müller-Waldeck, Gunnar: Die „große Realistin". Hedwig Courths-Mahler oder Die Wahrheit der Märchen. In: neue deutsche literatur, 49/535 (2001). S. 140–155.

Müske, Eberhardt: Diskurssemiotik. Zur funktionellen Integration des Frame-Konzepts in ein dynamisches Modell literarisch-künstlerischer Texte. Stuttgart 1992.

Nate, Richard: Biologismus und Kulturkritik. Eugenische Diskurse der Moderne. Würzburg 2014.

Neumann, Birgit: Kulturelles Wissen und Literatur. In: Kulturelles Wissen und Intertextualität. Theoriekonzeptionen und Fallstudien zur Kontextualisierung von Literatur. Hrsg. von Marion Gymnich, Birgit Neumann und Ansgar Nünning. Trier 2006. S. 29–53.

Niebel, Eckhard: Kulturkritik. Ein Arbeitsbuch. Frankfurt am Main 1989.

Niedermayr, Hermann (Hg.): Edle Wilde und grausame Barbaren. Begegnungen und Umgang mit dem Fremden im Spiegel lateinischer Texte. Wien 2008.

Nietzsche, Friedrich: Sämtliche Werke. Kritische Studienausgabe in 15 Bänden (KSA). Hrsg. von Giorgio Colli und Mazzino Montinari. München 1980 ff.

Nipperdey, Thomas: Probleme der Modernisierung in Deutschland. In: ders.: Nachdenken über die deutsche Geschichte. München 1986. S. 44–59.

Nissen, Benedikt Momme: Der Rembrandtdeutsche. Julius Langbehn. Von einem Freunde. Durchgesehene Ausgabe. Freiburg 1927.

Nöth, Winfried: Handbuch der Semiotik. 2., vollständig neu bearbeitete und erweiterte Auflage. Stuttgart, Weimar 2000.

Nusser, Peter: Trivialliteratur. Stuttgart 1991.

Nutz, Walter: Trivialliteratur und Popularkultur. Vom Heftromanleser zum Fernsehzuschauer. Eine Literatursoziologische Analyse unter Einschluß der Trivialliteratur der DDR. Wiesbaden 1999.

Ochs, Eva: ‚Herrenmenschen' und ‚Vollnaturen'. Das Männerideal in den Romanen Hedwig Courths-Mahlers. Hagen 2004.

Oelmann, Ute: Stefan George: Vom Dandy zum Meister. In: Der Dandy. Ein kulturhistorisches Phänomen im 19. und 20. Jahrhundert. Hrsg. von Joachim H. Knoll, Anna-Dorothea Ludwig und Julius H. Schoeps. Berlin, Boston 2013. S. 195–204.

Oexle, Otto Gerhard: Aspekte der Geschichte des Adels im Mittelalter und in der Frühen Neuzeit. In: Europäischer Adel 1750–1950. Hrsg. von Hans-Ulrich Wehler. Göttingen 1990. S. 19–57.

Opitz, Roland: Hedwig Courths-Mahler in literaturwissenschaftlicher Sicht. In: Weimarer Beiträge, 39/4 (1993). S. 534–551.

Ortega y Gasset, José: Der Aufstand der Massen. Aus dem Spanischen von Helene Weyl. Mit einem Nachwort von Michael Stürmer. 2. Auflage. München 2007.

Osterkamp, Ernst: Poesie der leeren Mitte. Stefan Georges Neues Reich. München 2010.

Ottmann, Henning: Philosophie und Politik bei Nietzsche. 2., verbesserte und erweiterte Auflage. Berlin, New York 1999. (= Monographien und Texte zur Nietzsche-Forschung, Band 17).

Ottmann, Henning (Hg.): Nietzsche-Handbuch. Leben – Werk – Wirkung. Stuttgart, Weimar 2000.

Pankau, Johannes: Wege zurück. Zur Entwicklungsgeschichte restaurativen Denkens im Kaiserreich. Frankfurt am Main, Bern 1983.

Parnes, Ohad; Vedder, Ulrike; Willer, Stefan: Das Konzept der Generation. Eine Wissenschafts- und Kulturgeschichte. Frankfurt am Main 2008.

Paul, Ina Ulrike: Paul Anton de Lagarde. In: Handbuch zur ‚Völkischen Bewegung'. S. 45–93.

Paulsen, Friedrich: Bildung. In: Die Grenzboten, 52/4 (1893). S. 415–425.

Paulsen, Friedrich: Die deutschen Universitäten und das Universitätsstudium. Berlin 1902.

Pêcheux, Michel: Interdiskurs und Metapher. In: Link, Jürgen; Wülfing, Wolf (Hgg.): Bewegung und Stillstand in Metaphern und Mythen.Fallstudien zum Verhältnis von elementarem Wissen und Literatur im 19. Jahrhundert. Stuttgart 1984. S. 93–99. (= Sprache und Geschichte, Band 9).

Peipp, Matthias; Springer, Bernhard: Edle Wilde, rote Teufel. Indianer im Film. München 1997.

Pelger, Gregor: Willibald Hentschel. In: Haar, Ingo; Fahlbusch, Michael (Hgg.): Handbuch der völkischen Wissenschaften. Personen – Institutionen – Forschungsprogramme – Stiftungen. München 2008. S. 239–244.

Perry, Christoph: Botho Strauß zwischen Kulturkritik und Poetik. Zur Aktualität des konservativen Diskurses. In: Jahrbuch für finnisch-deutsche Literaturbeziehungen, 2 (1996), S. 181–188.

Person, Jutta: Der pathographische Blick: Physiognomik, Atavismustheorien und Kulturkritik. Würzburg 2005.

Petrow, Michael: Der Dichter als Führer? Zur Wirkung Stefan Georges im ‚Dritten Reich'. Marburg 1995.

Philipp, Michael (Hg.): Stefan George, Friedrich Wolters. Briefwechsel 1904–1930. Amsterdam 1998.

Pieger, Bruno: Norbert von Hellingrath. In: George-Handbuch. Band 3. S. 1419–1424.

Pielenz, Michael: Argumentation und Metapher. Tübingen 1993.

Pikulik, Lothar: Natur und die westliche Zivilisation: Literarische Kritik und Kompensation einer Entfremdung. Hildesheim, Zürich, New York 2016.

Poche, Walter: Degeneration/Regeneration. Beiträge zur Literatur- und Kulturgeschichte zwischen Dekadenz und Moderne. Würzburg 2000.

Polanyi, Michael: The Tacit Dimension. New York 1966.

Pross, Caroline: Dekadenz: Studien zu einer großen Erzählung der frühen Moderne. Göttingen 2013.

Przybyszewski, Stanislaw: Totenmesse. In: ders.: Werke, Aufzeichnungen und ausgewählte Briefe. Band 1: Erzählungen. Hrsg. von Michael Schardt und Hartmut Vollmer. Paderborn 1990. S. 7–41.

Przybyszewski, Stanislaw: Zur Psychologie des Individuums I – Chopin und Nietzsche. In: Werke, Aufzeichnungen und ausgewählte Briefe. Band 2: Zur Psychologie des Individuums: Erzählungen und Essays. Hrsg. von Walter Fähnders. Paderborn 1991. S. 99–122.

Puschner, Uwe; Schmitz, Walter; Ulbricht, Justus H. (Hgg): Handbuch zur ‚Völkischen Bewegung' 1871–1945. München, New Providence, London, Paris 1996 [zitiert als: Handbuch zur ‚Völkischen Bewegung'].

Raab, Nico: Adeligkeit und Widerstand. Das Beispiel des Katholiken Claus Schenk Graf von Stauffenberg. In: Adeligkeit, Katholizismus, Mythos. Neue Perspektiven auf die Adelsgeschichte der Moderne. Hrsg. von Markus Raasch. Unter Mitarbeit von Julia Lang u.a. München 2014. S. 235–261.

Ramponi, Patrick; Wiedner, Saskia: Dichter und Lenker, Literatur und Herrschaft. Eine kulturhistorische und methodologische Hinführung. In: Dichter und Lenker. Die Literatur des Staatsmänner, Päpste und Despoten von der Frühen Neuzeit bis in die Gegenwart. Hrsg. von Patrick Ramponi und Saskia Wiedner. Tübingen 2014. S. 9–32.

Raulff, Ulrich: Apollo unter den Deutschen. Ernst Kantorowicz und das ‚Geheime Deutschland'. In: „Verkannte Brüder"? Stefan George und das deutsch-jüdische Bürgertum zwischen Jahrhundertwende und Emigration. Hrsg. von Gert Mattenklott, Michael Philipp und Julius H. Schoeps. Hildesheim 2001. S. 179–198.

Raulff, Ulrich: Ernst Kantorowicz – Die zwei Werke des Historikers. In: Nationalsozialismus in den Kulturwissenschaften. Band 2: Leitbegriffe – Deutungsmuster – Paradigmenkämpfe. Erfahrungen und Transformationen im Exil. Hrsg. von Hartmut Lehmann und Otto Gerhard Oexle. Göttingen 2004. S. 451–470.

Raulff, Ulrich (Hg.): Vom Künstlerstaat. Ästhetische und politische Utopien. München, Wien 2006.

Raulff, Ulrich: Der Traum vom ästhetischen Staat und die Diktatur der Dichter. In: ders. (Hg.): Vom Künstlerstaat. Ästhetische und politische Utopien. München, Wien 2006. S. 7–17.

Raulff, Ulrich: Kreis ohne Meister. Stefan Georges Nachleben. Erweiterte und aktualisierte Auflage. München 2012.

Rauscher, Anton: [Art.] Individualismus. In: Historisches Wörterbuch der Philosophie. Band 4. Hrsg. von Joachim Ritter und Karlfried Gründer. Darmstadt 1976. Sp. 289–291.

Reif, Heinz: ‚Adeligkeit' – historische und elitentheoretische Überlegungen zum Adelshabitus in Deutschland um 1800. [Unpaganiertes Manuskript; datiert: 12.06.1997].

Reif, Heinz: Adel im 19. und 20. Jahrhundert. München 1999.

Reif, Heinz (Hg.): Adel und Bürgertum in Deutschland, Entwicklungslinien und Wendepunkte im 20. Jahrhundert. Berlin 2001.

Reisigl, Martin: [Art.] Projektion. In: DiskursNetz. S. 313 f.

Reitmeyer, Morten: ‚Elite' im 20 Jahrhundert. In: Aus Politik und Zeitgeschichte (APuZ), 64/15 (2014). S. 9–15.

Reuter-Boysen, Christiane: Im Widerstreit: Karl May. In: Handbuch zur ‚Völkischen Bewegung'. S. 699–711.

Rickert, Heinrich: Die Philosophie des Lebens. Darstellung und Kritik der philosophischen Modeströmungen unserer Zeit. 2. Auflage. Tübingen 1922.

Rink, Annette: Alagabal – Elagabal. Herrschertum beim frühen George. In: Weimarer Beiträge, 48 (2002). S. 548–567

Rohkrämer, Thomas: Eine andere Moderne? Paderborn 1999.

Ronge, Tobias: Das Bild des Herrschers in Malerei und Grafik des Nationalsozialismus. Eine Untersuchung zur Ikonografie von Führer- und Funktionärsbildern im Dritten Reich. Münster 2010.

Rösner, Thomas: Adolf Bartels. In: Handbuch zur ‚Völkischen Bewegung'. S. 874–894.

Roßbach, Nikola (Hg.): Ibsen-Parodien in der frühen Moderne. München 2005.

Rossbach, Susanne: Des Dandys Wort als Waffe: Dandyismus, narrative Vertextungsstrategien und Geschlechterdifferenz im Werk Jules Barbey D'Aurevillys. Tübingen 2002.

Rossbacher, Karlheinz: Heimatkunstbewegung und Heimatroman. Zu einer Literartursoziologie der Jahrhundertwende. Stuttgart 1975.

Roxin, Claus: „Dr. Karl May, genannt Old Shatterhand". Zum Bild Karl Mays in der Epoche seiner späten Reiseerzählungen. In: Jahrbuch der Karl May Gesellschaft 1974. S. 15–73.

Rudolph, Enno: Das Individuum als Bestie? Nietzsches genealogische Apologie des Individuellen. In: ders.: Odyssee des Individuums. Zur Geschichte eines vergessenen Problems. Stuttgart 1991. S. 76–85.

Ruhe, Cornelia: Semiosphäre und Sujet. In: Handbuch Literatur & Raum. Hrsg. von Jörg Dünne und Andreas Mahler. Berlin, Boston 2015. S. 170–177.

Salin, Edgar: Um Stefan George. Erinnerung und Zeugnis. Zweite, neugestaltete und wesentlich erweiterte Auflage. München, Düsseldorf 1954.

Sarrazin, Thilo: Deutschland schafft sich ab. Wie wir unser Land aufs Spiel setzen. München 2010.

Schank, Roger; Robert Abelson: Scripts, Plans, Goals and Understanding. An Inquiry into Human Knowledge Structures. New Jersey 1977.

Schärf, Christian: Zeiten und Zonen: Geistes- und Zeitgeschichte. In: Benn-Handbuch. Leben – Werk – Wirkung. Hrsg. von Christian M. Hanna und Friederike Reents. Stuttgart 2016. S. 2–20.

Scheler, Max: Der Genius des Krieges. Leipzig 1915.

Scheuer, Helmut: Arno Holz im literarischen Leben des ausgehenden 19. Jahrhunderts (1883–1896). Eine biographische Studie. München 1971.

Schickling, Dieter: Interpretationen und Studien zur Entwicklung und geistesgeschichtlichen Stellung des Werkes von Arno Holz. Tübingen 1965.

Schildt, Axel: Zwischen Abendland und Amerika: Studien zur westdeutschen Ideenlandschaft der 50er Jahre. München 1999.

Schlüter, Bastian: Friedrich Wolters. In: George-Handbuch. Band 3. S. 1774–1779.

Schmidt, Jochen: Die Geschichte des Genie-Gedankens in der deutschen Literatur, Philosophie und Politik 1750–1945. Zwei Bände. 2. Auflage. Darmstadt 1988.

Schmidt, Thomas: Wen betört der Bocksgesang? Über Botho Strauß' metaphysische Kulturkritik. In: Merkur. Deutsche Zeitschrift für europäisches Denken, 8 (1994). S. 736–739.

Schmidt am Busch, Hans-Christoph; Siep, Ludwig; Thamer, Hans-Ulrich; Waszek, Norbert (Hgg.): Hegelianismus und Saint-Simonismus. Münster 2007.

Schmitz-Berning, Cornelia: Vokabular des Nationalsozialismus. Berlin 2007.

Schneider, Anatol: Nietzscheanismus. Zur Geschichte eines Begriffs. Würzburg 1997.

Schneider, Wolfgang Christian: Staat und Kreis, Dienst und Glaube. Friedrich Wolters und Robert Boehringer in ihren Vorstellungen von Gesellschaft. In: Das Ideal des schönen Lebens und die Wirklichkeit der Weimarer Republik. Vorstellungen von Staat und Gemeinschaft im George-Kreis. Hrsg. von Roman Köster, Werner Plumpe, Bertram Schefold und Korinna Schönhärl. Berlin 2009. S. 97–122.

Schnell, Heinrich: Einheitsschule. Für, Wider, Jenseits. Eine schulpolitische Zusammenstellung von Ansichten, Versuchen, Erfahrungen. Leipzig 1916.

Schultz-Balluff, Simone: Synergetisierung von Frame-Semantik und mediävistischer Literaturwissenschaft. Theoretische und methodische Überlegungen am Beispiel von Treue-Konzeptionen in mittelhochdeutschen Texten. In: Beiträge zur Geschichte der deutschen Sprache und Literatur, 136 (2014). S. 374–414.

Schuster, Jörg: Erfundener Adel. Aristokratie als poetisches Konzept um 1900. In: Aristokratismus und Moderne. S. 106–127.

Schwarz, Egon: Adel und Adelskult im deutschen Roman um die Jahrhundertwende. In: Legitimationskrisen des deutschen Adels 1200–1900. Hrsg. von Peter Uwe Hohendahl und Paul Michael Lützeler. Stuttgart 1979. S. 287–307. (= Literaturwissenschaft und Sozialwissenschaften, Band 11).

Schwarz, Monika: Einführung in die kognitive Linguistik. 3. Auflage. Tübingen, Basel 2008.

Seelig, Michael: Alltagsadel. Der ehemalige ostelbische Adel in der Bundesrepublik Deutschland 1945/49–1975. Köln, Weimar, Wien 2015. (= Adelswelten, Band 3).

Sichelschmidt, Gustav: Hedwig Courths-Mahler. Deutschlands erfolgreichste Autorin. Eine literatursoziologische Studie. Bonn 1967. (= Bonner Beiträge zur Bibliotheks- und Bücherkunde, Band 16).

Sickel, Paul: Die Stellung des höheren Lehrerstandes im geistigen Leben der Gegenwart und Zukunft. In: Die Grenzboten, 76/3 (1917). S. 269–278.

Sickel, Paul: Aristokratische und demokratische Bildungsbegriffe. In: Die Grenzboten, 78/2 (1919). S. 276–278.

Sieg, Ulrich: Humboldts Erbe. In: Korsch, Dietrich; Sieg, Ulrich (Hgg.): Die Idee der Universität heute. München 2005. S. 9–24. (= Academia Marburgensis, Band 11).

Sieg, Ulrich: Nietzsche als Stifter des Aristokratismus-Diskurses. In: Aristokratismus und Moderne. S. 61–76.

Silbermann, Alphons: Von der Kunst, unterhaltsam zu schreiben. Die Liebe bei Hedwig-Courths-Mahler. In: Internationales Archiv für Sozialgeschichte der deutschen Literatur, 18 (1993). S. 69–85.

Simmel, Georg: Exkurs über den Adel. In: ders.: Untersuchungen über die Formen der Vergesellschaftung. München, Leipzig 1922. S. 545–552.

Simmel, Georg: Die beiden Formen des Individualismus. In: Georg Simmel. Aufsätze und Abhandlungen 1901–1908. Band I. Band 7 der Gesamtausgabe in 24 Bänden (GSG). Hrsg. von Otthein Rammstedt. Frankfurt am Main 1995. S. 49–56.

Simmel, Georg: Schopenhauer und Nietzsche (1907). In: GSG 10. S. 167–408.

Simmel, Georg: Der Individualismus der modernen Zeit. In: GSG 20. S. 249–258.

Skirl, Helge: Emergenz als Phänomen der Semantik am Beispiel des Metaphernverstehens. Emergente konzeptuelle Merkmale an der Schnittstelle von Semantik und Pragmatik. Tübingen 2009.

Sloterdijk, Peter: Weltanschauungsessayistik und Zeitdiagnostik. In: Weyergraf, Bernhard (Hg.): Literatur der Weimarer Republik 1918–1933. München 1995. S. 309–339. (= Hansers Sozialgeschichte der deutschen Literatur, Band 8).

Sohns, Jan-Arne: An der Kette der Ahnen. Geschichtsreflexion im deutschsprachigen historischen Roman 1870–1880. Berlin 2004.

Sontheimer, Kurt: Antidemokratisches Denken in der Weimarer Republik. Die politischen Ideen des deutschen Nationalismus zwischen 1918 und 1933. München 1962.

Spengler, Oswald: Der Untergang des Abendlandes. Umrisse einer Morphologie der Weltgeschichte. Nachwort von Detlef Felken. München 2006 [1923].

Spengler, Oswald: Politische Pflichten der deutschen Jugend. In: ders.: Politische Schriften. München 1932. S. 128–157.

Spengler, Oswald: Aufgaben des Adels. In: ders.: Reden und Aufsätze. München 1937. S. 89–95.

Spicker, Friedemann: Der Aphorismus: Begriff und Gattung von der Mitte des 18. Jahrhunderts bis 1912. Berlin, New York 1997.

Spicker, Friedemann: Studien zum deutschen Aphorismus im 20. Jahrhundert. Tübingen 2000.

Spieß, Constanze: Diskurslinguistische Metaphernanalyse. In: Methoden der Metaphernforschung und -analyse. Hrsg. von Matthias Junge. Wiesbaden 2014. S. 31–58.

Spitzmüller, Jürgen; Warnke, Ingo H.: Diskurslinguistik. Eine Einführung in Theorien und Methoden der transtextuellen Sprachanalyse. Berlin, Boston 2011.

Spörri, Myriam: Reines und gemischtes Blut. Zur Kulturgeschichte der Blutgruppenforschung, 1900–1933. Bielefeld 2013.

Sprengel, Peter: Geschichte der deutschsprachigen Literatur 1870–1900. Von der Reichsgründung bis zur Jahrhundertwende. München 1998. (= Geschichte der deutschen Literatur von den Anfängen bis zur Gegenwart, Band IX,1).

Sprengel, Peter: Geschichte der deutschsprachigen Literatur 1900–1918. Von der Jahrhundertwende bis zum Ende des Ersten Weltkriegs. München 2004. (= Geschichte der deutschen Literatur von den Anfängen bis zur Gegenwart, Band IX, 2).

Stäblein, Ruthard: Kulturkonservatismus oder konservative Revolution? Karl Jaspers' und Hugo von Hofmannsthals Erkundungen einer authentischen Existenz. In: Karl Jaspers. Denken zwischen Wissenschaft, Politik und Philosophie. Hrsg. von Dietrich Harth. Stuttgart 1989. S. 111–137.

Stamm, Ulrike: Zwischen Abgrenzung und Auflösung. Georges Auseinandersetzung mit dem Weiblichen im ‚Stern des Bundes'. In: George-Jahrbuch, 3 (2000/2001). S. 1–21.

Stern, Fritz: Kulturpessimismus als politische Gefahr. Eine Analyse nationaler Ideologie in Deutschland. Bern, Stuttgart 1963.

Stiewe, Barbara: Der „Dritte Humanismus": Aspekte deutscher Griechenrezeption vom George-Kreis zum Nationalsozialismus. Berlin, New York 2011.

Stiewe, Barbara: ‚Neuen Adel den ihr suchet …'. Aristokratismus im George-Kreis. In: Aristokratismus und Moderne. S. 281–297.

Stöber, Rudolf: Historische Zeitschriftenforschung heute. In: Publizistik. Vierteljahreshefte für Kommunikationsforschung. Sonderheft 3 (2002), Zeitschriften und Zeitschriftenforschung. Hrsg. von Andreas Vogel und Christina Holtz-Bacha. Wiesbaden 2002. S. 42–59.

Stockwell, Peter: Cognitive Poetics. An Introduction. London 2002.

Stockwell, Peter: Cognitive Poetics and Literary Theory. In: Journal of Literary Theory, 1/1 (2007). S. 135–152.

Stollberg-Rilinger, Barbara: Der Staat als Maschine. Berlin 1986.

Sträßner, Matthias: Flöte und Pistole. Anmerkungen zum Verhältnis von Nietzsche und Ibsen. Würzburg 2003.

Strobel, Jochen: Aristokratismus als Integrationsdiskurs der Moderne bei Heinrich Mann. In: Heinrich-Mann-Jahrbuch, 25 (2007). S. 69–89.

Strobel, Jochen: „Gut deutsch sein heisst sich entdeutschen". Thomas Mann zwischen aporetischer Repräsentation und glückender Repräsentanz. In: Die Erfindung des Schriftstellers Thomas Mann. Hrsg. von Michael Ansel, Hans-Edwin Friedrich und Gerhard Lauer. Berlin, New York 2009. S. 317–350.

Strobel, Jochen: Eine Kulturpoetik des Adels in der Romantik. Verhandlungen zwischen ‚Adeligkeit' und Literatur um 1800. Berlin, New York 2010.

Strobel, Jochen: Aristokratischer Rückzug … ins einfache Leben. Adelssemantik ab 1933 und die Literatur. In: Aristokratismus und Moderne. S. 353–381.

Strobel, Jochen: „… den letzten Rest von Poësie." Historische und literarische Semantik eines kulturellen Schemas am Beispiel von ‚Adel' in der Moderne. In: KulturPoetik, 12/2 (2012), S. 187–207.

Strobel, Jochen: Die Semantik des Aristokratischen in der Politischen Romantik und in der Literatur der Inneren Emigration. In: Vielheit und Einheit der Germanistik weltweit. Hrsg. von Franciszek Grucza. Band 7. Frankfurt am Main 2012. S. 49–54.

Stümcke, Heinrich: Aristokratie und Nietzscheanismus. (Eine zeitpsychologische Studie). In: Kritik, 2/26 (1895), S. 604–609.

Stümcke, Heinrich: Zwischen den Garben. Essays. Leipzig 1899.

Stutzer, Emil: Goethe und Bismarck in ihrer Bedeutung für die deutsche Zukunft. In: Die Grenzboten, 63/2 (1904). S. 16–20.

Sünderhauf, Esther Sophia: Griechensehnsucht und Kulturkritik. Die deutsche Rezeption von Winckelmanns Antikenideal 1840–1945. Berlin 2004.

Ternès, Anabel: Intertextualität: Der Text als Collage. Wiesbaden 2016.

Thamer, Hans-Ulrich: Der „neue Mensch" als nationalsozialistisches Erziehungsprojekt. Anspruch und Wirklichkeit in den Eliteeinrichtungen des NS-Bildungssystems. In: „Fackelträger der Nation". Elitebildung in den NS-Ordensburgen. Köln, Weimar, Wien 2010, S. 81–94.

Thimann, Michael: Bildende Kunst. In: George-Handbuch, Band 2. S. 551–584.

Thomé, Horst (Hg.): Paul Ernst. Außenseiter und Zeitgenosse. Würzburg 2002.

Thomé, Horst: Weltanschauungsliteratur. Vorüberlegungen zu Funktion und Texttyp. In: Wissen in Literatur im 19. Jahrhundert. Hrsg. von Lutz Danneberg und Friedrich Vollhardt. Tübingen 2002. S. 338–380.

Thormaehlen, Ludwig: Erinnerungen an Stefan George. Hamburg 1962.

Tille, Alexander: Volksdienst. Von einem Sozialaristokraten. Berlin, Leipzig 1893.

Titzmann, Michael: Kulturelles Wissen – Diskurs – Denksystem. Zu einigen Grundbegriffen der Literaturgeschichtsschreibung. In: Zeitschrift für französische Sprache und Literatur, 99 (1989). S. 47–61.

Titzmann, Michael: Propositionale Analyse – kulturelles Wissen – Interpretation. In: Medien und Kommunikation. Eine interdisziplinäre Einführung. Hrsg. von Hans Krah und Michael Titzmann. Dritte, stark erweiterte Auflage. Passau 2013. S. 85–112.

Töpelmann, Sigrid: Flucht in den Frieden. Wie ‚wahr' sind die ‚harmlosen Märchen' der Hedwig Courths-Mahler? Eine Entgegnung auf Gunnar Müller-Waldeck. In: neue deutsche literatur, 49/538 (2001). S. 143–155.

Treichel, Hans-Ulrich: ‚Wir Rücken an Rücken vereinte'. Zeitgeist und Kulturkritik im Werk von Botho Strauß. In: Deutschsprachige Literatur der 70er und 80er Jahre. Autoren, Tendenzen, Gattungen. Hrsg. von Walter Delabar und Erhard Schütz. Darmstadt 1997. S. 286–299.

Troeltsch, Ernst: Die Kulturkritik des Jahrhundert-Endes (1913). In: ders.: Aufsätze zur Geistesgeschichte und Religionssoziologie. Tübingen 1924. S. 641–646.

Troeltsch, Ernst: [Rez.] Emil Hammacher: Hauptfragen der modernen Kultur (1914). In: Historische Zeitschrift. Der ganzen Reihe 116. Band. Dritte Folge, 20 (1916). S. 495–498. Wieder in: Troeltsch, Ernst: Rezensionen und Kritiken (1915–1923). Hrsg. von Friedrich Wilhelm Graf. In Zusammenarbeit mit Diana Feßl, Harald Haury und Alexander Seelos. Berlin, New York 2010. (= Kritische Gesamtausgabe, Band 13). S. 174–178.

Tröger, Johannes: Kulturkritik und Utopie: Das Denken rechter katholischer Intellektueller in Deutschland und Großbritannien 1918–1939. Paderborn 2016.

Turner, Mark: The Origin of Ideas. Blending, Creativity & the Human Spark. New York 2014.

Ueding, Gert: Versuch über Kitsch und Kolportage. Frankfurt am Main 1973.

Ulbricht, Justus H.: Das völkische Verlagswesen im deutschen Kaiserreich. In: Handbuch zur ‚Völkischen Bewegung'. S. 277–301.

Ullrich, Wolfgang: Zentrifugalangst und Autonomiestolz. Ein Nachruf auf die Kulturkritik. In: Neue Rundschau, 110/2 (1999). S. 9–22.

Ullrich, Wolfgang: Der Bamberger Reiter und Uta von Naumburg. In: Deutsche Erinnerungsorte I. Hrsg. von Etienne François und Hagen Schulze. München 2001. S. 322–334.

Urbach, Karina: Adels versus Bürgertum. Überlebens- und Aufstiegsstrategien im deutsch-britischen Vergleich. In: Geburt oder Leistung? Hrsg. von Franz Bosbach, Keith Robbins und Karina Urbach. München 2003. S. 25–43.

Urbach, Karina: Hitlers heimliche Helfer: Der Adel im Dienst der Macht. Stuttgart 2016.

Uxkull-Gyllenband, Woldemar Graf von: Das revolutionäre Ethos bei Stefan George. Tübingen 1933.

Valk, Thorsten (Hg.): Friedrich Nietzsche und die Literatur der klassischen Moderne. Berlin, New York 2009.

Volli, Ugo: Semiotik. Eine Einführung in ihre Grundbegriffe. Basel 2002.

Walzel, Oskar: Henrik Ibsen. Dritte Auflage. Leipzig 1912.

Wanzeck, Christiane: Zur Etymologie lexikalisierter Farbwortverbindungen: Untersuchungen anhand der Farben Rot, Gelb, Grün, Blau. Amsterdam, New York 2003.

Warmbold, Joachim: Germania in Afrika – Frieda Freiin von Bülow (1857–1909), ‚Schöpferin des deutschen Kolonialromans'. In: Tel Aviver Jahrbuch des Instituts für deutsche Geschichte, 15 (1986). S. 309–336.

Weiß, Edgar: Friedrich Paulsen und seine volksmonarchistisch-organizistische Pädagogik im zeitgenössischen Kontext: Studien zu einer kritischen Wirkungsgeschichte. Berlin, Bern, New York 1999. (= Studien zur Bildungsreform, Band 34).

Weiss, Sheila Faith: Die Rassenhygienische Bewegung in Deutschland 1904–1933. In: Der Wert des Menschen. Hrsg. von Christian Pross und Götz Aly. Berlin 1989. S. 153–199.

Weiß, Volker: Moderne Antimoderne. Arthur Moeller van den Bruck und der Wandel des Konservatismus. Paderborn 2012.

Wellershoff, Dieter (Hg.): Gottfried Benn. Gesammelte Werke. Band 4: Autobiographische und vermischte Schriften. Wiesbaden 1961.

Welsch, Wolfgang: Unsere postmoderne Moderne. Weinheim 1987.

Wengeler, Martin: Historische Diskurssemantik als Analyse von Argumentationstopoi. In: Linguistische Diskursanalyse: neue Perspektiven. Hrsg. von Dietrich Busse und Wolfgang Teubert. Wiesbaden 2013. S. 189 – 215.

Werber, Niels: Einleitung. In: Semantik der Kulturkritik. Zeitschrift für Literaturwissenschaft und Linguistik (LiLi), 41/161 (2011). S. 5–12.

Werner, Bruno E.: Der Versuch einer Ranglehre. In: Deutsche Rundschau, 55/2 (1929). S. 179–181.

Weyergraf, Bernhard (Hg.): Literatur der Weimarer Republik 1918–1933. München 1995. (= Hansers Sozialgeschichte der deutschen Literatur, Band 8).

Weyergraf, Bernhard; Lethen, Helmut: Der Einzelne in der Massengesellschaft. In: Weyergraf, Bernhard (Hg.): Literatur der Weimarer Republik 1918–1933. München 1995. S. 636–674. (= Hansers Sozialgeschichte der deutschen Literatur, Band 8).

Wiede, Wiebke: Rasse im Buch. Antisemitische und rassistische Publikationen in Verlags-pro-grammen der Weimarer Republik. München 2011.

Wienfort, Monika: Adel in der Moderne. Göttingen 2006.

Wille, Bruno: Socialaristokratie. In: Freie Bühne, 4 (1893). S. 914–920.

Willenborg, Gertrud: Autoritäre Persönlichkeitsstrukturen in Courths-Mahler-Romanen. In: Kölner Zeitschrift für Soziologie und Sozialpsychologie, 15 (1962). S. 706–733.

Willenborg, Gertrud: Adel und Autorität. Zu den Romanen der Courths-Mahler. In: Der Trivialroman. Hrsg. von Gerhard Schmidt-Henkel, Horst Enders, Friedrich Knilli und Wolfgang Maier. Berlin 1964. S. 192–216.

Winko, Simone; Huber, Martin (Hgg.): Literatur und Kognition. Berlin 2009.

Wisser, Richard: Nekrolog auf Karl Jaspers, gesprochen am Todestag, dem 26. Februar 1969 im Zweiten Deutschen Fernsehen (ZDF). In: ders.: Karl Jaspers. Philosophie in der Bewährung. Vorträge und Aufsätze. 2. Auflage. Würzburg 1995. S. 303–306.

Wiwjorra, Ingo: Völkische Konzepte des Aristokratischen. In: Aristokratismus und Moderne. S. 298–318.

Wolfskehl, Karl: [Rez.] Herrschaft und Dienst von Friedrich Wolters (Berlin 1909). In: Süddeutsche Monatshefte, 7/4 (1910). S. 575.

Wolfskehl, Karl: Die Blätter für die Kunst. Jahrbuch für die geistige Bewegung, 1 (1910). S. 1–18.

Wolters, Friedrich: Herrschaft und Dienst: In: Blätter für die Kunst, Folge 8. S. 133–138.

Wolters, Friedrich: Herrschaft und Dienst. Berlin 1923 [1909].

Wolters, Friedrich: Richtlinien. In: Jahrbuch für die geistige Bewegung, 1 (1910). S. 128–145.

Wolters, Friedrich: Stefan George und die Blätter für die Kunst. Deutsche Geistesgeschichte seit 1890. Berlin 1930 [zitiert als: Wolters, Blättergeschichte].

Wrana, Daniel; Ziem, Alexander; Reisigl, Martin; Nonhoff, Martin; Angermüller, Johannes (Hgg.): DiskursNetz. Wörterbuch der interdisziplinären Diskursforschung. Berlin 2014 [zitiert als: DiskursNetz].

Wysling, Hans: Königliche Hoheit. In: Thomas-Mann-Handbuch. Hrsg. von Helmut Koopmann. 3. Auflage. Frankfurt am Main 2005. S. 385–396.

Zehrer, Hans: Die eigentliche Aufgabe. In: Die Tat, 23/2 (1932). S. 777–800.

Ziegerhofer-Prettenthaler, Anita: Botschafter Europas: Richard Nikolaus Coudenhove-Kalergi und die Paneuropa-Bewegung in den zwanziger und dreißiger Jahren. Wien, Köln, Weimar 2004.

Ziegler, Theobald: Geschichtsphilosophische Probleme. In: Die Grenzboten, 74/1 (1915), S. 388–397.

Ziem, Alexander: Begriffe, Topoi, Wissensrahmen: Perspektiven einer semantischen Analyse gesellschaftlichen Wissens. In: Sprachgeschichte als Zeitgeschichte. Konzepte, Methoden und Forschungsergebnisse der Düsseldorfer Sprachgeschichtsschreibung für die Zeit nach 1945. Hrsg. von Martin Wengeler. Hildesheim, New York 2006. S. 315–348.

Ziem, Alexander: Frame-Semantik und Diskursanalyse. Skizze einer kognitionswissenschaftlich inspirierten Methode zur Analyse gesellschaftlichen Wissens. In: Warnke, Ingo; Spitzmüller, Jürgen (Hgg.): Methoden der Diskurslinguistik. Sprachwissenschaftliche Zugänge zur transtextuellen Ebene. Methoden. Berlin, New York 2008. S. 89–116.

Ziem, Alexander: Sprache und Wissen. Frames und sprachliches Wissen. Kognitive Aspekte der semantischen Kompetenz. Berlin, New York 2008.

Ziem, Alexander: [Art.] Blending. In: DiskursNetz. S. 58.

Ziem, Alexander: [Art.] Frame (Kognitionstheorie). In: DiskursNetz. S. 154–155.

Ziem, Alexander: [Art.] Frame-Semantik. In: DiskursNetz. S. 155–156.

Ziem, Alexander: [Art.] Salienz. In: DiskursNetz. S. 342.

Ziem, Alexander: [Art.] Semantik. In: DiskursNetz. S. 353.

Zimmermann, Hans Dieter: Schema-Literatur. Ästhetische Norm und literarisches System. Stuttgart, Berlin, Köln 1979.

8 Danksagung

Mein Dank gilt zuerst Prof. Jochen Strobel, meinem akademischen Lehrer und Doktorvater, für den wertvollen fachlichen und persönlichen Austausch, für Anregungen und Kritik, Beratung und Ermutigung während der Entstehungszeit der vorliegenden Arbeit und darüber hinaus.

Außerdem danke ich Prof. Eckart Conze, der als Zweitgutachter die Entstehung begleitet hat, insbesondere für die Unterstützung während der Publikationsphase.

Der Deutschen Forschungsgemeinschaft (DFG) danke ich für die Förderung des Projekts „Aristokratismus. Historische und literarische Semantik von ‚Adel' zwischen Kulturkritik der Jahrhundertwende und Nationalsozialismus (1890-1945)". Die Arbeit entstand im Wesentlichen zwischen 2013 und 2016 im Rahmen dieses Projekts.

Dank schulde ich nicht zuletzt Daniel Thiel und Christian Senf für intensive Gespräche, vielfältige Anregungen und Hinweise.